判例労働法入門

第8版

野田 進
山下 昇〈編〉
柳澤 武

Labour Law: Fundamental Cases

有斐閣

第８版はしがき

本書の第７版の刊行から２年が経過した。その間の法令・判例の動きをふまえて内容をアップデートし，ここに第８版を送り出すことができた。

この２年間，私たちの日常生活は，新型コロナウイルス対策に振り回されてきた。2020 年４月の緊急事態宣言以降，仕事も私生活も一変し，そのしわ寄せは特に，女性が主役を担うことの多いエッセンシャルワーカーや，小売り・飲食等のサービス業に及んだ。コロナ禍は労働法の多くの分野で法律問題を生み出し，法令や理論がこれまで抱えていた不備や課題を次々と露呈させた。コロナ禍が収束に向かう今日，この経験は未来に活かされるだろうか。

一方，人手不足なのに実質賃金が低下するという，わが国の構造的な労働問題がますます深刻になっている。IT 分野や福祉関連などの成長産業への労働移動を促進するために，これまでの雇用保障モデルから脱却し，「失業なき労働移動」政策が課題となる。そのために，適正な転職を促すための職業安定法の大幅な改正がなされ，求人情報の的確な表示や求人メディア等に関する新たな規制が導入された。また，リ・スキリングを通じたキャリアアップを推奨する政策も講じられた。外国人材の積極的な登用も含めて，労働者個人の持つスキルを活用して，企業競争力を強化する政策転換が図られている。

本年４月には子ども家庭庁が設置され，少子化対策が最重要課題と位置づけられた。労働法の領域では，男性の育児休業の取得促進や育児支援策が政策のカギとなる。しかし，男女共同参画や男女間の平等処遇で，日本は相変わらず世界に後れをとっており，差別解消のための実効的な手立ては不十分である。

山積する重要課題の中で，労働判例でも，特に雇用平等の分野で新しい動向が注目される。判例を中心に生きた労働法を学ぶ本書は，第８版でも，より解りやすく「使える」テキストとして，読者の役に立つことができると信じている。

第８版では，有斐閣編集部の渡邉和哲氏とともに，小室穂乃佳氏に加わっていただき編者間の議論に厚みを加えていただいた。心より御礼申し上げる。

2023 年８月

編　　者

初版はしがき

法律は，知るだけではなく，使うものである。

雇用環境の厳しさが毎日のように報道され，労働法に対して，社会の多くの人たちが，これまで以上に強い関心を持つようになった。「派遣切り」や「偽装請負」は，法的にはどのように評価されているのか。労働法は，彼ら・彼女らをどのように守っているのか……。けれども，マスコミの報道やインターネットの各種サイトをみても，労働法の全体像や現在の動きを正確に伝えることはなく，一つの問題についての片々とした情報を切り取って提供してくれるにすぎない。

それだけでは，私たち自身や友人・同僚が，雇用や労働条件の問題に直面したとき，法的に何が正しいか，いかなる権利を，どこで・どのように主張すべきかについて，きちんと把握することはできない。つまり，「使う」ことができないのである。脈絡のない情報，現実をふまえない知識は，生起する問題に対処できないばかりか，人をかえって萎縮させる。学生諸君や若い働き手たちは，あふれかえる情報に身をすくめてしまい，社会の中で自由闊達に発言していく自信を失ってしまうのではないだろうか。

本書は，こうした課題意識のもとで，読者が労働法を正しく使いこなせるようになることを目的として著した，実践的な入門書である。つまり，高いところから読者を労働法の世界に導き入れるスタンスではなく，労働法に関するいきいきとした情報を，体系的に，しかも正確に提供することにより，労働法を社会に生きるツールとして体得するための最善の入門書であろうとしている。

そのための，最も大切なコンセプトになるのが，「判例」にほかならない。紛争解決こそが，法律学だけがなしうる得意技であり，たとえば経済学や社会学でも，この点では譲らざるを得ない。日々生起している現実の労働紛争について，法律がどのように適用され，解決が導かれているかを学び，これを適用していくことが，紛争解決の実践的な手法であり，法律を学ぶ原点である。ただ，本書は，「ケースブック」といわれる書物のように，判例学習それ自体を目的に判決を長々と紹介するのではなく，労働法の基本情報と判例理論の配分に意を用いて，体系的に融合させることに力点を置いている。入門書としては，いずれも不可欠な情報だからである。

著者たちは，時期は同じではないが，九州大学の社会法判例研究会で労働法・社会保障法の判例を学んだグループであり，そこで体得した知識や発想が，それぞれの研究の基盤となっている。判例を通じて労働法を学ぶ楽しさを，本書を通じて読者と共有することができれば，著者としてこの上ない喜びである。

本書のコンセプトは，前有斐閣京都支店長の奥村邦男氏との熱心な協議により形成されたものである。また，執筆に当たっては，同支店の一村大輔氏および大原正樹氏の懇切な助言とご協力をいただいた。九州大学大学院博士後期課程の鄒庭雲さんと新屋敷恵美子さんには，判例等の確認作業を手伝っていただいた。各氏に，心よりお礼を申し上げたい。

平成21年3月

編　　者

目　　次

第Ⅳ編　労働条件

Columns

執筆者紹介

執筆順。＊は編者。

野田　進（のだ　すすむ）＊　現職　九州大学名誉教授

主　著『フランス労働法概説』（信山社，2022年）

担　当　第1章，第5章，第15章，第24章，第25章

山下　昇（やました　のぼる）＊　現職　九州大学大学院法学研究院教授

主　著『中国労働契約法の形成』（信山社，2003年）

担　当　第2章，第6章，第7章，第8章，第16章，第21章

新屋敷　恵美子（しんやしき　えみこ）　現職　九州大学大学院法学研究院准教授

主　著『労働契約成立の法構造』（信山社，2016年）

担　当　第3章，第11章

襲　敏（きょう　びん）　現職　久留米大学法学部教授

主要論文「休職・休業と労働契約停止の理論」日本労働法学会編『講座労働法の再生 第2巻 労働契約の理論』（日本評論社，2017年）221頁

担　当　第4章，第9章

柳澤　武（やなぎさわ　たけし）＊　現職　名城大学法学部教授

主　著『雇用における年齢差別の法理』（成文堂，2006年）

担　当　第10章，第12章，第13章，第14章，第22章，第23章

岡本　舞子（おかもと　まいこ）　現職　北九州市立大学法学部准教授

主要論文「ドイツ労働契約における使用者の協力行為と契約調整義務——健康上の理由による給付能力制限における受領遅滞の判例の展開」九大法学117号（2018年）1頁

担　当　第17章

畑井　清隆（はたい　きよたか）　現職　志學館大学法学部教授

主要論文「人事考課の適正化について」法政研究82巻2＝3号（2015年）653頁

担　当　第18章，第19章

笠木　映里（かさぎ　えり）　現職　東京大学大学院法学政治学研究科教授，フランス国立科学研究センター研究員

主　著『社会保障法』（共著，有斐閣，2018年）

担　当　第20章

略語表

■法令名

主な法令等の略称は以下の通りである。その他の法令は原則として有斐閣『六法全書』の略称に依拠した。

労契　労働契約法（平成19年法律128号）
労契法施行通達　労働契約法の施行について（平成24年8月10日基発0810第2号）
労基　労働基準法（昭和22年法律49号）
労基則　労働基準法施行規則（昭和22年厚生省令23号）
時間改善　労働時間等の設定の改善に関する特別措置法（平成4年法律90号）
女性則　女性労働基準規則（昭和61年労働省令3号）
雇均　雇用の分野における男女の均等な機会及び待遇の確保等に関する法律（昭和47年法律113号）
パート有期　短時間労働者及び有期雇用労働者の雇用管理の改善等に関する法律（平成5年法律76号）
育介　育児休業，介護休業等育児又は家族介護を行う労働者の福祉に関する法律（平成3年法律76号）
最賃　最低賃金法（昭和34年法律137号）
労安衛　労働安全衛生法（昭和47年法律57号）
労災　労働者災害補償保険法（昭和22年法律50号）
派遣　労働者派遣事業の適正な運営の確保及び派遣労働者の保護等に関する法律（昭和60年法律88号）
承継　会社分割に伴う労働契約の承継等に関する法律（平成12年法律103号）
労審　労働審判法（平成16年法律45号）
個別労働紛争　個別労働関係紛争の解決の促進に関する法律（平成13年法律112号）
労組　労働組合法（昭和24年法律174号）
労調　労働関係調整法（昭和21年法律25号）
雇保　雇用保険法（昭和49年法律116号）
労働施策推進　労働施策の総合的な推進並びに労働者の雇用の安定及び職業生活の充実等に関する法律（昭和41年法律132号）

職安　職業安定法（昭和22年法律141号）
高年　高年齢者等の雇用の安定等に関する法律（昭和46年法律68号）
健保　健康保険法（大正11年法律70号）
障害雇用　障害者の雇用の促進等に関する法律（昭和35年法律123号）
若者雇用促進　青少年の雇用の促進等に関する法律（昭和45年法律98号）
民　民法（明治29年法律89号）

■判例関係

最大判(決)　最高裁判所大法廷判決(決定)
最一小判(決)　最高裁判所第一小法廷判決(決定)
* 最二小判(決)，最三小判(決)も同様
高判(決)　高等裁判所判決(決定)
地判(決)　地方裁判所判決(決定)

民集　最高裁判所民事判例集
刑集　最高裁判所刑事判例集
労民集　労働関係民事裁判例集
集民　最高裁判所裁判集民事
裁時　裁判所時報
命令集　不当労働行為事件命令集
別冊中労時　別冊中央労働時報
不当労重要命令・判例　最新不当労働行為事件重要／命令・判例
中労委データベース　労働委員会関係命令・裁判例データベース
労判　労働判例
判時　判例時報
判タ　判例タイムズ
労経速　労働経済判例速報
労旬　労働法律旬報
LEX/DB　LEX/DB インターネット文献番号

I　Fundamental Structure

第I編　基本構造

Contents

第I編

第1章　労働法の課題と役割

働くという活動の意味を考えてみよう。

働くことは，何より私たちの人生最大のテーマである。仕事を通じてスキルを身につけ，自分というものを表現し，能力を発揮したい。少しでも社会の役に立ちたい。物心両面で豊かな人生を送りたい。競争に勝ちたい。人に誉められたい……。このように労働は，生きがい，プライド，社会的連帯心など，人間存在を他者や社会と結びつける崇高な意味を含む活動である。

一方，現代社会において働く者（就業者）のほとんど（約89.9%）は，雇われて賃金などを得ている「雇用者」であり（総務省・2022年労働力調査），労働は重要な経済活動でもある。それは人（家計）と事業主（企業）とを契約で結びつける。労働により，働く者は収入を得ることができ，企業は収益を上げることができる。また，企業財政で労働コストの占める割合は大きく，企業経営を左右する。

近年，経済のグローバル化にともなう企業間競争の激化は雇用・労働条件の悪化や実質賃金の低下をもたらしている。また，情報通信技術の発達にともなう，働き方や労働組織の変化により，新しいタイプの健康被害も深刻になっている。労働問題は，ヒトの生存環境の保全というスケールで，私たちの英知を試している。

労働法は，「働くこと」をテーマにした法の分野であり，労働をめぐる人の関係を規整し，労働紛争の予防と解決を図ろうとするものである。本章では，労働法の意義・発展，労働判例の意義などを明らかにした上で，労働紛争の解決システムも紹介する。

第1節　労働法の体系・位置と実効性

1　労働法の体系

労働法は，民法や刑法などのように，「労働法」という一つの名前の包括的な法律から成り立つわけではない。それは，数多くの法令から形成されているから，その理解のためには，まず体系と分類を知っておく必要がある。

(1)　**集団的労働関係法と個別的労働関係法**　労働は，自給自足経済でもない限り，他人との関係の中で実施される。したがって，そこには必ず，労働をめぐる人的関係，すなわち労働関係が存在する。

労働関係のうち，個別的にとらえた使用者と労働者との関係，すなわち働かせる者と働く者との関係を個別的労働関係という。これに対応する法分野を「個別的労働関係法」といい，労働契約法，労働基準法を中心に，労働者災害補償保険法，雇用機会均等法，育児・介護休業法などが，これに属している。

一方，近代企業のもとでは，労働は組織的に実施され，また労働者の利害は労働者団体のもとで決定されることから，労働者団体と使用者（または使用者団体）との関係が形成される。これを集団的労働関係といい，これに対応する「集団的労働関係法」に属する法令に，労働組合法や労働関係調整法などがある。

これら以外に，労働関係の成立そのものをめぐる法の分野として，「雇用保障法」または「労働市場法」という第三の分野をあげることができ，近年その重要性が高まっている。これに属する法令として，労働施策推進法，職業安定法，雇用保険法，労働者派遣法，高年齢者等雇用安定法などがある。

(2)　**労働保護法と労働契約法**　労働法は，労働関係の規制方法という観点からも分類することができる。

まず，「労働保護法」は，労働関係において使用者が構造的に強い立場に立ち，労働者側の利益が損なわれる現実があることから，国家が後見的に長時間労働や危険な労働を規制する分野である。罰則や監督制度により一定の労働基準を守らせることを目的としており，公的な取締法としての側面をもつ。

一方，労働関係も一つの契約関係であり，契約当事者の合意を基礎として，

Column 1

ILO 条約と EU 労働法

第一次世界大戦の惨禍に対する反省の中から，ベルサイユ平和条約に基づいて 1919 年に創設されたのが ILO（国際労働機関。本部はジュネーブ）である。ILO は，いわゆる三者構成であることが特色であり，各国から，政府代表だけでなく，使用者と労働者の代表も構成員として参加する（ただし，総会の代表のみは，政府 2，労使各 1 の割合）。

ILO の最も重要な仕事は，条約や勧告を通じて，国際労働基準を確立することであり，条約は，加盟国が批准することによって（憲 73 条 3 号），その実施を義務づける拘束力が生じる。2023 年 3 月末現在，ILO には 190 の条約と 206 の勧告がある。直近では，2019 年 6 月 21 日の第 108 回総会において，190 号条約「仕事の世界における暴力及びハラスメントの撤廃に関する条約」（略称「2019 年の暴力及びハラスメント条約」）を採択した（2021 年 6 月 25 日発効。日本は未批准）。8 年ぶりの新条約採択であり，同日には，同名の 206 号勧告も採択されている。日本の批准条約総数は 49（2013 年 8 月が最後）と，やや少ない。しかし，公務員等の労働基本権をめぐる紛争に関して，87 号（結社の自由及び団結権保護）条約（1948 年）の批准（1965 年）は重要な役割を果たした。また，156 号（家族的責任）条約（1981 年）は，育児休業法の制定の契機となり，さらにその批准（1995 年）は，育児・介護休業法への改正を促した。

一方，EU 法は，ヨーロッパ連合の内部で，① EEC の設立条約であるローマ条約および関係諸条約，②それに基礎を置き理事会や委員会などの機関によって制定される規則・命令・決定等の派生的二次法規，および，③司法裁判所の判例等によって構成される法体系である。EU 法は，構成国において国内法に優先し，また構成国内で直接的な効力をもつ場合があるから，ILO 条約と異なり，構成国においては国内法に匹敵する効力を持つ。労働法分野においても，次々と先進的な規制を打ち出しており，日本にとっては，外国法の一種であるとはいえ，労働法の最先端の議論や世界動向を知る上で重要な資料である。

私的自治の基本理念のもとで形成される。したがって，労働関係の規制は，かかる「合意の原則」を基礎にしており，その展開や終了について，法は最小限の関与や修正をするにすぎない。このように，私的自治を基礎としつつ，労働契約に対する規整を目的とする法が，労働契約法である。労働協約も労使自治を基礎とした集団的契約であるから，これを規整する法令（労組法第 3 章など）は，集団的労働契約法といいうる。

なお，本書では，このような一般的な意味での労働契約法を「労働契約法」と称し，これと区別するために，2008 年 3 月から施行された労働契約法（平成 19 年法律 128 号）を，「労契法」と称する。

⑶　労働実体法と労働紛争解決手続法　労働法に属する法令の多くは，労働に関する実体法上の権利義務などを定めた「労働実体法」であるが，それとは別に，労働紛争を解決するための組織や手続について定める一連の立法がある。これを「労働紛争解決手続法」と称しておく（第 3 節2）。これらは，上記の集団的労働関係と個別的労働関係の区分に即して，集団的労働紛争と個別的労働紛争に関するものに分けられる。前者には，労働組合法の第 4 章，労働関係調整法，労働委員会規則などがあり，後者には，労働審判法，個別労働関係紛争解決促進法などがある。

2　労働法の位置

⑴　民刑事法との関係　民法では典型契約の一つとして，「雇用」についての定めを設けている（民 623 条以下）。民法の雇用契約では，労働者と使用者は原則として対称的な地位にある対等な契約当事者と位置づけられ，また現実の企業労働を前提にした契約内容（労働条件）の規制もほとんどみられない。これらを現代的な企業労働の諸課題に対応させるために，労基法や労契法などの個別的労働関係法が制定された。さらに労働組合の活動に関しても，労働協約に特別の効力（規範的効力）を認め，正当な争議行為に対する損害賠償を制限する（いわゆる民事免責）等の規定を設けている。

なお，1896 年に制定された民法については，「社会・経済の変化への対応を図り」，「国民一般にとってわかりやすいものにする」等の観点から，2017 年に，債権に関する規定を中心に大改正がなされた。労働法にとっても，その影響は大きく，直接的な改革として「雇用」の規定の一部が改正され，「履行の割合に応じた報酬」（民 624 条の 2）の規定が新設され，そのほかにも労働契約の解釈に変革をもたらす重要な改正が含まれている。「期間の定めのある雇用の解除」（民 626 条）および「期間の定めのない雇用の解約の申入れ」（民 627 条）は，近年の社会の実情に合わせた改正がなされている。また，賃金の消滅時効は，2017 年改正前民 174 条 1 号（1 年の短期消滅時効）が削除されたために，一般規定である民法166条1項1号（5年）によることになり，これに合わせて，労基法も改正された。賃金請求権については消滅時効を5年としつつ（労基115条），「当分の間」3年と定められた（同附則143条3項）。その他，民法（債権関係）の一般ルールの改正も，労働契約の法理に大きな影響をもたらした。

他方，刑事法との関係では，労働組合等の団体行動を保障・助成するために，これらの活動について一定の範囲で刑法の適用を制限し（いわゆる刑事免責），労基法違反の刑事罰を強化するなど（労基5条），刑事法の一般原則に対する特別の規制を設けている。

このように，労働法は，民刑事法の一般原則や雇用の一般規定（一般法）に対して，特別法の位置にある。したがって，ある問題が生じたときに，労働法に定めがある場合にはそれによるが，適用すべき規定や法理がないときには一般法が適用される（例えば，労働者の辞職など）。もっとも，一般法の解釈適用にあたっても，労働法のもつ固有の理念や原則，すなわち，労働条件の原則（労基1条），労働条件対等決定の原則（同2条），労働者の保護，労働関係の安定（労契1条）等の理念を無視することはできない。

その顕著な例が，労働契約の領域であり，2007年の労契法の制定まで労働契約の締結や解雇の要件といった基本事項について，適用すべき規定がなかった。このため，判例は長きにわたって，民法の一般原則である権利の濫用（民1条3項）の適用により，問題を解決してきた。その判例法理は，労契法施行後も，規範として重視されている。代表例として，労働契約の出発点（判例1-1 大日本印刷事件）と終了時点（判例1-2 高知放送事件）でこれを確認しておこう。

判例1-1　大日本印刷事件

（最二小判昭和54.7.20民集33巻5号582頁）

事　実　Xは，在学していた大学の推薦を得て，1968年7月5日にY会社の採用面接を受け，同月13日に採用内定の通知を受けた。そこで，Xは同じく大学から推薦を得ていたA会社への応募を辞退した。ところが，翌年2月22日，YはXに対して，理由を示さずに，採用内定を取り消す旨の通知をした。そのため，Xは就職先が決まらないまま，同年3月に卒業した。Xは内定取消しの効力を争い，従業員としての地位確認，賃金請求，慰謝料の請求を行った。なお，この訴訟の過程で，Ｙは「Ｘはグルーミーな印象なので当初から不適格と思われたが，それを打ち消す材料が出るかも知れないので採用内定としておいたところ，そのような材料が出なかつた」という内定取消しの理由を明らかにした。第一審および原審ともに，Ｘの請求を認容したために，Ｙが上告したのが本件である。

（判　旨）　本件で「採用内定通知のほかには労働契約締結のための特段の意思表示をすることが予定されていなかつたことを考慮するとき，Ｙからの募集（申込みの誘引）に対し，Ｘが応募したのは，労働契約の申込みであり，これに対するＹからの採用内定通知は，右申込みに対する承諾であつて，Ｘの本件誓約書の提出とあいまつて，これにより，ＸとＹとの間に，Ｘの就労の始期を昭和44年大学卒業直後とし，それまでの間，本件誓約書記載の五項目の採用内定取消事由に基づく解約権を留保した労働契約が成立したと解する」のが相当である。

「わが国の雇用事情に照らすとき，大学新規卒業予定者で，いつたん特定企業との間に採用内定の関係に入つた者は，このように解約権留保付であるとはいえ，卒業後の就労を期して，他企業への就職の機会と可能性を放棄するのが通例であるから，……試用期間中の地位と基本的には異なるところはない」。

試用期間における解約権の留保に関する判例法理（判例3-1 三菱樹脂事件）は，「採用内定期間中の留保解約権の行使についても同様に妥当するものと考えられ，……採用内定の取消事由は，採用内定当時知ることができず，また知ることが期待できないような事実であつて，これを理由として採用内定を取消すことが解約権留保の趣旨，目的に照らして客観的に合理的と認められ社会通念上相当として是認することができるものに限られると解するのが相当である」。

本件のような理由で内定取消しを行うことは，「解約権の濫用というべきである」。

判例1-2 高知放送事件

（最二小判昭和52.1.31労判268号17頁）

（事　実）　Ｘは，放送事業を営むＹ会社でアナウンサーとして勤務していたが，宿直勤務に際して寝過ごし，午前6時からのニュース（10分間）をまったく放送できず，その約2週間後にもやはり寝過ごしてニュースを約5分間放送できなかった。これらＸの行為について，Ｙは本来ならば就業規則に基づき懲戒解雇にすべきところ，本人の将来等を考慮して普通解雇とした。第一審，第二審ともＸの地位確認等請求を認容した。

（判　旨）「しかしながら，普通解雇事由がある場合においても，使用者は常に解雇しうるものではなく，当該具体的な事情のもとにおいて，解雇に処することが著しく不合理であり，社会通念上相当なものとして是認することができないときには，当該解雇の意思表示は，解雇権の濫用として無効になるものというべきである。本件においては，Xの起こした第一，第二事故は，定時放送を使命とするY会社の対外的信用を著しく失墜するものであり，また，Xが寝過しという同一態様に基づき特に二週間内に二度も同様の事故を起こしたことは，アナウンサーとしての責任感に欠け〔るが〕……〔本件〕事情のもとにおいて，Xに対し解雇をもつてのぞむことは，いささか苛酷にすぎ，合理性を欠くうらみなしとせず，必ずしも社会的に相当なものとして是認することはできないと考えられる余地がある」。

(2)　憲法との関係　　憲法の人権に関する規定は，国や自治体などの公権力と私人との関係において適用されると解するのが一般であり，私企業の労働関係には，直接には適用されない。そこで，労働法には，憲法の人権規定の理念を労働関係の中に展開させるための規定が設けられている。平等原則を定める諸規定（労基3条・4条，雇均5条～7条など）は，憲法14条1項の理念を労働関係の中で具体化したものである。また，憲法25条の生存権理念は労基法1条1項に活かされている。憲法18条（苦役からの自由）と労基法5条（強制労働の禁止）との関係も，同様である。

一方，労働基本権（団結権，団体交渉権，団体行動権）を定める憲法28条は，私人間効力が認められる規定と解されている。これを受けて，さらに労組法および労働関係調整法では，不当労働行為，労働協約の効力，正当な争議における免責等の規定を設けており，これらは，憲法28条の規定とその理念を，集団的労働関係の現場の中で具体的に実現するためのものである。

(3)　社会法としての位置　　労働法は，社会保障法などと共に，社会法という分野で括られることがある。社会法は，契約自由の原則，所有権の絶対などを基本原理とする市民法を修正する法をいうもので，生存権・労働権・団結権などの社会的基本権の思想を根幹とする。また，権利の主体が法人格という抽象的存在ではなく，高齢者（高年齢者），障害者，妊産婦など，保護を要する具体的な属性をもった人間像であることに，重要な特色がある。

3　労働法の実効性確保

(1)　罰　則　労働保護法の上記の理念により，労働法の各法令では，罰則の定めを置くものが多い。特に労基法と最賃法は，一つの違反行為について，行為者と事業主の両方を処罰する両罰規定を設け（労基121条1項，最賃42条），労基法はさらに幇助行為等を別個に処罰する定めを設けて（その結果，三罰の可能性もある），実効性を強化している。

(2)　付加金　裁判所は，労基法に基づき支払うべき賃金・手当，すなわち労基法20条の解雇予告手当，同26条の休業手当，同37条の割増賃金，および39条の年休手当を支払わない使用者に対して，その未払金に加えて，同一額の付加金を労働者に支払うように命じることができる（労基114条）。

付加金は，労働者の損害を補償するためのものではなく，裁判所の判断による民事罰が法定されたものと解されている。したがって，付加金の支払義務が発生するのは，労働者がこれを請求したときではなく，裁判所の支払命令の確定時からである（江東ダイハツ自動車事件・最一小判昭和50.7.17労判234号17頁）。同様の理由から，労働者の訴訟提起後であっても，使用者が各手当を支払ったために違反状態が除去されたときには，裁判所は付加金を命じることができない（第11章第3節2(4)，細谷服装店事件・最二小判昭和35.3.11民集14巻3号403頁）。すなわち，使用者に労基法37条（割増賃金）に関する違反があっても，訴訟手続上，事実審（＝第一審または控訴審）の口頭弁論終結時までに使用者が未払賃金の支払を完了したときには，裁判所は付加金を命じることができなくなる（ホッタ晴信堂薬局事件・最一小判平成26.3.6労判1119号5頁）。付加金を命じるか否かは受訴裁判所の裁量によるが，近年では悪質な労働時間規制の違反事例等で，しばしば付加金が命じられている。付加金請求権の時効は，「違反のあつた時から5年以内」が本則であるが（労基114条但書），「当分の間」は「3年」とされる（附則143条2項）。

(3)　事業場協定・労使委員会決議　労基法等の法令では，使用者が，①当該事業場の過半数の労働者が加入する労働組合があるときはその組合，②それがないときには「過半数代表者」との間で，協定を結んだときには，各法令で定めた規制を適用しない（または別の規制による）ことを認める定めが多数みられる。この協定を，事業場協定といい（「労使協定」と称されることもある），①の過半数組合が締結したときには，労働協約と異なり非組合員にも効力が及ぶ。また，②の過半数代表者は，投票・挙手などの方法で選任される必要があり，使用者の利益を代表する者の選任は認められない（労基則6条の2第1項1号。同条3項も参照）。この点につき，会社役員を含む全従業員で組織する親睦団体の代表者が自動的に労働者代表となって締結された時間外労働協定を無効と判断したものとして，トーコロ事件（最二小判平成13.6.22労判808号11頁）がある（乙山彩色工房事件・京都地判平成29.4.27労判1168号80頁も参照。また，計画年休協定の過半数代表がエリア代表であって「事業場」の代表とはいえないから要件を満たしていないと判断した例として，シェーンコーポレーション事件・東京高判令和元.10.9労判1213号5頁も参照）。事業場協定には，ⓐ 賃金控除に関する協定（労基24条）のほか，労働時間関係の規定に多数の協定があり，代表的なものとして，ⓑ 時間外・休日労働に関する三六協定（同36条），ⓒ 各種の変形労働時間制や，ⓓ フレックスタイム制（同32条の3以下），ⓔ みなし時間に関する各協定（同38条の2以下），ⓕ 計画年休協定（同39条6項）などがあり，このうちⓑ，ⓒ，ⓓ，ⓔの協定は行政官庁への届出も必要である。育介法においても，適用除外のための協定が予定され（育介6条1項），派遣労働者の労働条件の不合理な相違や不利な待遇の禁止についても，同協定は重要な役割を果たす（派遣30条の4）。

事業場に労使委員会を設置し，委員の5分の4の多数決による決議をすれば，労働時間に関する事業場協定の多くをこれに代えることが認められる（労基38条の4第5項）。この場合に，協定の届出が求められているものについては，決議を届け出ることになる。労使委員会とは，「賃金，労働時間その他の当該事業場における労働条件に関する事項を調査審議し，事業主に対し当該事項について意見を述べることを目的とする委員会」であり，使用者と当該事業場の労働者を代表する者から構成される（同条1項。労使委員会については，**第17章第3節・第5節**も参照）。

⑷ 労働行政　労働法では，単に法令で規範を設定するだけでなく，労働行政を通じてその遵守を図ることが重要である。

労基法やその関係法規などの個別的労働関係法では，その施行を専門的に管掌する監督機関を設置して法の遵守を図ろうとしている。すなわち，厚生労働省の労働基準局のもとに，各都道府県に労働局が設置され，その管内に労働基準監督署（労基署）が設置されるという，監督行政の機構が整備されている（労基99条）。この中で，最前線の役割を果たすのが労基署であり，労基署長は労基法の定めに基づき，臨検，尋問，許可，仲裁などの事項を取り扱う。その活動の中心的な役割を果たすのが労働基準監督官であり，事業場などを臨検し，帳簿等の提出を求め，必要な権限を行使する（同101条）。また，逮捕，捜査など，司法警察員の職務権限を行使する（同102条，司警職員2条）。

労組法など集団的労働関係法の領域では，労使の対等交渉，労使自治の確保等の立法目的（労組1条参照）を達成するために，労働委員会の果たす役割が重要である。労働委員会は，労組法に基づき設置された独立行政委員会であり，公労使の三者構成の委員で組織され，不当労働行為の救済，労働紛争の調整などの任務を担当する（同19条以下）。労働委員会の任務については，第24章第7節1，第25章第6節を参照。

第2節　労働法の発展と課題

1　個別的労働関係法の発展と規制緩和

個別的労働関係法は，まず「労働保護法」として誕生し，次いで「労働契約法」が後を追いつつ発展してきた。19世紀の初期労働法は，古くはイギリスで制定された「工場法」（1802年「徒弟の健康および風紀に関する法律」）にみられるように，徒弟などの年少者，およびその後は女性に対する労働条件保護を目的に発展を開始した。しかし，20世紀に入ると，労働法の規制対象が広がり成人男性の労働条件に及ぶようになり，労働立法の守備範囲も従来の労働時間や安全衛生等の労働者保護の側面だけでなく，解雇規制，契約の期間，差別禁止など，労働契約の側面での立法に比重がかかるようになる。つまり，法律は労働条件を規制するだけでなく，労働契約の存立そのものも規制するようになって，労働契約法として整備されるようになった。

このように，労働法は200年余にわたり，保護対象や規制領域を拡大・強化してきた。しかし，20世紀終盤以降，経済のグローバル化，産業構造の変化などを背景に，先進諸国の多くで労働市場の改革を見据えた契約規制の緩和の動向がみられる。

2 集団的労働関係法の発展と新たな動き

集団的労働関係法における労働組合への対応は，18世紀終盤の時期から，およそ，「禁止」→「放任」→「助成」という大枠の流れで発展してきた。すなわち，市民革命以後に生まれた近代法の自由主義・個人主義の理念からは，労働組合は中間団体による取引の自由の阻害要因として禁止された。しかし，労働者の団結は，まず刑法上の禁止から解放されて，結社の自由の一環として承認されるようになり，ついでワイマール憲法や日本国憲法に代表されるように，積極的に国家のバックアップのもとに置かれるようになる。多くの諸国では，内容は異なるものの，争議行為の民刑事免責，労働協約の規範的効力と拡張適用の制度，団結阻害行為に対する救済制度などが設けられている。

しかし，21世紀に至ると集団的労働関係法は重大な局面を迎えている。各国の労働組合組織率の低下，企業組織の流動化，フリーランス就業者の増加などにより，労働組合が真に労働者の利益を代表しているかについて疑問が投げかけられるようになり，集団的労働関係法の基本枠組みが問題視されるに至っている。また，例えば，労使協議制，従業員代表制といった，新しい形態の利益代表システムへの動きがみられ，それに適合した集団的労働関係法への組み換えが課題となっている。

3 日本の労働法の発展

(1) 展　開　日本では，明治期の富国強兵政策のもとで発展した工場労働が，前借金制度，長時間の連続就業，劣悪な作業環境などにより悲惨を極めるものとなり，これを憂慮する声が高まって1911年にようやく工場法が制定された（施行は1916年）。この法律は，常時15名（1923年改正後は10名）以上の職工を使用する工場等に適用され，女性および年少者の就業時間の制限（1日12時間），深夜業の禁止，児童の就労の禁止，災害扶助制度の設置などを主な内容としていたが，適用対象の限定や監督制度の未整備など不十分な点も多かった。また，1916年には成人男性の労働条件を規制する最初の立法として，鉱夫労役扶助規則が制定された（坑内就業時間の1日10時間制限など）。

他方，労働者の団結活動は，治安警察法（1900年）などの治安立法により厳しく規制されていたが，大正期に入ると労働組合法の制定の気運が高まった。1920年には，対照的な内容をもつ内務省案と農商務省案が作成され，その後もいくつかの労働組合法案が出されたが，いずれも成立に至らなかった。

1945年の終戦を機に労働立法は一気に加速した。旧労組法は，第二次世界大戦後の荒廃と欠乏の中で，終戦年（1945年）12月に制定され，これに大幅な修正を加えて現行労組法（1949年）が成立した。労基法は，1946年4月に立法作業が開始され，部分的に工場法の規定を残しつつ，憲法や国際労働基準の諸原則を組み入れて，1947年に成立した（同日，労災保険法も成立）。その後，労基法の一部であった規制を発展・精緻化する趣旨で，最賃法（1959年，労基28条参照），労安衛法（1972年，労基42条参照）などが独立して制定された。

1960年頃からの高度経済成長期には，右肩上がりの経済成長を背景に，企業は設備投資の拡大や投機的な利益追求に走り，賃金水準も常に上昇基調にあった。しかし，高度成長は，長時間労働など労働関係に様々な歪みを生み出し，国際的な協調の必要も生じた。そこで80年代以降には，法定労働時間や年休について，繰り返し規制強化が試みられ，あるいは雇均法の改正成立や育休法の制定など男女共同参画社会に向けての法整備の動きがみられた。

(2)　新たな規制課題　成長経済が1992年に急激な終焉を迎えると，高度成長を支えてきた終身雇用（長期雇用）慣行が見直され，リストラによる雇用終了や労働条件の引下げの事態を招いた。これらを背景に，1990年代から2000年代にかけての労働政策は，全体として規制緩和の方向に傾き，職安法の改正による有料職業紹介事業の承認，派遣法の適用業務の制限解除，労基法では労働契約の期間制限の緩和などがなされた。

そうした中でも，新たな観点からの規制が，喫緊の課題と考えられるようになった。第一に，仕事と生活の調和（ワークライフ・バランス）は，日本社会の将来を左右する重要課題であり，労働法の全分野を通底する基本理念と考えられるに至る。育介法の保障強化，労基法における労働時間関係の規制強化の動きである。第二に，経済環境の悪化の中で，非正規労働者の雇用・労働条件の保護の必要性が高まり，2012年には労働者派遣法や労契法（2008年制定）の改正など，規制強化の方向に針が振れた。

しかし，2012年末の政権交代の後には，「成長戦略」の旗印のもとで，内需拡大やイノベーション促進のために「働き方改革」が必要であるとして，2017年3月に，内閣府を中心に「非正規雇用の処遇改善」や「長時間労働の是正」を柱とする「働き方改革実行計画」が策定された。これを受けて「働き方改革推進整備法」が2018年7月に公布され，広範囲の労働法令の改正がなされた。

他方，働き方の多様化は，コンピューターと通信回線を駆使して行う個人自営業（フリーランス）やクラウドワークなど，従来の雇用の枠組みを超えた就業実態を生み出すようになり，労働関係法令の適用をどこまで可能とするかが課題となっている。また，2020年2月から，新型コロナウイルス感染症の拡大を受けて，厚生労働省を中心に雇用や労働法関連の多様な施策が講じられた。また，経営危機による整理解雇やシフト外しの問題が急増し，テレワークの普及も新たな法的問題を生み出した。

4　グローバル化と労働法の適用

(1)　外国企業における労働法の適用　　経済のグローバル化に伴い，労働者の就労が国境を越えて行われるようになると，労働法の適用という観点から，二つの主要な問題が生じた。一つは，国内の外国企業で雇用される日本人労働者の裁判管轄や適用法の問題，もう一つは，外国人労働者の課題である。

まず，裁判管轄についてみると，日本で勤務する労働者が外国会社に対して裁判を提起するときは「日本における主たる事務所又は営業所」であることが原則であり（民訴4条5項），裁判管轄について特段の合意がない場合，労働契約の締結がドイツであっても，東京都内に東京営業所を有する以上日本の管轄権が及ぶ（ルフトハンザ航空事件・東京地判平成9.10.1労判726号70頁）。これに対して個別労働関係の民事訴訟の裁判管轄について労使が合意した場合は，労働者がこれに基づき合意された国の裁判所に訴えを提起したとき，または使用者の訴えについて労働者がこの合意を援用したときには，効力を有する（民訴3条の7第6項2号）。かつては，専属的裁判管轄としてアメリカの裁判所を指定する合意は，それが甚だしく不合理で公序に反する場合を除き有効と解されていたが（ユナイテッド航空事件・東京高判平成12.11.28労判815号77頁），2011年の民訴法改正により，上記のように改められた。他方，アメリカのジョージア州が日本に設置した極東代表部に雇用された労働者については，外国国家等であれ，その「私法的ないし業務管理的な行為については」，特段の事由がない限り日本の民事裁判権から免除されない（米国ジョージア州事件・最二小判平成21.10.16労判992号5頁）。

次に適用法の原則をみると，2006年に制定された「法の適用に関する通則法」によれば，当事者に特に選択がなければ，「当該労働契約に最も密接な関係がある地の法」として，労務提供地の法が適用される（法適用12条3項）。また，当事者により法選択がなされた場合でも，労働者が使用者に対して労務提供地法のうちで特定の強行法規を適用すべき旨を表示すれば，その保護を受けることができる（同条1項2項）。前掲ルフトハンザ航空事件では，客室乗務員である原告がドイツで締結された労働協約の適用を受け，労務管理もドイツ本社の人事部が行い，給与もドイツ通貨で算定する等の事情がある以上，ドイツ法が準拠法であると黙示的であれ合意されているとして（旧法例7条〔現・法適用7条〕参照），ドイツ法が適用された。

⑵　日本国内の外国人労働者

(a)　外国人労働者の法律関係　日本で雇用される外国人については，雇用対策の面では，事業主は，雇用する外国人のために雇用管理の改善に努め，離職する場合には再就職の援助措置に努めなければならない（労働施策推進7条）。また，雇入れ・離職の際には，氏名・在留資格等の事項を厚生労働大臣に届けなければならず，これに応じて，国は適正な雇用管理，および再就職の援助についての指導・助言を行い，職業紹介等や職業訓練を行う（同28条）。

労働関係法規は，日本国内の就労である限り，国籍を問わず適用される。それは，出入国管理及び難民認定法（入管法）19条1項で定義される不法就労活動に従事する不法就労の外国人であっても異ならない。例えば，労災保険については，不法就労外国人からの申請であっても給付が認められ，労働基準監督署は原則として入国管理局には通報しないという実務が行われている。また，労災について民事訴訟により損害賠償を請求する場合も，不法就労であるからといって休業損害に対する賠償が否定されることはない。ただ，後遺障害がある場合の逸失利益の算定については，予想される日本での就労可能期間は日本での収入を基礎に，その後の期間は母国での収入等を基礎になされるべきであり，不法就労外国人の日本での就労可能期間が長期にわたると認めることはできない（改進社事件・最三小判平成9.1.28民集51巻1号78頁。同判決は，日本での失職後3年間は実収入額を，その後67歳までは母国での本人の収入額程度を基準とすべきであるとした下級審の判断を是認）。なお，雇用保険については，相当の期間求職活動ができ，反復継続して就労可能な在留資格をもつ外国人に適用を限定する実務がなされている。

(b)　外国人技能実習制度　　1993年，それまでの外国人研修制度（1981年発足）に加えて，外国人技能実習制度が導入され，研修を受けた企業と雇用契約を結び，技能を実践的に修得する制度が広く利用されるようになった。ところが，制度が拡充される一方で，外国人研修生や技能実習生を，単なる安価な労働力として受け入れ，人権問題となる弊害が生じた。裁判例では，研修期間中の研修生について，研修の実態によっては明示または黙示の労働契約が成立し，労働者に該当するとされた（スキールほか〔外国人研修生〕事件・福岡高判平成22.9.13労判1013号6頁，広島経済技術協同組合ほか〔外国人研修生〕事件・東京高判平成25.4.25労判1079号79頁）。さらに，割増賃金等の不払についての違法性を認識しつつ過酷な労働を続けさせていたとして刑事処分が認められたもの（縫製業事業主〔労基法違反被告〕事件・和歌山地判平成20.6.3労判970号91頁），技能実習生の賃金から違法な「管理費」を徴収するなどの不法行為が認められたもの（オオシマニットほか事件・和歌山地田辺支判平成21.7.17労判991号29頁），実習生を暴力によって威嚇し就労できないようにさせて解雇したことは，解雇権の濫用に該当するとして未払賃金請求を認めたもの（三和サービス〔外国人研修生〕事件・名古屋高判平成22.3.25労判1003号5頁），などがある。

これらの実態にかんがみ，2009年の入管法改正により，研修制度を廃して制度が外国人技能実習制度に原則一本化され，講習期間を除き労働関係の法令が適用されるようになった。さらに，2016年には，「外国人の技能実習の適正な実施及び技能実習生の保護に関する法律」が制定され，罰則付きで人権侵害行為の防止を図り，優良な受け入れ先については最長5年の実習期間を認められるなどの制度改正がなされた。同時に，入管法の改正により，介護職での受け入れが拡大された（入管別表第1の2）。

他方，技能実習生と企業とを結びつける監理団体の業務実態にも批判が向けられている。判例では，技能実習生が入管法違反（資格外活動）により逮捕勾留され，技能実習を稼働できなくなった損害について，業務命令を発した実習企業だけでなく監理団体も不法行為責任を負うとされる（千鳥ほか事件・広島高判令和3．3．26労判1248号5頁。協同組合アーバンプランニングほか事件・福岡高判令和4．2．25LEX/DB25591959も参照）。

(c)　外国人材の受け入れ　　技能実習制度の抱える数々の問題をふまえ，外国人労働政策は新たな一歩を踏み出した。すなわち，2019年からは，人手不足が深刻な分野についての新たな在留資格として，一定の知識や技能がある「特定技能1号」（最長5年，技能実習生は3年の経験があれば試験なし）と，特定分野で熟練した技能がある「特定技能2号」（長期滞在や家族帯同が可能）の受け入れが認められている（入管法別表第1の2「特定技能」）。後者は，2023年6月に，その対象を2分野の業種から11分野に拡大することが決定された。また，2023年4月からは，高度外国人材の中でもトップレベルの能力のある者の受入れを促進するために，一定の学歴・職歴等を条件に「高度専門職（1号）」の資格を与え（1年間の在留により同2号），配偶者の就労等の優遇措置が講じられる。また，世界トップレベルの大学を卒業した者（「未来創造人材」）には，卒業5年以内等の条件で，最長2年の就職および起業の準備活動が可能となり，家族帯同も認められる（同別表1の2「高度専門職」）。

第3節　労働紛争とその解決方式

1　労働紛争の特色

労働関係は，本来，当事者間に資力や情報量において非対等性があり，長期にわたる継続的関係であることが多い。また，組織的・集団的関係が存在し，単なる利益関係ではなく人的・情緒的要素を含む複雑な関係であるという特徴がある。これに対応して，労働紛争も，非対等性，継続性，組織的・集団的関係という特徴があり，さらには，人的要素や感情的要素をはらんでいることが

Fig. 1-1　多様な労働紛争解決システム（裁判を除く）

	調整的解決	判定的解決
集団的労働紛争	労働委員会による斡旋・調停・仲裁	労働委員会による不当労働行為救済
個別労働関係紛争	紛争調整委員会のあっせん 紛争調整委員会の調停（雇均法・パート有期労働法・育介法・障害者雇用促進法・労働施策推進法・派遣法） 労働審判手続における調停 道府県労働委員会のあっせん	労働審判

多い。のみならず，特に解雇紛争では，被解雇者は生活維持のために全面的な利害を賭して紛争を展開する全身紛争の特性を有する。

これらのことから，労働紛争の解決には，その特質を踏まえた高度の専門性が必要であり，また，迅速かつ低廉な解決方式が求められる。このため，労働紛争は，自主的に早期の解決を図ることが望ましいが，それが困難であるときにも，当初は第三者の関与による任意的で柔軟な解決を図り，その後に行政や裁判所の介入による公的で一定の強制力を伴う解決が求められることになる。

2　労働紛争解決手続法

労働紛争は，労働関係の分類と同様に，集団的労働紛争と，個別労働関係紛争とに分けることができる。集団的労働紛争は「労働争議」のことをいい，労働組合その他の労働者団体による「争議行為」が発生またはそのおそれがある状態と定義されている（労調6条・7条）。また，個別労働関係紛争とは，労働契約や労働関係に関する事項についての個別労働者と事業主の間に生じる紛争をいう（個別労働紛争1条，労審1条参照）。

労働紛争の解決方式には，当事者の主張する事実を法律に当てはめることにより権利関係を確定する「判定的解決」と，第三者が介入して当事者の譲歩と意思の合致を基本に紛争を解決する「調整的解決」とがある。

労働紛争における裁判外紛争解決システム（ADR：Alternative Dispute Resolution）は，これら二つの分類から，Fig. 1-1のように整理される。

3 個別労働関係紛争の解決システム

1990年代後半頃から，企業のリストラ策としての解雇・雇止め問題，さらにはいじめ・パワハラ問題が深刻化して，労働契約に関する紛争が増加していた。そこで，2001年に個別労働関係紛争解決促進法が制定され，都道府県労働局を場とするADRによる紛争解決方式が導入された。さらに，2004年には，地方裁判所で実施される労働審判制度が成立した。また，雇均法においても，同法違反の紛争について調停による独自の紛争解決方式が強化された。

このように紛争類型に応じて，多様な紛争解決機関が用意されたことから，都道府県労働局では，雇用環境・均等部および管内の主要駅周辺や労基署内に「総合労働相談コーナー」を設置し，専門相談員が面談または電話で相談を受け付け，ワンストップ・サービスの役割を果たしている。

⑴　**紛争調整委員会によるあっせん**　　個別労働関係紛争は，企業内部において早期に自主的解決を図ることが望ましい（個別労働紛争2条）。しかし，それが困難な場合に，当事者の一方または双方から援助を求められたときには，都道府県労働局長は，必要な助言または指導を与えることができる（同4条）。

さらに，当事者の一方または双方があっせんを申請したときに，都道府県労働局長は必要と認める場合には，紛争調整委員会にそれを行わせる。紛争調整委員会は，弁護士，大学教授等の労働問題の専門家で組織する委員会で，都道府県ごとに6～36人の数で任命される（同施行規則2条）。あっせんは，同委員会のうちから会長が指名したあっせん委員（原則3名）が実施し，「実情に即して事件が解決されるように努め」，その上で「事件の解決に必要な」あっせん案を作成して当事者に提示する（個別労働紛争12条・13条）。

⑵　**道府県労働委員会によるあっせん**　　労働委員会は，Fig. 1-1に示したように集団的紛争について斡旋・調停・仲裁を行うことが本来の任務であるが，個別紛争についてもあっせんを行っている（個別労働紛争20条参照。東京都，兵庫県では実施していない）。この制度は，あっせん員の多くが労働委員会の公労使三者の委員で構成される点に特色がある。

⑶　**労働審判**　　労働審判は，個別労働関係紛争について，裁判所で行う紛争解決制度であり，あっせん制度と訴訟との中間的な位置が与えられている

(Fig. 1-2を参照)。

すなわち，労働審判は，都道府県の地方裁判所（一部では地裁支部を含む）で実施され，当事者の申立てに基づき権利関係を踏まえた判定的解決が行われる。迅速性が重視されており，原則として3回以内の期日で行われる（労審15条2項)。労働審判は非訟事件手続によるものとされ（同29条1項)，非公開である。また，審判では，権利関係の確認や財産の給付を命じるが，申立て内容に厳格には拘束されず「紛争の解決をするために相当と認める事項」を定めることが認められている（同20条2項。この相当性が認められるには，労働審判の内容が，労使の権利関係と合理的関連性があり，当事者に受容可能性および予測可能性がなければならないとして，当該労働審判の「口外禁止条項」は受容可能性がないと判断〔国家賠償請求は否定〕した裁判例として，国〔口外禁止条項〕事件・長崎地判令和2.12.1労判1240号35頁がある)。事案の性質に照らし，労働審判の手続が適当でないと認められると，労働審判手続は終了する（同24条)。

審判を実施するのは，職業裁判官1名（労働審判官）と雇用・労使関係に関する専門的な知識経験を有する者（労働審判員）2名から構成される，労働審判委員会であり（労審7条)，その決議は多数決で行われる（同12条)。

労働審判の手続においては，調停による解決の見込みがあるときにはこれを試みることが予定されている。実際にも，労働審判の申立てがあった事件の約70%は，調停により解決している。一方，労働審判がなされた場合で，これに異議が申し立てられたときには，当該労働審判の申立てがあった時点で，同じ地方裁判所に訴えの提起があったものとみなされる（労審22条)。ただ，この場合に労働審判は地方裁判所の裁判の下級審と位置づけられるわけではないから，民訴法23条1項6号にいう「前審の裁判」に当たらず，労働審判官として関与した裁判官が裁判を担当して第一審判決を下しても，違法な裁判とはいえない（判例11-3 小野リース事件)。また，解雇等の事件における労働審判の主文では，必ずしも契約関係や法的関係について言及せず，相手方である使用者に「解決金」の支払を命じるにとどまることが多いが，この場合でも，解雇が有効であるとの審判がなされたとみることはできない（学校法人大乗淑徳学園事件・さいたま地判平成26.4.22労判1109号83頁)。

Fig. 1-2　労働審判手続の流れ

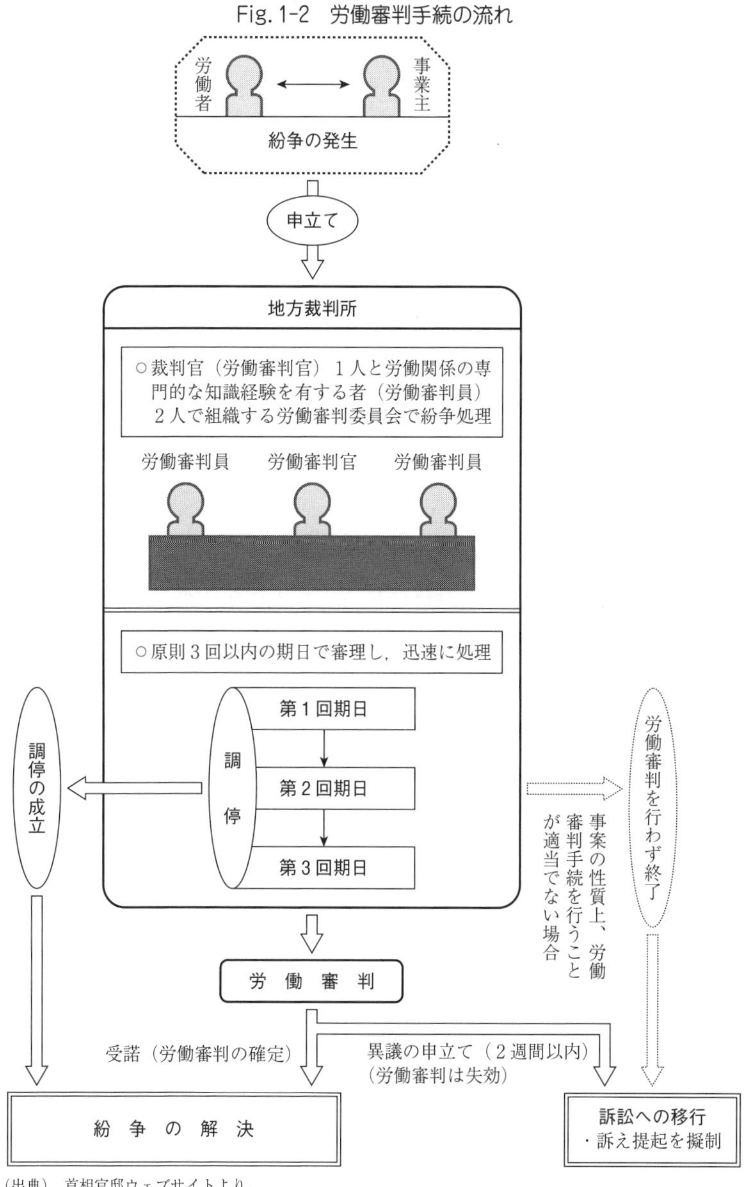

（出典）　首相官邸ウェブサイトより。

4 個別労働関係紛争の民事訴訟

(1) 民事訴訟の特質と限界　個別労働関係紛争は，労働ADRによる解決がうまくいかなかった場合，あるいは労働ADRを経ることなく直接に，民事訴訟により解決されることも多い。

解雇紛争を例にとると，被解雇者たる労働者側は，解雇が無効であるとの判断を前提に，労働契約上の地位にあること（雇用関係存在）の確認訴訟と，解雇言渡し以後の未払賃金の支払を請求する給付訴訟を提起するのが一般である（使用者側が，雇用関係の不存在確認訴訟を提起することもある）。また，解雇における状況いかんでは不法行為に基づく損害賠償請求もなされる。なお，未払賃金等の支払請求などで，訴訟の目的の額が60万円以下の金銭の支払である場合には，簡易裁判所を利用した簡易迅速な紛争解決の方式である，少額訴訟が利用されることもある（民訴368条以下）。

裁判所の民事訴訟は，すべての労働関係の分野での民事紛争の解決を受けもつ。また，権利関係の確認や義務の履行の判断に関して，裁判所は，労働関係法令のほか，権利濫用法理，公序良俗違反，信義則違反，意思欠缺の法理など，私法上の総則的規定を適用して判断を導くことができる。

その反面で，このような通常民事訴訟の特色は，専門性，費用の低廉，迅速な解決といった労働紛争の要請と合致しないことが多い。また，訴訟による判定的解決を図ることが，両当事者にとって必ずしも適切といえないことが多い（例えば，地位確認の判決を得ても，実際には職場復帰が難しいことが多い）。上記の多様な労働ADRが産み出されたのは，そのためである。

(2) 紛争の迅速な解決　労働紛争のうちでも解雇をめぐる紛争においては，労働者が失業状態のまま争わざるを得ないことが多いから，特に迅速な紛争解決が必要である。そこで，従来より解雇の民事訴訟においては，民事保全法に基づく地位保全仮処分（民保23条2項）を命じるよう申立て，あわせて本案確定までの賃金の仮払を命じる賃金仮払仮処分を命じるよう申立てる（同24条参照）方式が用いられることが多い。

仮処分は，簡易な手続による一応の判断に基づき，本案判決までの間，暫定的に当事者の関係を定めるものであるが，解雇事件では，仮処分だけで紛争が事実上解決してしまうケースも多い（仮処分の本案訴訟化)。また，仮処分を認めるには，その必要性の存在が要件となるが，近年では，地位保全の必要性はなく生活を支えれば一応十分であるとの考えから，賃金仮払仮処分のみ請求し，あるいはこれのみが認められることが多い。

労働者が賃金仮払仮処分により，仮払の給付を受けた後に，本案で敗訴するなどして仮処分が取り消されたときには，仮払金に相当する現実の就労をしたなど特段の事情がない限り，労働者はその返還義務を負う（宝運輸事件・最三小判昭和 63. 3 .15 民集 42 巻 3 号 170 頁)。

5　集団的労働紛争の解決方式

集団的労働紛争の解決方式については，労働委員会による手続が中心であることから，第 24 章第 7 節および第 25 章第 6 節で取り上げる。

第Ⅰ編

第2章　労働法上の当事者

労働法における「労働者」・「使用者」の概念は多義的である。なぜなら，労基法，労契法，労組法等の個々の法律の目的・機能が異なり，各法が対象とする「労働者」・「使用者」が微妙に異なるからである。そして，労働法では，「労働者」・「使用者」のほかに，「労働組合」が重要な法主体として登場する。さらに，派遣や業務請負等の三者間の複雑な法律関係が生じる就労が広がっており，また，雇用と請負・委任の中間的な形態も多様化している。「労働者」・「使用者」の概念も，各法の目的に即して解釈される。

第1節　労　働　者

1　労基法上の労働者

労基法9条は，労働者を「職業の種類を問わず，事業又は事務所（以下「事業」という。）に使用される者で，賃金を支払われる者をいう」と定義している。労基法上の労働者に該当する場合，労基法上の最低基準の保護や関連法規（最賃法，雇均法，労安衛法，労災法等）の適用を受ける。一般に，労基法上の労働者に該当するか否かは，雇用（民623条）以外の請負（同632条）や委任（同643条）であっても，契約の形式にかかわらず，労務給付の実態に即して，使用従属関係の有無によって判断される。例えば，「雇用によるものを除く」（高年38条1項1号）とされるシルバー人材センターに登録して就労する者（国・西脇労基署長事件・神戸地判平成22.9.17労判1015号34頁）や会社との間で委任契約の関係にあるとされる取締役（ピュアルネッサンス事件・東京地判平成24.5.16労判1057号96頁）についても，「労働者」と認められる場合がある。

そして，使用従属関係の有無は，**判例 2-1** 横浜南労基署長（旭紙業）事件のように，仕事の依頼，業務従事の指示等に対する諾否の自由の有無，業務遂行上の指揮監督の有無，時間的・場所的拘束の有無，代替性の有無（「使用」性），報酬の労務対価（対償）性の有無（「賃金」性），公租公課関係等が判断の主な要素となる。また，機材等の負担関係，報酬の額，専属性の程度などから，自己の危険（負担）と計算の下において業務を遂行しているかどうか（非「事業者」性）も考慮して判断される。

労働者性を認めた例として，映画のカメラマン（新宿労基署長〔映画撮影技師〕事件・東京高判平成 14. 7 .11 労判 832 号 13 頁），研修医（関西医科大学事件・最二小判平成 17. 6 . 3 民集 59 巻 5 号 938 頁），業務委託契約に基づく英会話講師（NOVA 事件・名古屋高判令和 2 .10.23 労判 1237 号 18 頁），裏方業務等にも従事する劇団員（エアースタジオ事件・東京高判令和 2 . 9 . 3 労判 1236 号 35 頁），アイドルグループのメンバー（労基 16 条を適用，ファーストシンク事件・大阪地判令和 5 . 4 .21 判例集未登載）等がある。

他方で，否定した例として，作業場を持たずに一人で大工仕事に従事する形態で稼働する一人親方（藤沢労基署長事件・最一小判平成 19. 6 .28 労判 940 号 11 頁）のほか，出演等への諾否の自由があったとして，合唱団のメンバー（新国立劇場運営財団事件・東京高判平成 19. 5 .16 労判 944 号 52 頁）やタレント専属契約を締結したアイドル（H プロジェクト事件・東京高判令和 4 . 2 .16LEX/DB 25593268）の事案で，労働者性が否定されている。

なお，労基法は，同居の親族のみを使用する事業には適用せず，また，一般家庭における私生活の自由との調和上の配慮（医療法人衣明会事件・東京地判平成 25. 9 .11 労判 1085 号 60 頁）から家事使用人についても，適用しない（116 条 2 項）。そして，家政婦兼訪問介護ヘルパーの労災に関して，家政婦としての家事業務は，要介護者等との間の家事使用人としての雇用契約に基づく業務であり，介護業務に係る会社の業務と疾病の発症との業務起因性の判断において，検討の対象にはならないとするものがある（国・渋谷労基署長〔山本サービス〕事件・東京地判令和 4 . 9 .29 労判 1285 号 59 頁，労災 12 条の 8 第 2 項も参照）。

判例 2-1　横浜南労基署長（旭紙業）事件

（最一小判平成8.11.28労判714号14頁）

事　実　Xは，訴外A会社と運送請負契約を締結して，Aの横浜工場において，自ら持ち込んだトラックを運転する形態の運転手として運送業務に従事していたところ，同工場の倉庫内で，運送品をトラックに積み込む作業中に負傷した。Xは本件事故による療養と休業について，労災保険法所定の療養補償給付等の支給を，Y労基署長に請求したが，Yは，Xが労災保険法上の労働者に該当しないとして，不支給処分とした。そこで，Xが当該処分の取消しを求めて提訴したところ，一審（横浜地判平成5.6.17労判643号71頁）は労働者性を肯定した。二審（東京高判平成6.11.24労判714号16頁）は下記のとおり判断基準を示した上で，労働者性を否定したため，Xが上告したのが本件である。

二審判旨　労基法上の労働者とは，「使用者の指揮監督の下に労務を提供し，使用者から労務に対する対償としての報酬が支払われる者をいうのであって，一般に使用従属性を有する者あるいは使用従属関係にある者と呼称されている」。

「そして，この使用従属関係の存否は，業務従事の指示等に対する諾否の自由が無いかどうか，業務の内容及び遂行方法につき具体的指示を受けているか否か，勤務場所及び勤務時間が指定され管理されているか否か，労務提供につき代替性が無いかどうか，報酬が一定時間労務を提供したことに対する対価とみられるかどうか，更には，高価な業務用器材を所有しそれにつき危険を負担しているといった事情が無いかどうか，専属性が強く当該企業に従属しているといえるか否か，報酬につき給与所得として源泉徴収がされているか否か，労働保険，厚生年金保険，健康保険の適用対象となっているか否か，など諸般の事情を総合考慮して判断されなくてはならない」。

判　旨　「Xは，業務用機材であるトラックを所有し，自己の危険と計算の下に運送業務に従事していたものである上，Aは，運送という業務の性質上当然に必要とされる運送物品，運送先及び納入時刻の指示をしていた以外には，Xの業務の遂行に関し，特段の指揮監督を行っていたとはいえず，時間的，場所的な拘束の程度も，一般の従業員と比較してはるかに緩やかであり，XがAの指揮監督の下で労務を提供していたと評価するには足りないものといわざるを得ない。そして，報酬の支払方法，公租公課の負担等についてみても，Xが労働基準法上の労働者に該当すると解するのを相当とする事情はない。そうであれば，Xは，専属的にAの製品の運送業務に携わっており，同社の運送係の指示を拒否する自由はなかったこと，毎日の始業時刻及び終業時刻は，右運送係の指示内容のいかんによって事実上決定されることになること，右運賃表に定められた運賃は，トラック協会が定める運賃表による運送料よりも１割５分低い額とされていたことなど原審が適法に確定したその余の事実関係を考慮しても，Ｘは，労働基準法上の労働者ということはできず，労働者災害補償保険法上の労働者にも該当しない」。

2 労働契約上の労働者

労契法２条１項は「この法律において『労働者』とは，使用者に使用されて労働し，賃金を支払われる者をいう」と定義し，「使用」性と「賃金」性によって労働者性を判断する枠組みは，労基法上の労働者と基本的に同じである。

民法の請負や（準）委任または非典型契約で労務を提供する者であっても，契約形式にとらわれず，実態として使用従属関係が認められる場合には，「労働者」に該当し（労契法施行通達），その労働の従属性を有する限りにおいて，労働契約法理による保護の対象となり，弁護士資格を有する会社の法律専門職の者（Ｂ社〔法律専門職〕事件・東京地判平成21.12.24労判1007号67頁）や出講契約に基づく予備校の非常勤講師（河合塾事件・福岡高判平成21.５.19労判989号39頁）でも労働契約に基づく法律関係と認められる場合がある。他方で，業務委託契約に基づきNHK受信料の徴収等の業務に従事する地域スタッフについて，再委託が自由であることなどから，労契法の適用を否定したものがある（NHK神戸放送局〔地域スタッフ〕事件・大阪高判平成27.９.11労判1130号22頁）。

使用者が同居の親族のみを使用する場合には，労基法と労契法は適用されないが（労基116条２項，労契21条２項），労基法とは異なり労契法は，事業に使用されていない者であっても適用されうるし，家事使用人にも適用される。

また，労契法は，国家公務員および地方公務員には適用されず（労契21条１項），一般職の非常勤職員に対する同法19条の類推適用も否定したものがある（Ｘ市事件・大阪高判平成29.８.22労判1186号66頁，〔不受理決定〕最三小決平成30.２.13労経速2348号27頁）。さらに，条例に基づく一般職に対する退職手当の支給について，以前の特別職職員（地公３条３項旧３号）として任用された嘱託員（現在の会計年度任用職員，地公22条の２）は，適用対象に該当しないと判断されている（中津市〔特別職職員〕事件・最三小判平成27.11.17労判1135号５頁）。

3 労組法上の労働者

労組法3条は，同法上の労働者を「職業の種類を問わず，賃金，給料その他これに準ずる収入によつて生活する者をいう」と定義している。労組法上の労働者の範囲は，労基法・労契法上の労働者とは必ずしも一致せず，同法1条1項が定める団結活動の保護や団体交渉の促進助成という目的に即して判断される。労組法上の「労働者」該当性については，①事業への組入れ，②契約内容の一方的決定，③報酬の対価性を基本的判断要素としつつ，④業務の依頼に応ずべき基本的関係，⑤指揮監督下の労務提供，時間的場所的拘束を補完的判断要素として総合的に考慮し，⑥顕著な事業者性があるなどの特段の事情がある場合には，総合判断において労働者性を否定することがある。

例えば，出演契約に基づく楽団員（CBC管弦楽団事件・最一小判昭和51.5.6民集30巻4号437頁），出演基本契約に基づく合唱団メンバー（新国立劇場運営財団事件・最三小判平成23.4.12民集65巻3号943頁〔差戻審・東京高判平成24.6.28労判1056号5頁〕），業務委託契約を締結した修理等業務従事者（INAXメンテナンス事件・最三小判平成23.4.12労判1026号27頁，判例2-2国・中労委〔ビクターサービスエンジニアリング〕事件）やNHKの地域スタッフ（NHK〔全受労南大阪〈旧堺〉支部〕事件・東京高判平成30.1.25労判1190号54頁）について，労働者性が肯定されている。他方で，コンビニエンスストアの加盟者（店）は，独立した事業者であって，事業組織に組み入れられているとはいえず，報酬の対価性があるともいえず，労務提供の在り方が一方的・定型的にされているものではないなどとして，労組法上の労働者に当たらないとされた（国・中労委〔セブン-イレブン・ジャパン〕事件・東京高判令和4.12.21労判1283号5頁）。

判例2-2 国・中労委（ビクターサービスエンジニアリング）事件

（最三小判平成24.2.21民集66巻3号955頁）

事　実 被上告人X社は，音響機器等の設置・修理等を業とし，補助参加人Z組合らは，X社と業務委託契約を締結してその修理等の業務に従事する業者であって個人営業の形態のもの（個人代行店）が加入する団体である。X社と業務委託契約（本件契約）を締結して個人代行店になるためには，筆記試験と面接に合格し，一定の水準の修理技術習得のための約3か月の研修を了しなければならない。X社は個人代行店の業務担当地域を指定し，出張修理業務のうち多くの割合の業務を個人代行店に担当させ，業務量を調整し，割り振っていた。本件契約の内容は，X社作成の統一様式に基づき画一的に定められており，委託料は，原則として，X社が定めた修理工料等に一定の割合を乗じて計算され，個人代行店は，X社の親会社A社作成のマニュアルに従って所定の修理業務を行う一方で，他社製品の修理業務も受注でき，自動車や修理工具を保有し，燃料代等の諸経費を自ら負担していた。そして，Z組合らは個人代行店の待遇改善を求めて団交を申し入れたが，X社がこれを拒否したため，Z組合らは，不当労働行為の救済を申立て，大阪府労委・中労委ともにZ組合らの主張を認める命令を発した。そこで，X社がその命令の取消しを求めたところ，一審・二審ともに同命令を違法として取り消したため，上告人Y（国・処分行政庁〔中労委〕）が上告したのが本件である。

判　旨　「個人代行店は，X社の上記事業の遂行に必要な労働力として，基本的にその恒常的な確保のためにX社の組織に組み入れられているものとみることができ」，「業務の内容やその条件等について個人代行店の側で個別に交渉する余地がないことは明らかであるから，X社が個人代行店との間の契約内容を一方的に決定しているものといえ」，「実際の業務遂行の状況に鑑みると，修理工料等が修理する機器や修理内容に応じて著しく異なることからこれを専ら仕事完成に対する対価とみざるを得ないといった事情が特段うかがわれない本件においては，実質的には労務の提供の対価としての性質を有するものとして支払われているとみるのがより実態に即しているものといえる」。また，「各当事者の認識や本件契約の実際の運用においては，個人代行店は，なお基本的にX社による個別の出張修理業務の依頼に応ずべき関係にあるものとみるのが相当であ」り，「個人代行店は，基本的に，X社の指定する業務遂行方法に従い，その指揮監督の下に労務の提供を行っており，かつ，その業務について場所的にも時間的にも相応の拘束を受けているものということができる」。「個人代行店については，他社製品の修理業務の受注割合，修理業務における従業員の関与の態様，法人等代行店の業務やその契約内容との等質性などにおいて，なお独立の事業者としての実態を備えていると認めるべき特段の事情がない限り，労働組合法上の労働者としての性質を肯定すべきものと解するのが相当であ」る。

4 労働者協同組合と労働関係法令

労働者協同組合法上の労働者協同組合は，持続可能で活力のある地域社会の実現に資することを目的とする非営利の事業を行うものとし（3条1項・3項），事業に従事する組合員と労働契約を締結しなければならない（20条1項）。そして，労働契約を締結した組合員が出資しかつ議決権の過半数を保有して（3条1項1号・2項4号），事業の運営に実質的に関与するものである。また，総会への報告事項として，就業規則の作成・変更とその内容，労働協約の締結とその内容，労基法第4章に規定する協定の締結等とその内容が挙げられている（66条2項）。同組合は，その行う事業に従事する組合員（一部を除く）との間で労働契約を締結しなければならない（20条）ことから，労働契約を締結した組合員は，労契法やパート有期法が適用されよう（令和4．5．27雇均発0527第1号）。

指針（令和4．5．27厚労告188号）によれば，組合員には，労基法，最賃法，労組法等の労働関係法令が基本的に適用されることとなるが，これらの具体的な適用に当たっては，個々の実態に応じて，各労働関係法令に定める労働者に該当するか否か等が判断される。なお，中小企業等協同組合法に基づく企業組合の組合員について，労基法上の労働者性を否定したものがある（企業組合ワーカーズ・コレクティブ轍・東村山事件・東京高判令和元．6．4労判1207号38頁）。

5 フリーランスと労働関係法令

「特定受託事業者に係る取引の適正化等に関する法律」（令和5年度法律25号）は，フリーランスとしての「特定受託事業者」を，業務委託の相手方である事業者であって従業員を使用しないものと定義し（2条1項），個人で働く特定受託事業者に業務委託（事業者がその事業のために他の事業者に物品の製造，情報成果物の作成または役務の提供を委託すること〔2条3項〕）を行う発注事業者（業務委託事業者）に対し，業務委託をした際の取引条件の明示を義務づけた（3条）。さらに，同法は，従業員を使用する業務委託事業者（特定業務委託事業者）に対して，給付を受領した日から原則60日以内に報酬支払期日を設定し，支払わなければならないものとし（4条），特定受託事業者に帰責事由のない受領拒否・

報酬減額・返品，著しい定額の報酬額の設定，正当な理由のない物品購入・役務利用の強制を禁止し（5条1項），自己のために経済上の利益を提供させることや特定受託事業者に帰責事由のない内容変更・やり直しをさせることにより特定受託事業者の利益を不当に害してはならないとした（同条2項）。そして，特定業務委託事業者には，特定受託業務従事者の就業環境の整備（ハラスメント対策のための体制整備等）が義務づけられた（12条～14条）。

また，労働関係法令との関係では，例えば，ある事業者は，飲食店から注文を取り次ぎ，飲食店が個人事業者としての配達員に対して配達業務の委託を行うことを仲介することによって，飲食店と配達員との間で請負契約が成立するものの，配達員は特定の飲食店との間で専属的・継続的な関係にはなく，契約形式も雇用ではなく請負として，配達員を独立した事業者として扱っている。こうすることにより，配達員は労基法や労組法などの保護から排除されるおそれがあるが，フリーランスとして請負契約や準委任契約などの契約で仕事をする場合であっても，個々の働き方の実態に基づいて，「労働者」該当性が判断されることになることに変わりはない。実際に，ウーバーイーツの配達員について労組法上の「労働者」と認め，仲介事業者について，「団体交渉に応ずるべき使用者の地位にある」と判断した労委命令がある（Uber Japan ほか1社事件・東京都労委命令令和4.10.4労判1280号19頁）。なお，労災保険に関しては，特別加入の対象がフリーランスにも拡大されている（**第20章第3節**参照）。

第2節　使　用　者

1　労基法上の使用者

労基法10条は，①事業主，②事業の経営担当者，③その他その事業の労働者に関する事項について事業主のために行為をするすべての者を「使用者」と定めており，事業主だけでなく，現実の行為者も責任主体となる。①は，個人企業では企業主個人，法人組織では法人そのものであり，②は，法人の代表者，取締役または支配人などの事業経営一般について権限と責任を有する者，③は，事業主のために，人事，給与など労働条件の決定や労務管理を行い，業務命令を発し指揮監督する権限を行使する部長・課長・係長・現場監督などが含まれる。この定義に該当する使用者が，労基法上の義務を履行しない場合，同法117条以下の罰則の対象となり，②・③による労基法違反の責任については，両罰規定により，当該行為者だけでなく，事業主も処罰される（労基121条）。

2　労働契約上の使用者

労契法2条2項は，「使用者」を「その使用する労働者に対して賃金を支払う者をいう」と定義しており，一般に，労基法10条の「事業主」に相当するものとされる（労契法施行通達）。しかし，労働契約上の使用者としての責任を負う主体は，必ずしも契約上の当事者である使用者に限定されるわけではなく，直接的な契約関係がない場合でも，その責任を負わせる場合がある。

例えば，判例2-3安田病院事件のように，契約当事者以外の者が指揮命令を行い，当事者としての使用者が独立性を欠き名目的な労務管理の代行機関のようになっていて，実際に労働条件を決めているのが，労働者に指揮命令をしている当事者以外の者である場合に，「黙示の労働契約」が認められる場合がある（肯定例：介護ヘルパーと職業紹介会社に関して，福生(ふっさ)ふれあいの友事件・東京地立川支判平成25. 2 .13労判1074号62頁，**第3章第3節1(3)**参照）。ただし，実際の判断はかなり厳格である（否定例：労働者派遣に関して，判例15-2パナソニックプラズマディスプレイ〔パスコ〕事件，多重下請けに関して，わいわいサービス事件・大阪高判平成29. 7 .27労判1169号56頁，代理店の労働者と代理店を統括する業務委託企業の関係に関して，ベルコ事件・札幌地判平成30. 9 .28労判1188号5頁）。

また，安全配慮義務についても，注文者（元請負人）が，請負人の労働者に対して安全配慮義務を負担しなければならない場合がある（判例20-8大石塗装・鹿島建設事件）。他方で，多重下請けの労働者に対する注文者の安全配慮義務を否定したものもある（中部電力ほか〔浜岡原発〕事件・静岡地判平成24. 3 .23労判1052号42頁）。

判例2-3　安田病院事件

（大阪高判平成10. 2 .18労判744号63頁，最三小判平成10. 9 . 8労判745号7頁）

事　実　Xは，Y経営のA病院に履歴書を提出してAの事務職員Bの面接を受け，Bから報告を受けた後，Z紹介所に雇用され同紹介所から付添婦として，Aに派遣された。Xの採用に際し，Zは関与していない。また，Xは，Aでの付添婦としての勤務について，担当する患者をAから指定され，出退勤をAの設置したタイムカードによって病院職員から管理され，昼勤，夜勤の勤務する日を患者やZの指定によらずAの勤務表によって指定され，付添業務そのものをAから指揮，命令されており，朝礼への参加，病院の清掃，夜警をYから命じられ，Aから病院職員としての監督を受けており，さらに担当の患者が死亡した場合に付添料2日分を控除され，付添料を，患者が病院に支払った額ではなく，Aの定める月額20万円で支給され，Aから給料の支払を受けていた。XはZから解雇されたところ，Aとの間で労働契約上の地位の確認を求めて提訴し，一審は，労働契約関係の成立を否定したため，Xが控訴したのが本件である（なお，Yの上告に対して，最高裁は，原審判断を是認できると判示）。

判　旨　「使用者と労働者との間に個別的な労働契約が存在するというためには，両者の意思の合致が必要であるとしても，労働契約の本質を使用者が労働者を指揮命令し，監督することにあると解する以上，明示された契約の形式のみによることなく，当該労務供給形態の具体的実態を把握して，両者間に事実上の使用従属関係があるかどうか，この使用従属関係から両者間に客観的に推認される黙示の意思の合致があるかどうかにより決まるものと解するのが相当である」。

「Xは，Zに雇用され同紹介所からAに派遣された付添婦という形式がとられているものの，あくまでも形式だけのものであり，しかもZのオーナーであるCが人的構成や出資面でYから支配されているという関係にあり，結局のところAを経営するYの指揮，命令及び監督のもとにAに対して付添婦としての労務を提供し，Aがこれを受領していたものと評価することができるから，Aを経営するYとの間に実質的な使用従属関係が存在していたものということができ，又，客観的に推認されるXとYの意思は，労働契約の締結と（ママ）承諾をしていたものと解するのが相当であって，結局両者の間には黙示の労働契約の成立が認められる」。

子会社が独立の法人としての実態を有さず，親会社の一事業部門とみなされるような場合には，法人格否認の法理が適用され，親会社と子会社従業員の間で労働契約関係が認められうる。さらに，法人格の形骸化とまではいえない場合でも，親会社が子会社の法人格を意のままに実質的・現実的に支配し（支配の要件），その支配力により子会社に存する労働組合を壊滅させる等の違法・不当な目的を達するため（目的の要件），子会社を解散したなど，法人格の濫用の程度が顕著かつ明白である場合には，親会社に対して労働契約上の権利を主張できる（第一交通産業ほか〔佐野第一交通〕事件・大阪高判平成19.10.26労判975号50頁）。また，事業譲渡に伴って譲渡会社から解雇された労働者について，法人格を濫用した不当労働行為に該当し，解雇は無効であるとして，譲受会社に対する労働契約上の地位の確認を認めたものがある（サカキ運輸ほか〔法人格濫用〕事件・福岡高判平成28.2.9労判1143号67頁）。

3　労組法上の使用者

労組法上の使用者については，同法上に定義規定がないものの，判例では，労働契約関係に隣接ないし近似する関係を基盤とする集団的労使関係において，現実の労働契約上の使用者以外にも，使用者性を認めている。

まず，近い将来使用者となることが確実な者，および過去に使用者であった者である。例えば，派遣先会社が，近い将来直接雇用することを予定している派遣労働者が加入する労働組合から団交を申し入れられた場合（国・中労委〔クボタ〕事件・東京地判平成23.3.17労判1034号87頁），過去の雇用関係から生じた労働条件をめぐる紛争（長期間経過後に発症する石綿関連疾患）について社会通念上合理的期間内に団交が申し入れられた場合（兵庫県・兵庫県労委〔住友ゴム工業〕事件・大阪高判平成21.12.22労判994号81頁）等である。

また，業務請負の関係のように，労働契約関係に近似する関係を基盤として，雇用主以外でも，その労働者の基本的な労働条件等について，雇用主と部分的とはいえ同視できる程度に現実的かつ具体的に支配，決定できる者が「使用者」と解されうる（肯定例：判例2-4 朝日放送事件，否定例：国・中労委〔国際基督教大学〕事件・東京高判令和2.6.10労判1227号72頁）。同様に，親会社が子会社の経営を完全に支配下に置き，子会社が親会社の一部門として経営上親会社の支配を受け，子会社の労働条件も親会社が現実的・具体的に決定している場合には，親会社の使用者が子会社の労働者にとっての使用者とみなされる（肯定例：兵庫県労委〔本四海峡バス〕事件・神戸地判平成14.12.26労旬1577号55頁，否定例：高見澤電機製作所外2社事件・東京高判平成24.10.30別冊中労時1440号47頁）。

判例 2-4 朝日放送事件

（最三小判平成7．2．28民集49巻2号559頁）

事　実　X社は，放送事業等を営む会社であり，テレビ番組制作のための映像撮影，フィルム撮影，照明等の業務を請け負う訴外A社，B社，C社（請負3社）の従業員を，その番組制作の現場で就労させていた。Z組合は，放送会社等の下請事業を営む企業の従業員で構成される労働組合であり，請負3社の従業員でXの製作現場で就労していた労働者の一部を組織していた。Xは，番組制作にあたり，製作番組や作業時間，作業場所等を記載した1か月間の番組制作の編成日程表を作成して請負3社に交付し，請負3社の従業員は，Xが作成した編成日程表に従うほか，Xの指示に従い，Xから支給ないし貸与される器材等を使用し，Xの作業秩序に組み込まれて，Xの従業員とともに番組制作に従事していた。

請負3社の従業員の申告により出勤簿が記載され，それぞれの会社が，これに基づき毎月の賃金を計算し支払っていた。請負3社は各自就業規則を有し，労働組合との間で賃金等について団体交渉を行い，労働協約を締結していた。ZはXに対して，賃上げ，一時金の支給，休憩室の設置を含む就労に係る諸条件について団体交渉を申し入れたところ，Xは使用者ではないとしてこれを拒否したため，Zは労働委員会に不当労働行為救済の申立てを行った。地労委・中労委ともに，Zの主張を概ね認め，救済命令を発した。これに対して，Xは，Y（中労委）命令の取消訴訟を提起し，一審は，中労委命令を支持したものの，二審は，一審判決を取り消したため，Yが上告したのが本件である。

判　旨　「労働組合法7条にいう『使用者』の意義について検討するに，一般に使用者とは労働契約上の雇用主をいうものであるが，同条が団結権の侵害に当たる一定の行為を不当労働行為として排除，是正して正常な労使関係を回復することを目的としていることにかんがみると，雇用主以外の事業主であっても，雇用主から労働者の派遣を受けて自己の業務に従事させ，その労働者の基本的な労働条件等について，雇用主と部分的とはいえ同視できる程度に現実的かつ具体的に支配，決定することができる地位にある場合には，その限りにおいて，右事業主は同条の『使用者』に当たるものと解するのが相当である」。

第3節　労働組合

1　労組法上の労働組合

(1)　労働組合の種類　労働組合には，その構成員が労働者である単位組合と，構成員が単位組合からなる連合団体とがある。労働組合の組織形態として，例えば，同一職業（職種）に属する労働者で組織される職業（職能）別組合や産業別に組織される産業別組合がある。日本では，企業ごとに従業員（特に正社員）を組織している企業別組合が大多数であり，企業や産業に関係なく個人加盟で組織する一般組合（地域合同労組など）等もみられる（Column 11参照）。また，連合団体（連合組合）の代表例として，企業別組合が産業規模で集結する全国単産（電機連合，私鉄総連等）がある。そして，単位組合が上部団体に加盟したり，支部や分会といった下部組織を有することがある。

(2)　労働組合の概念　労組法上の労働組合とは，労働者が主体となって（主体性），自主的に（自主性），労働条件の維持改善その他経済的地位の向上を図ることを主たる目的として（目的性），組織する団体またはその連合団体（団体性）をいう（労組2条本文）。したがって，労組法3条にいう労働者が主体となって，2名以上で組織されることが要件となり，一時的に結成された社団的組織を整えない労働者集団（争議団）と異なり，労働組合は組織としての継続性を備えるものである。そして，「共済事業その他福利事業のみを目的」としたり，「主として政治運動又は社会運動を目的とするもの」であってはならないが（労組2条但書3号・4号），労働組合が，経済活動を主たる目的としつつ，副次的・付随的に共済事業や政治運動・社会運動を行うことは認められる。

労働組合の設立にあたって，その形態，単位あるいは人数について特に法的規制はなく，行政庁の許可ないし届出なども要しない。これを自由設立主義という。また，労働組合は，登記により法人となることができる（同11条）。

なお，労組法が適用されない（地公法が適用される）地方公務員一般職（地公3条2項・58条1項）と労組法が適用される地方公営企業の職員（地公企39条）・単純労務者（地公57条，地公等労附則5項）や特別職（地公3条3項旧3号・

Fig. 2-1　雇用者数，労働組合員数および推定組織率の推移（単一労働組合）

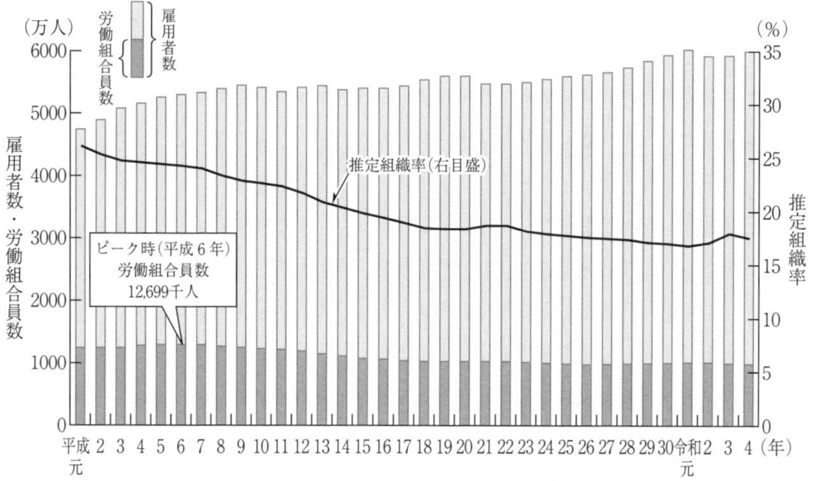

（注）平成23年の雇用者数および推定組織率は，平成24年4月に総務省統計局から公表された「労働力調査における東日本大震災に伴う補完推計」の平成23年6月分の推計値およびその数値を用いて計算した値である。時系列比較の際は注意を要する。
（出典）厚生労働省「令和4年労働組合基礎調査の概況」(https://www.mhlw.go.jp/toukei/itiran/roudou/roushi/kiso/22/index.html)

4条2項）により構成される混合組合であっても，労組法適用組合員に関する問題については，労組法7条の申立人適格が認められる（単純労務者につき大阪府・府労委（大阪市）事件・大阪高判令和4．2．4労経速2484号7頁，特別職につき国・中労委〔大阪府教委・大阪教育合同労組〕事件・東京高判平成26．3．18別冊中労時1460号37頁，〔不受理決定〕最三小決平成27．3．31別冊中労時1479号46頁）。ただし，2020年4月より特別職の多くが一般職（会計年度任用職員）に移行した（地公法22条の2）。

2　法適合組合

(1)　適合組合と資格審査　法適合組合とは，労組法上の労働組合（2条本文）であって，自主性と民主性の要件を満たしている労働組合のことであり，労働組合は，労働委員会（公益委員会議，労働委員会規則9条1項1号・25条）に証拠を提出して法適合組合であることを立証しなければ（資格審査），労組法に規定する手続に参与する資格はなく，救済も受けられない（労組5条1項本文）。

ここにいう「手続」とは，法人登記（同11条），労働協約の地域的一般的拘束力の申立て（同18条），不当労働行為の救済申立て（同27条1項）等であり，「救済」とは，労働委員会による不当労働行為の救済（同7条）である（**第25章第6節**参照）。また，労働委員会の労働者委員の推薦（労委規22条3号）や労働者供給事業の許可申請（職安45条，職安法施行規則32条2項）においても資格審査を受ける必要がある。

(2)　労働組合の自主性　自主性の消極的要件として，「使用者の利益を代表する者」の参加を許すものは，労組法上の労働組合とはいえない（労組2条但書1号）。中間管理職や下級職制について，実質的業務内容によって，その該当性を判断すべきと解されている。したがって，職制上「管理職」とされている者が加入する組合も，実質的に利益代表者を組織対象とせず，または利益代表者が参加していない場合には，法適合組合といえる（中労委〔セメダイン〕事件・東京高判平成12. 2 .29労判807号7頁，最一小決平成13. 6 .14労判807号5頁）。

また，使用者から経費援助を受けることも認められていないが（同条但書2号），労働時間中の労使協議や交渉の許容，厚生資金・福利基金への寄付および最小限度の組合事務所の供与は，組合の自主性を阻害するものではない（同号但書）。なお，労組法2条本文の要件を満たす限り，同条但書1号・2号の要件を欠く組合（憲法組合または自主性不備組合）であっても，憲法上の効果としての法的保護（民刑事免責，不利益取扱いの司法救済）を享受しうる。

(3)　労働組合の民主性　労働組合は，その民主性を確保するために，組合規約に必要記載事項を定めなければならない（労組5条2項）。これらの記載を通じて，組合員の各種権利が保障され，労働組合の民主的な運営が，形式的に担保されることになる。この民主性の要件を満たさない組合（規約不備組合）は，同法上の手続参与と救済を受ける資格を有しないが（労組5条1項），自主性を備える限り，民刑事免責だけでなく，協約締結能力（同14条・16条）などは認められる。加えて，労組法は，基金の流用（同9条）と組合の解散（同10条）についても，総会の決議を必須条件と定め，特に解散については4分の3以上の特別多数決を求めている。

II　Contract of Employment

第Ⅱ編　労働契約

Contents

第Ⅱ編

第3章　労働契約の締結過程と成立

労働契約が成立するまでの契約締結過程には，様々な主体が現れ，また，労働者に対する募集，これに対する応募，採用試験の実施等のやり取りが存在する。この過程を通じて，労働者の職業選択の自由（憲法22条1項）や，契約自由の原則（民521条1項2項）が意義を有する。実際には，労働者は，自らの生活を維持するのに労働力の売り控えをすることは困難であって，使用者に対して弱い立場に置かれる。募集・採用の過程に関し「労働は商品でない」との宣言がなされ（1944年ILOフィラデルフィア宣言），法令や判例による種々の規制が設けられているのは，そのためである。

現在では，インターネット上での求人広告が労使のマッチングに当たり重要な機能を果たし，そうしたサービスを提供する事業も様々な形で展開する。採用のあり方は，まさに，多様化，複雑化している。そこで，職安法が，迅速かつ効率的な労働力需給調整の実現と労働者の置かれる立場の弱さに鑑みて，こうした事業者に対する規制を置く一方で，求職者らの保護を図る。最終的な労働契約の成立をめぐっては，労契法や労基法等の各種の立法，そして，判例法理が展開する。

第1節　労働者の募集に関する諸規制

1 募　　集

労働者の募集や職業紹介については，職業安定法を中心とした規制が設けられている。労働者の募集には，労働者を雇用しようとする者がみずから勧誘する直接募集と他人に委託して勧誘する委託募集とがある（職安4条5項）。委託募集は，実質的な中間搾取につながりかねない。そこで，委託募集の中でも，労働者を雇用しようとする者が，自己の被用者（企業内の採用担当者等）でない者に報酬を支払い労働者の募集に従事させようとするときは，厚生労働大臣の許可を要する（同36条1項）。これに対し，労働者を雇用しようとする者が報酬を支払うことなく委託募集を行おうとするときは，届出で足りる（同条3項）。いずれの場合も委託を受けた「募集受託者」は，募集に応じた労働者からその募集に関しいかなる名義でも報酬を受けてはならない（同39条）。

2 職業紹介

労働者の募集は，職業紹介という方法により，第三者を介して行われる場合もある。「職業紹介」とは，求人および求職の申込みを受け，求人者と求職者との間における雇用関係の成立をあっせんすることをいう（職安4条1項）。判例によれば，両者間における「雇用関係成立のための便宜を図り，その成立を容易にさせる行為一般」とされ，求人者に紹介するために求職者を探し，求職者に求人者に就職するよう勧奨するスカウト行為も含まれる（東京エグゼクティブ・サーチ事件・最二小判平成6．4．22民集48巻3号944頁）。職業紹介には，手数料または報酬を受けないで行う無料のものと有料のものとがある（同条2項3項）。

無料職業紹介事業は，公共職業安定所（ハローワーク）によるものを基本とする（職安17条以下）。学校等が行う場合は，厚生労働大臣に届け出て行うことができる（同33条の2・33条の3参照）が，それ以外の者が行う場合には，厚生労働大臣の許可を受けなければならない（同33条1項）。

有料職業紹介事業については，港湾運送業務と建設業務を対象業務とする職業以外について認められ，これを行おうとする者は，厚生労働大臣の許可を受けなければならない（職安30条1項・32条の11）。有料職業紹介事業者は，求人者からの手数料の徴収を認められているが（同32条の3第1項），求職者からの手数料の徴収は原則として認められない（同条2項本文）。

職業紹介，職業指導等については，求職者等に対しては，人種，国籍，信条，性別，社会的身分，門地，従前の職業，労働組合の組合員であること等を理由として，差別的取扱いをしてはならない（職安3条）。

3　求人情報の適正化等

⑴　募集情報等提供の行為と規制　求職者が応募する契機となる求人情報は，実際にはインターネット上で提供されるものが多く，そうした情報の正確性は，求職者にとっては極めて重要である。そこで，職安法は，こうした情報提供に係る機能を果たす雇用仲介事業も規制している。

職安法は，「募集情報等提供」に該当する行為を規定する（職安4条6項）。まず，労働者の募集を行う者等の「依頼」を受けて，労働者の募集に関する情報を，労働者になろうとする者や他の職業紹介事業者等に提供することがこれにあたる（同項1号）。ただ，実態として，労働者の募集を行う者等の「依頼」を欠いていても，既に求人企業や求人メディアが各種触媒に掲載する情報を，AI等の技術により収集し掲載するクローリング型の求人メディアも運営されている。そこで，同項2号が，そうした既存の労働者の募集に関する情報を収集し，労働者になろうとする者に対して提供することも，募集情報等提供の行為にあたると規定している。さらに，同項3号は，労働者になろうとする者等の依頼を受けて，労働者になろうとする者に関する情報を，労働者の募集を行なう者等に提供することも募集情報等提供の行為にあたると規定している（4号は，依頼がない場合の同様の行為を募集情報等提供の行為とする）。

これらの募集情報等提供事業を行う者は，職業安定機関との連携・協力を求められ（同5条の2第1項），求人等に関する的確表示の義務を負う（同5条の4）。特に，労働者になろうとする者に関する情報を収集して行う募集情報等提供は，「特定募集情報等提供」に該当し（同4条7項），特定情報等提供事業を行おうとする者は，厚生労働大臣に届け出ねばらならない（同43条の2第1項）。特定募集情報等提供事業者（同4条11項）は，募集情報等提供に係る労働者の募集に応じた労働者からの，一定の報酬の受領が禁止され（同43条の3），また，職安法の定める求職者等の個人情報の取扱い（同5条の5）等に反した場合には，厚生労働大臣が事業の停止を命じる（同43条の4）。

⑵　求人に係る労働条件の明示義務・的確表示義務　公共職業安定所等は，職業紹介等に当たり，求職者等に対し，その者が従事すべき業務の内容および賃金，労働時間その他の労働条件を明示しなければならない（職安5条の3第1

項)。また，求人者等は，公共職業安定所等の紹介により求職者等と労働契約を締結しようとする場合に，職安法5条の3第1項に基づき求職者等が当初明示された労働条件を変更する場合は，当該労働者に対して当該変更する労働条件を明示しなければならない（同条3項)。これらの明示は書面等による（同条4項)。また，公共職業安定所だけでなく，職業紹介事業者や募集情報等提供事業を行う者等も，広告等により求人等に関する情報を提供するときは，求職者等に誤解を招くような表示としてはならず（同5条の4第1項)，情報の正確性や最新性を保つ必要がある（同条2項)。

なお，公共職業安定所等は，求人の申込みの内容が法令に違反するなどの場合，当該申込みを受理しないことができる（同5条の6）（若者雇用促進法に基づく「事業主等指針」については，**第19章第1節**を参照)。

第2節　採用の自由

1　採用の自由

「契約自由の原則」は，契約を締結するかしないか，誰と契約を締結するか，いかなる内容の契約を締結するかの自由を含む（民521条1項2項参照)。使用者におけるこの自由は，「採用の自由」と表現される。では，例えば使用者による特定の求職者の政治的信条を理由とした採用（労働契約の締結）拒否も，契約自由の原則から肯定されるのか。特に，憲法14条（法の下の平等)，労基法3条（均等待遇）との関係が問題となる。

判例3-1　三菱樹脂事件

（最大判昭和48.12.12民集27巻11号1536頁）

事　実　Xは，昭和38（1963）年にY会社に採用され，3か月の試用期間の満了直前に，本採用拒否を通知された。Xが身上書に虚偽の記載をし，または記載すべき事項を秘匿し，面接試験でも虚偽の回答を行ったとYは主張した。その具体的内容とは，違法な学生運動に参加したこと，生活協同組合の理事であったこと，である。Xは労働契約関係の存在確認を求め，地裁（東京地判昭和42.7.17判時498号66頁)，高裁（東京高判昭和43.6.12判時523号19頁）のいずれも，Xの請求を認容した。これに対して，Yが上告した。

判　旨「憲法は，思想，信条の自由や法の下の平等を保障すると同時に，他方，22条，29条等において，財産権の行使，営業その他広く経済活動の自由をも基本的人権として保障している。それゆえ，企業者は，かような経済活動の一環としてする契約締結の自由を有し，自己の営業のために労働者を雇傭するにあたり，いかなる者を雇入れるか，いかなる条件でこれを雇うかについて，法律その他による特別の制限がない限り，原則として自由にこれを決定することができる」。憲法14条の規定は私人間の行為を直接禁止するものではなく，「労働基準法3条は……雇入れ後における労働条件についての制限であつて，雇入れそのものを制約する規定ではない。また，思想，信条を理由とする雇入れの拒否を直ちに民法上の不法行為とすることができないことは明らかであり，その他これを公序良俗違反と解すべき根拠も見出すことはできない」。

「企業者が，労働者の採否決定にあたり，労働者の思想，信条を調査し，そのためその者からこれに関連する事項についての申告を求めることも，これを法律上禁止された違法行為とすべき理由はない。もとより，企業者は，一般的には個々の労働者に対して社会的に優越した地位にあるから，企業者のこの種の行為が労働者の思想，信条の自由に対して影響を与える可能性がないとはいえないが，法律に別段の定めがない限り，右は企業者の法的に許された行為と解すべきである。また，……企業における雇傭関係が，単なる物理的労働力の提供の関係を超えて，一種の継続的な人間関係として相互信頼を要請するところが少なくなく，わが国におけるようにいわゆる終身雇傭制が行われている社会では一層そうであることにかんがみるときは，企業活動としての合理性を欠く」とは言えない。

最高裁（判例3-1三菱樹脂事件）は，採用の自由に関し，憲法14条（法の下の平等）の直接的な私人間効力を否定し，また，労基法3条（均等待遇）にいう「労働条件」は，雇入れ後の労働条件に限定され，採用には及ばないとしている。そこで，法律等による特別な制限がない限り，使用者には広範な採用の自由が認められる。すなわち，採用の自由の内容には，①いかなる者をいかなる条件で雇入れるかの選択の自由，②求職者に関する調査を行う自由，③最終的に契約を締結するか否かを決める自由，が含まれると理解されている。

以上を前提に，大学病院の付属看護学校に在学中に，政治活動に関与していた看護学生が，当該学校の卒業生からの応募を拒否したことのなかった大学病院から採用拒否されたことも以下のように判断された。すなわち，当該採用拒否が違法となるには，求職者の思想信条が「採用を拒否したことの直接，決定的な理由となっている場合であって，当該行為の態様，程度等が社会的に許容される限度」を超えなければならない。しかもその点の「証明に事実上困難が伴うこと」もやむを得ないとされ，損害賠償の責任が否定された（学校法人慶応義塾事件・東京高判昭和50.12.22労民集26巻6号1116頁）。

しかしながら，人の思想信条は本来最も根源的な自由として保障されるべきものであるから，職業能力や適格性と関係がないものについてまで使用者が質問や調査をすることは，その自由をおびやかし，人格権やプライバシー保障に反するおそれがある。また，労基法3条にいう労働条件には採用は含まれないと全面否定する解釈については，採用段階での差別こそが最も発生しやすく不合理性の強いものであることから，法の趣旨を減殺してしまいかねない。

2　採用の自由に対する法規制

(1)　採用の自由とその制限　　使用者の採用の自由に対しては，法律により制限が設けられている。まず，使用者は，雇均法5条に基づき，労働者の募集および採用について，労働者の性別に関わりなく均等な機会を与えなければならない（**第13章第3節3(1)**参照）。また，事業主は，募集および採用につき，年齢にかかわらず均等な機会を与えなければならない（労働施策推進9条）。ただし，長期勤続によるキャリア形成のために若年者等を期間の定めのない労働契約で募集・採用する場合等の例外が認められ，その場合には年齢制限が許容される（労働施策推進則1条の3）（**第13章第5節2**参照）。その他，使用者が，労働者が労働組合に加入しないことや脱退することを雇用条件とすることは不当労働行為として禁止される（労組7条1号本文後段，**第25章第2節4**参照）。

(2)　障害者雇用　　障害者に関しては，法定雇用率という制度がある。これは，従業員数に応じて政令で定める雇用率に達するまで障害者の雇用を義務づけるものである（障害雇用38条・43条）。法定雇用率は，一般事業主については2.3%，国・地方公共団体や特殊法人は2.6%，都道府県等の教育委員会は2.5%となっている（2023年4月からは，一般事業主については2.7%となるが，段階的に，2023年度〔2.3%で据え置き〕，2024年度〔2.5%〕，2026年度〔2.7%〕と引き上げていく予定である〔国・地方公共団体等については，同様に，3.0%まで段階的に引き上げる〕。なお，精神障害者も雇用義務の対象である〔同37条2項〕)。

雇用率を達成できない事業主は，未達成部分につき，障害者雇用納付金（原則1人につき月額5万円）を徴収される（障害雇用53条）。同制度は43.5人以上の労働者を雇用する事業主について適用される。これに対して，障害者雇用率を超えて身体障害者や知的障害者等を雇用しているときに給付される障害者雇用調整金という制度もある（同49条・50条）

事業主が障害者の雇用に特別の配慮をした一定の要件を満たす子会社を設立すると，子会社に雇用されている労働者は当該事業主（＝親会社）に雇用されているものとみなされる（特例子会社制度）。特例子会社を持つ事業主は，グループ全体を親会社に合算して実雇用率を算定できる（グループ適用）。

また，事業主は，採用段階において障害者に対し，障害者でない者と均等な機会を与えなければならない（障害雇用34条）。採用段階における障害者への合理的配慮義務（同36条の2）も課されている（**第13章第4節**を参照）。

なお，2018年に国および地方公共団体における雇用率の「水増し」の問題が発覚し，2019年に障害者雇用促進法が改正され，国および地方公共団体は，「自ら率先して障害者を雇用する」とされるなど（障害雇用6条），障害者の確実な雇用の促進に係る措置が図られている（その他，障害者の任免状況の公表〔同40条2項〕等）。

3　採用拒否の救済

(1)　司法上の救済　違法な採用拒否がなされた場合の救済については，特に雇用差別との関係が問題となる（雇用差別一般については，**第13章**）。性差別や国籍差別といった採用差別は不法行為となる。しかし，労働契約上の地位確認という形での司法救済までは，原則として，認められていない。

(2)　行政機関による救済　不当労働行為としての採用拒否の場合は，労働委員会が救済命令として雇入れを命令することができる場合がある。もっとも，最高裁は，採用拒否については，「特段の事情」のない限り労組法7条1号にいう不利益取扱いに当たらないという立場である（**第25章第2節2**）。「労働者の募集及び採用についての紛争」は，都道府県労働局の紛争調整委員会の行う「調停」や「あっせん」の対象とはならない（雇均18条，個別労働紛争5条）。

第3節　労働契約の成立の意義

1　合意による成立

(1)　労契法6条　労働契約は，「労働者が使用者に使用されて労働」することと，「使用者がこれに対して賃金を支払うこと」を，当事者が合意することで成立する（労契6条）。他方，民法522条1項は，「契約は，契約の内容を示してその締結を申し入れる意思表示」（申込み）に対して「相手方が承諾をしたときに成立する」と定め，判例も，使用者からの募集（申込みの誘引）に対する，労働者の応募を，労働契約の申込みとし，これに対する使用者からの採用内定通知を，申込みに対する承諾であるとする（判例1-1 大日本印刷事件）。

(2)　合意の具体性・確定性　上述のとおり，労働契約は一定の事項につき「合意することで成立する」が，それらにつきどの程度合意すれば「合意」したことになるのか，法文上は明らかでない。**第4節**でも見るように，判例は，採用内定については，労働の遂行とこれに対する賃金支払に関する合意が採用内定の段階で抽象的なものにとどまっていても，労働契約の成立を認めている（判例1-1 大日本印刷事件）。

もっとも，裁判例には，賃金額が具体的に決まっているかという賃金額の具体性によって合意の有無を決定しようとするものもある（定年後の再雇用契約の締結に関してではあるが，日本ニューホランド〔再雇用拒否〕事件・札幌高判平成22. 9 .30労判1013号160頁，九州惣菜事件・福岡高判平成29. 9 . 7労判1167号49頁）。また，契約関係に入ること自体についての「確定的な」意思表示の有無を問題とするものもある（わいわいランド事件・大阪高判平成13. 3 . 6労判818号73頁は，労働契約の内容については固まっていたが労働者が合意を留保していた労働契約の成立を認めなかった）。

(3)　黙示の労働契約の成立　労働契約は，諾成不要式の契約であって，口頭の合意でも成立する（民522条2項）。しかし，当事者が明示的な意思表示による合意をしないまま労働をなし，賃金の支払を開始したといった事実がある場合には，黙示の労働契約の成立が認められる場合もある。判例は，「明示された契約の形式のみによることなく，当該労務供給形態の具体的実態」を検討し，現に勤務先との間に「事実上の使用従属関係」がある場合には，そこから当該当事者間に「黙示の意思の合致」を推認することを認めている（判例2-3 安田病院事件。他に，福生（ふっさ）ふれあいの友事件・東京地立川支判平成25.2.13労判1074号62頁）。

2　労働条件の明示と契約内容決定

(1)　労働条件明示に関する規制　　使用者は，労働契約締結時に，労働者に対し，賃金，労働時間，労働契約の期間，就業場所と従事すべき業務，始業終業時刻，退職に関する事項などについて，原則として書面を交付して明示しなければならない（労基15条1項，労基則5条1項4項。なお，明示事項に就業場所・業務の変更の範囲等が加えられた〔2024年4月1日施行〕。**第4章第4節3**も参照）。使用者は，これらの労働条件を事実と異なるものとしてはならない（労基則5条2項）。明示時期は労働契約締結時であるから，原則として採用内定の際に行う必要がある。労働者は，使用者が上記明示義務に基づき明示した労働条件が事実と相違する場合には，労働契約を即時に解除でき（労基15条2項），この場合，労働者が契約解除の日から14日以内に帰郷するときは，使用者は，必要な旅費を負担しなければならない（同条3項）。使用者が明示義務を果たさなかった場合に，労働契約が不成立または無効となるわけではないが，労基法15条1項違反として使用者側に罰則が科せられる（労基120条。**第6節1(2)**も参照）。

(2)　契約内容に関する労働者の理解と内容決定　　使用者は，労働者に提示する労働条件および労働契約の内容につき，労働者の理解を深めるようにするものとされる（労契4条1項）。また，当事者は，労働契約の内容を「できる限り書面により確認する」ことが要請される（同条2項）。

労働条件を示す求人票や募集広告は，契約の「申込みの誘引」に付随する文書でありそれ自体は「最終の契約条項になることを予定するものでない」（八州（はっしゅう）事件・東京高判昭和58.12.19労判421号33頁）。しかし，そうした契約締結過程における表示を「前提に〔労働者は〕雇用契約締結の申込み」をするから，当事者が「これと異なる別段の合意をするなどの特段の事情のない限り」そうした表示が契約内容となると評価されうる（福祉事業者A苑事件・京都地判平成29．3．30労判1164号44頁）。労働契約内容の決定において，就業規則が重要な役割を果たすが（第6章第3節**1**），近時の裁判例では，締結過程で醸成される当事者の合意により，どのように契約内容が決定されたのかを丹念に検討するものもある（グレースウィット事件・東京地判平成29．8．25労判1210号77頁など）。

第4節　採用内定

1　採用内定の法的性質

(1)　採用過程と労働契約の成立　労働契約の締結過程は多様だが，典型的な新規学卒者の場合には，企業説明会への参加等に始まり，面接試験などの受験，採用内定を経て，大学等を卒業後，入社して試用期間に入り，本採用されるといった相当長期にわたる過程を経る。問題となるのが，採用内定の法的性質（採用内定により労働契約が成立したか）である。これにつき，採用内定を労働契約締結の過程であるとする説（締結過程説），将来の労働契約締結の予約であるとする説（予約説），労働契約が成立するという説（労働契約成立説），が対立していた。判例1-1大日本印刷事件および判例3-2電電公社近畿電通局事件が労働契約成立説の立場を採用し，そのような理解が確立している。

判例3-2　電電公社近畿電通局事件

（最二小判昭和55．5．30民集34巻3号464頁）

事　実　Xは，1969年8月にY公社の社員公募に応じ，一次・二次試験に合格し，同年11月に局長名義の採用通知を受領した。同通知には，Xを1970年4月1日付でYにおいて採用すること，入社前に再度健康診断を行い異常があれば採用を取り消すことがあること，などが記載されていた。Xは，所定事項を記載して期日までに局長に送付した。

Xは，高等学校卒業後，反戦青年委員会に所属し，1969年10月に大阪鉄道管理局前において開催された集会に参加し，警察機動隊によって公安条例違反および道路交通法違反の現行犯として逮捕され，同年12月に起訴猶予処分を受けた。Yは，1970年3月初旬，Xが逮捕・起訴猶予処分を受けた事実を探知するに至った。Yでは，反戦青年委員会に関係する職員によって業務が阻害されたことがあり，局長はXに対し，採用を同月20日付で取り消す旨の通知をなした。

そこで，Xが採用取消しの無効を主張しYの従業員たる地位を有することの確認を求めた。地裁（大阪地判昭和52.4.21判時852号112頁），高裁（大阪高判昭和54.2.27労判315号48頁）とも，採用内定の取消しを有効としたため，Xが上告した。

判　旨　「YからXに交付された本件採用通知には，採用の日，配置先，採用職種及び身分を具体的に明示しており，……XがYからの社員公募に応募したのは，労働契約の申込みであり，これに対するYからの右採用通知は，右申込みに対する承諾であつて，これにより，XとYとの間に，いわゆる採用内定の一態様として，労働契約の効力発生の始期を右採用通知に明示された……労働契約が成立したと解するのが相当である。……そして，右労働契約においては，Xが再度の健康診断で異常があつた場合又は誓約書等を所定の期日までに提出しない場合には採用を取り消しうるものとしているが，Yによる解約権の留保は右の場合に限られるものではなく，Yにおいて採用内定当時知ることができず，また知ることが期待できないような事実であつて，これを理由として採用内定を取り消すことが解約権留保の趣旨，目的に照らして客観的に合理的と認められ社会通念上相当として是認することができる場合をも含むと解するのが相当であり，本件採用取消の通知は，右解約権に基づく解約申入れとみるべきである」。

「違法行為を積極的に敢行したXを見習社員として雇用することは相当でなく，YがXを見習社員としての適格性を欠くと判断し，本件採用の取消をしたことは，解約権留保の趣旨，目的に照らして社会通念上相当として是認することができるから，解約権の行使は有効と解すべきである」。

判例1-1 大日本印刷事件と 判例3-2 電電公社近畿電通局事件は，採用内定の通知により「始期付・解約権留保付の労働契約」が成立することを明らかにした。すなわち，採用内定により解約権の留保された労働契約が成立することになる一方，内定取消しを受けた労働者は，労働契約がすでに成立していたことを前提に，労働契約上の地位の確認を求める訴えを提起することができる。

(2)　就労始期付か効力始期付か　採用内定には，就労始期付として理解されるものと効力始期付として理解されるものとがある。就労始期付の場合

（判例1-1 大日本印刷事件），労働契約の目的である就労自体は入社日まで求められないが，契約の成立と同時に労働契約自体の効力は発生するから，入社日以前にも労働者はレポートの提出等の一定の義務を労働契約に基づく義務として負う。効力始期付の場合（判例3-2 電電公社近畿電通局事件）には，労働契約の効力そのものが，当該始期が到来するまでは発生しないから，労働者は労働契約上の義務としてはそのような義務を負わない。

後者について「効力始期付の内定では，使用者が，内定者に対して，本来は入社後に業務として行われるべき入社日前の研修等を業務命令として命ずる根拠はないというべきであり，効力始期付の内定における入社日前の研修等は，飽くまで使用者からの要請に対する内定者の任意の同意に基づいて実施されるもの」であるから，学生の研修不参加を理由とした内定取消しは，違法なものとして損害賠償請求の対象となる（宣伝会議事件・東京地判平成17.1.28労判890号5頁）。同じく効力始期付と解した裁判例には，使用者が，研修等の出来不出来を理由として退職強要等をしないように配慮すべき信義則上の義務を負い，同義務に違反した場合には不法行為上の損害賠償責任を負いうるとするものがある（アイガー事件・東京地判平成24.12.28労経速2175号3頁）。

(3)　留保された解約権の行使　内定取消事由は，内定後に提出を求められる誓約書に記載してある場合も多いが，「解約権留保の趣旨，目的に照らして」留保解約権の行使の有効性が判断される（判例1-1 大日本印刷事件）。具体的には，卒業見込みであった学校を卒業できない場合，就労可能性がなくなるほど健康状態が悪化した場合，公安条例違反によって現行犯逮捕された場合（判例3-2 電電公社近畿電通局事件）などには権利行使の有効性が認められうる。経営状況の悪化等を理由とする内定取消しは，整理解雇法理の適用により有効性が判断される（インフォミックス事件・東京地決平成9.10.31労判726号37頁）。

なお，労働者側は，原則，2週間前の予告によりいつでも解約（内定辞退）をすることができ（民627条），内定辞退事由に特段の制限はない（前掲アイガー事件）。

(4)　公務員関係の成立時期　公務員については，労働契約ではなく，地位の設定であるため，明確な任用行為が必要とならざるを得ない。公務員の応募者に対する採用内定は，採用プロセスにおける採用準備手続に過ぎず，辞令の交付によって公務員関係が発生する。最高裁も，公務員の採用内定通知は，採用発令のための準備手続としての事実行為であると判示している（東京都建設局事件・最一小判昭和57. 5 .27民集36巻5号777頁）。

2 内々定

新規学卒者の場合，正式な「採用内定」（一般的に，卒業・修了年度の10月1日以降とされる）以前に，口頭などで「内々定」が伝えられる場合も多くみられる。学生が，内々定を得て，他社への就職活動を中止する場合も多く，内々定の取消しは重大な結果をもたらす。ところが，10月1日に正式な内定を予定していたが，会社が，9月29日付書面で内々定を取り消したコーセーアールイー（第1）事件（福岡高判平成23. 2 .16労判1023号82頁）も労働契約の成立を否定しており，一般に内々定の段階では労働契約の成立を認めない傾向にある。しかし，労働契約は，ただ一時点における申込みと承諾により成立するというより，むしろ締結過程の中で成立に向けた合意が練り上げられていくのが実態である。その締結過程において，すでに労契法6条が求める程度に合意の内容や締結の意思が確定的となった事案においてまで，内々定であることを過度に重視すると，むしろ当事者の合意に反する契約解釈の帰結となる。

なお，内々定の取消しにつき，契約締結過程の信義則に反するものとして，不法行為が成立する余地がある（判例3-4 B金融公庫事件）。

第5節　試　用

1 試用期間と本採用拒否

(1) 法的性質　企業によって名称は様々であるが，労働者の仕事についての能力や適格性などを判断するために，「試用期間」を置いている場合が多くみられる。試用期間の法的性質については様々な学説があったが，最高裁は次のように労働契約に解約権が留保された期間と解している。

判例 3-3　三菱樹脂事件

（最大判昭和 48.12.12 民集 27 巻 11 号 1536 頁）

事　実　判例 3-1 参照。

判　旨　「試用契約の性質をどう判断するかについては，就業規則の規定の文言のみならず，当該企業内において試用契約の下に雇傭された者に対する処遇の実情，とくに本採用との関係における取扱についての事実上の慣行のいかんをも重視すべきものである〔。〕……本採用の拒否は，留保解約権の行使，すなわち雇入れ後における解雇にあたり，これを通常の雇入れの拒否の場合と同視することはできない」。

「解約権の留保は，大学卒業者の新規採用にあたり，採否決定の当初においては……適切な判定資料を十分に蒐集することができないため，後日における調査や観察に基づく最終的決定を留保する趣旨で〔あり，〕一定の合理的期間の限定の下にこのような留保約款を設けることも，合理性をもつものとしてその効力を肯定することができる」。それゆえ「留保解約権に基づく解雇は，これを通常の解雇と全く同一に論ずることはできず，……広い範囲における解雇の自由が認められてしかるべきものといわなければならない」。

「しかしながら，……法が企業者の雇傭の自由について雇入れの段階と雇入れ後の段階とで区別を設けている趣旨にかんがみ，……留保解約権の行使は，上述した解約権留保の趣旨，目的に照らして，客観的に合理的な理由が存し社会通念上相当として是認されうる場合にのみ許されるものと解するのが相当である」。

「企業者が，採用決定後における調査の結果により，または試用中の勤務状態等により，当初知ることができず，また知ることが期待できないような事実を知るに至つた場合において，そのような事実に照らしその者を引き続き当該企業に雇傭しておくのが適当でないと判断することが，上記解約権留保の趣旨，目的に徴して，客観的に相当であると認められる場合には，さきに留保した解約権を行使することができる」。

なお，国家公務員や地方公務員については，職員の採用は6か月間の条件付任用期間が設けられている（国公 59 条 1 項，地公 22 条 1 項）。同期間中は，国公法や地公法の定める身分保障の規定が適用されず，また，不利益処分に対する審査請求権も認められていない（国公 81 条 1 項，地公 29 条の 2 第 1 項）。

⑵　**本採用拒否**　　試用期間の趣旨が，採用後に勤務状況を調査して最終判

断をするためのものである以上，一般的な解雇の場合よりは本採用拒否は広い範囲で認められると解されている（判例3-3 三菱樹脂事件）。例えば，試用期間中に十分な教育を受けたにもかかわらず，当該社員としての適性に欠け，改善可能性も少ない場合には，試用期間中の新卒者であっても解雇の相当性が認められる場合がある（日本基礎技術事件・大阪高判平成24.2.10労判1045号5頁）。しかし，勤務成績不良の場合でも，とりわけ新卒で採用した労働者については，将来性や今後の訓練によって成績が改善する見込みまでを検討すべきであろう。

中途採用者の本採用拒否についても，新卒者と同様の判断枠組みで判断されている（近時の例として，日本オラクル事件・東京地判令和3.11.12労経速2478号18頁）。また，能力主義を採用しランク別に地位・給与の格差があるような場合には，最上級のランクで採用された労働者の能力不足による本採用拒否の効力が認められうる（欧州共同体委員会事件・東京地判昭和57.5.31労判388号42頁）。

2 試用期間の利用の限度

(1) 試用期間の長さ　試用期間の長さは当事者の合意によるが，不当に長すぎれば，労働者の地位を過度に不安定にすることから，公序に反して無効となりうる。例えば，2か月の見習社員期間に加えて，さらに6か月から1年間の試用期間が課されている場合，後者の部分については「労働者の労働能力や勤務態度等についての価値判断を行なうのに必要な合理的範囲を越え」るとして無効である（ブラザー工業事件・名古屋地判昭和59.3.23労判439号64頁）。

また，試用期間の延長は，就業規則に延長についての定めをおいたとしても，原則として許されないと解すべきである。ただ，当該労働者を「本採用して企業内に抱え込むことがためらわれる相当な事由が認められるためなお，選考の期間を必要とするとき」には，例外的に認められる場合もある（大阪読売新聞社事件・大阪高判昭和45.7.10判時609号86頁）。

なお，当初の試用期間内に確定的な解雇の意思表示がなされていた場合には，解雇の効力発生日が試用期間満了日後とされたとしても，労働者の地位を不当に不安定にするものでない限り，当該解雇の意思表示は，試用期間につき留保された解約権の行使としての解雇と扱われうる（前掲日本オラクル事件）。

Column 2

採用選考とインターンシップ

新規学卒者についての採用選考のプロセスは，どのような形で進むのか。修学期間と重なるため，説明会や内定の各段階やその時期など，重要である。この点，経団連は，従来示してきた「採用選考に関する指針」を2021年3月以降に卒業・修了予定の学生の就職・採用活動からは廃止する方針を示し，政府は，以降，各関係団体に対して学生の採用活動についての要請を行っている（2023年度卒業・修了予定者等については「2023（令和5）年度卒業・修了予定者等の就職・採用活動に関する要請について」〔2022年3月28日〕を参照）。そこでは，基準となるべき採用活動の日程や学事日程等への配慮事項，オンラインの活用等が示されている。

また，企業や官公庁が，学生に実際の職場における就業体験の場を提供するのが，インターンシップである。インターンシップは，法制度化されているわけではなく，具体的な内容も企業ごとに様々であるが（文部科学省・厚生労働省・経済産業省により「インターンシップを始めとする学生のキャリア形成支援に係る取組の推進に当たっての基本的考え方」〔2022年6月13日一部改正〕が示されている）。採用と大学教育の未来に関する産学協議会2021年報告書「産学協働による自律的なキャリア形成の推進」（2022年4月18日）は，インターンシップを4つの類型（①オープン・カンパニー，②キャリア教育，③汎用的能力・専門活用型インターンシップ，④高度専門型インターンシップ）に分ける。③は，企業等において，活用する能力に応じて5日あるいは2週間程度の期間で実施され，就業の体験が必須である。さらに，③のうち専門活用型を念頭に，就職・採用活動日程に関する関係省庁連絡会議が「インターンシップを活用した就職・採用活動日程ルールの見直しについて」（2023年4月10日）を示している。

なお，インターンシップや採用選考の過程での学生に対するハラスメントが問題になっている。この点については，「事業主が職場における性的な言動に起因する問題に関して雇用管理上講ずべき措置等についての指針」（平成18年厚生労働省告示第615号）が，いわゆるセクハラに関して，事業主は，雇用する労働者が，インターンシップを行っている者に対してする言動に，必要な注意を払うよう配慮することを求める（他に，労働施策推進法30条の2第3項に基づき定められた指針〔令和2.1.15厚労告5号〕3（1）や6も参照）。

(2)　有期労働契約と試用

有期労働契約に，試用期間が設けられる場合がある。裁判例は，有期労働契約に設けられた試用期間につき，「当該労働者の従業員としての適格性を判断するのに必要かつ合理的な期間を定める限度で有効」としつつ，当該試用に付された留保解約権の行使が適法とされるためには，労契法17条1項にいう有期労働契約の解雇要件である「『やむを得ない事由』に準じる特別の事由」が必要であるとする（リーディング証券事件・東京地判平成25.1.31労経速2180号3頁。有期労働契約に関する詳細については，**第4章**参照）。

第6節　契約締結過程に対する法規制

1　採用過程と信義則

契約の当事者は，契約締結過程においては契約に基づく義務を負わないのが原則である。しかしながら，労働契約の契約締結過程において，信義則を根拠に使用者の一定の義務が認められている。

(1)　契約の成立に対する期待　使用者は，契約締結過程において労働契約の成立に対する労働者の期待の高まりの程度に応じた行動を取る必要があり，当該期待を「合理的な理由なく」裏切ってはならない（判例3-4 B金融公庫事件）。新規学卒者の採用見直しの可能性が早い段階で分かっていたにもかかわらず内々定者にその旨伝えないまま，採用内定書交付予定日の2日前に内々定を取り消すといった対応は，労働契約締結過程における信義則に反し，使用者は不法行為に基づく損害賠償責任を負うことになる（コーセーアールイー〔第2〕事件・福岡高判平成23.3.10労判1020号82頁）。また，新たに労働契約を結ぼうとする場合は，使用者は自らが示した雇用条件による応募者らの雇用の実現に配慮すべき信義則上の注意義務がある（前掲わいわいランド事件）。

(2)　契約の内容に関する説明と信義則　使用者は，労働者に提示する労働契約の内容につき，労働者の理解を深めるようにしなければならない（労契4条）。そして，労働契約締結過程の中で示された労働条件と実際の労働条件とが異なっている場合には，使用者に責任が生じることがある。

例えば，中途採用の場合に，内部の運用基準により初任給を同年次の新卒採用者の下限に格付することを決定していたにもかかわらず，応募者に対してそのことを明示せず，給与条件につき新卒同年次定期採用者と差別しないとの説明をしたときは，労基法15条1項違反のほか，雇用契約締結に至る過程における信義誠実の原則にも反し不法行為責任（慰謝料の支払）が生じる（日新火災海上保険事件・東京高判平成12.4.19労判787号35頁）。

2　採用過程と労働者のプライバシー

(1)　個人情報の収集と採用の自由の限界　求人者等は，「業務の目的の達成に必要な範囲内で」，「求職者等の個人情報を収集し，並びに当該収集の目的の範囲内でこれを保管し，及び使用しなければならない」（職安5条の5第1項）。もっとも，こうした規制があったとしても，使用者は，採用しようとする労働者について，採用の自由に基づきできる限りの情報を得たいと考えるであろう。

しかし，労働者にとって，医療情報，とりわけ，HIVに感染しているといった事実は，採用時から秘匿しておきたい事実である。したがって，採用面接等において，持病の有無を尋ねられても，使用者に対して，労働者が，HIV感染の事実を告げる義務を負っているとは言えず，また，その事実を告げなかったとしても，使用者は，これをもって内定を取り消すことは許されない（社会福祉法人北海道社会事業協会事件・札幌地判令和元.9.17労判1214号18頁）。また，HIV感染の情報の性質や，HIV感染者の就労による他者への感染の危険性がほぼ皆無であることからすると，「そもそも事業者が採用に当たって応募者に無断でHIV検査をすることはもちろんのこと，応募者に対しHIV感染の有無を確認することですら」特段の事情のない限り許されず，使用者が，労働者が事実を告げなかったことを理由として内定を取り消すことは，不法行為を構成しうる（前掲社会福祉法人北海道社会事業協会事件）。なお，個人情報保護法16条1項に違反する求職者の医療情報の目的外利用も，不法行為を構成しうる（前掲社会福祉法人北海道社会事業協会事件）。

(2)　採用時の健康診断とプライバシー　事業主は，常時使用する労働者を雇い入れる際に健康診断を実施しなければならない（労安衛則43条）。これは，選考時に実施することを義務づけたものではないが，採用選考の一環として血液検査を含む，必要以上の健康診断を実施している企業も存在する。本人の同意なく検査した場合には，プライバシー権侵害の不法行為が成立しうる（雇用におけるプライバシーについて，**第14章第3節 2**）。

判例 3-4　B金融公庫事件

（東京地判平成15. 6 .20 労判854号5頁）

事　実　Xは，1997年度のY公庫の新卒者採用選考に応募したところ，採用選考の一環である同年6月の健康診断で肝臓の数値が高かったため，同月に再検査と再々検査を受けた。再々検査の際，B型肝炎ウイルス感染の有無を判定するための検査が含まれていたが，Yからも医療機関からも，Xに対し，検査内容は告げられなかった。7月初旬，担当医師はYに対し「XにはB型肝炎ウイルス感染による肝炎の所見がある」旨伝え，同月23日にはXに対してもB型肝炎ウイルス感染による活動性肝炎の事実が告げられた。9月30日，XはYから不採用の通知を受けた。

Xは，不採用通知は，ウイルス感染を理由とする不合理な内定の取消しまたは内々定取消しであり，これにより雇用契約上の権利または雇用される期待権を侵害されたほか，YがXに無断で検査を受けさせた行為により精神的苦痛を被ったとして，不法行為に基づく損害賠償を求めた。

判　旨　「始期付解除権留保付雇用契約が成立（採用内定）したとはいえない場合であっても，当事者が前記雇用契約の成立（採用内定）は確実であると期待すべき段階に至った場合において，合理的な理由なくこの期待を裏切ることは，契約締結過程の当事者を規律する信義則に反するというべきであるから，……企業が合理的な理由なく内定通知をしない場合には，不法行為を構成するというべきである」。本件では「雇用契約の成立が確実であると相互に期待すべき段階に至ったということはできない」。

「B型肝炎ウイルスの感染経路や労働能力との関係について，社会的な誤解や偏見が存在し，特に求職や就労の機会に感染者に対する誤った対応が行われることがあったことが認められるところ，このような状況下では，B型肝炎ウイルスが血液中に常在するキャリアであることは，他人にみだりに知られたくない情報であるというべきであるから，本人の同意なしにその情報を取得されない権利は，プライバシー権として保護されるべきであるということができる」。

第Ⅱ編

第4章　有期労働契約

有期労働契約の締結目的にはなんら制限がなく，景気変動への対応，解雇規制の回避，人件費の節約など様々な目的で利用されている。これにより，有期雇用労働者は，キャリア形成しにくい不安定な雇用状況に置かれ，正社員に比べて不利な労働条件で働かざるを得ないことも多い。そこで，労働契約法は，一定の法的要件の下で有期労働契約の更新拒否（雇止め）について規制している（労契19条）。また，更新により通算雇用期間が5年を超えた有期雇用労働者には無期転換の申込権を与えている（労契18条）。さらに，有期雇用労働者と期間の定めのない契約を締結している労働者との間における不合理な労働条件の相違も禁止している（パート有期労働法8条。**第15章第1節**を参照）。一方で，こうした法的規制を回避するために不更新条項の濫用，無期転換直前の雇止め（「無期転換逃れ」）等も社会問題化しており，有期雇用労働者の権利保障に向けての課題は多い。

第1節　労働契約の期間

1　期間の定めの意義

労働契約を締結する際に，期間を定めるか否かは当事者の自由である。実際，派遣社員，パートタイム労働者，アルバイトなどの非正規労働者のうち，契約期間が定められている労働者が多い。これらの労働者は，一方で，有期雇用労働者として，労働契約の期間にかかわる民法，労働基準法，労働契約法上の規定による保護を受けている。他方で，それぞれの雇用形態により「パート有期労働法」や労働者派遣法などによる保護も受けている（**第15章**を参照）。

新規採用にあたって，労働者の適性を評価する目的で契約期間を設けた場合，期間満了により労働契約が当然に終了するなどの「特段の事情」がない限り，それは契約の存続期間ではなく，試用期間であると解釈される（判例 4-1 神戸弘陵学園事件）。ただし，このような解釈は，契約期間をめぐる合意自体が明確とはいえない事情のもとになされたものであり，その射程を拡大解釈すべきでないとの見解もある。

判例 4-1 神戸弘陵学園事件

（最三小判平成2．6．5民集44巻4号668頁）

事　実　Xは，学校法人Yの社会科担当教員（常勤講師）として採用され，その職務に従事していた。Yの理事長は，採用面接の際に，Xに対し，契約期間を一応4月1日から1年とすることおよび1年間の勤務状態をみて再雇用の判定をすることなどにつき説明し，採用したい旨を口頭で申し出た。同年3月，Xは，勤務時間，給料，担当すべき教科等につき大まかな説明を受けてこれを了承した上，採用申出を受諾した。そして，同年5月には，Xは，Yから求められるままに，あらかじめYより交付されていた期限付職員契約書に署名捺印していた。そこには，「Xが……1年の期限付の常勤講師としてYに採用される旨の合意がXとYとの間に成立したこと及び右期限が満了したときは解雇予告その他何らの通知を要せず期限満了の日に当然退職の効果を生ずること」などが記載されていた。その後，Yは期間満了を理由にXに対し，雇用契約は終了する旨の通知をした。そこで，Xは教員としての地位確認および解約日以降の賃金支払を求めて訴えを提起した。原審は1年の雇用契約が終了したと判断したため，Xが上告した。

判　旨　「使用者が労働者を新規に採用するに当たり，その雇用契約に期間を設けた場合において，その設けた趣旨・目的が労働者の適性を評価・判断するためのものであるときは，右期間の満了により右雇用契約が当然に終了する旨の明確な合意が当事者間に成立しているなどの特段の事情が認められる場合を除き，右期間は契約の存続期間ではなく，試用期間であると解するのが相当である」。

本件事情のもとでは，「本件雇用契約締結の際に，1年の期間の満了により本件雇用契約が当然に終了する旨の明確な合意がXとYとの間に成立しているなどの特段の事情が認められるとすることにはなお疑問が残るといわざるを得ず，……本件雇用契約に付された1年の期間を契約の存続期間であるとし，本件雇用契約は右1年の期間の満了により終了したとした原判決は，雇用契約の期間の性質についての法令の解釈を誤り，……破棄を免れない」。

他方で，有期労働契約であること自体が明確な場合でも，正社員への切り替えを念頭に置いた適性評価のために利用されることがある。裁判例には，業務適性により契約更新の有無を判断し，3年経過後に本人の希望，適性，勤務実績を踏まえて一般の正社員への切替えを行うとする1年間の有期労働契約について，その雇止めは「期間の定めのない労働契約についての解雇とまったく同視することはできず，使用者に一定の合理的範囲内の裁量を認めるのが相当」であるとしたものがある（日本航空〔雇止め〕事件・東京高判平成24.11.29労判1074号88頁）。また，有期雇用の1年契約で採用された大学教員の雇止めについて，最高裁は，更新限度の満了時に期間の定めのないものとすることができるのは，希望者の勤務成績を考慮して，使用者が必要と認めた場合である旨が契約社員規程に明記されていること，労働者もこのことを十分に認識した上で労働契約を締結したといえること，大学教員の雇用に流動性があるのが一般的であることから，3年の更新限度期間の満了時に契約が終了したと判断した（福原学園〔九州女子短期大学〕事件・最一小判平成28.12.1労判1156号5頁）。

2　契約期間の制限

(1)　上限と例外　労働契約の期間中は，使用者だけでなく，労働者も契約上の拘束を受け，原則として自由に解約できない（民628条）（契約期間途中の解約の要件については，**第2節**参照）。そこで，長期契約による人身の拘束から生じる弊害を防ぐために，労基法は有期労働契約について期間の上限を定めている。この上限は，かつて1年とされていたが，2003年の法改正により，原則3年へと延長された（労基14条1項）。そして，①高度な専門的知識，技術，経験を有する労働者で高度な専門的知識等を必要とする業務につく者（博士の学位をもつ者，公認会計士，医師，弁護士，一級建築士，社会保険労務士，システムアナリスト等，告示〔平成15.10.22厚労告356号〕に規定される者），②満60歳以上の労働者については，例外的に5年を上限とすることができるようになった。また，「一定の事業の完了に必要な期間を定める」場合は，労基法制定当初より，契約期間の上限規制が適用されない。

(2)　違反の効果　上記の法定上限を超えて締結した有期労働契約の私法上の効果に関して，行政解釈や判例によれば，労基法13条の適用によって，法定上限である3年または5年に短縮される（平成15.10.22基発1022001号，旭川大学事件・札幌高判昭和56.7.16労民集32巻3＝4号502頁）。なお，使用者は処罰の対象となる（労基14条1項・120条1号）。

(3) 契約期間の配慮　労基法や労契法は，労働契約期間の下限を設けていない。しかし，必要以上に契約期間を短く設定することは，労働者にとって雇用の不安定をもたらす。よって，労契法17条2項は，使用者に対し，有期労働契約により労働者を使用する目的に照らして，必要以上に短い期間を設定し，その契約を反復更新しないよう配慮することを求めている。ただし，どの程度の期間が「必要以上に短い期間」に該当するかは，個別具体的な事案に応じて判断されるしかない。さらに，同項に違反した場合の法的効果も明確ではない（高校の社会科の常勤講師と1年間の有期契約を締結したことが本項に違反しないとした裁判例として，東奥学園事件・仙台高判平成22.3.19労判1009号61頁）。

(4) 雇用の更新の推定　有期労働契約の期間満了後も，労働者が引き続き労働に従事し，使用者がこれを知りながら異議を述べないときには，従前と「同一の条件で更に雇用をしたもの」と推定される（雇用の更新の推定，民629条1項）。この場合，黙示の更新後の労働契約は，従来の契約と同一の期間更新されるのか，期間の定めのないものになるのかについて議論がある。これに関して，期間の定めのない雇用の解約の申入れを定めた民法「627条の規定により解約の申入れをすることができる」との規定（同629条1項第2文）が設けられていることに照らせば，期間の定めのない労働契約になると解すべきであろう（学校法人矢谷学園ほか事件・広島高松江支判平成27.5.27労判1130号33頁）。

第2節　契約期間途中の解約

1　使用者側からの解約

有期労働契約について，使用者は，「やむを得ない事由がある場合でなければ，その契約期間が満了するまでの間において，労働者を解雇することができない」（労契17条1項）。ここでいう「やむを得ない事由」は，個別具体的な事案に応じて判断されるが，解雇権濫用法理における「客観的に合理的な理由」

があり，「社会通念上相当である」（同16条。**第11章第1節・第2節参照**）場合よりも狭いと解される（労契法施行通達，判例4-2 大阪運輸振興事件）。就業規則に解雇事由が定められている場合でも，本条の趣旨に沿って解すべきであり，これに抵触する就業規則の規定や特約は効力を生じない。

よって，経営悪化により整理解雇が認められるような場合でも，有期労働契約の期間途中の解雇は厳しく制限され，「あえてその期間満了前に解消しなければならないようなやむを得ない事由」が求められる（社団法人キャリアセンター中国事件・広島地判平成21.11.20労判998号35頁等。**第11章第2節 2 参照**）。

これに対し，労働者の就業能力や勤務態度が著しく不良であり，業務遂行に支障を来し改善が見込めない場合，労契法17条1項にいう「やむを得ない事由」が認められうる（学校法人プール学院事件・大阪地判平成27.3.27 LEX/DB 25540221，萬作事件・東京地判平成29.6.9 LEX/DB25548241）。

判例4-2 大阪運輸振興事件

（大阪地判平成25.6.20労判1085号87頁）

事　実　Xは，Y社に嘱託社員（自動車運転手）として1年の期間で雇用されていた。Xは，路線バスを運行中，安全確保のため急ブレーキを踏んでバスを停止させた。その際，座席に着席しようとしていた男性乗客が転倒し，下車時に，腰に痛みがある旨Xに申告し，救急車で搬送された。その後，Y社は，就業規則に定められた「勤務成績が著しく不良で，勤務に適さないと認められるとき」に該当するとして，契約期間途中でXを解雇した。

判　旨　「本件解雇は，期間の定めのある労働契約の期間途中における解雇であるから……労働契約法17条1項により，やむを得ない事由がなければ無効となる。また，同条項にいう『やむを得ない事由』は，期間の定めのない労働契約における解雇に関する労働契約法16条の要件よりも厳格なものと見るべきであり，期間満了を待つことなく直ちに雇用を終了させざるを得ないような特別の重大な事由を意味すると解するのが相当である。」

「本件解雇については，……『やむを得ない事由』はもちろん，期間の定めのない労働契約における解雇の有効要件としての客観的合理的理由や社会通念上の相当性も認め難いから，本件解雇は無効であるというほかない」。

なお，解雇訴訟手続中に，有期労働契約の期間が満了していた事案につき，最高裁は，期間満了により契約が終了したか否かを判断せず，期間満了後の地位確認および賃金支払請求を認容した原審判決を破棄し，この点を審理させるために差し戻した（朝日建物管理事件・最一小判令和元.11.7労判1223号5頁）。

2　労働者側からの解約

労働者側からの解約に関しては，労契法17条が適用されないが，契約期間途中であれば，原則として「やむを得ない事由」がなければ解約できない（民628条。**第1節2**）。しかし，1年を超える労働契約を締結した労働者（労基法14条1項各号に規定する者を除く）は，当分の間（2003年の法改正の際に定められた労基法附則137条に基づき，必要な措置を講じるまでの間），契約締結日から1年経過した日以降，使用者に申し出れば，いつでも退職できる。

第3節　有期労働契約の更新拒絶（雇止め）

1　労契法19条（雇止め法理）

一般には，有期労働契約は期間の満了により終了となる。しかし，労契法19条は，①過去に反復更新されたことにより，その雇止めが期間の定めのない労働契約の解雇と社会通念上同視できると認められるもの（1号），②労働者において，有期労働契約の契約期間の満了時にその有期労働契約が更新されるものと期待することについて合理的な理由があると認められるもの（2号），のいずれかに該当する場合，使用者による有期労働契約の更新拒絶（雇止め）を規制している。すなわち，労働者は契約期間満了日までに更新の申込みをしたか，契約期間満了後遅滞なく契約締結の申込みをしたことを前提に，使用者による雇止めが客観的合理的な理由を欠き，社会通念上相当であると認められなければ，これまでの有期労働契約と同一の労働条件（契約の期間を含む）で労働者による申込みを承諾したものとみなされる（ニヤクコーポレーション事件・大分地判平成25.12.10労判1090号44頁，東芝ライテック事件・横浜地判平成25.4.25労判1075号14頁）。同条は，雇止めに関する最高裁の判例法理について，表現が異なるものの，判例4-3 東芝柳町工場事件（労契19条1号）および判例4-4 日立メディコ事件（同条2号）の内容を変えることなく制定法化したものと解される（労契法施行通達第5の5(2)イ）。

1号は，有期労働契約が期間の満了毎に当然更新を重ねて，「あたかも期間の定めのない契約と実質的に異ならない状態で存在していた」場合，解雇に関する法理を類推すべきと判示した 判例4-3 の内容を規定したものである。

判例4-3 東芝柳町（やなぎちょう）工場事件

（最一小判昭和49.7.22民集28巻5号927頁）

事　実　Xら7名は，Y会社に2か月の期間で5回ないし23回にわたり雇用されており，採用に際しては「安心して長く働いてほしい」等の説明を受けた上（多数）で契約書を交わし，その後，契約期間が満了しても契約更新の手続を取っていなかった。YがXらにつき勤務成績不良等を理由に契約更新拒絶（雇止め）をしたため，Xらは雇用契約上の地位確認を求めて訴えを提起した。一審・二審がXらの一部の者の請求を認容したため，Yが上告した。

判　旨　「本件各労働契約は，期間の満了毎に当然更新を重ねてあたかも期間の定めのない契約と実質的に異ならない状態で存在していたものといわなければならず，本件各傭止めの意思表示は右のような契約を終了させる趣旨のもとにされたのであるから，実質において解雇の意思表示にあたる，とするのであり，また，そうである以上，本件各傭止めの効力の判断にあたつては，その実質にかんがみ，解雇に関する法理を類推すべきであるとするものであることが明らかであ」る。

「〔上記事実〕にかんがみるときは，本件労働契約においては，単に期間が満了したという理由だけではYにおいて傭止めを行わず，Xらもまたこれを期待，信頼し，このような相互関係のもとに労働契約関係が存続，維持されてきたものというべきである。そして，このような場合には，経済事情の変動により剰員を生じる等Yにおいて従来の取扱いを変更して右条項を発動してもやむをえないと認められる特段の事情の存しないかぎり，期間満了を理由として傭止めをすることは，信義則上からも許されない」。

もっとも，判例4-3 東芝柳町工場事件のように，1号の類型に該当するケースはさほど多くなく（約22年にわたり反復更新されたアルバイト従業員につき，労契法19条1号に該当するとして，雇止めを認めなかった事案として，ジャパンレンタカー事件・名古屋高判平成29.5.18労判1160号5頁），主として2号に該当する類型が問題となる。2号は，期間の定めのない契約と実質的に異ならない状態に至ったとまではいえない場合でも，その雇用が，「ある程度の継続が期待されていたもの」と認められるときには，なお解雇に関する法理を類推する可能性があると判示した判例4-4日立メディコ事件の要件を規定したものである。ただ，この場合には，雇止めの効力を判断すべき基準は，終身雇用の期待のもとに期間の定めのない労働契約を締結している労働者の解雇とは「おのずから合理的な差異があ」り，正規従業員の希望退職を行わないで雇止めをしてもやむを得ないとされる。

判例4-4 日立メディコ事件

（最一小判昭和61.12.4労判486号6頁）

事　実　Xは1970年12月1日から同20日までの期間を定めてY会社の臨時員として雇用され，その後は期間2か月の労働契約が5回更新されたが，翌年10月21日に契約の更新を拒否された。Xは労働契約の存在確認等を求めて訴えを提起した。原審はXの請求を棄却したために，Xが上告した。

判　旨　本件事実関係のもとでは，「本件労働契約の期間の定めを民法90条に違反するものということはできず，また，5回にわたる契約の更新によつて，本件労働契約が期間の定めのない契約に転化したり，あるいはXとYとの間に期間の定めのない労働契約が存在する場合と実質的に異ならない関係が生じたということもできないというべきである」。

「⑴〔Xら〕臨時員は，季節的労務や特定物の製作のような臨時的作業のために雇用されるものではなく，その雇用関係はある程度の継続が期待されていたものであり，Xとの間においても5回にわたり契約が更新されているのであるから，このような労働者を契約期間満了によつて雇止めにするに当たつては，解雇に関する法理が類推され，……解雇無効とされるような事実関係の下に使用者が新契約を締結しなかつたとするならば，期間満了後における使用者と労働者間の法律関係は従前の労働契約が更新されたのと同様の法律関係となるものと解せられる。⑵しかし，右臨時員の雇用関係は比較的簡易な採用手続で締結された短期的有期契約を前提とするものである以上，雇止めの効力を判断すべき基準は，いわゆる終身雇用の期待の下に期間の定めのない労働契約を締結しているいわゆる本工を解雇する場合とはおのずから合理的な差異があるべきである。(3)したがつて，……事業上やむを得ない理由により人員削減をする必要があり，その余剰人員を他の事業部門へ配置転換する余地もなく，臨時員全員の雇止めが必要であると判断される場合には，これに先立ち，期間の定めなく雇用されている従業員につき希望退職者募集の方法による人員削減を図らなかつたとしても，それをもつて不当・不合理であるということはできず，右希望退職者の募集に先立ち臨時員の雇止めが行われてもやむを得ないというべきである」。

2　「合理的期待」の判断

これまでの判例法理に即してみれば，１号と２号のいずれを論拠にしても，雇止めに解雇の法理が適用されるか否かは，当該雇用の臨時性あるいは常用性，更新の回数，雇用の通算期間，契約期間管理の状況，雇用継続の期待をもたせる使用者の言動の有無などを総合的に勘案し，個別具体的に判断されることになる（労契法施行通達第５の５(2)ウ）。

裁判例も，基本的にこの判断枠組みを踏襲し「合理的期待」の有無を判断している。例えば，判例 4-5 では，「非常勤嘱託員」の給与財源が補助金に依拠していることから，雇用期間の趣旨・目的に一応の合理性を認めたが，雇止めされた労働者が基幹業務に幅広く携わっていること，契約が複数回更新されており，期間も５年５か月に及ぶこと，更新手続きが形式的なものであり，雇用継続を期待させる使用者の言動が認められること，長期勤続した非常勤の嘱託員が他にいることを考慮して，契約更新への合理的期待を認めた（類似の裁判例として，公益財団法人埼玉県公園緑地協会・狭山市事件・さいたま地判令和３．４．23 労判 1264 号 57 頁）。

判例 4-5　グリーントラストうつのみや事件

（宇都宮地判令和２．６．10 労判 1240 号 83 頁）

事　実　原告Ｘは，公益財団法人である被告Ｙに非常勤の嘱託員として雇用され，基幹業務にかかわる幅広い業務を担当していた。Ｘは，Ｙとの間で５か月の労働契約を締結した後，１年契約を５回締結（４回更新）した。契約更新はいずれも数分間の面談だけで行われ，その際に，Ｙ担当者から「安心して長く勤めてください」等の発言もなされていた。平成30年1月にXが最後の労働契約の更新申込みをしたところ，Yは，労契法18条に基づく無期転換ルール（「5年ルール」）が同年4月1日から施行されるので，「市の人事課から人事を整理するよう指導があった」として，同年3月31日をもって雇止めすることをXに通知した。なお，Yの職員は，市役所との併任職員3名のほか，非常勤嘱託員から構成されており，中にはアルバイト時代を含むが20年勤務した非常勤嘱託員もいた。

判　旨「労契法19条2号の該当性は，同条1号の該当性と同様に，当該雇用の臨時性・常用性，更新の回数，雇用の通算期間，契約期間管理の状況，雇用継続の期待をもたせる使用者の言動の有無等を総合的にしんしゃくし，使用者が当該労働契約を有期労働契約とした目的の合理性の有無・程度と労働者の雇用継続に対する期待の合理性の有無・程度を相関的に検討した上，使用者において雇用期間を定めた趣旨・目的との関係で，なお労働者の雇用継続に対する期待を保護する必要性が高いものといえるか否かにより判断すべきものと解される」。

Xの担当業務，更新回数，通算雇用期間，形式的な更新手続，更新時のYの発言，他の非常勤嘱託員の勤続年数を合わせ考慮すると，「Xの業務実態は，本件各労働契約締結のかなり早い段階から，非常勤としての臨時的なものから基幹的業務に関する常用的なものへと変容するとともに，その雇用期間の定めも，……報酬財源確保の必要性というよりむしろ雇止めを容易にするだけの名目的なものになりつつあったとみるのが相当である上，本件各労働契約の各更新手続それ自体も……形式的なものに変じていた」。

「本件各労働契約における雇用期間の定めの意味や目的を考慮したとしても，なおXの雇用継続に対する期待を保護する必要は高いものというべきであるから，Xにおいて……労働契約が更新されるものと期待することについて合理的な理由があるものというべきである」。

これに対し，2号の該当性について否定したものとして，以下のような裁判例が挙げられる。例えば，シャノアール事件（東京地判平成27.7.31労判1121号5頁）は，長期間反復更新された学生アルバイトの有期労働契約の雇止めにつき，契約更新手続が形骸化していないことや，勤務頻度が低かったことから，労働者の雇用継続の期待に合理的な理由があるとはいえないと判断した。また，札幌交通事件（札幌高判平成29.9.14労判1169号5頁）は，嘱託社員であるタクシー乗務員に対する雇止めの事案において，勤務成績などによっては契約更新

をしない旨が示されており，実際そのような事態が発生していること，退職後に嘱託契約が更新されたのは2回にとどまることに照らして，勤務成績が悪かった当人に関しては，契約更新を期待する合理的な理由がないと判断した。

さらに，職種限定の労働者が労災により負傷し，従前業務への復帰が困難である場合，労働契約の反復更新により2号に定められた雇用継続への合理的期待が認められたとしても，使用者は職種を変更して雇用を継続するよう配慮する義務があるとはいえず，解雇制限（労基19条1項）の趣旨も及ばないとして，雇止めを認めた裁判例がある（日本レストランエンタプライズ事件・東京高判平成27.6.24労経速2255号24頁）。

3　更新の制限をめぐる合意・特約

労契法19条2号に規定された「契約が更新されるものと期待することについて合理的な理由がある」（契約更新への合理的期待）という要件は，当事者の主観的認識と結びつけて観念されやすい。そのため，同条による規制の適用を回避する目的で，「今回の契約を最終契約にする」などのいわゆる「不更新条項」をはじめとする契約更新の制限をめぐる合意・特約について，どう評価するかが問題となる。もっとも，2024年4月1日より，使用者が更新回数上限の有無および内容について明示しなければならず（**第4節3**参照），とりわけ最初の契約締結より後に更新上限を新設・短縮する場合，その理由を有期雇用労働者にあらかじめ説明しなければならないことになった（基発0330第1号第2）。

これらの合意・特約について，労働者が受け入れることを拒否すれば，直ちに雇止めされる可能性があるため，不本意に締結するような状況も考えられる。よって，この種の合意の成立については，慎重に認定すべきである（ダイフク事件・名古屋地判平成7.3.24労判678号47頁）。判例では，「今回をもって最終契約とする」と記載された労働契約書に署名押印し，特段の申し出も質問もしなかった事実だけでは，労働者が労働契約を終了させる明確な意思を有していたと認めることはできず，かかる最終契約条項を雇止めの予告と解釈し，解雇権濫用法理の類推適用を肯定したものがある（前掲東芝ライテック事件）。ただし，雇止め自体の効力は認めた。

一方で，不更新条項を含む経緯や契約締結後の言動等を併せ考慮して，「労働者が次回は更新されないことを真に理解して契約を締結した場合には，雇用継続に対する合理的期待を放棄した」と解釈する裁判例（本田技研工業事件・東京高判平成24．9．20労経速2162号3頁）や雇用継続がないことについて複数回の説明を受け，契約書にも不更新条項が設けられた場合，更新の合理的期待は打ち消されてしまったと解釈する裁判例（日本通運事件・東京高判令和4．11．1労判1281号5頁）は存在する。また，契約締結当初から通算雇用期間の上限を5年と設定した事案においても，裁判例（日本通運〔川崎・雇止め〕事件・東京高判令和4．9．14労判1281号14頁）は，そのような雇用管理の在り方が労契法18条の規定を潜脱するものとはいえず，自由な意思に基づかないで合意されたとの事情があったとは言い難いことから，雇用継続への合理的期待が生じないと判断した。

しかし，更新を否定・制限する合意を重視しすぎると，雇止め法理が潜脱されるおそれがある。したがって，このような合意のみをもって，労契法19条2号の該当性を否定すべきではない。解雇権濫用法理の類推適用にあたって，契約期間の満了時までのあらゆる事情を総合的に勘案すべきところ，この種の合意を一要素として考慮し，その効果を限定的に解釈するのが妥当である（明石書店事件・東京地決平成22．7．30労判1014号83頁）。就業規則の変更により50歳不更新制度を導入することに併せて，最後の契約において今年度の「更新が最終となります」旨の不更新条項が付されていた，塾の講師に対する雇止めの事案につき，判決は，「このことによって……契約更新についての期待に合理的な理由があるとの判断は左右されない」と判示している（市進事件・東京高判平成27．12．3労判1134号5頁。なお，一律に雇止めの基準となる年齢を65歳とすることについて，労契法7条にいう合理性が否定できないとした裁判例として，日本郵便〔期間雇用社員ら・雇止め〕事件・最二小判平成30．9．14労判1194号5頁）。

4　更新の申込み

労契法19条の「更新の申込み」は，要式行為ではなく，使用者による雇止めの意思表示に対して，労働者による何らかの反対の意思表示が使用者に伝わるもので足りる（労契法施行通達第5の5⑵エ），したがって，雇止めの効力について紛争が生じた場合，労働者が訴訟の提起，紛争調整機関への申立て，団体交渉の申し入れ等によって，雇止めに対する異議を使用者に直接または間接に伝えたことを概括的に主張立証すれば，上記更新の申込みをしたものと認められる。また，当該申込みは，正当なまたは合理的な理由がない限り，「遅滞なく」することが必要とされる。

これに対し，季節労働者との間で約17年間，32回にわたって春期と秋期に労働契約の締結を繰り返したが，ある時点から契約締結を拒否した事案について，契約期間満了時までまたは満了後遅滞なく申込みをしたことを，同条2号に基づく法定更新の要件と位置づけた上，労働者は，直近の有期労働契約の終了後3か月ないし4か月程度経過後に契約締結意向を伝達したこと，上記伝達時から直ちに契約期間が開始するものでもないことから，有期労働契約が更新される法律効果が発生しないと判断したものがある（A農協事件・東京高判平成27.6.24労判1132号51頁）。

第4節　期間の定めのない労働契約への転換

1　無期転換ルール

(1)　要　件　同一の使用者との間で締結された「二以上の有期労働契約」の通算契約期間が5年を超えた場合，当該労働者に，期間の定めのない労働契約の締結を申し込む権利（無期転換申込権）が与えられる。労働者が当該申込権を行使した場合，使用者はこれを承諾したものとみなされる（労契18条）。有期労働契約の濫用への抑制，労働者の雇用安定化を目的として導入された。

まず，労契法18条の「同一の使用者」とは，労働契約を締結する法律上の主体が同一であることをいう。ただし，使用者が，就業実態が変わらないにもかかわらず，無期転換申込権の発生を免れる意図をもって，派遣や請負を偽装して，労働契約の当事者を形式的に他の使用者に切り替えた場合は，法を潜脱するものとして，通算契約期間の計算上，「同一の使用者」との間で労働契約が継続していると解される（労契法施行通達第5の4(2)イ）。

次に，無期転換申込権は，更新が1回以上行われ，かつ，通算契約期間が5年を超えている場合に生じる。よって，労基法14条1項により一定の事業の完了に必要な期間を定めた場合は，当該期間が５年を超えても，１度も更新したことがなければ，無期転換申込権は発生しない（労契法施行通達第５の４(2)ウ）。

最後に，「通算契約期間が５年を超える」かの判断について，客室乗務員の採用直後の訓練期間であっても，乗務に必要不可欠な行為であって，業務の一環として評価できる場合には，労働契約期間として通算される（ケイ・エル・エム・ローヤルダッチエアーラインズ事件・東京地判令和４．１．17 労判 1261 号 19 頁）。

(2)　申込み　上記の要件を満たす労働者は，現に締結している有期労働契約期間中に無期転換の申込みができる。これをしなかった場合，次の更新以降でも契約期間中に申込みができる（厚労省作成の「有期契約労働者の無期転換ポータルサイト」も参照）。申込みは，書面で行うことが望ましいが，口頭でもよいとされる。裁判例では，労働者が無期転換前に雇止めされた場合，その約１か月後に行われた書面の申込みも認められる（学校法人信愛学園事件・横浜地判令和２．２．27 労判 1226 号 57 頁）。また，雇止めにより明示的な申込みをしなかったとしても，訴訟時には一貫して契約更新およびその後の無期転換を主張した場合，無期転換の申込みの意思表示を行ったと認められる（高知県公立大学法人事件・高知地判令和２．３．17 労判 1234 号 23 頁）。そして，労働者が申込みをすれば，使用者は承諾したとみなされ，現在の有期労働契約が終了した日の翌日から，期間の定めのない労働契約に転換される。

(3)　無期転換の回避と契約更新（労契法 18 条・19 条）　無期転換の申込みをしないことを有期労働契約の更新条件とするなど，あらかじめ労働者に無期転換申込権を放棄させる合意は，労契法 18 条の趣旨に反するため，無効と解される（労契法施行通達第５の４(2)オ）。

他方で，使用者が無期転換を回避するために更新上限を５年に設定したり転換直前に雇止めをしたりすることも少なくない。この場合，かかる雇止めが直ちに無効になるのではなく，労契法 19 条により契約更新への合理的な期待の有無が判断される（**第３節**参照）。例えば，約 30 年間有期契約を更新してきた労働者に対して，更新上限年数を設定した「最長５年ルール」を適用した雇止めは，労契法 19 条２号により効力が否定される（博報堂事件・福岡地判令和２．３．17 労判 1226 号 23 頁）。もっとも，無期転換直前に雇止めをすることは，労契法 18 条に基づく無期転換を強く意識していたものと推認される可能性があり，

19条の判断に影響しうる（前掲高知県公立大学法人事件）。

2 空白期間（クーリング期間）

契約期間の通算に関して，カウント対象となる契約期間が1年以上である場合，二つの契約の間に，6か月以上の「契約がない期間（空白期間）」（カウント対象となる契約期間が1年未満である場合は，その契約期間に応じた空白期間〔平成24年厚労省令148号参照〕）が設けられていれば，その期間より前の契約期間は通算されず，リセットされる（労契18条2項，労契法施行通達第5の4(2)ケ）。

3 無期転換と労働条件

労契法18条の適用により期間の定めのない労働契約に転換されたとしても，当該労働者の賃金，労働時間，職務内容や勤務地等の労働条件は，「別段の定め」がない限り，直前の有期労働契約と変わらない。ここでいう「別段の定め」とは，就業規則や労働協約のほか，個々の労働契約も含まれる。

無期転換後の労働者等の労働契約関係の明確化を図るために，2024年4月1日から，労基法施行規則5条の改正として，労基法15条第1項に基づく明示事項が追加される。使用者は，全ての労働者に対して，労働契約の締結と有期契約更新のタイミングごとに，雇入れ直後の就業場所・業務の内容に加え，これらの変更の範囲について明示する必要がある。また，有期雇用労働者に対して，①契約締結と更新のタイミングごとに，通算契約期間または更新回数の上限の有無と内容，②「無期転換申込権」が発生する更新のタイミングごとに，無期転換を申し込むことができる旨（無期転換申込機会），③「無期転換申込権」が発生する更新のタイミングごとに，無期転換後の労働条件について，明示する必要がある（令和5年厚労省令39号）。

無期転換後の解雇については，勤務地や職務が限定されている等，労働条件や雇用管理が正社員と大きく異なっていれば，正社員と同様には扱われない（労契法施行通達第5の4(2)ク）。また，無期転換後に正社員就業規則を適用せず，契約社員就業規則に無期契約社員規定を追加したのみという取扱いも違法ではない（ハマキョウレックス〔無期契約社員〕事件・大阪高判令和3．7．9労判1274号82頁）。

4 無期転換ルールの特例

労契法の特例として，「科学技術・イノベーション創出の活性化に関する法律」（平成20年法律63号，以下「科技イノベ法」）15条の2および「大学の教員等の任期に関する法律」（平成9年法律82号，以下「任期法」）7条は，大学等および研究開発法人の研究者教員等について，無期転換の申込み要件とされる通算契約期間が5年ではなく，10年を超えることが必要であると定めている。

しかし，上記特例の適用対象範囲は明らかとは言えない。これを背景に，近年では，大学等が無期転換申込権の発生を阻止する目的で契約締結10年目に非常勤講師を雇止めする事案が後を絶たず，社会問題となっている。この点，担当職務が授業や試験等に限られ，研究開発等の業務に従事していない大学の非常勤講師は，科技イノベ法上の「研究者」に該当しないため，無期転換ルールの特例が適用されず，通算契約期間が5年を超えた時点で無期転換権が生じると解される（学校法人専修大学〔無期転換〕事件・東京高判令和4.7.6労判1273号19頁）。そして，もっぱら教育業務に従事していた私立大学の任期付き専任教員の労働契約も，任期法4条1項1号および3号における10年特例の適用対象に該当しないため，6年目に雇止めされた時点では，既に無期転換していたとして，同教員は労働契約上の権利を有すると判断されている（学校法人羽衣学園事件・大阪高判令和5.1.18労経速2510号3頁）。

また，「専門的知識等を有する有期雇用労働者等に関する特別措置法」（平成26年法律137号，以下「有期雇用特措法」）は，①5年を超える一定の期間内に完了する特定有期業務に従事する高収入かつ高度な専門的知識等を有する有期雇用労働者，②定年後に有期契約に基づき継続雇用される60歳以上の労働者についても無期転換ルールの特例を設けた。①については，「特定有期業務の開始の日から完了の日までの期間」（最長10年）を超えた場合に無期転換権が発生し，②については，定年後継続雇用される期間は無期転換権が発生するための通算期間に算入されない（有期雇用特措8条参照）。

第Ⅱ編

第5章　労働契約の展開と権利・義務

労働契約は継続的な契約関係を形成することを特質としており，第3章でみた「成立」の時点から第10章・第11章で見る「終了」の時点に至るまでの間，一定の長さで継続することになる。一つの労働契約が，40年以上も継続することも少なくない。その間，労働契約の内容は初期状態と同じままでいることはなく，様々な原因から，あるときは内容が変更され，あるときは中断し，また新たな契約主体が生じるなどして，展開を遂げる。本章では，このような労働契約の履行過程における，契約の「生涯」の展開に，目を向ける。

一方，労働契約における権利・義務は，その展開の中で変更や消長を遂げ，契約の内容を変化させる。労働契約の変更については第7章で論ずるが，本章では，ひとまず労働契約を形成する「権利・義務の束」がどのような内容と構造で，いかなる展開を遂げるかを明らかにする。

労働契約の形態が多種多様となり，さらに労働契約によらない就業方法が広がりを見せるこんにち，そこで生ずる問題を考えるためには，労働契約を権利・義務の要素に因数分解する試みが有効である。

第1節　労働契約の展開

1　労働契約の履行

(1)　労働義務の弁済　　労働契約は，労働者が使用者に使用されて労働し，使用者がこれに対して賃金を支払うことについて合意することにより成立し（労契6条，民623条を参照），これらの義務を履行することにより，債務は弁済される（民473条）。そして，労働義務の履行は，債務の本旨に従って現実にしなければならない（民493条参照）。

もっとも，「労働」するという債務は，使用者に「使用されて」労働に従事する点に本質があり，さらに継続し変化する義務である。すなわち，「労働」する義務の内容は，使用者の労働契約に基づく指揮命令により，日々新たに追加され，刷新されるのが通常である。また，労働義務の履行は継続的であるのが一般であり，定期行為に当たるような労務（例えば，成人式までに晴れ着を製造する業務）を除き（民542条1項4号参照），履行遅滞の債務不履行となることはない。その債務不履行は，一般に不完全履行または履行不能である。

労働契約の本源的な目的は労働者が「労働」することにあり，賃金支払は「それに対して」，すなわち反対給付（対価）としてなされる使用者の義務である。したがって，双務契約の効力における一般原則と異なり，労働者は同時履行の抗弁権（民533条）を主張することができず，約束した労働を終わったとき，または期間を定めて報酬を支払うときにはその期間の経過した後に，賃金を請求することができる（民624条）。なお，その例外として，労働者は一定の場合に限り，支払期日前に賃金の「非常時払い」を請求することができる（労基25条。**第16章第3節2**参照）。

⑵　労働義務の免除　　労働義務は，債権者である使用者がそれを免除することによっても消滅する（民519条）。労働義務の免除の原因としては，法律に基づく義務の免除である休暇・休業，すなわち年次有給休暇や各種の休業（産前産後休業，育児休業，介護休業など）を挙げることができる。また，使用者は，就業規則などにより，病気休職制度や冠婚葬祭の休暇を設けることがあり，これらは労働契約に基づく義務の免除である。

これらの休暇・休業等では，法定の年次有給休暇を除き，賃金支払義務がないのが原則であるが，使用者が報酬の全部または一部の支払を就業規則や労働協約で約束することがある（**第9章**参照）。

⑶　労働契約の更改と変更　　当事者が従前の債務について，その「給付の内容について重要な変更をする」契約をしたときは，従前の債務は「更改によって消滅する」（民513条1号）。更改においては，「従前の債務」を消滅させる原因であることに重点が置かれることから，その変更においては，消滅する債務と新たに立てられた債務との間に同一性がないことが要件とされている。

これに対して，特に期間の定めのない労働契約においては，長期の継続的契約関係が前提とされており，契約の内容の重要な変更は不可避的に生ずる。そこで，従前の債務の消滅という観念を入れず，むしろ債務の同一性を維持しつつその内容を変更させることを目的として，合意による労働契約の変更という方式が確認された（労契8条）。

(4)　労働義務の受領義務（＝就労請求権）　労働契約の上述の構造からすると，労働することは，労働者の義務であって，権利ではない。したがって，使用者が対価である賃金さえ支払っていれば，労働を現実に受領する義務はなく，また労働者の方も労働の実施（就労）そのものを請求する権利（就労請求権）はない。この点につき，判例は古くより，「労働契約等に特別の定めがある場合」または「業務の性質上労働者が労務の提供について特別の合理的な利益を有する場合」を除いて，原則として労働者の就労請求権を認めないとの立場である（読売新聞社事件・東京高決昭和33. 8 . 2労民集9巻5号831頁)。

就労請求権が例外的に認められる「特別の合理的利益」が存在する場合とは，例えば，調理人のように，特殊の技能や専門知識を要する仕事で，職場を離れるとその技能が著しく低下するおそれがある場合である（判例5-1スイス事件)。しかし，他の裁判例では，業務を離れることにより，知識や技能が低下する事態が生じると主張する外資系証券会社のマネージング・ディレクターの就労請求権が否定され（UBSセキュリティーズ事件・東京地判平成21.11. 4労判1001号48頁)，あるいは教授会出席や授業担当等に就労利益を認める余地があるとする大学教員についても就労請求権は否定されている（学校法人東京理科大学事件・東京地判平成24. 5 .31労判1051号5頁等)。

判例5-1　スイス事件

（名古屋地判昭和45. 9 . 7労判110号42頁）

事　実　Xは飲食業を営むY社で調理人として勤務していたが，Y社から，Y社代表者が個人で経営している飲食店が人手不足のため，同店で働くよう命ぜられた。Xはこれに応ずることを拒否したため，YはXを解雇する旨口頭で言い渡した。Yに新しく採用された調理人が，解雇言渡日よりXの従来担当していた仕事に従事していた。そこで，Xは，Yに対し労働契約上の地位保全の仮処分，およびY社は，XがY社構内に立ち入り，就労するのを妨害してはならないことを求めて訴えを提起した。

判　旨「労働契約においては，労働者は使用者の指揮命令に従って一定の労務を提供する義務を負担し，使用者はこれに対し一定の賃金を支払う義務を負担するのであるから，一般的には労働者は就労請求権を有しないと解されるが，労働契約等に特別の定めがある場合又は業務の性質上労働者が労務の提供について特別の合理的利益を有する場合はこれを肯認するのが相当である」。

「これを本件についてみると，……調理人としての技量はたとえ少時でも職場を離れると著しく低下するものであることが認められるから，Xは業務の性質上労務の提供につき特別の合理的利益を有する者と言って差支えなく，XはYに対し就労請求権を有するものと考える」。

2　労働契約の不履行

(1)　**債務不履行**　労働義務における債務不履行では，上述のように，履行遅滞という事態が生じることは少なく，履行不能（例えば，無断欠勤，傷病による労働不能）や不完全履行（例えば，不良品の製造）が原因となることが多い。また，労務が不適切に実施される場合（例えば，上司の命令に従わない労務遂行）も，債務不履行と解しうる。

債務不履行に対しては，民法の一般原則によれば，その相手方である債権者は，契約の解除（民541条）や履行強制（同414条）を求めるとともに，損害が発生した場合にはその賠償請求をすることができ（同415条1項），一定の場合には債務の履行に代わる損害賠償を請求することも可能である（同条2項）。しかし，労働者の債務不履行については，実際には，損害の立証が困難である等の事情から，責任追及の直截な決済手段として，懲戒処分や解雇の方法を用いるのが一般である。なお，賠償額の予定（民420条）は禁止される（労基16条）。

以上に対して，使用者の債務不履行については，賃金支払義務の不履行が中心となるが，労働者は契約を解除した上で，または契約を解除することなく，損害賠償請求により損害の回復を図ることになる。また，安全配慮義務その他の信義則上の義務の不履行についても，労働者は損害賠償の請求により補償を求めるのが一般である。

⑵　**債務不履行に基づく解除**　労働契約において，当事者は期間の定めがないときには「いつでも」解約の申し入れをすることができ（民627条），また，期間の定めがあるときでも（ないときでも）「やむを得ない事由があるとき」は，直ちに契約を解除することができる（民628条）。これらが，解雇や辞職についての，民法上の定めである。しかし，労働契約においても，⑴で述べたように債務不履行に基づく契約の解除が可能なのであるから，労働契約について定められた解雇や辞職の上記方式とは別に，契約一般の解除の方式は排除されていないと解することができよう。例えば，有期労働契約においては，労働者は「やむを得ない事由があるとき」に即時の解除をする方法しか認められないが（民628条），そうした事由に至らなくても，例えば約定した賃金の支払が遅れたような場合には，催告の上で契約の解除をすることができ（民541条），損害賠償を請求することが認められよう。

⑶　**履行不能と危険負担**　労働義務の履行不能が，労働者の責めに帰すべき事由によらないときについて，民法は，債務者の危険負担について，次の原則を定めている（民536条）。履行不能が不可抗力など当事者双方の責めに帰することができない事由によるときには，債権者である使用者は，「反対給付の履行〔すなわち賃金支払〕を拒むことができる」（同1項）。例えば風水害により出勤することができないときには，使用者は賃金の支払を拒否することができる。

また，労働義務の履行が，債権者である使用者の責めに帰すべき事由によるときには，使用者は，「反対給付の履行を拒むことができない」（同条2項1文）。例えば，シフト制で勤務する労働者が，シフトを大幅に削減されることは，シフトの決定権限の濫用に当たり違法となり得るものであり，不合理に削減された勤務時間に対応する賃金について，同条に基づき賃金を請求しうる（シルバーハート事件・東京地判令和2.11.25労判1245号27頁。ホームケア事件・横浜地判令和2.3.26労判1236号91頁も参照）。

他方で，債務者は債務を免れたことにより利益を得たときにはこれを債権者に償還しなければならない（同条2項2文）。例えば，無効な解雇がなされたために出勤できないときは，使用者はその間の賃金を支払わなければならないが，労働者がその間に別に稼働して報酬を得ていたときには使用者に償還しなければならない（ただし，休業手当〔労基26条〕との関係につき，**第16章第4節**を参照）。

(4)　定型約款　　社会の日常生活における多くの取引行為は，民法548条の2の定義する「定型取引」であることが多い。そして，①「定型約款」を内容とする旨を合意するか，②定型約款の作成者がそれを契約の内容とする旨を相手方に表示していたときには，定型約款の個別の条項に合意したとみなされる（同条1項）。使用者が多数の相手方と労働契約を締結し，「労働条件を定型的に定めた」（判例6-1 秋北バス事件）就業規則を適用するのであるから，労働契約における就業規則も定型約款に当たるともいえそうだが，労働契約は相手方の個性に着目する契約であるという理由から，定型約款の規制の対象にならないと解されている。

ただ，企業における諸規則には，労働契約の存在を前提とせずに作成されたものがあり，例えば企業年金に関する規程などは，これを定型約款と捉えて，民法の約款規制の適用が考えられる。もっとも，判例は，企業年金規程の不利益変更につき，民法で定型約款の規制が施行される（2020年4月）以前から，就業規則の変更法理に準じた法理で解決を加えている（判例12-5 松下電器産業グループ〔年金減額〕事件）。同法理はまた，民法の定型約款の変更の規制（民548条の4第1項2号・第2項）にもほぼ合致している。こうした理論状況からすると，実務的には，企業年金規程について約款規制の適用を強調する必要性は乏しい（**第12章第5節2**を参照）。

第2節　労働契約の主要な権利・義務

1　権利義務の形成

(1)　規範の体系　　労働契約は，上記のように使用者と労働者との間の「合意」により成立する。労働契約の展開においても，労使間の個別的合意は重要であり（合意の原則），労契法でも合意の重要性は随所に強調されている（労契1条・3条1項・6条・8条・9条）。一方，労働契約の内容である労働条件に目を向けると，権利・義務関係は必ずしも個別合意だけによるのではなく，多様な規範から形成されている。

すなわち，労働契約の内容である労働条件は，強行法規→労働協約→就業規則→労働契約という規範の階層序列（ヒエラルヒー）の中で決定され，このうち後順位による労働条件の基準は前順位のそれを下回ることができないという連結関係から成り立つ。確認しておくと，①労基法に定める基準に達しない労働契約はその部分について無効であり，無効となった部分は労基法の定めによる（労基13条）。②就業規則は法令および労働協約に反してはならない（労基92条，労契13条），③就業規則に定める基準に達しない労働契約はその部分について無効であり，無効となった部分は就業規則で定める基準による（労契12条）。④労働協約に定める労働条件その他の待遇に関する基準に違反する労働契約の部分は無効であり，無効となった部分は，労働協約の基準の定めるところによる（労組16条）。

このように見ると，労働契約の内容が純然たる個別合意のみで形成されるのは，労働契約において労使が就業規則と異なる労働条件（就業規則に達しない場合を除く）を，個別に合意した場合に限られることになる（労契7条但書・同12条）。もっとも現実には，労働組合の推定組織率は16.5％前後であるから（令和4年労働組合基本調査），労働協約の適用を受けない労働者が多く，さらにパート・アルバイト等の非正規労働者の一部には事実上就業規則を適用されない労働者も少なくない。これらの労働者にとっては，労働条件は強行法規を最低基準としつつ，個別合意だけで形成される。

⑵　労働慣行　上記の規範の体系以外に，労働慣行（法令はもとより就業規則や労働協約等に定められていないが，企業において長期間継続してきた取扱いやルール）も労使間の権利義務を構成しうる。判例によれば，当該慣行が「事実たる慣習」（民92条）として法的効力が認められるためには，①長期間反復継続され，②労使が明示的に排除しておらず，③労使双方の規範意識によって支えられていること等の要件を満たさなければならない（判例5-2 商大八戸ノ里ドライビングスクール事件）。

判例5-2　商大八戸ノ里（やえのさと）ドライビングスクール事件

（大阪高判平成5.6.25労判679号32頁）

事　実　自動車教習所を経営するY社においては，①隔週の月曜日を特定休日とし，これが国民の祝日と重なった場合には翌日に振り替え，この日に出勤すれば割増の休日出勤手当を支給する取扱い，②自動車教習に空き時間が生じたときにも能率給を支払う取扱い，③夏季特別休暇および年末年始特別休暇に就労しなくても能率給を支払う取扱いなどが事実上なされていた。Y社が①～③を改めて労働協約や就業規則どおりの取扱いをしたことから，組合員であるXらが従来の取扱いによる未払賃金を請求。一審はXらの請求の一部を認容したが，控訴審は下記の通り判示してXらの請求をすべて棄却した。上告審（最一小判平成7.3.9労判679号30頁）は，実質的な理由を示すことなく控訴審判決を是認した。

判　旨「民法92条により法的効力のある労使慣行が成立していると認められるためには，同種の行為又は事実が一定の範囲において長期間反復継続して行なわれていたこと，労使双方が明示的にこれによることを排除・排斥していないことのほか，当該慣行が労使双方の規範意識によって支えられていることを要し，使用者側においては，当該労働条件についてその内容を決定しうる権限を有している者か，又はその取扱いについて一定の裁量権を有する者が規範意識を有していたことを要するものと解される。そして，その労使慣行が右の要件を充たし，事実たる慣習として法的効力が認められるか否かは，その慣行が形成されてきた経緯と見直しの経緯を踏まえ，当該労使慣行の性質・内容，合理性，労働協約や就業規則等との関係（当該慣行がこれらの規定に反するものか，それらを補充するものか），当該慣行の反復継続性の程度（継続期間，時間的間隔，範囲，人数，回数・頻度），定着の度合い，労使双方の労働協約や就業規則との関係についての意識，その間の対応等諸般の事情を総合的に考慮して決定すべきものであり，この理は，右の慣行が労使のどちらに有利であるか不利であるかを問わないものと解する。それゆえ，労働協約，就業規則等に矛盾抵触し，これによって定められた事項を改廃するのと同じ結果をもたらす労使慣行が事実たる慣習として成立するためには，その慣行が相当長期間，相当多数回にわたり広く反復継続し，かつ，右慣行についての使用者の規範意識が明確であることが要求されるものといわなければならない」。

労働慣行は，就業規則や労働協約の規定を補充・具体化する役割を果たすことが多いが，これらの規定に抵触する場合もある。この場合，労働慣行は，同規定より労働者にとって不利であれば効力が否定される（労契12条，労組16条）が，就業規則より有利であれば，認められることもある（大栄交通事件・東京高判昭和50.7.24労判245号26頁，最二小判昭和51.3.8労判245号24頁）。

2 労働義務

(1) **業務命令権とその限界**　労働義務の履行は，労働者が意のままに就労するのではなく，「使用されて労働」するものでなければならない。ここで「使用」するとは，使用従属関係のもとで使用者の指揮命令により労働することを意味する。すなわち，勤務場所や時間，仕事の内容・方法等について，労働者は別に合意をしている部分を除き，使用者の指揮命令に従わなければならない。これは使用者の業務命令権とも称され，労働契約における本質的な要素である。

この業務命令に違反した場合には，懲戒処分その他の不利益が課されうる。また，業務命令の内容には，業務そのもののだけでなく，健康診断の受診命令のような周辺的な領域の命令も含まれる（電電公社帯広局事件・最一小判昭和61.3.13労判470号6頁，判例20-1 愛知県教育委員会〔減給処分〕事件）。

しかし，使用者の業務命令権は無制限ではあり得ず，種々の観点から制約が課される。一般的には，法令，労働協約，または就業規則に違反する業務命令は無効であり，あるいは労働契約で合意された範囲を逸脱する業務命令も効力を有しないし，これらは不法行為にも該当しうる。さらには，権利濫用の禁止（労契3条5項）等の一般的な権利制限によっても制約を受ける。

具体的には，第1に，危険有害業務への従事を命ずる場合がある。最高裁は，労務遂行に当たって避けがたい現実の危険があるときには，「労働契約の当事者たる〔船舶〕乗組員において，その意に反して義務の強制を余議なくされるものとは断じ難い」と判断した（判例5-3 電電公社千代田丸事件）。さらに，真夏の炎天下で終日工場構内の踏切横断者の指差確認状況を監視・注意する作業への従事命令を違法と判断するもの（JR西日本吹田工場事件・大阪高判平成15.3.27労判858号154頁），業務委託契約で海外向けラジオ放送のアナウンス業務等に従事していたフランス人女性が，東日本大震災および福島第一原発事故の直後に国外へ避難して職務放棄したことを理由とする業務委託契約の解除について，「職務に対する過度の忠誠を契約上義務付けることはできない」と判断する例（NHK〔フランス語担当者〕事件・東京地判平成27.11.16労判1134号57頁）がある。

判例 5-3 電電公社千代田丸事件

（最三小判昭和 43.12.24 民集 22 巻 13 号 3050 頁）

事　実　昭和 31（1956）年当時，日韓には国交関係が成立せず，韓国政府は朝鮮海峡にいわゆる李ライン（当時の李承晩大統領が主権を主張した水域）の設定を宣言して，同ラインを侵犯した船舶については撃沈する旨の「撃沈声明」が発せられていた。また，李ライン内で操業する日本漁船が拿（だ）捕される事案が生じていた。こうした情勢のもとで，電電公社（Y）千代田丸乗組員は海底電話線の修理作業のために，李ライン内での作業を命じられ，Yの職員で構成される労働組合である全電通支部との団体交渉で妥結を見ないままに出航命令が発せられた。乗組員らが出航を拒否したところ，Yは組合支部長Xらを業務命令違反として解雇した。原審が解雇を有効と判断したために，Xらが上告。

判　旨　「原審は，以上のような諸事実を認定しながら，……千代田丸乗組員の労働契約上の義務の履行としての出航を阻み，この義務の強制が許されないとする程度の危険が存したものとはいえない，とするのである」。

しかしながら，「本件千代田丸の出航についても，米海軍艦艇の護衛が付されることによる安全措置が講ぜられたにせよ，これが必ずしも十全といいえないことは，……実弾射撃演習との遭遇の例によつても知られうるところであり，かような危険は，労使の双方がいかに万全の配慮をしたとしても，なお避け難い軍事上のものであつて，海底線布設船たる千代田丸乗組員のほんらい予想すべき海上作業に伴う危険の類いではなく，また，その危険の度合いが必ずしも大でないとしても，なお，労働契約の当事者たる千代田丸乗組員において，その意に反して義務の強制を余儀なくされるものとは断じ難い</u>ところである」。

第2に，労働者の基本権を侵害するような業務命令にも制限が加えられる。例えば，就業規則違反者に対する教育訓練として行われた就業規則書き写し等の命令につき「故なく肉体的，精神的苦痛を与えてその人格権を侵害する」として不法行為に該当するとした例（JR 東日本本荘保線区事件・仙台高秋田支判平成 4.12.25 労判 690 号 13 頁，最二小判平成 8.2.23 労判 690 号 12 頁，**第 14 章第 4 節 3** 参照），さらに，朝礼で業務とは無関係な公職選挙立候補者の演説等を聞くことを事実上強制したことは，政治的な表現の自由に含まれる自己決定の自由を侵害するとして不法行為に当たると判断する例（ダイニンテック事件・大阪地判平成 11.8.20 労判 765 号 16 頁）などがある。これに対して，組合バッジ取り外し命令に従わなかった労働者に対し，営業所内に降り積もった火山灰の除去作業に10日間にわたり従事させた業務命令については，最高裁はこれが「職場管理上やむを得ない措置」であるとして不法行為の成立を否定した（国鉄鹿児島自動車営業所事件・最二小判平成5.6.11労判632号10頁）。

(2)　労働者の損害賠償義務　労働者が，労務遂行中に労働義務等の不履行（＝債務不履行）や注意義務違反（＝不法行為）によって使用者に損害を与えた場合，使用者が労働者に損害賠償請求をなすことは認められる。顧客など第三者に損害を与えて，使用者責任（民715条）を負担した使用者が，労働者に求償権を行使する場合も同様である（715条3項。ただし，賠償予約〔労基16条〕や損害賠償を賃金から相殺すること〔同24条1項〕は禁止される）。しかし，損害の全額を労働者に負担させるのは，労働者の義務不履行や加害行為が労務指揮下でなされたものであり，損害の公平な分配という観点からも妥当とはいえない。そこで，最高裁は，求償権の事案で，労働者の損害賠償義務を信義則上相当な範囲に制限している（判例5-4 茨石事件）。同様に，労働者の賠償責任を「4分の1」に制限した裁判例として，大隈鐵工所（てっこうじょ）事件（名古屋地判昭和62.7.27労判505号66頁）がある。また，労働者が業務中に交通事故を起こした事案について，使用者が車両保険に加入していなかったこと，同社で交通事故が頻発していたのは労働条件や安全指導上の原因もあったこと，被告労働者に重大な過失がなかったことから，労働者の負担を損害額の5％に限定した裁判例として，K興業事件（大阪高判平成13.4.11労判825号79頁）がある。

判例5-4　茨石（いばせき）事件（茨城石炭商事事件）

（最一小判昭和51.7.8民集30巻7号689頁）

事　実　Y_1は石油等の輸送・販売を業とするX社のタンクローリーの運転手であった。Y_1は運転中に車間距離不保持および前方注視不十分等の過失により，急停車したA社の先行車に追突する事故を起こした。使用者である原告Xは，Y_1およびその身元保証人であるY_2，Y_3に対して，A社に支払った損害賠償の求償と，Y_1が運転していた車両の修繕費および休業補償の損害賠償を求めて訴訟を提起した。

判　旨　「使用者が，その事業の執行につきなされた被用者の加害行為により，直接損害を被り又は使用者としての損害賠償責任を負担したことに基づき損害を被つた場合には，使用者は，その事業の性格，規模，施設の状況，被用者の業務の内容，労働条件，勤務態度，加害行為の態様，加害行為の予防若しくは損失の分散についての使用者の配慮の程度その他諸般の事情に照らし，損害の公平な分担という見地から信義則上相当と認められる限度において，被用者に対し右損害の賠償又は求償の請求をすることができるものと解すべきである」。「Y_1に対して賠償及び求償を請求しうる範囲は，信義則上右損害額の4分の1を限度とすべきであ」る。

なお，使用者責任の求償に関連して，労働者が第三者に加えた損害について自ら賠償をした場合に，その負担を使用者に求めること（逆求償）ができるのかが問題となった事案で，最高裁（福山通運事件・最二小判令和2.2.28民集74巻2号106頁）は，民法715条1項が規定する使用者責任の趣旨によれば，第三者との関係だけでなく，「被用者との関係においても，損害の全部又は一部について負担すべき場合がある」とした上で，損害の公平な分担という見地から相当と認められる額について，労働者が使用者に対して求償することができると判断した。

(3)　目標条項　　就業規則や労働契約の条項で，労働者に営業成績や売上高等の目標が設定されることがある（目標条項とも称される）。労働者が自主的な目標設定を求められる目標管理制度なども，しばしば用いられる。これが勤務上の単なる到達目標であるなら問題はないが，ノルマを設定して達成できなかったときに損害補塡を求め，あるいは配転・降格等の不利益措置を行う場合には，法的問題が生じる。すなわち，報償責任や危険責任の観点からすると，営業成果についてリスクを負担すべきなのは，本来使用者であり，不当なノルマはその責任を労働者に転嫁することを意味する（こうした観点から債務不履行責任を否定した例として，エーディーディー事件・大阪高判平成24.7.27労判1062号63頁を参照）。この点を考慮の上，業務の目標設定との親和性，課された目標・具体性や実現可能性，目標不達成の場合に課される不利益の程度・性質等を総合的に考慮して判断がなされるべきである（営業社員に対するノルマ未達成を理由としてなされた制裁的な配転命令が，権利の濫用に当たると判断した例として，ナカヤマ事件・福井地判平成28.1.15労判1132号5頁を参照）。

(4)　身元保証人の損害賠償義務　労働者が使用者に与えた損害に対して，身元保証人と使用者との間に結ばれた身元保証契約に基づき，身元保証人に賠償責任を負わせることがある。しかし，保証人に過度の責任を課し，またそれにより労働者の辞職の自由が奪われることを防ぐために，昭和8（1933）年制定の「身元保証ニ関スル法律」は種々の制限を加えている。すなわち，身元保証契約の有効期間は期間を定めないときは原則3年（身元保証1条），期間を定めるときは上限5年である（同2条）。また，使用者は身元保証人に対して一定の勤務状況等の通知義務を負い（同3条），身元保証人は通知を受けたときには契約を解除しうる（同4条）。そして，損害賠償については，使用者の監督責任，身元保証をなすに至った事由，労働者の任務または身上の変化その他を斟酌すべきであるとする（同5条）。一方で，民法の「個人根保証契約の保証人の責任等」の規定（465条の2）により，身元保証契約では損害賠償の限度額を定めてこれを限度として履行の責任を負うとされ（同条1項），限度額を定めていなければ効力を生じない（同条2項）。

裁判例では，宝石販売会社で営業担当をしていた労働者が，訪問先で高額の宝石の入った鞄から一時的に離れていて鞄を盗まれたという重過失のケースで，労働者の賠償額を損害額の半分とした上で，身元保証人である両親については，それぞれ本人賠償額の4割に制限するものがある（丸山宝飾事件・東京地判平成6.9.7判時1541号104頁）。

3　賃金支払義務

労働義務の履行（弁済）は，上記のように，通常は労働義務を現実に果たしたことによって完成する。しかし，労働契約のように義務の履行について債権者の受け入れ行為を必要とするときは，現実の履行がなくても，労働者は債務の本旨に従った履行の提供（履行しうる旨の通知と受領の催告）をすれば足りる（民493条）。これにより労働者は報酬を請求することができ（624条1項参照），使用者が労務の受領を拒否する（労働させない）場合には，それが使用者の責めに帰すべき事由によるときには，反対給付（賃金支払）の履行を拒むことができない（民536条2項）。

こうして，賃金請求権の成立の条件は，労働者の「債務の本旨に従った履行の提供」にある。そこで中心問題は，いかなる場合にかかる履行（労務）の提供があるとみるかである。これについて最高裁は，職種や業務内容が不特定である労働契約について，「当該労働者が配置される現実的可能性があると認められる他の業務について労務の提供をすることができ，かつ，その提供を申し出ている」ときに，債務の本旨に従った履行の提供があると判断している（判例5-5 片山組事件）。

判例5-5 片山組事件

（最一小判平成10．4．9労判736号15頁）

事　実　Xは，土木建築業を行うY社において長年現場監督業務に従事していた者であるが，バセドウ病に罹患したため，通院治療を受けていた。その後Xは現場監督業務を行うよう指示されたが，病気のため現場作業ができないこと，残業は1時間に限り可能であること，日曜・休日の勤務は不可能であることを申し出たため，Y社は自宅治療命令を発した。これに対し，Xは，主治医の診断書を提出した上，事務作業を行うことができると申し出たが，Y社は自宅治療命令を持続した。その後，Xは現場監督業務に復帰した。Y社は，Xの復帰までの期間中にXを欠勤扱いとして，賃金を支給せず，冬期一時金も減額したため，Xはこの期間中の賃金と一時金の減額分を請求して提訴した。一審はXの請求を認めたが，原審はXの請求を退けたため，Xは上告した。

判　旨　「労働者が職種や業務内容を特定せずに労働契約を締結した場合においては，現に就業を命じられた特定の業務について労務の提供が十全にはできないとしても，その能力，経験，地位，当該企業の規模，業種，当該企業における労働者の配置・異動の実情及び難易等に照らして当該労働者が配置される現実的可能性があると認められる他の業務について労務の提供をすることができ，かつ，その提供を申し出ているならば，なお債務の本旨に従った履行の提供があると解するのが相当である。そのように解さないと，同一の企業における同様の労働契約を締結した労働者の提供し得る労務の範囲に同様の身体的原因による制約が生じた場合に，その能力，経験，地位等にかかわりなく，現に就業を命じられている業務によって，労務の提供が債務の本旨に従ったものになるか否か，また，その結果，賃金請求権を取得するか否かが左右されることになり，不合理である」。

これとは逆に，労働者らが所属労働組合の外勤・出張拒否闘争指令に従い，使用者が発した外勤・出張の業務命令に対応する労務を提供せず，内勤業務に従事したことは，「債務の本旨に従った労務の提供をしたものとはいえず」，使用者は，その時間に対応する賃金の支払義務を負わない（水道機工事件・最一小判昭和60.3.7労判449号49頁）。もっとも，「労働者が債務の本旨に従った労務の提供をしていない場合であっても，使用者が当該労務の受領を拒絶することなく，これを受領している場合には，使用者の指揮命令に服している時間として，賃金請求権が発生する」から，鉄道の運転士が乗継ぎ作業を誤って2分間の遅れを生じさせたとしても，その分の賃金（56円）を控除することはできない（JR西日本〔岡山支社〕事件・岡山地判令和4.4.19労判1275号61頁）。

第3節　労働契約の付随的義務

1　使用者の付随的義務

(1)　**安全・健康面上の義務**　労働契約の一方当事者である労働者は生身の人間であり，常に仕事に伴う安全や健康上のリスクに直面している。このため，使用者は信義則上の義務として，労働者の生命や身体を危険から保護するよう配慮する義務（安全配慮義務）を負っている。判例で形成されてきたこの法理は，労契法でも確認されている（労契5条，**第20章第4節1**参照）。また，安全配慮義務の具体的内容として，使用者は，労働者の年齢，健康状態等に応じて従事する作業内容の軽減や就労場所の変更等，適切な措置を採る義務（健康配慮義務）も負っている（システムコンサルタント事件・東京高判平成11.7.28労判770号58頁など）。もっとも，労働者が新型コロナウイルスへの感染を懸念して在宅勤務を求めていたにもかかわらず出社させたとしても，通勤による感染を具体的に予見できたと認める状況ではなかったとして，安全配慮義務に違反するとはいえないとする裁判例がある（ロバート・ウォルターズ・ジャパン事件・東京地判令和3.9.28労判1257号52頁）。

他方，使用者は，労働者の人格的利益を保護し，働きやすい職場環境を整備するよう配慮する職場環境配慮義務を負っている。それは特にハラスメント防止の義務として現れ，例えば，セクシュアル・ハラスメントが生じないよう，または労働者がその意に反して退職に追い込まれることのないよう職場の環境を整えなければならない（京都セクハラ〔呉服販売会社〕事件・京都地判平成9.4.17労判716号49頁）。また，同義務の具体的内容としては，雇均法の定める使用者の措置義務（11条・11条の2）が参照されよう（**第13章第3節4**，**第14章第3・4節**も参照）。同様に，パワー・ハラスメント（優越的言動問題）における配慮義務の内容については労働施策推進法（30条の2）が，妊娠出産関連ハラスメントについては雇均法（11条の3以下）が，育児介護休業関連ハラスメントについては育介法（25条・25条の2）が，それぞれ参照されよう。

(2)　多様な領域での付随的義務　　使用者は，さらに労働契約に基づく権利行使において，法令や信義則に基づき，多様な領域で付随的義務を課されている。例えば，人事上の権限行使において，労働者の家庭生活上の事情に配慮し（育介26条），あるいは，人員整理の必要があるときもできるだけ解雇を回避する努力をなさなければならない。さらに，障害者の雇用においては，募集・採用および採用後において合理的配慮が求められる（障害雇用36条の2以下）。

2　労働者の付随的義務

(1)　企業組織上の義務　　労働者は，労働契約の当事者たる地位とは別に，企業組織の構成員であることから生ずる義務を負っている。例えば，企業労働が組織的活動であることから労務提供の場面およびそれ以外の場面でも，労働契約の付随的義務として「企業秩序遵守義務」が課されている。同様に，労務提供においては，労働契約上の債務の本旨に従った労務の提供にとどまらず，あるいはその内容として，「職務専念義務」を負うとされている。いずれも，義務違反は懲戒処分を根拠づけることになり，特に後者は勤務時間内の組合活動との関連で論じられることが多い（**第24章第2節**参照）。

(2)　誠実義務

(a)　秘密保持義務　　労働者は在職中，使用者の利益をことさら害することなく誠実に勤務する信義則上の義務を負っている（退職後の秘密保持義務については**第12章第2節**参照）。その一環として企業秘密をみだりに漏洩してはならない企業秘密保持義務を負う。これは個別合意や就業規則に明記されていなくても，使用者の利益をことさらに害するような行為を避けるべき義務の一つとして認められる。例えば，企業の経営再建に関する計画書を複写して労働組合に漏洩した労働者の行為は，秘密保持義務の違反となり，それを理由とする懲戒解雇が有効とされる（古河鉱業足尾製作所事件・東京高判昭和55. 2 .18労民集31巻1号49頁）。これに対して，労働者が，職場の嫌がらせの証拠を示すために，弁護士に企業秘密を含む書類を開示・交付した行為は，自己の救済を求めるためであり，不当な目的とはいえないから，「特段の事情」が認められ，秘密保持義務の違反には当たらないとされる（メリルリンチ・インベストメント・マネージャーズ事件・東京地判平成15. 9 .17労判858号57頁）。

(b)　競業避止義務　　労働者は，使用者の競業会社に就職し，あるいは自ら競業会社を設立する行為等を控える競業避止義務を負う。この義務は，退職後すなわち労働契約の終了後の義務として注目されるが（**第12章第2節**参照），在職中の義務でもあり，信義則上の誠実義務の一内容であり，また特約や就業規則に定められる場合がある。

在職中の競業避止義務に対しては，懲戒処分が科され，その有効性が争われる紛争例が多い。特に，兼職許可制違反等の懲戒処分事由の根拠規定が設けられている場合は，それを限定解釈した上で，懲戒処分の判断枠組み（労契15条）によって判断される（**第10章第3節3**参照）。なお，近年の政策では，副業・兼業はむしろ積極的に推奨されており，「副業・兼業の促進に関するガイドライン」（2022年7月8日再改定）は，「原則，副業・兼業を認める方向とすることが適当である」としつつ，「使用者は，競業避止の観点から，労働者の副業・兼業を禁止又は制限することができるが，……その正当な利益が侵害されない場合には，同一の業種・職種であっても，副業・兼業を認めるべき場合も考えられる」としている。

他方，在職中の競業避止義務違反が，退職後に発覚することがあり，その場合には，退職金の不支給・減額，返還請求等が争点となる。競業行為の態様と会社が被った不利益から，「長年の勤続の功労を抹消してしまうほどの不信行為」があったかどうかによって判断するものがある（吉野事件・東京地判平成7. 6 .12労判676号15頁は，かかる基準から，在職中競業会社を設立し，仕入先や販売先を奪取する行為を行い，会社に利益の喪失をもたらした原告の一部につき，「極めて背信的」であり退職金の受給ができないと判断した）。

第Ⅱ編

第６章　就業規則と労働契約

新入社員になると，「給与月額○○円，本社企画部商品開発課の勤務を命ずる」などと，日本では決まり文句の辞令（業務命令書）が交付され，まるで勤務場所や内容を使用者が一方的に決定して命じているように見える。しかし，労働法の考え方では，給与（賃金）の計算方法や金額，勤務場所，担当職種など，すべての「労働条件」は，労働契約の内容として決定される。したがって，使用者が「命ずる」のではなく，すべては合意によって決まるのが基本である。ただ，労働契約において，一定の範囲で使用者が勤務場所や職種を業務命令として「命じる」ことを，合意しているものにほかならない。

しかし，このような労働契約の内容は，現実には労使が話し合って決定することは少ない。それは，労働基準法などの規定の範囲で，使用者の準備した就業規則により形成されるのが一般である。

それでは，その労働基準法や就業規則は，どのような理論とメカニズムで労働契約の内容を形成することになるだろうか。本章では，こうした労働条件の決定システムについて，労働基準法，労働契約，就業規則の関係の中で理解したい。

第１節　労基法と労働契約

1　強行的・直律的効力

労基法は，労働条件の最低基準を定めることを本旨としている（労基１条２項）。したがって，労基法の定める労働条件の基準は，当事者の合意によってもそれを下回ることはできない。このような性格を，片面的強行性という。例えば，「１日８時間，週６日勤務」に対して月給制で支払う労働契約を締結し

Column 3

多様な正社員の労働契約関係

2013年，規制改革会議は「規制改革に関する答申～経済再生への突破口」の中で，「正社員改革」による「ジョブ型正社員に関する雇用ルールの整備を行う」との方針を示し，同年の規制改革会議雇用ワーキング・グループ報告書「雇用改革報告書―人が動くために」が出され，ジョブ型正社員（職務，勤務地または労働時間が限定されている正社員）の①労働条件の明示，②無限定社員とジョブ型正社員の均衡処遇・相互転換，③ジョブ型正社員の人事処遇の在り方の検討が提案された。さらに，2014年7月には「『多様な正社員』の普及・拡大のための有識者懇談会報告書」に引き継がれた。

そして，2022年3月の「多様化する労働契約のルールに関する検討会報告書」では，労契法18条による無期転換者と他の無期契約労働者の待遇の均衡のほか，多様な正社員の労働契約関係の明確化を図ることとした。さらに，2023年6月に閣議決定された「新しい資本主義のグランドデザイン及び実行計画2023改訂版」では，労働市場改革に向けた「問題の背景には，年功賃金制等の戦後に形成された雇用システムがある」とし，①リ・スキリングによる能力向上支援，②企業の実態に応じた職務給（ジョブ型人事）の導入のほか，③成長分野への労働移動の円滑化（退職所得課税制度等の見直し，自己都合退職の場合の退職金減額の慣行の見直し，副業・兼業の奨励等）の方針が示された。

このように，長期勤続の無限定型の正社員モデルは，たびたび雇用・経済政策の検討課題となってきた。職務給の導入や副業・兼業の奨励等を含め，企業内の既存の人事・賃金制度等を変えていくには，就業規則の制定・変更が必要であり，その内容や変更の合理性も問題となる。

ていても，労基法32条1項（週40時間，**第17章第1節1参照**）に違反することから，「週48時間勤務を所定労働時間と定める部分が労基法13条により無効となり」（強行的効力），無効となった部分の合意は，この法律で定める基準による（同条後段，直律的効力）こととなり，「労基法に従って修正された週40時間（1日8時間，週5日勤務）の所定労働時間」となり，労働契約で定める月給額は，この所定労働時間（1日8時間，週5日勤務）に対する対価として支払われたものと解される（しんわコンビ事件・東京高判令和2．1．15 LEX/DB25566051，原審：横浜地判令和元．6．27労判1216号38頁）。このように，労基法違反があった場合に，単に不法行為等の損害賠償にとどまらず，直接に労基法の基準により権利を主張することが可能となる。

以上の効力は，労働契約のうち労基法に違反する部分についてのみ生じ，それ以外の部分の効力には影響を及ぼさない。このことは，労働時間と賃金のように強い牽連関係がある労働条件の間でも例外ではない。例えば，労働契約において「1日10時間労働・賃金1万円」と定めた場合には，時間給の定めと解釈される場合を除いては，この契約は「1日8時間・賃金1万円」と修正されるのであり（労基32条2項参照），「1日8時間・賃金8000円」となるのではない（橋屋事件・大阪地判昭和40.5.22労民集16巻3号371頁）。

2　契約そのものが無効となる場合

以上とは異なり，労働契約の存立そのものが労基法などの強行法規や公序良俗に反するとき（例えば，労基法56条に反して最低年齢未満の児童を使用する契約），その労働契約は全体として無効となる。ただ，労働契約が無効となるとしても，労働の提供という事実的な労働関係の存在は消し去ることができないから，契約があったと同様の処理がなされる。すなわち，使用者は，すでに提供した労働に対する賃金の支払を拒否したり，発生した労働災害に対する災害補償の責任を免れることはできない。

第2節　就業規則の作成・届出・周知と記載事項

1　就業規則の機能

就業規則とは，労働者が就業上遵守すべき規律および労働条件に関する具体的細目について定めた規則類の総称をいう（労契法施行通達第3の2（2）イ（エ））。就業規則の定める労働条件の基準は，当該事業に適用される労働条件の最低基準を設定する機能を有する（最低基準設定機能）。また，最低基準だけでなく，一定の条件のもとでは，適用される労働者の締結する労働契約の内容を決定・拘束する機能も有している（労働条件設定機能）。さらに，就業規則は，人事の基本方針や企業理念を明らかにすることもあり，「職場の憲法」たる機能をもつことがある。判例は，就業規則の機能を重視する労働契約ルールを次々に作り出しており，その重要性はますます高まっている。

2　就業規則の作成義務

常時10人以上の労働者を使用する使用者は，労基法89条に列挙する記載事項を定めた就業規則を作成することが義務づけられている。一時的に10人未満となっても作成義務は消滅しない。また，有期雇用労働者やパートタイム労働者なども，これに算入される。この算定の単位となるのは，三六協定などの作成単位と同様に，「事業」とみるべきであり，一定の場所において組織的な一体性をもった企業，支店・工場をいう。なお，「就業規則」にはその本則だけでなく，本則が委任した別規則（退職金規程，有期職員就業別則など）も含まれる。しかし，「内規」として制定され，就業規則としての手続等も実施されていない文書については，そこに退職功労金の定めをしていたとしても，就業規則の一部ではないから，労働契約の内容となって使用者を拘束するものではない（ANA大阪空港事件・大阪高判平成27.9.29労判1126号18頁）。また，労働組合との賃金減額に関する合意事項を「社内報」で説明していたとしても，「使用者が職場や労働条件に関する規律を定めた文書として作成した形式」が認められないから，就業規則としての効力は認められない（永尾運送事件・大阪高判平成28.10.26労判1188号77頁）。

3　意見聴取義務・届出義務

使用者は，就業規則の作成・変更にあたり，事業場の労働者の代表（当該事業場に労働者の過半数で組織する労働組合がある場合にはその組合，そのような労働組合がない場合は，労働者の過半数を代表する者）の意見を聴かなければならない（労基90条1項，労契11条）。もっとも，法的には意見を聴けば足りるのであって，それ以上に，協議を行ったり，同意を得たりすることまでも義務づけられているわけではない。

使用者は，作成または変更した就業規則を，行政官庁（労働基準監督署長）に届け出なければならない（労基89条，労契11条）。届出にあたっては，労働者の代表の意見を記した書面（労働者の代表者の氏名を記載したもの）を添付しなければならない（労基90条2項，労基則49条2項）。

4 周知義務

使用者は，就業規則を，各作業場の見やすい場所に常時掲示しもしくは備え付け（磁気ディスク等に記録して各作業場に読み出し機器を設置する方法でもよい），または書面の交付により，労働者に周知させなければならない（労基106条1項，労基則52条の2）。周知義務と就業規則の効力（拘束力）との関係については，後述する（第4節）。

5 記載事項

就業規則の記載事項（労基89条）は，三つに区分される。第一に，必ず定めなければならない「絶対的必要記載事項」が，同条1号から3号までの，始業終業時刻・休憩時間・休日・休暇など，賃金の決定・計算・支払など，退職に関連する事項（解雇の事由を含む）である。第二に，「……定めをする場合においては」などという文言で規定されているのが「相対的必要記載事項」であり，使用者が当該事項の制度を設ける場合に限り記載が義務づけられ，交代制の場合の就業時転換に関する事項（同条1号後段）および同条3号の2から10号までの退職手当，臨時の賃金等，食費等の負担関係，安全衛生，職業訓練，災害補償等，賞罰，その他が含まれる。第三に，以上の記載事項以外にも，使用者は公序良俗に反しない限り，自由に「任意的記載事項」を定めることができる（企業の経営方針，社会的責任の理念など）。

使用者は，作成上の技術的な理由から，規則の一部を切り離して別規則を定めることもできる（賃金規程，退職金規程など）。こうした別規則もあくまでも就業規則の一部である。また，パートタイムや有期雇用労働者のように，労働条件や就労形態が他の労働者と明確に異なるグループが存在する場合には，それらの労働者だけに適用される就業規則を作成することも許される。

第3節　就業規則の効力と法的性質

1　就業規則の効力

(1)　最低基準としての効力　就業規則は，二つの重要な効力を有している。第一の効力が，最低基準としての効力である（労基93条，労契12条）。就業規則で定めた労働条件の基準に達しない労働条件を定める労働契約は，その部分について無効であり（強行的効力），無効となった部分は，就業規則で定める基準による（直律的効力）。その結果，就業規則の定める労働条件の基準は，労働契約に対して常に労働条件の最低基準を保障していることになる。

なお，労契法12条の文言では，「労働条件を定める労働契約」を問題にしているが，これには労働条件そのものだけでなく，労働契約に基づく業務命令なども含まれる。例えば，就業規則に定められた内示手続に反する転勤命令は，やはり最低基準としての効力に反するものとして，本条により無効となる。また，就業規則で定める解雇事由に該当しない解雇の意思表示も，本条またはその類推適用により無効となる。

(2)　労働条件設定の拘束力　就業規則の第二の効力は，労働契約の内容を確定し，労働者および使用者を拘束する効力である。

労働契約を締結するとき，当事者間では，個別の労働条件について特段の話合いや合意をしないのに，就業規則により賃金が算定され，労働時間などが定められるのが一般である。これは，就業規則の定める基準が，労働契約の内容になり，当事者を拘束し，契約内容を規律することを意味する（労働条件設定の拘束力，労契7条）。すなわち，労働者および使用者が労働契約を締結する場合において，使用者が就業規則に合理的な労働条件を定め，さらにその就業規則を労働者に周知させていた場合には，労働契約の内容は，その就業規則で定める労働条件によるものとする。なお，同条にいう「労働契約を締結する」場合とは，法的な意味での労働契約の成立を意味するから，学卒者の採用の場合は判例によれば採用内定の時点であり，また勤務実態が継続する場合では，有期労働契約の更新や定年後再雇用の開始の時点である（再雇用に関して，判例6-3 協和出版販売事件)。

労契法7条にいう「労働契約を締結する場合」には，同一の使用者と労働者の間で，旧契約を終了させて新契約を締結する場合も含まれるのが原則である。このため，旧郵政公社における非常勤職員は，郵政民営化により日本郵便(株)となった際に旧公社を退職して日本郵便(株)の間で有期労働契約を締結しているから，旧公社当時の労働条件が引き継がれることはなく，したがって，有期労働契約に雇用の上限を65歳到達時とする条項を入れることも，労働条件の新設にほかならず，不利益に変更したということはできないとされる(日本郵便〔期間雇用社員ら・雇止め〕事件・最二小判平成30.9.14 労判1194号5頁)。しかし，派遣会社が登録型派遣(有期契約)の旅行添乗員の就業規則を変更した場合においては，派遣添乗ごとに労働契約が就業規則の定める事項と異なる内容となることが想定されていない等の事情を考慮するならば，その就業規則の変更は，常用の労働契約における場合と同様に「同法9条及び10条の趣旨に照らし」て，変更法理に準じて判断すべきであるとする裁判例がある(阪急トラベルサポート事件・東京高判平成30.11.15 労判1194号13頁)。

(3)　労働条件変更の拘束力　就業規則の拘束力には，もう一つの側面がある。例えば，使用者が労働者全体にかかわる労働条件の改定(賃金の減額など)をするとき，就業規則の規定変更を通じて行うのが一般である。労働者はかかる不利益変更に反対であっても，一定の範囲で従わなければならないとすれば，これも就業規則の拘束力の現れである(労働条件変更の拘束力，労契10条)。この変更の拘束力は，労働者の既得の利益を奪う効果をもつものであるだけに，同じ拘束力という用語であっても，労働条件に対する影響の度合いが大きく，より慎重で高度な条件のもとで許容される(**第7章第2節1**)。

(4)　労働協約との関係　就業規則と労働協約との関係については，二つの規定で定められている。まず，就業規則は，「当該事業場について適用される労働協約に反してはなら」ず，行政官庁は，労働協約に抵触する就業規則の変更を命ずることができる(労基92条1項2項)。また，就業規則が労働協約の規定に反する場合には，その反する部分については，就業規則の拘束力に関する労契法7条，ならびに就業規則の変更および拘束力に関する労契法10条および12条の規定は，「労働協約の適用を受ける労働者との間の労働契約については，適用しない」（労契13条）。したがって，労働協約に反する就業規則が適用されなくなるのは，当該労働協約の適用される労働者だけであり，それ以外の労働者についてはなお有効に適用される。ただし，行政官庁の行う変更命令は，その労働協約の適用されない労働者にも及ぶと解すべきであろう。

2　拘束力の発生根拠

(1)　法規説と契約説　就業規則という使用者の一方的に定める基準が，労働契約の内容を拘束する結果になるのはなぜだろうか。これを説明するために，就業規則の本来もつ法的性質を明らかにする必要があるが，学説は，基本的には，法規説と契約説とが対立する。

法規説は，就業規則が広い意味で法律と同様の効力をもつから，同意の有無にかかわらず労働者を拘束すると考える。使用者の一方的に作成する規範が，なぜ法律と同様の効力をもつかについて，古くは，「経営権」に基づくと解する見解（経営権説）や，就業規則は慣習法であって，旧法例2条（法適用3条）に基づき「法律と同一の効力を有する」と解する見解などがみられた（社会自主法説）。その後は，労基法旧93条（労契12条）に基づくとする見解が有力となり，同条は労働者保護に役立つ限りにおいて就業規則に法規範としての効力を特に認めていると解釈した（保護法授権説または効力付与説）。

一方，契約説によれば，使用者の作成した就業規則は，それ自体では拘束力のない契約の「ひな型」にすぎず，労働者がこの契約モデルに同意を与えることによって，はじめて労働契約の内容となり，労働者を拘束する（純粋契約説）。もっとも，同意を与えるといっても，現実には労働契約を締結する際に，労働者が契約モデルを検討した上で同意するといった実態はない。そこで，労働契約の内容は就業規則の定めるところによるという点について「事実たる慣習」（民92条）が存在し，当事者が排除しない限り就業規則が労働契約の内容となるとの説も主張された（事実たる慣習説）。

(2)　最高裁の契約説　最高裁は，判例6-1 秋北バス事件により，約款理論に依拠した独自の契約説（定型契約説とも呼ばれる）の立場を明らかにした。

判例 6-1　秋北(しゅうほく)バス事件

（最大判昭和 43.12.25 民集 22 巻 13 号 3459 頁）

事　実　Y会社就業規則には，「従業員は，満 50 才を以て停年とする」旨の規定があったが，同規定は主任以上の地位にある者については適用がないものとされていた。そこでYは，右規定を，「従業員は，満 50 才を以て停年とする。主任以上の職にあるものは満 55 才を以て停年とする」と改正し，同条項に基づきすでに満 55 歳に達していたXに退職を命ずる旨の解雇の通知をした。Xが雇用関係の存在確認を求めたところ，第一審は請求を認容したが，原審は棄却したため，Xが上告した。

判　旨　「元来，『労働条件は，労働者と使用者が，対等の立場において決定すべきものである』（労働基準法 2 条 1 項）が，多数の労働者を使用する近代企業においては，労働条件は，経営上の要請に基づき，統一的かつ画一的に決定され，労働者は，経営主体が定める契約内容の定型に従つて，附従的に契約を締結せざるを得ない立場に立たされるのが実情であり，この労働条件を定型的に定めた就業規則は，一種の社会的規範としての性質を有するだけでなく，それが合理的な労働条件を定めているものであるかぎり，経営主体と労働者との間の労働条件は，その就業規則によるという事実たる慣習が成立しているものとして，その法的規範性が認められるに至つている（民法 92 条参照）ものということができる」。

労基法 89 条・90 条・106 条 1 項・91 条・92 条の定めは，「いずれも，社会的規範たるにとどまらず，法的規範として拘束力を有するに至つている就業規則の実態に鑑み，その内容を合理的なものとするために必要な監督的規制にほかならない。このように，就業規則の合理性を保障するための措置を講じておればこそ，同法は，さらに進んで，『就業規則で定める基準に達しない労働条件を定める労働契約は，その部分については無効とする。この場合において無効となつた部分は，就業規則で定める基準による。』ことを明らかにし（93 条），就業規則のいわゆる直律的効力まで肯認しているのである」。

「右に説示したように，就業規則は，当該事業場内での社会的規範たるにとどまらず，法的規範としての性質を認められるに至つているものと解すべきであるから，当該事業場の労働者は，就業規則の存在および内容を現実に知つていると否とにかかわらず，また，これに対して個別的に同意を与えたかどうかを問わず，当然に，その適用を受けるものというべきである」。

このように，最高裁の立場は，①労働条件の決定は労使の対等決定（労基 2

条1項）によることを原則としつつも，②労働条件は，その統一的・画一的決定という経営上の要請から，「定型に従つて，附従的に契約を締結せざるを得ない」から，③就業規則は「それが合理的な労働条件を定めているものであるかぎり」，労働条件は就業規則によるという事実たる慣習が成立するものとして，「法的規範性」が認められ，④労働者の知不知にかかわらず，また同意の有無にかかわらず，当然に適用を受けるとするものである。

この判断は，②の根拠づけにみられるように，普通契約約款に関する法理を就業規則に応用したものと理解されている。すなわち，保険契約や運送契約などの普通契約約款については，契約内容はその約款によるという事実たる慣習があり，③に示された事前の開示と内容の合理性を条件に，各利用者の知不知を問わず契約としての拘束力を生じるとされている。最高裁はこの考え方を就業規則に当てはめることにより，「法的規範性」を認めたと理解するのである。したがって，定型契約説は一種の契約説であり，同判決にいう「法的規範性」とは，法規説のいう法規範とは異なり，「拘束力」を意味する（判例 6-4 フジ興産事件を参照）。その後，この判旨は，最高裁判決の中で繰り返し確認され，労契法7条の規定に定着するに至る。

⑶　労働契約の内容設定　労契法7条によれば，就業規則は単に労働契約の内容を推定するのではなく，直接に労働契約の内容そのものを設定する。また，就業規則は労働契約そのものだけでなく，次の 判例 6-2 で見るように労働契約に基づく業務命令も設定することになる。

判例 6-2　電電公社帯広局事件

（最一小判昭和 61. 3 .13 労判 470 号 6 頁）

事　実　Xは，Y公社で電話交換の作業に従事する職員であった。Yの就業規則と健康管理規程は，心身の故障により療養等の措置を受けた時は，健康管理従事者の指示に従い，自己の健康回復に努めなければならないと定めていた。Xは，頸肩腕症候群と診断され，要管理者としてYの指導を受けていたが，その後も電話交換の作業に従事せず，電話番号簿の訂正等の事務に従事していたところ，YはXに対し頸肩腕症候群の精密検診を受診するように業務命令を発した。Xが拒否したため，Yは就業規則に基づいて，Xを戒告処分とした。そこで，Xは，戒告処分の無効確認を求めて提訴した。

判　旨「労働条件を定型的に定めた就業規則は，一種の社会的規範としての性質を有するだけでなく，その定めが合理的なものであるかぎり，個別的労働契約における労働条件の決定は，その就業規則によるという事実たる慣習が成立しているものとして，法的規範としての性質を認められるに至つており，当該事業場の労働者は，就業規則の存在及び内容を現実に知つていると否とにかかわらず，また，これに対して個別的に同意を与えたかどうかを問わず，当然にその適用を受けるというべきであるから……，使用者が当該具体的労働契約上いかなる事項について業務命令を発することができるかという点についても，関連する就業規則の規定内容が合理的なものであるかぎりにおいてそれが当該労働契約の内容となつているということを前提として検討すべきこととなる。換言すれば，就業規則が労働者に対し，一定の事項につき使用者の業務命令に服従すべき旨を定めているときは，そのような就業規則の規定内容が合理的なものであるかぎりにおいて当該具体的労働契約の内容をなしているものということができる」。

Ｙの就業規則および健康管理規程の内容は，「職員が労働契約上その労働力の処分をＹに委ねている趣旨に照らし，いずれも合理的なものというべきであるから，右の職員の健康管理上の義務は……労働契約の内容となつているものとみるべきである」。

第4節　拘束力付与の要件

1　合理的な労働条件の定め

判例法理を総合した労契法7条によれば，就業規則の規定が労働者に対して拘束力をもつには，①就業規則に合理的な労働条件を定めていること，および，②就業規則を周知させていることが要件となる。

就業規則の内容が「合理的」であれば，就業規則やそれによる業務命令に拘束力が付与される。最高裁をはじめとする多くの裁判例は，時間外労働命令（判例17-3 日立製作所武蔵工場事件），懲戒処分（判例6-4 フジ興産事件），賞与の支給日在籍要件（大和銀行〔賞与〕事件・最一小判昭和57.10.7労判399号11頁），配転命令権（判例8-2 東亜ペイント事件）など多様の分野で，就業規則の規定内容が合理的であることを根拠にして，使用者の各権限を承認している。

労契法7条にいう「合理的な労働条件」の意味は条文上明らかでないが，労働契約の締結の際の労働条件であるから，**第7章**でみる労働条件の変更の場合に比べると緩やかな基準で足りる。例えば，「企業の人事管理上の必要性があり，労働者の権利・利益を不相当に制限していないものであれば，その合理性が肯定されるべきものと解すべきである」とする裁判例がある（日本郵便〔期間雇用社員ら〕事件・東京高判平成28.10.5労判1153号25頁）。強行法規や労働協約の規定とともに公序に反してはならないのはもちろんだが，その目的や内容が脱法的意図によるものでなく，また大多数の従業員の利益に反するものでない程度に正当であれば，合理性ありと解することができよう。裁判例では，定年後再雇用に適用される就業規則の賃金について，「勤務する意思を削がせる労働条件」あるいは「雇用関係についての私法秩序に適合している労働条件」といった基準を挙げるものがある（判例6-3 協和出版販売事件）。また，75時間の固定残業代を定める就業規則について，割増賃金の算定基礎額を最低賃金に可能な限り近づけて賃金を抑制する意図が強く推認されるとして，「規定自体の合理性に疑問なしとしない」と判断する例もある（ファニメディック事件・東京地判平成25.7.23労判1080号5頁）。

判例6-3　協和出版販売事件

（東京高判平成19.10.30労判963号54頁）

事　実　Y会社が1961年に定めた就業規則では，55歳定年制を規定していたが，実際には，従業員が55歳に達したときに本人が希望し，会社が必要と認めた者には，1年ごとの契約で嘱託社員として勤務する制度が存在しており，その給与は18万5000円であった。1998年の高年法改正に合わせて，Yは同年5月に就業規則を改定して定年を60歳と定め，さらに，満55歳に達すると役職を解かれ新嘱託社員となることとし，その給与は基本給19万円および勤務手当1000円から3万円と定めた。Xらは，1999年から2003年までの間にそれぞれ55歳に達し新嘱託社員となった者であるが，新嘱託規定に基づく賃金額は，55歳になる直前と比較して，約29%から42%の減額であるとして，差額等を請求した。

判　旨　「本件就業規則の変更は不利益変更ではなく，労働者の既得の権利を奪い，労働者に不利益な労働条件を一方的に課するものではない」から，「当該条項がそのような不利益を労働者に法的に受忍させることを許容することができるだけの高度の必要性に基づいた合理的な内容のものであるか否かの判断基準によって，変更の法的効力を判断すべき場合ではない」。

「就業規則が使用者と労働者の間の労働関係を規律する法的規範性を有するための要件としての，合理的な労働条件を定めていることは，単に，法令又は労働協約に反しない（労基法92条1項）というだけではなく，当該使用者と労働者の置かれた具体的な状況の中で，労働契約を規律する雇用関係についての私法秩序に適合している労働条件を定めていることをいうものと解するのが相当である。特に本件就業規則の変更が改正後の高齢者雇用安定法の施行により，60歳を下回って定年を定めることができないものとされたことに対応するためのものであったところ，上記改正後の高齢者雇用安定法では，定年延長後の雇用条件について，延長前の定年直前の待遇と同一とすることは定められて〔いないことからすれば〕……就業規則に定められた従前の定年から同法に従って延長された定年までの間の賃金等の労働条件が，具体的な状況に照らして極めて苛酷なもので，労働者に同法の定める定年まで勤務する意思を削がせ，現実には多数の者が退職する等高年齢者の雇用の確保と促進という同法の目的に反するものであってはならないことも，前記雇用関係についての私法秩序に含まれるというべきである」。

2　就業規則に関する手続と拘束力

使用者は，就業規則の作成・変更に関して意見聴取および届出の義務があり，また就業規則を周知させる義務がある（第2節3・4）。

このうち，意見聴取と届出とは，就業規則の内容を通じて労働基準の達成状況を監督するための手続であるから，これらの手続を遵守しないときにも，労契法12条の効力（最低基準としての効力）は生じるとみるべきである。また，手続を怠っていた使用者が，最低基準効を否定することを認めるのは，手続違反の責任帰属という観点からも妥当でない。

これに対して，使用者は就業規則の作成義務を労基法上負い，労契法により一方的に労働契約の内容を形成する権利を付与されているのであるから（労契7条），使用者が労基法上課された手続を遵守しなければ，就業規則の拘束力は認められないというべきである。なお，労契法11条が就業規則の変更についてのみ届出・意見聴取の義務を課したことから，その反対解釈として労契法7条による拘束力については手続履践を不要とする見解もあるが，あえてそのような反対解釈を試みる必要はないであろう。

就業規則の周知義務については，労働者に知らされていない就業規則に効力を認めるのは疑問であることから，義務違反の場合に効力を否定する見解が強い。判例6-4 フジ興産事件は，周知させる手続が採られていない就業規則の拘束力を否定し，これが労契法7条で確認された。ここで，同条の「周知」とは，労基法106条1項や労基則52条の2所定の周知方法に限定されず，「労働者が知ろうと思えばいつでも就業規則の存在や内容を知り得るようにしておくこと」とされる（労契法施行通達第3の2（2）（オ））。また，「実質的にみて事業場の労働者集団に対して当該就業規則の内容を知り得る状態に置いていたこと」と解して，「就業規則」と明示されたファイルに格納され，乗務員が立ち寄る営業所の机や棚に置かれていたことから，実質的周知を認めた裁判例がある（東京エムケイ〔未払賃金等〕事件・東京地判平成29. 5 .15労判1184号50頁）。

なお，就業規則の一部となる給与規程と退職金の算出方法に関する基準表が，従業員の閲覧可能な状態に備え置かれていなかった場合には，就業規則を周知していなかったのであるから，労契法7条の反対解釈から契約内容規律効（拘束力）および最低基準効を認めることができず，元従業員らは，それらに基づき算出された退職金請求権を有しないとする裁判例があるが（社会福祉法人健心会事件・大阪地判平成25.10.29 LEX/DB25502264），最低基準効まで否定する点で疑問である。

判例6-4 フジ興産事件

（最二小判平成15.10.10労判861号5頁）

事　実　A会社は，化学プラントなどの設計・施工を目的とする会社であり，Yらはその代表者であった。Aは，平成4（1992）年に本社以外に「センター」を開設し，Xは設計業務に従事していた。Aは，同6（1994）年4月1日から，旧就業規則を変更した新就業規則を実施することとし，同年6月2日，労働者の代表の同意を得た上で，同月8日労基署長に届け出た。新旧いずれの就業規則にも，懲戒解雇事由を定め，所定の事由があった場合に懲戒解雇をすることができる旨を定めている。Aは，同月15日，Xが得意先とトラブルを発生させたり，上司に反抗的態度をとるなどをしたことを理由に，新就業規則を適用して，Xを懲戒解雇した。Xは，この懲戒解雇以前に，Yに，センターに勤務する労働者に適用される就業規則について質問したが，この際には旧就業規則はセンターに備え付けられていなかった。Xは，Yらが違法な懲戒解雇に関与したとして，不法行為による損害賠償等を請求した。原審が請求を棄却したため，Xが上告した。

判　旨　「使用者が労働者を懲戒するには，あらかじめ就業規則において懲戒の種別及び事由を定めておくことを要する（判例10-2 国鉄札幌駅事件参照）。そして，就業規則が法的規範としての性質を有する（判例6-1 秋北バス事件）ものとして，拘束力を生ずるためには，その内容を適用を受ける事業場の労働者に周知させる手続が採られていることを要するものというべきである。

原審は，Aが，労働者代表の同意を得て旧就業規則を制定し，これを大阪西労働基準監督署長に届け出た事実を確定したのみで，その内容をセンター勤務の労働者に周知させる手続が採られていることを認定しないまま，旧就業規則に法的規範としての効力を肯定し，本件懲戒解雇が有効であると判断している。原審のこの判断には，審理不尽の結果，法令の適用を誤った違法があ」る。

第Ⅱ編

第7章　労働契約の変更

労働契約の内容である労働条件は，一定の条件で就業規則の定めによるものとされること（労契7条）を6章で確認したが，労働契約が展開する過程では，使用者は，その内容を変更する必要が生じる。これには，二つの場面を想定することができる。

一つは，労働時間や休日などの統一的であるべき労働条件について，集合的に変更しようとする場合であり，個別の労働者に対する業務命令では，とうてい処理しきれない。もう一つは，労働契約の内容を人事権として許容される範囲を超えて変更する場合である。例えば，賃金・退職金の算定方法の変更や金額の引下げ，雇用形態のフルタイムからパートタイムへの転換，あるいは期間の定めのない労働契約の有期労働契約への変更などは，使用者に認められた人事権の範囲を超える変更であってその権利行使によることはできない。

さらに，企業の合併，会社分割などの組織変動は，使用者の変更をもたらす点で，労働契約の変更の重要拠点である。

第1節　個別的な労働条件の変更

1　合意による労働契約の変更

労契法では，労働契約の内容である労働条件の変更の方法として，①労働者と使用者の合意による方法（労契8条），②使用者が労働者との合意により，就業規則を変更することによる方法（同9条），③使用者が就業規則を周知して合理的に変更することによる方法（同10条）という，三つの方法を定めている。さらに，労契法に直接の定めはないが，労働協約の改定を通じた方法も可能である（労組16条参照）。

このうち，①は，就業規則の変更や労働協約の改定によらない個別的な合意のみによる労働条件の変更である。すなわち，労働者と使用者は，「その合意により，労働契約の内容である労働条件を変更することができる」（労契8条）。労働契約は，合意の原則の支配のもと，労使が「合意することによって成立する」のであるから（同6条），その変更もまた合意によらなければならず，その趣旨が本条で確認されている。

労契法8条にいう合意は，特段の様式や手続が定められているものではないから，口頭でもなしうるのが原則である。しかし，労働条件についての理解促進の義務（同4条1項2項）は，特に労働契約を不利益に変更するときには重要であり，使用者は労働者に合意を求めるにあたって，その内容を理解しやすい方法で説明し，かつ合意内容を文書で確認しておく必要がある（従業員を集めて，雇用契約を期間の定めのないものから1年契約に変更し，賃金給与，退職金制度の変更等の労働条件の変更について説明したとしても，口頭のみの説明では不十分であり，労働条件の変更の合意が成立したとはいえないとするものとして，東武スポーツ〔宮の森カントリー倶楽部〕事件・東京高判平成20.3.25労判959号61頁）。

そして，労働条件の不利益変更をする場合には，労働者の合意に関する意思表示の認定は慎重であるべきであり，例えば，労働者の行為がセクハラに当たり降格処分が相当である場合にも，いったん合意した年俸を降格対象者の合意なく一方的に減額することは許されない（新聞輸送事件・東京地判平成22.10.29労判1018号18頁）。また，労働者の「役割グレード」変更が報酬の減額と連動するものとして行われるものである以上，労働者の個別の同意を得ることなく，使用者の一方的な行為によって行うことは許されず，人事権の濫用となる（判例9-1 コナミデジタルエンタテインメント事件）。

さらに，黙示の合意について，例えば，賃金の20％減額を激変緩和措置等もなく行い，大幅減給への理解を求める説明を行ったわけではない場合には，元従業員が約3年間にわたって本件給与減額後の給与を受領し続けていたとしても，不利益変更を真意に基づき受け入れたということはできず，黙示の合意が成立していたともいえない（NEXX事件・東京地判平成24.2.27労判1048号72頁）。また，120万円余にのぼる年俸の減額について，労働者が「ああ分かりました」等と応答したのは，「会社からの説明は分かった」という趣旨に理解され，その後11か月間賃金を受領したとしても同意したとはいえないが，その後のさらなる減額については，明示的な抗議をせず，署名押印した労働条件確認書に基本給が明確に記載されていることからすれば，その時点で減額について自由な意思で同意したといえる（ザ・ウィンザー・ホテルズインターナショナル事件・札幌高判平成24.10.19労判1064号37頁）。

2　変更解約告知

(1)　変更解約告知の意義　使用者が，労働条件の変更についての合意を解雇との関連で実現しようとするのが，変更解約告知である。

変更解約告知とは，①使用者が，解雇の意思表示をするとともに，より低い労働条件で新契約の申込みをすること，または，②使用者が，労働契約の変更申込みをするとともに，労働者がそれを拒否することを条件に解雇の意思表示をすることをいう。①と②は，労働条件の変更と解雇との論理的な順序が入れ替わるが，いずれも，低い労働条件で雇用を維持するか，解雇に甘んじるかを労働者に選択させる点がポイントである。その意味で，労働者を困難な選択に追い込むことになるが，使用者が一方的に労働契約を変更または解約するよりは，労働者に自己決定の余地を認める点で積極的な意義が認められる。

なお，変更解約告知は，それを受け入れるか否かのイニシアティブが労働者の側になければならないから，変更解約告知と同時にこれに応じない者のうち一定人数を解雇することを予定する意思表示は，本来の意味の変更解約告知とはいえない（関西金属工業事件・大阪高判平成19.5.17労判943号5頁を参照）。

(2)　正当性　変更解約告知は，労働者に対して不利益な選択肢を押しつけるものであるから，安易に認めることはできない。次に示す裁判例は，その条件として，①労働条件の変更が会社にとって必要不可欠であり，その必要性が労働者の受ける不利益を上回っていて，解雇を正当化するに足りる，やむを得ないものであること，および，②解雇回避の努力が十分尽くされていることを挙げて，その効力を認めている（判例7-1スカンジナビア航空事件）。

判例 7-1 スカンジナビア航空事件

（東京地決平成7．4．13 労判 675 号 13 頁）

事　実　スウェーデンに本社を持つY会社は，他の外国2社とともにA会社を設立し，日本ではAの従業員は，Yと労働契約を締結している。Xらは，その地上職従業員およびエア・ホステスである。Aは，航空部門が赤字に転落したため，希望退職の募集などしていたが，さらに，日本人従業員全員に対して，早期退職募集と再雇用の提案を行い，退職金の割り増し支給を提示して早期退職の募集期限を発表した。その上で，年俸制の導入，退職金制度の変更，労働時間の変更，雇用の有期契約化など，多くの面で低い労働条件を提示した。これについて，全従業員 140 名のうち 115 名が早期退職に応じたが，Xら 25 名はこれに応じなかった。そこで，AはXらに対して，順次，新賃金を提示して早期退職と再雇用への応募を促したが，いずれも応募しなかったため，この 25 名を解雇した。このうちXら 16 名が，解雇の効力を争い，従業員たる地位を保全する仮処分を申請した。

判　旨　「この解雇の意思表示は，要するに，雇用契約で特定された職種等の労働条件を変更するための解約，換言すれば新契約締結の申込みをともなった従来の雇用契約の解約であって，いわゆる変更解約告知といわれるものである」。

「会社とXら従業員との間の雇用契約においては，職務及び勤務場所が特定されており，また，賃金及び労働時間等が重要な雇用条件となっていたのであるから，本件合理化案の実施により各人の職務，勤務場所，賃金及び労働時間等の変更を行うためには，これらの点についてXらの同意を得ることが必要であり，これが得られない以上，一方的にこれらを不利益に変更することはできない事情にあったというべきである」。

「しかしながら，労働者の職務，勤務場所，賃金及び労働時間等の労働条件の変更が会社業務の運営にとって必要不可欠であり，その必要性が労働条件の変更によって労働者が受ける不利益を上回っていて，労働条件の変更をともなう新契約締結の申込みがそれに応じない場合の解雇を正当化するに足りるやむを得ないものと認められ，かつ，解雇を回避するための努力が十分に尽くされているときは，会社は新契約締結の申込みに応じない労働者を解雇することができるものと解するのが相当である」。

(3)　異議留保付き承諾　　労働者が変更に対する異議を留保して，裁判で争いつつ変更後の労働条件で勤務する方式（異議留保付き承諾）が認められることを前提に，変更解約告知の正当性が主張されることがある。しかし，裁判例は，異議留保付き承諾は，相手方である使用者の地位を不安定にするから（民528条参照），これを承認する法規定がない限りは，単純に変更を拒否する意思表示とみるべきであると判断している（日本ヒルトンホテル事件・東京高判平成14.11.26労判843号20頁）。

第2節　集合的な労働条件の変更

1　就業規則による変更

(1)　労契法9条　労契法は，9条において，「使用者は，労働者と合意することなく，就業規則を変更することにより，労働者の不利益に労働契約の内容である労働条件を変更することはできない」と定める一方，引き続き「次条の場合は，この限りでない」と但書を定めた。その上で，10条では，「就業規則の変更が，……〔その〕変更に係る事情に照らして合理的なものであるとき」には，労働条件は変更後の就業規則の定めによるものとした。

つまり，9条の規定は，労契法が労働契約の成立および変更の基本理念としている「合意の原則」（同1条・8条も参照）を，就業規則による労働条件の変更の場合にも貫き，使用者は就業規則の変更によって一方的に労働契約の内容である労働条件を労働者の不利益に変更することはできないことを確認的に規定した。そして，但書において，例外的な方法として，10条により，就業規則の変更によって労働契約の内容である労働条件が変更されることがあることを明らかにしたものである（労契法施行通達第3の4（1）ア）。

使用者が労働者に不利益な労働条件に就業規則を変更する場合でも，労働者がそれに同意したときには，9条の反対解釈により，不利益な労働条件への変更が可能となると解されている。しかしながら，そのような合意の認定は慎重になされるべきであり，最高裁は，会社の合併に際して，退職金規程を変更して算定額を大幅に減じることに労働者の同意がなされた事案で，「労働条件の変更が賃金や退職金に関するものである場合には……直ちに労働者の同意があったものとみるのは相当でなく，当該変更に対する労働者の同意の有無についての判断は慎重にされるべきである」との前提から，「当該行為が労働者の自由な意思に基づいてされたものと認め」られるかの観点からも判断すべきであるとしている（判例7-2 山梨県民信用組合事件）。

同様に，退職金の3分の1減額，半分減額，ついで不支給という変更をもたらす就業規則の変更に労働者が同意した場合にも，使用者が不十分な説明しかなさず，他方で労働者が反対しないだけでは合意があったとはいえないとされる（協愛事件・大阪高判平成22.3.18労判1015号83頁）。また，役職定年制の導入に際しての就業規則の変更の同意は，「労働条件が不利益に変更されるという重大な効果を生じさせるものであるから，その同意の有無の認定については慎重な判断を要し，各労働者が当該変更によって生じる不利益性について十分に認識した上で，自由な意思に基づき同意の意思を表明した場合に限って」認められる（熊本信用金庫事件・熊本地判平成26.1.24労判1092号62頁）。

判例7-2 山梨県民信用組合事件

（最二小判平成28.2.19民集70巻2号123頁）

事　実　上告人（原告，控訴人）Xら12名は，訴外A信用組合（後に合併して被上告人Y信用組合）の職員であった。2003年の合併の際に，Aに在籍する職員の地位はYが承継するとともに，「退職金は，本件合併の際には支給せず，合併後に退職する際に，合併の前後の勤続年数を通算してYの退職給与規程により支給すること」が合意された。しかし，支給基準については，Aの旧退職金規程が変更され，新規程では，退職金の算定基礎額を従来の2分の1とし，支給倍率に上限を設け，企業年金保険の解約金を控除する等の変更がなされた。A信用組合は職員説明会で基準変更後の計算方法について説明し，この説明会の後に，Xらのうち管理職員に対し退職金一覧表を個別に示して写しを交付した。その1週間後に，管理職員であるXら全員がこれに応じて署名押印をした。また，非管理職であるXらについては，労働組合が合併後には新規程の支給基準とする旨の労働協約を締結した。Yではその後も新たな合併の際に，退職金の支給基準に関する変更がなされ，各支店長等は説明指示書のうち労働条件の変更部分を読み上げ，所属の職員は，説明報告書の中の同意者氏名欄に署名をした。

これらの変更の結果，Xらは，支給退職金額が0円になるか，退職金が支給されなかった。そこで，Xらは2003年合併時前の退職金の支払を求めて訴えを提起したところ，一審，控訴審ともにXの請求を棄却したので，Xが上告した。

判　旨「労働契約の内容である労働条件は，労働者と使用者との個別の合意によって変更することができるものであり，このことは，就業規則に定められている労働条件を労働者の不利益に変更する場合であっても，その合意に際して就業規則の変更が必要とされることを除き，異なるものではないと解される（労働契約法8条，9条本文参照）。もっとも，使用者が提示した労働条件の変更が賃金や退職金に関するものである場合には，当該変更を受け入れる旨の労働者の行為があるとしても，労働者が使用者に使用されてその指揮命令に服すべき立場に置かれており，自らの意思決定の基礎となる情報を収集する能力にも限界があることに照らせば，当該行為をもって直ちに労働者の同意があったものとみるのは相当でなく，当該変更に対する労働者の同意の有無についての判断は慎重にされるべきである。そうすると，就業規則に定められた賃金や退職金に関する労働条件の変更に対する労働者の同意の有無については，当該変更を受け入れる旨の労働者の行為の有無だけでなく，当該変更により労働者にもたらされる不利益の内容及び程度，労働者により当該行為がされるに至った経緯及びその態様，当該行為に先立つ労働者への情報提供又は説明の内容等に照らして，当該行為が労働者の自由な意思に基づいてされたものと認めるに足りる合理的な理由が客観的に存在するか否かという観点からも，判断されるべきものと解するのが相当である」。

本件の場合，「自己都合退職の場合には支給される退職金額が0円となる可能性が高くなることや，Yの従前からの職員に係る支給基準との関係でも上記の同意書案の記載と異なり著しく均衡を欠く結果となることなど，本件基準変更により管理職Xらに対する退職金の支給につき生ずる具体的な不利益の内容や程度についても，情報提供や説明がされる必要があった」。

⑵　**労契法10条**　労契法9条による場合と異なり，同10条による方法は，労働者と合意することなく労働条件を不利益に変更することを認める。

ところで，就業規則の規定は最低基準としての効力をもつにすぎず（労基93条，労契12条），労働契約で就業規則に定める基準を上回る労働条件を合意しても，効力を否定されない（労契7条但書）。したがって，就業規則を労働者に不利益の方向に変更しても，労働契約は何ら変更の拘束を受けず，有利な規定のまま存続しうることになる。そこで，就業規則の変更が労働契約の内容を引き下げる効力を認めるには，労働条件の変更の場面での拘束力を正当化しなければならないため，以下のような学説・判例の発展がみられた。

(a)　学説における論拠　学説では，就業規則の法的性質論とあいまって，その根拠に関する多様な議論が展開された（第6章第3節 2 (1)参照）。

まず，「法規説」の立場のうち，保護法授権説（効力付与説）によれば，労働者保護のための授権の範囲内で，変更の拘束力が認められることになる。しかし，この見解では，かかる授権の趣旨からして，労働者保護の方向でない不利益変更の拘束力は原則として許されないことになり実状にそぐわない解決となる。ただ，この立場でも，就業規則の規定が労働契約の内容に入り込み，その変更については労働者の同意によるとする見解もみられる。

次に，「契約説」の立場からすると，就業規則について労働者が同意を与えることにより拘束力が生じると解するから，変更についても労働者が同意を与えない限り拘束力が生じないと解すべきであり，これも実状にそぐわない解決である。ただし，この立場においても，労働者は就業規則に一定の範囲で変更がありうることにつき，労働者はあらかじめ「黙示の同意」を与えているとする見解がみられ，その意味で同意要件が緩和される。

(b)　最高裁における約款論による論拠　最高裁は，約款論に依拠した契約説の立場（第6章第3節 2 (2)参照）を採用して，就業規則の変更の労働契約に対する拘束力を，次のように判断した。

判例 7-3　秋北（しゅうほく）バス事件

（最大判昭和 43.12.25 民集 22 巻 13 号 3459 頁）

事　実　判例 6-1 参照。

判　旨　「就業規則は，経営主体が一方的に作成し，かつ，これを変更することができることになつているが，既存の労働契約との関係について，新たに労働者に不利益な労働条件を一方的に課するような就業規則の作成又は変更が許されるであろうか，が次の問題である」。

「おもうに，新たな就業規則の作成又は変更によつて，既得の権利を奪い，労働者に不利益な労働条件を一方的に課することは，原則として，許されないと解すべきであるが，労働条件の集合的処理，特にその統一的かつ画一的な決定を建前とする就業規則の性質からいつて，当該規則条項が合理的なものであるかぎり，個々の労働者において，これに同意しないことを理由として，その適用を拒否することは許されないと解すべきであり，これに対する不服は，団体交渉等の正当な手続による改善にまつほかはない。そして，新たな停年制の採用のごときについても，それが労働者にとつて不利益な変更といえるかどうかは暫くおき，その理を異にするものではない」。

この判断を要約すると，①就業規則の改定による労働条件の一方的不利益変更は許されないのが「原則」であるが，②労働条件の統一的・画一的処理という就業規則の性質からいって，③変更された規則が「合理的」なものである限り，労働者の同意なしに実施することができる。

しかし，この法理では，労働契約の内容は相手方の同意なくしては変更できないという契約法の基本原則（①）が，就業規則の実務上の要請（②）から，規則条項の「合理性」という基準を満たすことで簡単に放棄されてしまう（③）ことに，最大の理論的問題がある。これでは，労働契約の基本原理である，「合意の原則」が軽視されてしまう。しかし，判例では，最高裁をはじめとするその後の判例の積み重ねにより，「合理性」の存否を中心に据えた判断の手法が形成されるようになった。この判例法理が，労契法10条の規定に定着したのである。労契法10条は，「確立した最高裁判所の判例法理に沿って規定したものであり，判例法理に変更を加えるものではない」ことが明らかにされている（労契法施行通達第3の4（1）ウ）。

(3)　合理性の判断方法　　就業規則の変更は，それが「合理的」な内容であるときに，労働条件を変更する「拘束力」をもち，労働者はその適用を拒否できない。したがって，変更が拘束力をもつかの判断の中心は，変更された就業規則条項が「合理的」であるか否かにある。

判例 7-4　第四（だいし）銀行事件

（最二小判平成9.2.28民集51巻2号705頁）

事　実　Y銀行の改正前就業規則では，定年は55歳とされていたが，「但し，願出により引続き在職を必要と認めた者については3年間を限度として」在職が認められており，男性の93%が55歳以降も在職していた。ところが，Yは，行政の強い要請があったことから，60歳定年制を導入することとし，行員の約90%で組織する組合との団体交渉を経て労働協約を締結した上で，就業規則を変更して1993年から60歳定年制を導入し，同時に，55歳以降の給与・賞与等を大幅に減額した。Xは，1994年に当時55歳になったが，この改正により，年間賃金が54歳当時の63～67%に減額となった。ただ，定年の延長の結果，退職金等が約24万円余り増額となった。Xは，一方的な就業規則の不利益変更であるとして，変更前の賃金との差額を請求した。

判　旨　「当該規則条項が合理的なものであるとは，当該就業規則の作成又は変更が，その必要性及び内容の両面からみて，それによって労働者が被ることになる不利益の程度を考慮しても，なお当該労使関係における当該条項の法的規範性を是認することができるだけの合理性を有するものであることをいい，特に，賃金，退職金など労働者にとって重要な権利，労働条件に関し実質的な不利益を及ぼす就業規則の作成又は変更については，当該条項が，そのような不利益を労働者に法的に受忍させることを許容することができるだけの高度の必要性に基づいた合理的な内容のものである場合において，その効力を生ずるものというべきである。右の合理性の有無は，具体的には，就業規則の変更によって労働者が被る不利益の程度，使用者側の変更の必要性の内容・程度，変更後の就業規則の内容自体の相当性，代償措置その他関連する他の労働条件の改善状況，労働組合等との交渉の経緯，他の労働組合又は他の従業員の対応，同種事項に関する我が国社会における一般的状況等を総合考慮して判断すべきである」（判例7-3，後掲タケダシステム事件，後掲大曲市農協事件，後掲第一小型ハイヤー事件，判例23-2参照）。

「本件就業規則の変更は，行員の約90パーセントで組織されている組合（記録によれば，第一審判決の認定するとおり，50歳以上の行員についても，その約6割が組合員であったことがうかがわれる。）との交渉，合意を経て労働協約を締結した上で行われたものであるから，変更後の就業規則の内容は労使間の利益調整がされた結果としての合理的なものであると一応推測することができ，また，その内容が統一的かつ画一的に処理すべき労働条件に係るものであることを考え合わせると，Yにおいて就業規則による一体的な変更を図ることの必要性及び相当性を肯定することができる。Xは，当時部長補佐であり，労働協約の定めにより組合への加入資格を認められておらず，組合を通じてその意思を反映させることのできない状況にあった旨主張するが，本件就業規則の変更が，変更の時点における非組合員である役職者のみに著しい不利益を及ぼすような労働条件を定めたものであるとは認められず，右主張事実のみをもって，非組合員にとっては，労使間の利益調整がされた内容のものであるという推測が成り立たず，その内容を不合理とみるべき事情があるということはできない」。

「以上によれば，本件就業規則の変更は，それによる実質的な不利益が大きく，

55歳まで1年半に迫っていたXにとって，いささか酷な事態を生じさせたことは想像するに難くないが，原審の認定に係るその余の諸事情を総合考慮するならば，なお，そのような不利益を法的に受忍させることもやむを得ない程度の高度の必要性に基づいた合理的な内容のものであると認めることができないものではない」。

(a)　判断の基本方針　　合理性の基本的な判断方法として，「変更の必要性」および「変更の内容」の両面から検討し，それらの相対比較の視点から判断される（タケダシステム事件・最二小判昭和58.11.25労判418号21頁）。そして，賃金，退職金など労働者にとって重要な権利・労働条件の変更については，「そのような不利益を労働者に法的に受忍させることを許容できるだけの高度の必要性」に基づいた合理的な内容が必要である（大曲市農協事件・最三小判昭和63.2.16民集42巻2号60頁）。

労契法10条には，最高裁が示した「変更の必要性」と「変更の内容」という二つの基本視点は規定されていないが，最高裁の判断方針は，確立した判例法理であるから変更されることはなく（労契法施行通達），同条の判断に当たっても，この2点を基軸にして考慮要素を整理すべきである。

(b)　判断要素　　合理性の具体的な判断要素として，最高裁は，①就業規則の変更によって労働者が被る不利益の程度，②使用者側の変更の必要性の内容・程度，③変更後の就業規則の内容自体の相当性，④代償措置その他関連する他の労働条件の改善状況，⑤労働組合等との交渉の経緯，⑥他の労働組合または他の従業員の対応，⑦同種事項に関するわが国社会における一般的状況等の事情を総合考慮して判断すべきであるとしている。

労契法10条では，合理性の判断要素として，このうち①，②，③，⑤を列挙しているが，④，⑥，⑦は掲げられていない。しかし，同条は判断要素を限定する趣旨でないことが文言上明らかなので，後者の3要素も必要に応じて判断要素となる。

(c)　代償措置・経過措置　　合理性の判断にあたって，多数の労働者の労働条件を改善する変更であっても，特定の層の労働者に不利益が集中する場合には，最高裁は，判例7-5において，その労働者について不利益を緩和するための経過措置が必要であると判断している。

判例7-5 みちのく銀行事件

（最一小判平成12．9．7民集54巻7号2075頁）

（事　実）60歳定年制を採用していたY銀行において，行員の高齢化，経営の低迷等の事情から，従業員の73％を組織する労働組合の同意を得て，1986年に「専任職」という職階を導入し，55歳に達した管理職は原則として専任職階に移り，基本給を55歳到達直前の額で凍結することとした。さらに1988年には，専任職手当を廃止して，賞与や業績給の大幅減額をもたらす旨の就業規則の提案を行い，これを実施した。それらの結果，Xらの賃金は，33％ないし56％の削減となった。このため，Xらが，右措置に関連する就業規則規定の変更が適用されないことを前提とする，未払賃金等を請求した。一審では請求が認容されたが，原審では棄却されたので，Xらが上告した。

（判　旨）判例7-3，前掲大曲市農協事件，判例23-2，判例7-4を引用。「本件就業規則等変更は，多数の行員について労働条件の改善を図る一方で，一部の行員について賃金を削減するものであって，従来は右肩上がりのものであった行員の賃金の経年的推移の曲線を変更しようとするものである。もとより，このような変更も，前述した経営上の必要性に照らし，企業ないし従業員全体の立場から巨視的，長期的にみれば，企業体質を強化改善するものとして，その相当性を肯定することができる場合があるものと考えられる。しかしながら，本件における賃金体系の変更は，短期的にみれば，特定の層の行員にのみ賃金コスト抑制の負担を負わせているものといわざるを得ず，その負担の程度も前示のように大幅な不利益を生じさせるものであり，それらの者は中堅層の労働条件の改善などといった利益を受けないまま退職の時期を迎えることとなるのである。就業規則の変更によってこのような制度の改正を行う場合には，一方的に不利益を受ける労働者について不利益性を緩和するなどの経過措置を設けることによる適切な救済を併せ図るべきであり，それがないままに右労働者に大きな不利益のみを受忍させることには，相当性がないものというほかはない」。

「本件では，行員の約73パーセントを組織する労組が本件第一次変更及び本件第二次変更に同意している。しかし，Xらの被る前示の不利益性の程度や内容を勘案すると，賃金面における変更の合理性を判断する際に労組の同意を大きな考慮要素と評価することは相当ではないというべきである」。

(d)　労働組合への対応　　使用者が労働者の多数を組織する労働組合と交渉・合意を経た上で就業規則を変更したときには，「変更後の就業規則の内容は労使間の利益調整がされた結果としての合理的なものと一応推測することができ」る（判例7-4 第四銀行事件)。一方で，羽後(うご)銀行（北都銀行）事件（最三小判平成12.9.12労判788号23頁）や函館信用金庫事件（最二小判平成12.9.22労判788号17頁）では，多数組合が反対していても，変更の合理性を肯定している。しかし，それでもなお，不利益の程度や内容いかんでは，「変更の合理性を判断する際に労組の同意を大きな考慮要素と評価することは相当ではない」（判例7-5 みちのく銀行事件を参照)。

(4)　合理性についての具体的な判断例　　判例による具体的な判断の動きを，最高裁を中心にみておこう。

(a)　退職金の減額　　七つの農協の合併に際して，一農協の従業員の退職金支給倍率を他の六農協の基準に合わせて引き下げることは，給与額の増額により現実の支給額の低下は小さくなるという事実，合併に伴う統一の必要性，合併の結果として他の労働条件が有利になった事実などから，合理性が認められる（前掲大曲市農協事件)。

退職金の算定基礎となる勤続年数を頭打ちとする変更は，その代償となる労働条件が提供されず，その他に不利益変更を正当化する事情もないときには，合理性は認められない（御國(みくに)ハイヤー〔退職金減額〕事件・最二小判昭和58.7.15労判425号75頁)。

定年年齢を63歳から57歳に引き下げ，すでに57歳に達している「特別社員」の給与を大幅に減額して退職金の額を引き下げることは，内容において合理性を有するとは認められない（判例23-2 朝日火災海上保険〔高田〕事件)。

しかし，経営危機からの企業再建のために，就業規則の退職金に関する規定を改定して，退職金を半額に減額したとしても，倒産により清算的処理をするか，再建の方策を採るかの二者択一を迫られ，倒産により見込まれる労働債権の配当率が上記より低い水準にとどまる場合には，その変更は合理性を有する（日刊工業新聞社事件・東京高判平成20.2.13労判956号85頁)。

(b)　賃金の減額　　タクシー運賃改定にともない歩合給の計算方式を不利益に変更した場合も，その歩合給の性質や交渉の経緯から変更の必要性が肯定される（第一小型ハイヤー事件・最二小判平成4.7.13労判630号6頁）。

就業規則では55歳定年であったが，実際には58歳まで勤務する取扱いが長年なされていたときに，60歳定年とするが55歳以降の賃金を大幅に引き下げることは，相当の不利益変更であるが，高度の必要性があり合理性を欠くとはいえない（判例7-4 第四銀行事件）。

職能資格制の賃金制度を成果主義型賃金制度に改めることを目的に就業規則を変更した結果，原告らの基本給が20％程度減額したとしても，2年間の経過措置でこれを行ったことはいささか性急で柔軟性に欠ける嫌いがないとはいえないが，不利益を法的に受忍させることもやむを得ない程度の，高度の必要性に基づいた合理的な内容であるといわざるを得ない（ノイズ研究所事件・東京高判平成18.6.22労判920号5頁）。

また，高年齢層の労働条件の不利益変更に関して，就業規則を変更して57歳に達した高年齢職員に「スタッフ職」を導入し，賞与を支給せず，定期昇給をしない等の不利益変更をしたとしても，事業収益の悪化から労働条件の変更につき高度の必要性が認められ，かつ基本給の減額はない等不利益の程度が小さいことから，変更の合理性は認められるとするものがある（紀北川上農業協同組合事件・大阪高判平成30.2.27労経速2349号9頁）。

しかし，判例7-5 みちのく銀行事件では，賃金の下げ幅が大きく，不十分な代償措置を加味しても内容の相当性を肯定することはできないとされている。また，就業規則および賃金規程の不利益変更により，56歳で一律に基本給を30％減額することは，同年齢から労働条件が減額率に相応して変更されるなど合理的理由がない限り許されない（鞆(とも)鉄道〔第2〕事件・広島高判平成20.11.28労判994号69頁）。さらに，給与内規の変更により65歳定年を超える勤務延長教員の賃金を最大4割も減額する措置は，その不利益が重大なものであり，それまでの大幅減額の事情や，重大な不利益を緩和する経過措置や代償措置もないことを考慮すると，変更の合理性は認められない（学校法人札幌大学事件・札幌高判平成29.10.4労判1174号5頁）。

(c)　労働時間の延長　　完全週休二日制の導入に伴い，1日の労働時間を60分または10分延長する変更は，週単位・年単位の所定労働時間は減少し，必然的に時間外手当の減収を招くともいえないから，その不利益は「全体的，実質的にみた場合に」は大きいとはいえない（前掲羽後銀行〔北都銀行〕事件）。

同じく完全週休二日制の導入により，平日の労働時間を25分延長しても全体的・実質的な不利益が大きいとはいえず，労働組合が反対していることを考慮しても，「不利益を受忍させることもやむを得ない程度の必要性のある合理的内容」がある（前掲函館信用金庫事件）。

(d)　その他の労働条件　　最高裁の初期裁判例では，次のものがある。主任以上の従業員に対して55歳定年制を新設することは，定年制の企業運営上の意義，定年制についての社会事情，一般職種の従業員との比較，嘱託としての再雇用の可能性などの事実から，不合理とはいえない（判例6-1 判例7-3 秋北バス事件）。有給の生理休暇を年24日から月2回に変更し，有給率を100%から68%に変更することは，不利益の程度の僅少さ，賃金の大幅改善，生理休暇の取得濫用の実態，組合との交渉の経緯，生理休暇の根拠についての社会的理解などの理由から，合理性が認められる（前掲タケダシステム事件）。

(5)　**変更の手続**　　就業規則の変更にあたっては，労基法89条・90条の定めるところによる（労契11条）。すなわち，過半数組合または事業場にそれがないときには過半数代表の意見を聴取し，行政官庁に届け出なければならない（手続違反の場合の就業規則の効力については，**第6章第4節2**を参照）。

また，使用者は，就業規則の変更を周知しなければならないが（労契10条），その周知は「実質的周知」である必要があり，例えば経営会議や朝礼などで，制度変更の必要性，新制度の概要，従業員にとってのメリット，デメリットなどを記載した説明文書等を配付・回覧すべきであって，そのような努力を払っていない場合には，就業規則の変更は無効と判断される（中部カラー事件・東京高判平成19.10.30労判964号72頁）。

2　労働協約による変更

(1)　**変更の内容**　　労働協約による変更の場合は，労働組合と使用者とが団体交渉を重ねた上で納得して決めるものであるため，就業規則の場合のような，変更の「合理性」といった要件を必要としない。また，労働協約の規範的効力においては有利原則が否定されて，労働協約の定める基準を上回る労働契約の部分であっても無効とされるから（**第23章第2節2(3)**参照），労働協約の定める労働条件の基準は，原則として労働契約を拘束する（労組16条）。

したがって，労働協約の変更が労働者（組合員）の労働条件を引き下げるものであっても，労働者を拘束するのが原則であり，特定の労働者を不利益に取り扱うことを意図しているなど，「労働組合の目的を逸脱して締結された」ものでない限り，規範的効力は否定されない。

判例7-6 朝日火災海上保険（石堂）事件

（最一小判平成9.3.27労判713号27頁）

事　実　Y会社は，昭和40（1965）年にA会社の保険業務を引き継いだのに伴い，Aで勤務していた労働者を従前の労働条件で雇用することになったが，定年年齢はA出身の労働者が63歳（Xは65歳定年の慣行を主張），その他55歳のままであった。その後経営危機に直面したYでは，労働組合での討議や投票等を経て，昭和58（1983）年に定年を57歳で統一することにし，さらに退職金の計算方法も変更する労働協約を締結した。Xはその当時53歳の組合員でA出身であったが，定年年齢および退職金係数の引き下げを不満に思い，65歳定年制を前提とした退職金を得る地位の確認を求める訴えを提起した。一審では，変更の拘束力が認められ，原審でも同様の結論となったので，Xが上告した。

判　旨　「以上によれば，本件労働協約は，Xの定年及び退職金算定方法を不利益に変更するものであり，昭和53年度から昭和61年度までの間に昇給があることを考慮しても，これによりXが受ける不利益は決して小さいものではないが，同協約が締結されるに至った以上の経緯，当時のYの経営状態，同協約に定められた基準の全体としての合理性に照らせば，同協約が特定の又は一部の組合員を殊更不利益に取り扱うことを目的として締結されたなど労働組合の目的を逸脱して締結されたものとはいえず，その規範的効力を否定すべき理由はない。これと同旨の原審の判断は，正当として是認することができる。本件労働協約に定める基準がXの労働条件を不利益に変更するものであることの一事をもってその規範的効力を否定することはできないし」（判例23-2 朝日火災海上保険（高田）事件参照），「また，Xの個別の同意又は組合に対する授権がない限り，その規範的効力を認めることができないものと解することもできない」。

(2)　変更の手続　しかしながら，賃金等の労働条件を大幅に引き下げる内容を含む労働協約の変更の場合については，変更手続が重視されるべきであり，変更の内容の重要性との関連で，労働協約の締結の経緯や手続などの公正さが求められる。判例では，53歳以上の従業員の基本給を，経過措置なしに21.7パーセントに及ぶ減額をする措置については，変更による不利益の大きさから，組合規約に定めるとおり総会に付議すべきであり，手続の不備がある場合は，協約の規範的効力を肯定できないと判断するものがある（中根製作所事件・東京高判平成12.7.26労判789号6頁）。また，56歳以上で希望退職に応じなかった従業員の基本給を30パーセント減額する旨の労働協約について，協約の締結について組合大会で決議しないという手続的な瑕疵があり，勤続年数等を考慮せず一律減額するという点で内容的にも合理性を欠くとして，その規範的効力は被控訴人等に及ばないとする裁判例もある（鞆鉄道〔第1〕事件・広島高判平成16.4.15労判879号82頁）。さらに，判例7-2山梨県民信用組合事件で，最高裁は，退職金減額にかかる労働協約の締結につき，執行委員長が締結権限を有するためには，「本件職員組合の機関である大会又は執行委員会により上記の権限が付与されていたことが必要である」として，その効力を否定した。

これに対して，次の判例7-7のように，大幅な不利益を伴う変更であっても，手続が公正に行われて組合の意思決定過程に公正さが認められるときには，その規範的効力が認められる。また，労働協約の締結権限の執行委員長への委任は，明確なものであることを要し，労働協約を締結した後に総会で一括承認することは認められないというべきであるが，総会の経緯や実施状況から，組合員の意思を反映できる機会が十分に確保されていた等の事情を勘案すると，総会の議決で協約を確定させる意思を追認した，と判断する裁判例もある（学校法人近畿大学〔勤続手当等〕事件・大阪地判平成31.4.24労判1221号67頁）。

判例7-7　中央建設国民健康保険組合事件

（東京高判平成20.4.23労判960号25頁）

事　実　Xは，Y国民健康保険組合を2006年12月31日に定年退職した者である。Yはその職員で構成する労働組合である職員組合との間で，2005年7月19日，組合員の退職金指数を改定する合意（本件労働協約）を定めた。在職時に職員組合の組合員であったXは，このため改定後の低い支給率の適用を受けることになり，538万1034円減額された退職金の支給をYから受けた。Xは，本件労働協約が労働組合の目的を逸脱して締結されたものであって，Xにその規範的効力が及ばないなどと主張して，この差額等を請求した。第一審では，Xの請求が認容されたため，Yが控訴した。

（判　旨）労働協約の変更が「労働組合の目的を逸脱して締結されたものと認められるか否かの判断にあたっては，労働協約の内容が労働条件を労働者に不利益に変更する結果となることにとどまらず，①当該労働協約が締結されるに至った経緯，②当時の使用者側の経営状態，③当該労働協約に定められた基準の全体としての合理性等を考慮するのが相当である（最高裁平成9年3月27日第一小法廷判決〔判例7-6朝日火災海上保険（石堂）事件〕……参照）」。

「Xは，本件労働協約により，退職金が……円（約14.2パーセント）の減額になり，その不利益の程度は小さいとはいえない」。

「しかしながら，本件労働協約が締結されるに至った経緯については，職員組合においては，本件改定案について組合員のほとんどが出席した職場集会を3回開催し，Xもこれに毎回出席し，……臨時大会において本件労働協約を締結することが出席者49名中47名の賛成多数で承認された上で本件労働協約が締結されたというのであり，Xも上記議論の過程において意見を言う機会が保障されていたというべきであるから，職員組合における意思決定過程の公正さを疑わせるに足りない」。

「以上の事情に照らせば，本件労働協約が従前の労働条件に比較して労働者に不利なものであり，Xの退職金の削減幅が10か月分を越えることを考慮しても，職員組合としては，民主的な手続によって確認された組合員の意思に基づき，当時の状況の中で本件労働協約の内容を是としたものであって，本件労働協約が特定の又は一部の組合員を殊更不利益に取り扱うことを目的として締結されたなど労働組合の目的を逸脱して締結されたものと認めるに足りないというべきであり，その規範的効力を否定することはできない」。

第3節　会社の組織変動と雇用維持

1　会社の組織変動と労働契約の維持

会社の活動を存続させ，さらに変容・拡大するためには，会社組織を積極的に変動させていく必要がある。それは，持株会社の設立や企業買収などの多様な手法を通じて，近年ますます活発になっている。こうした組織変動のもとでは，財産（モノ）や資本（カネ）とともに，労働者（ヒト）の動きが必然的であり，労働者の会社間移動は，雇用または労働契約の存続に変動をもたらす。

会社の組織変動のうち，雇用または労働契約に直接に影響を及ぼすものは，合併，会社分割，および事業譲渡の3種である。これらのうち，合併および会社分割に伴う労働契約の承継問題については，法律による一定の解決方法が示されている。これに対して，事業譲渡については，わが国では，実定法規による解決基準が与えられておらず，法的な紛争がより深刻な形で現れる。

2　合　　併

合併は，労働契約を含む会社の総体が組織的に一体のものとして別会社（存続会社）に吸収され（吸収合併），または別会社と統合して新しい企業を設立する（新設合併）ものである。したがって，合併により消滅する会社の権利義務は，存続会社や新設会社に包括的に承継され（会社750条・754条），労働契約も当然に承継されることになる。使用者および労働者のいずれも，労働契約が新会社へ承継されることを拒否できない。会社が合併の際に一部労働者の受入れを拒否することは，解雇の意思表示を意味する。

3　会社分割

(1)　労働契約承継法　会社分割は，2000年の商法改正において，企業の組織再編の新たな方法として導入されたものであり，これに伴い労働法の分野においても，「会社分割に伴う労働契約の承継等に関する法律」（承継法）が制定された。この法律は，会社分割がなされた場合の，労働契約や労働協約の承継について定めるものである（事業譲渡には適用されない）。

(2)　分割計画書と異議　まず，分割を行う会社は，分割計画書（新設分割の場合。吸収分割の場合には分割契約書）を作成して，本店に備え置かなければならない。しかし，これに先立ち，会社は関係労働者と労働契約の承継に関して事前協議を行わなければならない（商法平成12年改正附則5条1項。5条協議と呼ばれる）。次に，会社は，分割計画書について株主総会の承認を得る前に，その期日の2週間前までに，関係労働者個人に対して，その氏名が分割計画書に記載されて労働契約が承継される予定になっているか等について，書面により通知しなければならない（承継2条）。当該分割にあたり，分割をする会社は，過半数組合があるときにはその組合，ないときには過半数代表者との協議その他の方法によって，その雇用する労働者の理解と協力を得るように努めなければならない（同7条，同法施行規則4条。7条措置と呼ばれる）。

判例7-8によれば，5条協議を全く行わなかった場合，また，5条協議が行われたときでも，分割会社からの説明や協議の内容が著しく不十分で趣旨に反することが明らかな場合は，労働者は承継法3条の定める労働契約承継の効力を争うことができるとしている。この判決を受けて，5条協議における話合いが，リストラに抗うことの不利益を示唆し，あるいは労働組合の脱退と引替えに労働契約の承継の選択を迫るものにすぎず，労働契約の承継に関する希望聴取にはほど遠く，承継法が5条協議を求める趣旨に反するとして，原告労働者の労働契約承継を無効と判断し，分割元会社との労働契約上の地位確認を認める裁判例がある（エイボン・プロダクツ事件・東京地判平成29.3.28労判1164号71頁）。

判例7-8　日本アイ・ビー・エム（会社分割）事件

（最二小判平成22.7.12民集64巻5号1333項）

事　実　Yは，米国法人Aの完全子会社であり，Xらは，YのHDD（ハードディスクドライブ）事業部門に従事し，訴外B組合に所属している。AはC会社との間で，HDDに関する業務を総合して遂行するため，2002年6月ころ，従業員を両会社から集めてD会社（本社アメリカ）を設立すること，3年後にはこれをCの100％子会社とすること，処遇や福利厚生などの労働条件も基本的に現在と同等の内容にする旨合意した。その上で，Yが2005年改正前商法上の会社分割を行ったところ，Xらは設立する会社へ承継される営業に含まれる者として，分割計画書に記載された。そこでXらはYに対し，労働者は，会社分割に伴い自己の労働契約について承継拒否権を有すると主張して，労働契約上の権利を有する地位にあることの確認，および会社分割手続の違法等が不法行為に当たるとして損害賠償を請求した。

判　旨　「承継法3条所定の場合には労働者はその労働契約の承継に係る分割会社の決定に対して異議を申し出ることができない立場にあるが，上記のような

５条協議の趣旨からすると，承継法３条は適正に５条協議が行われ当該労働者の保護が図られていることを当然の前提としているものと解される。この点に照らすと，上記立場にある特定の労働者との関係において５条協議が全く行われなかったときには，当該労働者は承継法３条の定める労働契約承継の効力を争うことができるものと解するのが相当である。

また，５条協議が行われた場合であっても，その際の分割会社からの説明や協議の内容が著しく不十分であるため，法が５条協議を求めた趣旨に反することが明らかな場合には，分割会社に５条協議義務の違反があったと評価してよく，当該労働者は承継法３条の定める労働契約承継の効力を争うことができるというべきである。

他方，……７条措置……は分割会社に対して努力義務を課したものと解され，これに違反したこと自体は労働契約承継の効力を左右する事由になるものではない。７条措置において十分な情報提供等がされなかったがために５条協議がその実質を欠くことになったといった特段の事情がある場合に，５条協議義務違反の有無を判断する一事情として７条措置のいかんが問題になるにとどまるものというべきである」。

労働契約が，実際に設立会社等に承継されるかは，四つの区分により判断される（Fig. 7-1 を参照）。①承継される事業に主として従事している労働者が，分割計画書等にその名前が記載されて，設立会社等への労働契約の承継が予定されているときには，その労働契約は当然に承継され（承継３条），当該労働者は，これに反対することはできない。なお，「主として従事」かどうかは，その事業に従事する時間，労働者の果たしている役割などを総合的に判断して決定する。②同じく，承継される事業に主として従事しているのに，分割計画書等に名前が記載されず，設立会社等への契約承継が予定されていない労働者は，分割会社の定める期限日までに異議を申し出れば労働契約は承継される（同４条）。③その他の労働者で，分割計画書等にその名前が記載されている労働者は，上記の期限までに異議を申し出れば労働契約は承継されない（同５条）。④同じく，その他の労働者で，分割計画書等にその名前が記載されていない労働者は，契約承継はなされない。

①の場合は，労働契約は合併と同じように当然に承継され，労働者は

Fig. 7-1　労働契約承継の４類型

承継される事業への関与	分割計画書等への記載	異議の申出	労働契約の承継の有無
①主として従事	記載あり	申出不可	承　継
②主として従事	記載なし	異議申出 異議申出せず	承　継 不承継
③その他の労働者	記載あり	異議申出 異議申出せず	不承継 承　継
④その他の労働者	記載なし	申出不可	不承継

判例 7-8 日本アイ・ビー・エム（会社分割）事件にいうような，重大な手続違反があるときにしか，これに反対することはできない。②および③の場合の「異議」は，要件を満たす者が申し出れば直ちに効力が生じる。また，分割会社および設立会社は，異議を申し出たことを理由に解雇その他の不利益取扱いをしてはならない（平成 12.12.27 労告 127 号）。

また，①の場合に，承継事業に「主として従事する労働者には，会社分割に当たり，当該労働者が希望しさえすれば，分割会社との間の従前の労働契約がそのまま承継会社に承継されることが保障されているといえる」から，承継元との間の障害者に対する勤務配慮を認めていた労働契約を合意解約し，承継先との間で勤務配慮を原則として認めない労働契約を締結することは，「いずれも労働契約承継法の趣旨を潜脱し，公序良俗に反して無効」である。さらに，かかる不利益変更に同意した事実があるとしても，労働者に限られた選択肢を示して進路選択を迫るような方法によるときには，承継元（分割会社）の労働契約がそのまま承継会社に承継されるという労働者の「利益を一方的に奪うものであり，同法の趣旨を潜脱するもの」として，公序良俗に反して無効である（阪神バス〔勤務配慮・本訴〕事件・神戸地尼崎支判平成 26. 4 .22 労判 1096 号 44 頁）。

なお，事業譲渡目的でなされた会社分割の後に予定される労働条件の変更については，分割前の段階で譲渡会社は関与できないから５条協議の対象にならないが，譲渡先会社が労働条件の変更を速やかにすることを予定し，これを転籍予定の従業員に周知させることを希望し，かつ譲渡会社も同意しているときには，譲渡会社は，分割前の段階で労働者に説明する義務がある（EMI ミュージック・ジャパン事件・静岡地判平成 22. 1 .15 労判 999 号５頁）。

4 事業譲渡

(1) 部分譲渡と全部譲渡　事業譲渡とは，事業を構成する各個の営業財産（動産・不動産，有価証券・債権債務・知的財産権，得意先・営業ノウハウなど）を，契約により移転する行為をいう。これには，譲渡会社が財産の一部を譲受会社に譲渡するにすぎず，事業譲渡をなした後にも，経営を継続している「部分譲渡」の場合と，譲渡会社が営業財産のすべてを譲受会社に譲渡して，自らは会社を解散する「全部譲渡」の場合とがある。

特に問題となるのは，全部譲渡の場合であり，譲渡会社は，譲渡後には「抜け殻」になるから事業の継続はありえず，解散するのが一般である。そこで，譲渡会社が労働者全員を解雇した上で事業譲渡を行い，譲受会社が被解雇者を採用するという方式をとることが多い。この場合に，譲受会社が，一部の労働者を不採用としたときに，労働契約上の紛争が生じる。

(2) 労働契約不承継の原則と判例　事業譲渡では，譲受会社が雇用上の責任を強制されることはないのが原則である。債権契約としての事業譲渡契約においては，当事会社が特に合意しない限り，労働契約を当然に承継することはないからである（この点を強調する裁判例として，東京日新学園事件・東京高判平成17.7.13労判899号19頁）。

しかしながら，例外的な法理ではあるが，いくつかの裁判例は，各事案の特色に応じて，多様な論拠から労働契約の承継を認め，さらに譲受会社の不採用を解雇と同一視する結論を導いている。

第一に，事業譲渡がなされて，形式的には使用者が変わっても，労働者の属する「事業」は実質的に同一であるとする考え方である。つまり，営業財産は有体・無体の財産（物的要素）と労働者（人的要素）とからなる組織的統一体であって，使用者の変更があっても営業組織としては「高度の実質的同一性」があるから，労働契約も承継されていると解する（新関西通信システムズ事件・大阪地決平成6.8.5労判668号48頁，東京日新学園事件・さいたま地判平成16.12.22労判888号13頁も同旨）。また，会社を解散して個人営業で事業を引き継いだ承継人が同一の屋号や従業員を使用していたという事案で，会社と承継人には「実質的同一性が認められ」，「労働契約の承継に黙示の承諾を与えていたと認められる」として，譲渡元での未払賃金等の既発生の債権について請求を認容する事案もある（Aラーメン事件・仙台高判平成20. 7 .25労判968号29頁）。

第二に，事業譲渡の当事会社が，労働契約の承継に関して持っている意思を，当該事業譲渡にかかわる事実経緯から，解釈を通じて内容変更させる判断方法である（勝英自動車学校事件・東京高判平成17. 5 .31労判898号16頁は譲渡会社と譲受会社との合意の一部が公序違反で無効であることから，労働契約の承継を導いている）。また，譲渡会社が原告を解雇し，会社を解散した上で，原告を除く全従業員を譲受会社に雇用するという実態がある場合，「譲渡の対象となる営業にはこれら従業員との雇用契約をも含むものとして営業譲渡がなされた」として，原告の労働契約の承継を認める裁判例がある（タジマヤ事件・大阪地判平成11.12. 8労判777号25頁）。さらに，譲渡先での事実関係によっては，労働契約の承継という事実を問題にせず，端的に被解雇労働者と譲渡先会社との間の，契約締結の合意が成立したことを重視する裁判例もある。すなわち，ショウ・コーポレーション事件（東京高判平成20.12.25労判975号5頁）は，譲渡会社の代表者で譲受会社の取締役であった人物が，団交の場において「原則として全員……移ってもらう」との発言した事実をもって，これを労働契約の申込みと解釈し，労働者が採用申入れによりこれを承諾したことで労働契約が成立したと判断している。

⑶　労働契約内容の不承継　　事業譲渡にともない譲渡先に雇用される場合であっても，事業譲渡契約の交渉の際に退職金の定めがないことが明らかにされ，譲渡先と取り交わした雇用契約書および労働条件通知書において退職金を支給しないとしていた（定めがない）ことなどから，退職金に関する債権債務関係が譲渡先に継承されたとはいえないとされている（ヴィディヤコーヒー事件・大阪地判令和3 . 3 .29労判1245号13頁）。

第Ⅱ編

第8章　人事異動・配転・出向

企業は，経営上の必要性などの観点から，労働者に様々な部署・仕事・役職を担当させ，労働者は，その中で，スキル等を蓄積していく。こうしたスキル等は，労働者のキャリア形成にとっても非常に重要であるが，ときには，単身赴任などを余儀なくされることもある。また，使用者による業績評価により，昇進・昇格することもあれば，降格することもある。これまでの企業の人事では，業務上の必要性を重視する傾向が強かったが，近年，労働者のキャリアやワークライフ・バランスが強く意識されるようになり，労働者の意思や利益を人事にどのように反映させるかが重要な課題となっている。

第1節　昇格・昇進・降格と人事考課

1　人事異動

(1)　**人事権と昇進・昇格**　　昇進・昇格，配転，出向，休職など，企業内における労働者の地位や処遇を変更することを人事異動という。一般に，使用者には，労働者を企業組織の中で位置づけ，その役割を定める権限（人事権）があり，その行使について，使用者には広い裁量権が認められているものの，使用者はその権利を濫用してはならない（労契3条5項）。昇進は企業内における職務上の地位（職位，すなわち部長，課長，係長など）が上がること，昇格は職能資格上の等級や地位（主事，参事，マネージャー職など）が上がる人事をいう。

(2)　**降　格**　　降格は職務上の地位または職能資格上の地位（等級）を下げる人事をいう。職務上の地位の降格については，使用者の広い裁量が認められるが，業務上・組織上の必要性の有無・程度，労働者がその職務・地位にふさわしい能力・適性を有するか否か，労働者がそれにより被る不利益の性質・程度等の諸点を総合して，人事権の濫用の有無が判断される（東京都自動車整備振興会事件・東京高判平成21.11.4労判996号13頁）。これに対して，職能資格制度のもとにおける資格等級等のように，降格によって賃金（基本給）が連動して減額されるような場合には，労働者の個別の同意があるとき，もしくは，賃金減額の可能性について就業規則上明記して使用者に降格の権限が根拠づけられているときに限られ（アーク証券事件・東京地決平成8.12.11労判711号57頁，判例9-1 コナミデジタルエンタテインメント事件），賃金減額を伴う降格に対する同意の有無については，労働者の自由な意思に基づくものでなければならない（Chubb損害保険事件・東京地判平成29.5.31労判1166号42頁）。

また，ノルマ未達を理由に直ちに降格させるような過酷な発令は，違法と評価される場合がある（ナカヤマ事件・福井地判平成28.1.15労判1132号5頁）。一方で，注意指導を重ねても改善が見られない場合に，能力に見合った等級（賃金水準）に降格することは，人事権の濫用とはならない（ファイザー事件・東京高判平成28.11.16労経速2298号22頁）。なお，懲戒処分として降格が命じられる場合には，懲戒の法的規制（労契15条）に服する（**第10章第1節1(4)**参照）。

さらに，人事異動に関する人事権の行使が，不当労働行為に当たるとき（労組7条1号），または嫌がらせや差別的取扱い・不利益取扱いとしてなされたとき（労基3条，雇均6条・9条など）には，無効とされ（判例13-3 広島中央保健生活協同組合事件），あるいは，不法行為を構成することがある（バンク・オブ・アメリカ・イリノイ事件・東京地判平成7.12.4労判685号17頁）。

2　人事考課

こうした人事異動等は，労働者の年齢，勤続年数などを考慮し，その職務能力，適性，モチベーション等を評価して，企業の効率的な運営を図るために行われる。また，そのような評価を人事考課（査定）といい，人事考課は人事異動の場合だけでなく，昇給や賞与額の決定の際にも利用される。

そして，使用者による人事考課は，事実誤認や不当な動機があるなど，評価が合理性を欠き社会通念上著しく妥当性を欠く場合に限り違法となるにすぎない（光洋精工事件・大阪高判平成9.11.25労判729号39頁）。ただし，判例8-1 マナック事件のように，人事考課について，就業規則で評定期間や評定の留意事項が詳細に定められている場合に，これらの実施手順等に反する裁量権の逸脱により労働者の利益が侵害されたと認められるときは，当該査定が不法行為となることがある。また，雇均法9条や育介法10条の趣旨に反して，産休・育休取得者に対する賃金決定の査定が合理的な限度を超えて不利益に扱ったと認められる場合にも，人事権の濫用として不法行為となる（判例9-1）。

判例8-1　マナック事件

（広島高判平成13.5.23労判811号21頁）

事　実　Xは，1970年，Y会社に入社し，1994年には職能資格等級4級に格付けされていた。同年6月2日，XはYの経営陣を批判する言動をしたことなどから，Yは降格規定の「勤務成績が著しく悪いとき」に該当するとして，1995年4月1日，Xを3級に降格させる決定をした。Yの人事考課規程によれば，評定期間を前年4月1日から当年3月31日までの1年間として，毎年4月を評定時期として実施するとされていたが，Xの評定は，降格以後の1995年4月から1998年4月までいずれも最低のEランクであり，昇給率は低かった。Xは，違法な評定が不法行為に当たるとして，被った昇給差額に相当する額の損害賠償などを求めて提訴し，一審判決がXの請求を棄却したため，Xは控訴した。

判　旨　「昇給査定は，これまでの労働の対価を決定するものではなく，これからの労働に対する支払額を決定するものであること，給与を増額する方向での査定でありそれ自体において従業員に不利益を生じさせるものではないこと，本件賃金規程によれば，Yにおける昇給は，原則として年1回（4月）を例とし，人物・技能・勤務成績及び社内の均衡などを考慮し，昇給資格及び昇給額などの細目については，その都度定めると規定されていること，これらからすると，従業員の給与を昇給させるか否かあるいはどの程度昇給させるかは使用者たるYの自由裁量に属する事柄というべきである。しかし，他方，本件賃金規程が，昇給のうちの職能給に関する部分……を……職能給級号指数表により個々に定めるとし，本件人事考課規程により，この指数を決定するにつき，評定期間を前年4月1日から当年3月31日までの1年間とする人事評定の実施手順や評定の留意事項が詳細に定められていることからすると，Yの昇給査定にこれらの実施手順等に反する裁量権の逸脱があり，これによりXの本件賃金規程及び人事考課規程により正当に査定されこれに従って昇給するXの利益が侵害されたと認められる場合には，Yが行った昇給査定が不法行為となるものと解するのが相当である」。

第2節　配　転

1　配転命令の法的根拠

配転（配置転換ともいう）とは，同一の企業内において労働者の勤務地や職務内容のいずれかまたは両方を長期間にわたって変更することをいう（勤務地の変更を伴う場合は転勤ともいう）。配転は，労働者の能力開発や適正配置を目的として行われることが多いが（ローテーション人事），不採算部門に生じた余剰人員の採算部門への異動等の雇用調整措置として実施される場合もある。

使用者は，業務上の必要性から，労働者に配転を命じることがあるが，特に，転居を伴う転勤の場合には，労働者に大きな不利益を及ぼすおそれがある。最高裁は，判例8-2東亜ペイント事件のように，就業規則の定めがあり，実態として転勤が行われており，勤務地限定の合意がないといった事実関係のもとで，使用者による一方的な配転命令権を認めている。他方で，就業規則の根拠規定がなく，転勤の実態がほとんどない場合に，配転命令権が否定されることがある（仲田コーティング事件・京都地判平成23.9.5労判1044号89頁）。

判例8-2　東亜ペイント事件

（最二小判昭和61.7.14労判477号6頁）

（事　実）Y社は大阪の本店のほか全国に十数か所に支店・営業所等を置き，従業員約800名を擁する会社である。就業規則では，「業務の都合により社員に異動を命ずることがある。この場合には正当な理由なしに拒むことは出来ない」と定められ，従業員の出向，配転等が頻繁に行われていた。Xは大学卒業直後，Yと労働契約を締結したが，その際，勤務地を大阪に限定する旨の合意はなく，入社当初から営業を担当していた。XはYの神戸営業所に勤務していたところ，Yは，Xに対して名古屋営業所への転勤を内示したが，Xは，家庭の事情を理由に拒否した。同月末，Xの同意が得られないまま，YはXに名古屋営業所への転勤を命じ（本件配転命令），Xはこれを拒否したため，懲戒解雇された。Xは本件解雇は無効であるとして，地位確認を求めた。なお，Xは，本件配転命令の発令当時，母親（71歳），妻（28歳）および長女（2歳）とともに，堺市内の母親名義の家屋に居住し，母親を扶養し，妻は無認可保育所に保育士として勤務していた。

判　旨「思うに，Yの労働協約及び就業規則には，Yは業務上の都合により従業員に転勤を命ずることができる旨の定めがあり，現にYでは，全国に十数か所の営業所等を置き，その間において従業員，特に営業担当者の転勤を頻繁に行つており，Xは大学卒業資格の営業担当者としてYに入社したもので，両者の間で労働契約が成立した際にも勤務地を大阪に限定する旨の合意はなされなかつたという前記事情の下においては，Yは個別的同意なしにXの勤務場所を決定し，これに転勤を命じて労務の提供を求める権限を有するものというべきである」。

「そして，使用者は業務上の必要に応じ，その裁量により労働者の勤務場所を決定することができるものというべきであるが，転勤，特に転居を伴う転勤は，一般に，労働者の生活関係に少なからぬ影響を与えずにはおかないから，使用者の転勤命令権は無制約に行使することができるものではなく，これを濫用することの許されないことはいうまでもないところ，当該転勤命令につき業務上の必要性が存しない場合又は業務上の必要性が存する場合であつても，当該転勤命令が他の不当な動機・目的をもつてなされたものであるとき若しくは労働者に対し通常甘受すべき程度を著しく超える不利益を負わせるものであるとき等，特段の事情の存する場合でない限りは，当該転勤命令は権利の濫用になるものではないというべきである。右の業務上の必要性についても，当該転勤先への異動が余人をもつては容易に替え難いといつた高度の必要性に限定することは相当でなく，労働力の適正配置，業務の能率増進，労働者の能力開発，勤務意欲の高揚，業務運営の円滑化など企業の合理的運営に寄与する点が認められる限りは，業務上の必要性の存在を肯定すべきである」。

2　職種・勤務地の限定

勤務地や職種の限定が明確に合意されている場合，使用者は，一方的に配転を命じることはできないが，例えば，20年以上にわたり機械工として勤務してきた場合（日産自動車村山工場事件・最一小判平成元.12. 7労判554号6頁）や，放送局のアナウンサー募集に応じて採用されて24年間その業務に従事してきた場合（九州朝日放送事件・最一小判平成10. 9 .10労判757号20頁）でも，職種限定合意の認定には消極的である。限定合意が認められない場合でも，資格を要する運行管理業務を続けることへの期待は法的保護に値し，同業務の従事者に対する他業務への配転について，期待に大きく反する不利益を負わせるとして，無効としたものがある（安藤運輸事件・名古屋高判令和3.1.20労判1240号5頁）。

他方，一定の範囲で職種限定（ジブラルタ生命〔旧エジソン生命〕事件・名古屋高判平成29.3.9労判1159号16頁）や勤務地限定（新日本通信事件・大阪地判平成9.3.24労判715号42頁）を認めたものがある。そして，職種限定があっても，特段の事情がある場合には，当該職種の廃止に伴う他職種への配転が認められることがある（東京海上日動火災保険事件・東京地判平成19.3.26労判941号33頁）。

3　配転命令権の濫用

(1)　配転命令権濫用の判断枠組み　特に，転居を伴う転勤は，労働者の生活関係に影響を及ぼすものであるが，業務の必要性がない場合のほか，必要性はあっても他の不当な動機・目的をもってなされたとき，労働者に通常甘受すべき程度を著しく超える不利益を負わせるものであるときなど，特段の事情がある場合でない限り，権利の濫用とはならない（判例8-2 東亜ペイント事件）。

業務の必要性については，当該労働者の配転が「余人をもつては容易に替え難いといつた高度の必要性に限定することは相当でなく」，企業の合理的運営に寄与する点が認められる限りは肯定される（判例8-2）。

不当な動機・目的として，組合嫌悪のほか（朝日火災海上保険事件・大阪高判平成3.9.26労判602号72頁〔最二小判平成5.2.12労判623号9頁〕，公益財団法人えどがわ環境財団事件・東京高判平成27.3.25労判1130号78頁），内部通報等に対する報復（オリンパス事件・東京高判平成23.8.31労判1035号42頁）や嫌がらせ（新和産業事件・大阪高判平成25.4.25労判1076号19頁）の場合等がある。

労働者の被る生活上の不利益が「通常甘受すべき程度を著しく超える」か否かについて，大阪から名古屋への転勤に伴う家庭生活上の不利益も通常甘受すべき程度のものと判断され（判例8-2），単身赴任をせざるを得ない東京から名古屋への転勤命令についても，違法とはいえず（帝國臓器製薬事件・最二小判平成11.9.17労判768号16頁），3歳の子を養育している女性労働者（中学校卒業後，現場労働者として採用）が片道1時間45分を要する勤務地への配転を命じられたケースでも，不利益は少なくないとしつつも，配転命令が有効と判断されている（ケンウッド事件・最三小判平成12.1.28労判774号7頁）。これに対して，重度の心臓病に罹患した長女を抱える労働者に対する配転（日本レストランシステム事件・大阪高判平成17.1.25労判890号27頁）や，うつ病の長女と脳炎の後遺症のある二女および隣接した住宅に住む高齢の両親の面倒をみなければならない労働者に対する配転（北海道コカ・コーラボトリング事件・札幌地決平成9.7.23労判723号62頁）では，命令権の濫用と判断されている。

⑵　**職業生活と家庭生活の調和**　配転を命じる際にも，職業生活と家庭生活の調和が要請され（労契3条3項），また，使用者は，労働者の就業場所の変更にあたって，子の養育または家族の介護状況に配慮する義務を負う（育介26条）。これらの規定に基づく使用者の配慮は，それをしなかった場合に，配転を直ちに無効とするものではないが，判例8-3ネスレ日本（配転拒否）事件のように，その配慮の有無・程度は，労働者の不利益が通常甘受すべき程度を著しく超えるか否か，配転命令権の行使が権利濫用となるかどうかの判断に影響を与えると解される（明治図書出版事件・東京地決平成14.12.27労判861号69頁，NTT東日本〔北海道・配転〕事件・札幌高判平成21.3.26労判982号44頁も参照）。

判例8-3　ネスレ日本（配転拒否）事件

（大阪高判平成18.4.14労判915号60頁）

事　実　Y会社は霞ヶ浦工場（茨城県），島田工場（静岡県），姫路工場（兵庫県）を有している。Xは，Yの姫路工場で採用され，30年以上継続して勤務してきた現地採用者で，ギフト係に配属されていた。YとXの雇用契約書には，「雇傭中に，あなたは，他の勤務地へ転勤される事があり」と記載されており，就業規則にも配転・転勤に関する定めがあり，Xの採用当時，広田工場（兵庫県）および姫路工場，島田工場があり，姫路工場でも，現地採用者の転勤が行われており，従業員から個別の同意はとられていなかった。Yは，ギフト係を廃止して外注とすることを決定したが，姫路工場内の他部署は人員余剰であったため，同係の従業員に対して，霞ヶ浦工場への異動を命じたところ，Xは，実母Aが要介護度2と認定を受け，介護が必要であること，転居すれば病状が悪化すること，田畑や持ち家があること，子供が翌年受験期になることを理由に，配転を拒否した。

判　旨　育介法26条が求める配慮とは，「就業の場所の変更により就業しつつその子の養育又は家族の介護を行うことが困難となることとなる労働者に対しては，これを避けることができるのであれば避け，避けられない場合には，より負担が軽減される措置をするように求めるものであ」り，「その配慮の有無程度は，配転命令を受けた労働者の不利益が，通常甘受すべき程度を著しく超えるか否か，配転命令権の行使が権利の濫用となるかどうかの判断に影響を与えるということはできる」。

労働者の「不利益が通常甘受すべき程度を超えるか否かについては，その配転の必要性の程度，配転を避ける可能性の程度，労働者が受ける不利益の程度，使用者がなした配慮及びその程度等の諸事情を総合的に検討して判断する」。

「Xの母Aが要介護状態にあり，Xは，その妻と共に，介護を担当しなければならず，Xが本件配転命令に従うことによって，介護が困難になったり，Aの症状が悪化する可能性があった……のに，Yがその点の配慮を十分に行ったとは言い難」く，「本件配転命令によって受ける不利益が通常甘受すべき程度を著しく超えるものといわなければならない」。

---

(3)　労働者の健康や利益への配慮　労働者本人の健康への配慮もなされなければならず，神経症（うつ病）による1年3か月の病気休暇明けに，旭川支社から東京への転勤を命じることは，通常甘受すべき程度を著しく超える不利益といいうると判断されている（損害保険リサーチ事件・旭川地決平成6.5.10労判675号72頁）。また，うつ病による病気休職明けに，病状や治療の必要性，本人の治療についての意向に対する配慮を欠いたままなされた配転の結果，病状を悪化させた事案において，通常甘受すべき程度を著しく超える不利益を負わせる違法な配転として，不法行為に基づく慰謝料等の請求を認めたものがある（鳥取県・米子市事件・鳥取地判平成16.3.30労判877号74頁）。

降格を伴う職務変更の場合にも，配転命令権の濫用の枠組みを用いつつ，人事権の濫用の有無が判断され（L産業〔職務等級降級〕事件・東京地判平成27.10.30労判1132号20頁），賃金減額の程度が著しいときは，降格および配転が無効となる場合もある（日本ガイダント仙台営業所事件・仙台地決平成14.11.14労判842号56頁）。また，視覚障害を有する准教授を授業担当から外すなどの命令が，通常甘受すべき程度を著しく超える精神的苦痛を負わせるとして，権利濫用に当たるとしたものがある（学校法人原田学園事件・広島高岡山支判平成30.3.29労判1185号27頁）。さらに，十分な説明をしないまま，見せしめのような異動を強制するような場合にも，人事権の濫用による不法行為が成立しうる（前掲日本レストランシステム事件）。なお，配転の内示は，命令に先立ち，受諾の有無を検討する機会を与えるための事前の告知であり，労働者の社会生活等への配慮を欠くことがあっても，直ちに不法行為が成立するわけではない（一般財団法人あんしん財団事件・東京高判平成31.3.14労判1205号28頁）。

第3節　出向・転籍

1　出向命令権とその濫用

(1)　出向の意義と出向命令権の法的根拠　　出向とは，労働者が出向元会社における従業員たる地位を保持したまま，一定期間，他の会社とも労働契約関係を形成してその業務に従事することをいう（Column 8参照）。これは，在籍出向とも呼ばれ，出向元会社との労働契約関係を終了させ，転出先会社に従業員たる地位も異動する転籍と区別される。出向は指揮命令権者（契約の本質的な内容）の変更を伴うものであり，また，民法625条1項から，出向命令にあたっては労働者の同意などの根拠が必要となる。

そして，「使用者が労働者に出向を命ずることができる場合」（労契14条）に出向命令権が認められるが，例えば，①就業規則に出向命令（義務）規定があり，②労働協約等で出向労働者の利益に配慮した詳細な規定が設けられている事情に加えて，採用時にグループ企業間での出向がある旨の十分な説明がある場合（興和事件・名古屋地判昭和55.3.26労民集31巻2号372頁）や，子会社化等に伴う関連会社への出向の場合（判例8-4新日本製鐵事件），高年齢者の雇用確保措置の場合（JR東海中津川運輸区〔出向・本訴〕事件・名古屋地判平成16.12.15労判888号76頁）に個別同意に代わる出向命令の合理的根拠を認めるものがある。さらに，人員削減の一環として，希望退職に応じない者への子会社への出向（リコー〔子会社出向〕事件・東京地判平成25.11.12労判1085号19頁）や再就職支援としての出向（日本雇用創出機構事件・東京地判平成26.9.19労経速2224号17頁）を命じるものがある。最近では，雇用維持のため，産業雇用安定助成金による出向の積極的な活用もみられる（第12章第3節4参照）。

(2)　出向命令権の濫用　　次に，出向命令権が認められる場合であっても，

「当該出向の命令が，その必要性，対象労働者の選定に係る事情その他の事情に照らして」（労契14条），権利の濫用となることがある。判例8-4は，①業務上の必要性，②出向労働者の人選基準の合理性，③出向労働者の生活関係上および労働条件における（著しい）不利益性，④出向発令に至る手続の相当性から判断している。そして，業務上の必要性や人選の合理性がない場合には，出向命令が無効とされることがある（ゴールド・マリタイム事件・大阪高判平成2.7.26労判572号114頁，前掲リコー〔子会社出向〕事件）。

判例8-4 新日本製鐵（せいてつ）事件

（最二小判平成15.4.18労判847号14頁）

事　実　Ｙ社は，鉄鋼等の製造・販売等を業とする会社であり，Ｘらは，Ｙに1961年頃から雇用され，出向命令発令当時，Ｚ製鉄所の生産業務部鉄道輸送部門の職務に従事しており，Ｙの従業員で組織するＡ組合の組合員であった。Ｙの就業規則には，「会社は従業員に対し業務上の必要によって社外勤務をさせることがある」という規定があり，Ｘらに適用される労働協約である社外勤務協定において，社外勤務の定義，出向期間（3年以内とする），出向中の社員の地位，賃金，退職金，各種の出向手当，昇格・昇給等の査定その他処遇等に関して出向労働者の利益に配慮した詳細な規定が設けられていた。Ｙは，Ｚの構内輸送業務のうち鉄道輸送部門の一定の業務を協力会社である訴外Ｂ社に業務委託することに伴い，委託される業務に従事していたＸらに在籍出向を命じた。Ｙは，出向命令に不同意であったＸらを含む141名に対して，Ｂ等への出向を発令し，Ｘらは不同意のままＢに赴任した上で，本件出向命令の効力を争った。

判　旨　本件「事情の下においては，Ｙは，Ｘらに対し，その個別的同意なしに，Ｙの従業員としての地位を維持しながら出向先であるＢにおいてその指揮監督の下に労務を提供することを命ずる本件各出向命令を発令することができるというべきである」。

「Ｙが構内輸送業務のうち鉄道輸送部門の一定の業務をＢに委託することとした経営判断が合理性を欠くものとはいえず，これに伴い，委託される業務に従事していたＹの従業員につき出向措置を講ずる必要があったということができ，出向措置の対象となる者の人選基準には合理性があり，具体的な人選についてもその不当性をうかがわせるような事情はない。また，本件各出向命令によってＸらの労務提供先は変わるものの，その従事する業務内容や勤務場所には何らの変更はなく，上記社外勤務協定による出向中の社員の地位，賃金，退職金，各種の出向手当，昇格・昇給等の査定その他処遇等に関する規定等を勘案すれば，Xらがその生活関係，労働条件等において著しい不利益を受けるものとはいえない。そして，本件各出向命令の発令に至る手続に不相当な点があるともいえない。これらの事情にかんがみれば」，本件各出向命令は権利の濫用に当たらない。

2　出向労働関係

出向期間中の労働者の賃金その他の労働条件は，出向元と出向先との間の出向合意により定められることになるが，その内容が明確でない場合には，当該出向の趣旨・目的に従って労働契約の解釈により確定される。一般的にいえば，出向労働者は，出向元との間の基本的労働契約関係を前提として，出向先との間で部分的な労働契約関係を形成しているとみることができる（スカイマークほか2社事件・東京地判平成24.11.14労判1066号5頁）。そして，解雇などの労働契約上の地位にかかわることについては，出向元が権限を有する一方で，出向先会社の指揮命令のもとで，その服務規律に従って労務提供を行うのであり，出向労働者の労働条件のほとんどは出向先が決定しており，安全配慮義務などは出向先が負うと解される。

出向期間の定めがある場合，それが満了すると，労働者は出向元の従業員の地位に復帰することを前提としているから，「出向元が，出向先の同意を得た上，右出向関係を解消して労働者に対し復帰を命ずるについては，特段の事由のない限り，当該労働者の同意を得る必要はない」と解されている（古河電気工業・原子燃料工業事件・最二小判昭和60．4．5民集39巻3号675頁）。そして，バス運転業務に従事していた出向労働者に復帰を命じた上で清掃業務等に従事させたことについて，業務上の必要性・合理性があったと認められると判断したものがある（相鉄ホールディングス事件・東京高判令和2.2.20労判1241号87頁）。

3　転籍の意義とその利用

転籍（移籍出向）とは，現に存在する会社との労働契約関係を終了（辞職・合意解約）させて新たに別会社との労働契約関係を成立させる人事異動（別会社に雇用されることを約束して退職すること）をいう。転籍は，例えば，一事業を別会社として独立させる事業譲渡（部分譲渡）の一環として，または不採算部門の人員整理策として，あるいは高年齢者の雇用確保措置として実施されることがある。転籍は，労働者の辞職や合意解約の意思表示を前提としているので，その効果が生じるには，当該労働者の明確な同意が必要である（判例8-5 三和機材事件，日本電信電話事件・東京地判平成23. 2 . 9労経速2107号7頁，国立研究開発法人国立循環器病研究センター事件・大阪地判平成30. 3 . 7労判1177号5頁）。

転籍後には，法的にも実質的にも転籍先会社が使用者となるが，転籍元の会社が一定の条件で復帰を約束する場合や一定の期間は賃金等の補塡を約束する場合がある。そのような労働契約上の関連が残っている限りは，転籍元は，その問題についての団体交渉に応じる義務がある「使用者」というべきである。また，復帰の約定がある場合でも，転籍している以上，懲戒解雇をなしうるのは転籍先であって，転籍労働者が悪意または重大な過失により転籍元との信頼関係を破壊した場合に限り，転籍元は転籍労働者の復帰を拒否できる（京都信用金庫事件・大阪高判平成14.10.30労判847号69頁）。

判例8-5 三和機材事件

（東京地判平成7 .12.25労判689号31頁）

事　実　土木用機械等のメーカーであるY社は，倒産し，裁判所で認可された和議（現在の民事再生手続に相当）条件を履行中であったところ，1991年4月に営業部門を分離・独立させてA社を設立し，当該部門の従業員全員を転籍出向させることとした。同年5月9日に従業員に対して転籍を発表したところ，従業員らで組織するB労組の書記長であったXのみが，転籍出向命令を拒絶した。Y側は説得を試みたが，応じないことから，同年7月5日，就業規則上の懲戒事由である「業務上の指揮命令に違反したとき」に該当するとしてXを懲戒解雇した。Xはこの解雇を無効として，Yとの労働契約上の地位の確認等を請求した。

判　旨　「しかしながら，本件転籍命令は，XとYとの間の労働契約関係を終了させ，新たにAとの間に労働契約関係を設定するものであるから，いかにYの再建のために業務上必要であるからといって，特段の事情のない限り，Xの意思に反してその効力が生ずる理由はなく，Xの同意があってはじめて本件転籍命令の効力が生ずるものというべきである」。

第Ⅱ編

第9章　休業・休職

労働者は，在職中に育児・介護などのライフステージの変化や私傷病等により，一定期間仕事を休まざるを得ないことがある。こうした場合，直ちに労働者を退職させるのではなく，一定の休業・休職期間を経て，就労できるようになった時点で復職させれば，労働者の不本意な離職を防ぐことができ，人材不足の解消にもつながる。

これを実現するための制度として，法律に基づく休業制度と就業規則等に基づく休職制度がある。前者は，育児休業，介護休業および子の看護休業などが代表的なものであり，育児・介護休業法により保障されている。後者は，病気休職（「私傷病休職」ともいう）や起訴休職をはじめとする多様なものがあるが，法律上の根拠がなく，就業規則等により定められた場合のみ保障される。

第1節　休　　業

1　育児・介護休業制度の意義・課題および展開

育児・介護休業法は，男女ともに差別を受けることなく，仕事と家庭を両立させながら働けるようにすることを目的として制定された法律である。当初はILO156号条約および165号勧告を機に制定された育児休業法（1991年）として発足したが，高齢化に伴う介護ニーズの増大に対応して育児・介護休業法（1995年）へと発展した。

育児・介護休業制度は，その後も数回の法改正により，内容の充実が図られてきたが，未だ多くの課題が残っている。まず，女性の育児休業取得率は比較的に高いが，男性の取得率は思うように伸びない（厚労省「令和3年度雇用均等基本調査」によると，育児休業を取得した女性労働者の割合は85.1%，男性の割合は13.97%であった。もっとも，男性の取得期間は，2週間未満の者が5割を超えている)。また，出産を機に仕事を辞める女性が多く，その後再就職できたとしても，非正規雇用に就く者が多い（同「第11回21世紀出生児縦断調査（平成22年出生児)」(2021年5月調査）によれば，2010年5月10〜24日に子を出産した女性の調査時点の有職率は79.3%であったが，そのうち常勤で勤める者は29.1%しかなかった)。他方で，介護休業制度の利用率も低く（2018年度に取得者がいた事業所の割合はわずか2.2%であった)，介護離職が社会問題になっている。

2 育児休業

(1) 使用者の取得促進義務　事業主は，本人または配偶者の妊娠・出産の事実を申し出た労働者に対して，育児休業制度を知らせるとともに，当該労働者の意向を確認するために面談等の措置を講じる義務を負う（育介21条)。また，育児休業の申出が円滑に行われるために，研修の実施，相談窓口の設置，その他厚生省令が定める雇用環境の整備に関する措置のいずれかを実施しなければならない（同22条)。さらに，常時雇用する労働者が1000人を超える事業主は，毎年少なくとも1回，労働者の育児休業等の取得状況を公表することが求められている（同22条の2)。

(2) 対象労働者と休業期間　1歳未満の子（法律上の養子等も含む〔育介2条1号〕）を養育する労働者は，事業主に申し出ることにより，育児休業をすることができる（同5条1項)。有期雇用労働者については，子が1歳6か月になるまでの間に労働契約が満了することが明らかではない，という条件さえ満たせば取得できる（同5条1項但書)。ただ，日々雇用される者は，対象から除かれる。また，勤続年数が1年未満の労働者等については，労使協定（第1章第1節参照）の定めにより，対象から除外できる（同6条1項但書)。

育児休業の期間は，原則として子が1歳になるまでを限度とする。しかし，現に労働者本人または配偶者が育児休業をしているが，保育所に入所できない等，1歳を超えても休業が特に必要と認められる場合，子が1歳6か月（再延長で2歳）になるまで延長できる（育介5条3項4項，育介則6条)。また，男性の育児休業を促進する観点から，両親ともに育児休業を取得する場合の特例が設けられており，配偶者が子の1歳到達日前に育児休業をしていることを要件に，労働者は子が1歳2か月になるまで育児休業をすることができる（「パパ・ママ育休プラス」・育介9条の6）。

さらに，「出生時育児休業」（産後パパ育休）は，子の出生日から起算して8週間経過する日の翌日までに4週間以内の期間で2回に分割して取得できる（同9条の2）。かかる育児休業の取扱いは，通常の育児休業とほぼ同様である（同9条の3）が，労使協定で出生時育児休業期間中に就業させることができると定める労働者に限って，事業主に対して「就業可能日」を申し出ることもできる（同9条の5第2項）。

(3)　育児休業の手続　育児休業は，特別の事情がない限り1人の子につき分割して2回申し出ることができる（同5条2項）。申出の時期に関しては，原則として，育児休業は休業の1か月前，出生時育児休業は2週間前までとされる（同6条3項・9条の3第3項）。申し出は，書面のほか，事業主が認める場合は電子メールやFAX等でも可能である（育介則7条2項）。

労働者は，申し出る際に，開始・終了予定日を明らかにしなければならない（同5条6項）が，予定日前の出産などの事情がある場合，1回に限り開始予定日を変更できる（育介7条）。また，休業開始予定日の前日まで申出を撤回することができるが，1回育児休業をしたものとみなされる（同8条2項）。

(4)　育児休業期間中の経済的支援　育児休業期間中，就業規則等に特段の定めがない限り，使用者は賃金を支払う義務がない。しかし，一定の要件を満たせば，雇用保険から，育児休業の取得者には「育児休業給付金」（雇保61条の7），出生時育児休業の取得者には「出生時育児給付金」（同61条の8）が支給される（同61条の6）。出生時育児休業の場合，一時就業も可能であるため，賃金と給付金の調整が必要な場合もある（同61条の8第5項）。育児休業給付金の支給額には上限・下限があるが，原則として休業開始から180日目までの間は休業開始時の賃金の67%，その後は50%である（同61条の7第6項）。また，休業期間中，健康保険や厚生年金保険などの社会保険関係は継続するが，保険料が免除される（健康保険法159条，厚生年金保険法81条の2）。

(5)　育児休業以外の両立支援措置　事業主は，3歳未満の子を養育する労働者が請求した場合，所定時間を超えて働かせてはならない（育介16条の8）。

また，未就学児を養育する労働者に対して深夜労働をさせてはならず（同19条），法定時間外労働も請求があれば制限時間（1月に24時間，1年に150時間）を超えてさせてはならない（同17条）。そして，事業主は，これらの義務に加えて，育児目的で利用できる休暇を与えるための措置，未就学児の年齢によって始業時刻変更，所定外労働の制限，所定労働時間の短縮等に準ずる措置を講ずる努力義務を負う（同24条）。なお，育児を理由として短時間勤務を認められていた部下に対し，帰宅後に電話等により頻繁に業務報告等を求める行為は業務の適正な範囲を超えたものとして，懲戒処分の対象となる（アクサ生命保険事件・東京地判令和2.6.10労判1230号71頁）。

3　介護休業

⑴　**対象者と制度の概要**　労働者は要介護状態にある対象家族を介護するために，1人につき通算93日（3回まで）を限度として介護休業をすることができる（育介11条1項2項）。要介護状態とは，負傷，疾病，心身障害などにより2週間以上にわたり常時介護を要する状態（同2条3号，育介則2条）であり，対象家族とは，配偶者（事実婚を含む），父母および子ならびに配偶者の父母（育介2条4号）である。また，有期雇用労働者であっても，勤続年数が1年以上であり，かつ，休業開始日から起算して93日を経過する日から6か月を経過する日までに労働契約の満了が明らかでないという条件を満たせば，休業を申し出ることができる（同11条1項）。介護休業は，対象労働者，申出の方法，休業中の待遇などの点において育児休業とほぼ共通しており，休業期間中の「介護休業給付金」も休業開始時の賃金の67％である（雇保61条の4第4項，附則12条）。

⑵　**介護休業以外の両立支援措置**　使用者は，介護休業とは別に，介護労働者に関して，対象家族1人につき，次のうちいずれかの措置を講じなければならない。①所定労働時間の短縮措置，②フレックスタイム制度，③始業・終業時刻の繰上げ・繰下げ，④介護サービス費用の助成その他これに準じる制度（育介23条3項，育介則74条3項）の4つである。これらの措置は，利用開始から3年の間で2回以上利用できるようにしなければならない。

また，かかる労働者が請求したときには，介護終了までの間，所定時間外労働を命じてはならない（育介16条の9）。

4　子の看護休暇・介護休暇

未就学児を養育する労働者は，子の怪我や病気の看護のほか，予防接種や健康診断の付き添いのために，事業主に申し出れば，年5日（子が2人以上の場合は年10日）を限度として看護休暇を取得できる（育介16条の2）。そして，要介護状態にある家族の世話を行う労働者は，対象家族1人につき年5日（2人以上の場合は年10日）を限度として介護休暇を取得できる（同16条の5）。

使用者は，子の看護休暇と介護休暇の申出があったときには，いずれも拒むことができない。また，労働者が取得しやすいように，2021年1月より，いずれの休暇も時間単位で取得できるようになった（育介則34条・40条）。

5　育児・介護休業等を理由とする不利益取扱いの禁止

出生時育児休業を含む育児休業と介護休業の申出に対して，使用者は原則として拒むことができない（育介6条1項・12条）。もっとも，海外にいるパートナーとの間にできた出生前の子を対象とする育児休業申請を会社が受理せず，育児のために会社が認めた特別欠勤扱いにした事案につき，法律上の親子関係が確認できないなかで，可能な限り労働者の意向に沿うように対応したため，不相当ではないと判断した裁判例もある（三菱UFJモルガン・スタンレー証券事件・東京高判令和4.6.23 LEX/DB25593154）。また，事業主は，かかる休業，看護・介護休暇，休業以外の両立支援措置の申出や取得，出生時育児休業中の「就業可能日」の申出（同9条の5第2項）をしなかったことや労働者が事業主の提示した就業日に同意（同9条の5第4項）しなかったことを理由に，その労働者に対して解雇その他の不利益な取扱いをしてはならない（同10条・16条・16条の4・16条の7・16条の10・18条の2・20条の2・23条の2）。例えば，育児短時間勤務制度の利用を理由に昇給を抑制することは違法である（社会福祉法人全国重症心身障害児〔者〕を守る会事件・東京地判平成27.10.2労判1138号57頁）。

ここでいう不利益取扱いには，解雇のほか，雇止め，契約内容変更の強要，自宅待機，降格，減給，不利益な人事考課，職場環境を害することなどが含まれる（平成21.12.28厚労告509号）。そして，こうした不利益取扱いの禁止規定は強行法規と解すべきであり，これに反する法律行為は無効となり，不法行為として損害賠償の請求もできる。

まず，産前産後休業および育児休業を取得した労働者に対して，育休前の勤務態度を理由に復職を拒否し，退職勧奨したうえで8か月後になした解雇は，少なくとも雇均法9条3項および育休法10条の趣旨に反し違法なものと解される（シュプリンガー・ジャパン事件・東京地判平成29. 7 . 3労判1178号70頁。類似の事案として，社会福祉法人緑友会事件・東京高判令和3 . 3 . 4判時2516号111頁）。また，労働者に対して，産休中に突然退職通知を送付し，その後いったん撤回したが，育児休業後の復帰を拒否し，復帰の際には再度の面接をすることを告げた行為も育介法10条等に違反し，不法行為となる。この場合，労働者が復帰予定日以降就労できなかったとしても賃金請求権を失わない（出水商事事件・東京地判平成27. 3 .13労判1128号84頁）。

次に，3か月以上の育児休業を取得した場合は翌年度の職能給を昇給させないとの取扱い（医療法人稲門会〔いわくら病院〕事件・大阪高判平成26. 7 .18労判1104号71頁），給与規程に基づき育児休業をした年度に定期昇給を実施しなかった取扱い（近畿大学事件・大阪地判平成31. 4 .24労判1202号39頁）は，いずれも育介法10条に違反し，不法行為となる。また，判例9-1のように，育児休業後の成果報酬の算定に際して「ゼロ査定」とすることも，人事権の濫用となりうる。

さらに，37人の部下を持つチームリーダーとして勤務していた労働者が，育児休業中に組織変更によりチームが消滅し，復帰後に同じジョブバンドであるが部下のいない新たなポストに配置された等の措置は，雇均法9条3項および育介法10条が禁止する「不利益な取り扱い」に該当し不法行為と判断された（アメックス〔育児休業等〕事件・東京高判令和5 . 4 .27 LEX/DB25595095）。

これに対し，正社員であった労働者が育児休業終了後に，保育園が見つからず，家族のサポートも十分に得られない状況の下で，契約社員となる旨合意した事案につき，正社員契約の解約を含むかかる合意は雇均法9条3項や育介法10条の「不利益な取扱い」にあたらないと判断された裁判例がある。同判決は，原審の認めていた契約社員としての地位確認請求でさえ棄却し，さらに，労働者が記者会見で行った発言が会社への名誉毀損に当たり不法行為が成立するとして，会社への損害賠償まで命じた（ジャパンビジネスラボ事件・東京高判令和元.11.28労判1215号5頁）。なお，育休等取得後に役職を解かれた労働者に関して，当該措置を受ける前の地位またはそれに相当する地位を請求する訴えは確認の利益を欠くと判断した裁判例もある（アメックス〔育児休業等〕事件・東京地判令和元.11.13労判1224号72頁）。

判例 9-1　コナミデジタルエンタテインメント事件

（東京高判平成23.12.27労判1042号15頁）

事　実　控訴人Xは，Y会社の従業員であり，産休および育児休業を取得した後に復職したところ，YはXの「役割グレード」を引き下げ，その役割報酬を550万円から500万円に減給するとともに，成果報酬について，産休前には見るべき成果を挙げずその後も繁忙期を経験していないとしてゼロと査定した。このため，Xの年俸額は120万円の減額となった。そこでXは，これら一連の人事措置は，妊娠・出産をして育児休業等を取得した女性に対する差別ないし偏見に基づくもので人事権の濫用に当たる等と主張して，Y会社に対して，差額賃金の支払，不法行為に基づく損害賠償の支払等を求めて訴えを提起した。原審（東京地判平成23.3.17労判1027号27頁）は人事権濫用の主張を斥け，慰謝料請求のみ認容したため，Xが控訴した。

判　旨　「役割報酬の引下げは，労働者にとって最も重要な労働条件の一つである賃金額を不利益に変更するものであるから，就業規則や年俸規程に明示的な根拠もなく，労働者の個別の同意もないまま，使用者の一方的な行為によって行うことは許されないというべきであり，そして，役割グレードの変更についても，そのような役割報酬の減額と連動するものとして行われるものである以上，労働者の個別の同意を得ることなく，使用者の一方的な行為によって行うことは，同じく許されないというべきであり，それが担当職務の変更を伴うものであっても，人事権の濫用として許されないというべきである」。

「本件成果報酬ゼロ査定は，……育休等を取得して休業したことを理由に成果報酬を支払わないとすることであり，……『育介指針』において，『休日の日数を超えて働かなかったものとして取り扱うことは，給与の不利益な算定に該当する』とされている趣旨に照らしても，育休等……を理由に不利益な取扱いをすることに帰着する」。

「Yとしては，成果報酬の査定に当たり，Xが育休等を取得したことを合理的な限度を超えて不利益に取り扱うことがないよう，前年度の評価を据え置いたり，あるいはXと同様の役割グレードとされている者の成果報酬査定の平均値を使用したり，又は合理的な範囲内で仮の評価を行うなど，適切な方法を採用することによって，育休等を取得した者の不利益を合理的な範囲及び方法等において可能な限り回避するための措置をとるべき義務があるというべきである」。

6　育児・介護休業関連ハラスメント

事業主は，育児・介護休業制度等の利用に関する言動により労働者の就業環境が害されることのないよう，当人からの相談に応じ，適切に対応するために必要な体制の整備をし，雇用管理上必要な措置を講じなければならない（育介25条1項）。また，労働者に対して，相談を行ったこと，または当該相談への事業主の対応に協力した際に事実を述べたことを理由として，解雇その他不利益な取扱いをしてはならない（同25条2項）。

また，これらの育児・介護休業関連ハラスメントについて，事業主，国，労働者は，パワー・ハラスメントの場合と同様の努力義務を課されている（同25条の2，**第14章第4節2**参照）。

第2節　休　　職

1　多様な休職制度

法律に基づく休業制度のほかに，企業が任意に設ける休職制度もある。例えば，病気休職，起訴休職，組合専従休職，事故欠勤休職，自己都合（留学・ボランティア等）休職など多様なものがある。これらの休職の要件，待遇（賃金および勤続年数の取扱い等）などは，基本的に就業規則等の定めによる。しかし，「会社が必要と認めたとき」に休職を命じられる旨定めた場合でも，無制限の休職命令権が使用者に付与されたとはいえない（業務改善命令に基づく使用者の対応をパワー・ハラスメントと主張した労働者に対して，かかる見解が事実無根であるとの理由により発した無給の休職命令の合理性が否定された裁判例として，クレディ・スイス証券〔休職命令〕事件・東京地判平成24.1.23労判1047号74頁）。なお，起訴休職は，制裁的な性格を有しないため，懲戒処分の一つとなる出勤停止処分とは区別される。

2 病気休職

(1) 病気休職制度の意義　労働者が私傷病になった場合，短期間の欠勤が認められることが多く，すぐに解雇することは解雇権濫用と判断されうる（労契16条）。病気休職は，一般には病気による欠勤が一定期間以上に及んだ場合，労働者に療養の機会を与えるために設けられている。他方で，休職期間満了までに，病気が回復しておらず，復職ができなければ，労働者が退職扱いまたは解雇とされることが多い。その意味で，病気休職は，解雇を猶予するための措置として機能する側面があり，病気に罹患した労働者に対して，一定期間療養のために休むという利益が保障される。例えば，労働者が精神的不調により欠勤を続け，自ら病気休職を申し出ることができないとき，使用者には，休職を検討し，相当の対応を採る義務がある（判例9-2 日本ヒューレット・パッカード事件，国立大学法人京都大学事件・大阪高判令和２．８．５ LEX/DB25566587）。

判例9-2 日本ヒューレット・パッカード事件

（最二小判平成24．4．27労判1055号5頁）

事　実　Yのもとで，システムエンジニアとして勤務していたXは，Yに対して，自分が職場で盗聴や嫌がらせ等を受けているから調査するよう依頼し，問題が解決するまで出勤しないとして有給休暇を取得した。Yは調査を行いXに対して，そのような事実がなかったことを伝えて出勤を促したが，Xはその調査結果に納得せず再調査を依頼するとともに，年休消化後も欠勤した。YがXに対して職場に戻るように指示したことからXは出社したが，YはXが正当な理由のない欠勤（約40日間）を続けたことが就業規則所定の懲戒事由（「無断欠勤引き続き14日以上に及ぶとき」）に当たるとして，諭旨退職とすることとした。原審がかかる処分を無効と判断したためYが上告。

判　旨　「精神的な不調のために欠勤を続けていると認められる労働者に対しては，精神的な不調が解消されない限り引き続き出勤しないことが予想されるところであるから，使用者であるYとしては，その欠勤の原因や経緯が上記のとおりである以上，精神科医による健康診断を実施するなどした上で（……Yの就業規則には，必要と認めるときに従業員に対し臨時に健康診断を行うことができる旨の定めがあることがうかがわれる。），その診断結果等に応じて，必要な場合は治療を勧めた上で休職等の処分を検討し，その後の経過を見るなどの対応を採るべきであり，このような対応を採ることなく，Xの出勤しない理由が存在しない事実に基づくものであることから直ちにその欠勤を正当な理由なく無断でされたものとして諭旨退職の懲戒処分の措置を執ることは，精神的な不調を抱える労働者に対する使用者の対応としては適切なものとはいい難い。

そうすると，以上のような事情の下においては，Xの上記欠勤は就業規則所定の懲戒事由である正当な理由のない無断欠勤に当たらないものと解さざるを得ず，上記欠勤が上記の懲戒事由に当たるとしてされた本件処分は，就業規則所定の懲戒事由を欠き，無効であるというべきである」。

⑵　病気休職命令の可否　就業規則に病気休職の規定がある場合，使用者はそれに従って，労働者の傷病の内容，程度，就労への支障に鑑みて休職を検討する。傷病が通常勤務に相当程度の支障をきたすといえないときには，休職命令は無効とされる（富国生命保険事件・東京高判平成7．8．30労判684号39頁）。

近年急増しているメンタルヘルス不調者に関しては，本人に自覚がない場合もあり，休職命令の可否に関する判断が一層困難となる。産業医の活用をはじめとする取り組みが求められる一方，休職が適切な対応とはいえない場合，病気を抱えながら働けるよう環境整備することも必要であろう（厚労省「事業場における治療と仕事の両立支援のためのガイドライン」2023年3月）。

⑶　病気休職と賃金請求権　労働者は，連続3日休んだ後4日目から通算して1年6か月，日割りで休職前の標準報酬月額の3分の2に相当する額を傷病手当金として受け取ることができる。また，病気の治療をしながら仕事を続ける労働者は，出勤と欠勤を繰り返しても，同じ傷病について支給開始日から通算して1年6か月まで傷病手当金を受給できる（健保99条，「全世代対応型の社会保障制度を構築するための健康保険法等の一部を改正する法律〔令和3年法律第66号〕」）。

他方，使用者が労働者の復職の申出を拒否した場合，かかる労働者の賃金請求権の有無が問題となる。職種限定せずに雇用された労働者であれば，従前業務への復帰が困難であっても，現に配置可能性のある他の業務について労務提供ができ，かつその提供を申し出た場合，「債務の本旨に従った履行の提供がある」と解されるため，賃金請求権を失わない（判例5-5 片山組事件）。職種限定で雇用された場合でも，業務を加減して遂行できる状況になっていれば賃金請求権が認められる（カントラ事件・大阪高判平成14.6.19労判839号47頁）。

(4)　復職の判断と解雇・退職取扱いの可否　傷病が治癒して休職事由が消滅すれば，職場に復職することができるが，そうでないときには，一定期間の経過後に解雇または退職扱いとすることが就業規則に定められていることが多い。

しかし，復職の前提とされる「休職事由の消滅」に対する判断は容易ではない。「原則として，従前の職務を通常の程度に行える健康状態になった場合，又は当初軽易作業に就かせればほどなく従前の職務を通常の程度に行える健康状態になった場合をいう」とされる（日本電気事件・東京地判平成27.7.29労判1124号5頁）。

また，これについては，労働者が主張立証しなければならず，十分な証拠がない場合，復職は困難であると判断されてもやむを得ない（コンチネンタル・オートモーティブ事件・東京高判平成29.11.15労判1196号63頁）。また，障害のある労働者が，復職時に障害者雇用促進法に基づく合理的配慮を講じれば，従前の職務を行えると主張した事案につき，事業主にとって過重な負担とならない合理的配慮の措置を採ったとしても，業務の遂行は困難であるとして，賃金請求権等を否定した裁判例がある（日東電工事件・大阪高判令和3.7.30労判1253号84頁）。

精神疾患やメンタルヘルス不調により休職した労働者の復職可能性については，主治医等の意見を聴取したうえ，慎重に判断する必要がある。裁判例では，うつ病により休職した学校教員の復職可能性を判断するに際して，主治医への問合せを一度もしなかったことは，「現代のメンタルヘルス対策の在り方として，不備なものといわざるを得ない」と判断したものがある（J学園〔うつ病・解雇〕事件・東京地判平成22.3.24労判1008号35頁）。また，うつ病に罹患した労働者の復職を著しく困難にする復職時の就業規則の不利益変更は合理性を欠き，無効であると判断されている（アメックス事件・東京地判平成26.6.26労判1112号47頁，**第7章第2節1参照**）。これに対し，ストレス反応性不安障害と診断された労働者について，復職可能診断をした主治医と所見が異なる産業医の意見を踏まえ対応し，当該労働者を退職扱いにしたことにつき，違法ではないと判断したものがある（日本通運〔休職命令・退職〕事件・東京地判平成23. 2 .25労判1028号56頁）。また，主治医の診断に労働者の強い意向が影響したと判断し，休職期間満了による退職扱いを有効にしたものもある（前掲コンチネンタル・オートモーティブ事件）。

ただ，労働者が直ちに従前の業務に復帰できなくても，一定期間で従前の業務に復帰できる状態になりうる場合，使用者は直ちに解雇できるわけではない。そこで，短期間の復帰準備時間を提供したり，教育的措置や負担軽減措置をとることなどが信義則上求められる（判例9-3全日本空輸〔退職強要〕事件。キヤノンソフト情報システム事件・大阪地判平成20. 1 .25労判960号49頁等も同旨）。

判例9-3 全日本空輸（退職強要）事件

（大阪地判平成11.10.18労判772号9頁，大阪高判平成13. 3 .14労判809号61頁）

事　実　Xは，1973年にY会社に雇用され，高度の資格を取得してベテラン客室乗務員として勤務していたところ，1991年にY手配の送迎のタクシーで交通事故に遭った。以来，1993年10月まで業務上災害による休業を，それ以後は有給休暇と病気欠勤を取得して，1995年1月1日から休職に入った。その後，同年7月6日付で，復職が認められた。しかし，XはYの制度として，復帰者訓練を受けたところ不合格と判定され，その後も繰り返し不合格の判定を受けた。そこで，Yは，1996年1月24日，Xに対し，「労働能力の著しい低下」等を理由として，解雇する旨の意思表示を行った。高裁は地裁の以下の判示を，ほぼそのまま引用した。

判　旨　「しかしながら，労働者が休業又は休職の直後においては，従前の業務に復帰させることができないとしても，労働者に基本的な労働能力に低下がなく，復帰不能な事情が休職中の機械設備の変化等によって具体的な業務を担当する知識に欠けるというような，休業又は休職にともなう一時的なもので，短期間に従前の業務に復帰可能な状態になり得る場合には，労働者が債務の本旨に従った履行の提供ができないということはできず，右就業規則が規定する解雇事由もかかる趣旨のものと解すべきである。むろん，使用者は，復職後の労働者に賃金を支払う以上，これに対応する労働の提供を要求できるものであるが，直ちに従前業務に復帰ができない場合でも，比較的短期間で復帰することが可能である場合には，休業又は休職に至る事情，使用者の規模，業種，労働者の配置等の実情から見て，短期間の復帰準備時間を提供したり，教育的措置をとることなどが信義則上求められるというべきで，このような信義則上の手段をとらずに，解雇することはできないというべきである」。

他方，職種限定の場合や小規模の企業・事業所では，軽易な業務への配転や教育訓練を行うことが容易ではないため，解雇が認められやすい傾向にある。例えば，脳卒中で右半身不随となった保健体育の教師が病気休職中に公民，地理歴史の教諭資格を取得したとしても，それらの科目の教諭としての業務の可否を論ずる余地はないとして，解雇が有効と判断された（北海道龍谷学園事件・札幌高判平成11.7.9労判764号17頁）。

⑸　**試し出勤・リハビリ勤務等**　　従前の業務に復職できるかを判断するために，使用者は，復職前にいわゆる「試し出勤」や「リハビリ勤務」をさせることがある。これらの法的性格は実態から判断されるが，直ちに復職したとは認められない。裁判例では，脳出血の後遺症で休職した労働者に命じた「リハビリ勤務」は，作業の実態から，労働契約に基づく労務の提供と評価できず，「リハビリテーションのために事実上作業に従事していた」と位置づけられたものがある（西濃シェンカー事件・東京地判平成22.3.18労判1011号73頁）。また，うつ病で休職した労働者との間で休職期間の延長とその間の「試し出勤」に合意し，実際に延長が3回行われた事案につき，試し出勤が「復職可能か否かを見極めるための期間」と位置づけられた（綜企画設計事件・東京地判平成28.9.28労判1189号84頁）。

では，試し出勤期間中の作業については賃金が支払われるべきか。裁判例では，作業内容が労働契約上の本来の債務の本旨に従った履行の提供とはいえない限り，使用者は本来の賃金を支払う義務を負わないと解する一方，「テスト出局」（試し出勤）は職場復帰の可否を判断する側面があるから，事実上命じられた業務を拒否しにくいこと，その作業の成果を使用者が享受しているような場合等には，労基法11条の規定する「労働」に該当し，最低賃金相当額を請求できると解したものがある（NHK〔名古屋放送局〕事件・名古屋高判平成30.6.26労判1189号51頁）。また，「リハビリ勤務」開始の時点で，1日5時間の短時間勤務に対して，合意に基づき基本給を1割減額したことを正当と認めたものの，4か月後に復職可能の診断書が提出されたにもかかわらず，リハビリ勤務と基本給減額を継続することは，人事上の裁量権の逸脱として違法と判断されたものがある（Chubb損害保険事件・東京地判平成29.5.31労判1166号42頁）。

3 起訴休職

起訴休職とは，労働者が刑事起訴された場合，当該労働者を休職させることをいう。賃金の減額や勤続年数の不算入などの不利益を労働者に負わせるため，起訴された事実のみで，認められるべきではない。職務の性質，公訴事実の内容，身柄拘束の有無など諸般の事情に照らし，当該労働者が引き続き就労することにより，①使用者の対外的信用が失墜し，または職場秩序の維持に障害が生ずるおそれがあるか，あるいは②当該労働者の労務の継続的な給付や企業活動の円滑な遂行に障害が生ずるおそれがある場合でなければならない（アール・ケー・ビー毎日放送事件・福岡高判昭和51.4.12判タ342号227頁）。

さらに，無給休職の場合には，労働者の不利益が極めて大きいから，起訴休職によって被る労働者の不利益の程度が，起訴対象となった犯罪行為の軽重，起訴事実が確定した場合に行われる可能性のある懲戒処分と比較して，明らかに均衡を欠くものであってはならない。例えば，元同僚への傷害事件で逮捕・起訴された機長に対する無給の起訴休職について，傷害事件は私生活上の男女関係のもつれから生じたものであり，仮に有罪となった場合でも付される可能性のある懲戒処分の内容と比較して，著しく処分が重く均衡を欠くため無効と判断された（全日本空輸事件・東京地判平成11.2.15労判760号46頁）。これに対し，入管法の不法就労あっせん罪で有罪判決を受けた私立学校の教員に対する無給の起訴休職は，かかる犯罪行為と均衡を欠くものではないとして，有効と判断された（明治学園事件・福岡高判平成14.12.13労判848号68頁）。

起訴休職は，不当に短い期間でない限り，就業規則において，上限を設けることができる。裁判例では，この立場から傷害致死罪（ただし，解雇後に言い渡された刑事事件の高裁判決では暴行罪）で起訴された大学の助教を起訴休職期間の満了を理由に解雇した事案につき，国立大学の人件費の多くが国費で賄われていることも考慮して，2年の休職期間満了後も勾留されていた労働者への解雇を有効と判断したものがある（国立大学法人大阪大学事件・大阪高判平成30.4.19労経速2350号22頁）。

第Ⅱ編

第10章　懲　　戒

労働者は，労働契約上の義務や企業秩序に違反することがある。こうした違反に対して，懲戒の制度は，使用者が労働者に対して一種の制裁を科そうとするものである。しかし，対等な契約当事者間において，そうした制裁が許容されるのはなぜか。また，懲戒処分により，労働者は経済的な不利益を被ったり，名誉感情を傷つけられたり，その後の労働者のキャリアにも悪影響が及ぶ。このような雇用関係に特有の懲戒につき労契法15条は一定の制約を加えているが，そもそも懲戒権の根拠とは何か，いかなる場合に使用者の労働者に対する懲戒が有効であるのかなど，解釈に委ねられる部分が多い。

第1節　懲戒の種類と懲戒権の根拠

1　懲戒の種類

懲戒の種類につき，労契法上規定はなく，典型的な懲戒処分としては以下のものが挙げられる。

(1)　**譴責（けんせき）・戒告**　　譴責・戒告は，いずれも，労働者に自己の非違行為について反省を求め将来を戒める処分であり，始末書や反省文の提出が労働者に求められることがある。しかし，これらの処分は，賃金減額など法的な効果が生じるわけではないため，無効確認について訴えの利益が認められるかが問題となる。この点，処分が賞与の支給・算定や昇給・昇格等に影響を与えうる場合には認められている（判例10-1 富士重工業事件）。その反面，既に退職した労働者が，過去の戒告処分を争うことは，確認の利益を欠く（学校法人國士舘事件・東京高判令和3.7.28 LEX/DB25590819，本事案は内部告発に関わり本章第3節7，

第14章第5節も参照）。また，労働者が始末書を提出しなかった場合に，その未提出を新たな処分事由として懲戒処分をなしうるかが二重処分として問題となるが，裁判例には肯定するもの（エスエス製薬事件・東京地判昭和42.11.15労民集18巻6号1136頁）と否定するもの（福知山信用金庫事件・大阪高判昭和53.10.27労判314号65頁）がみられる。

⑵　減　給　減給は，本来支払われるべき賃金から一定額を控除する懲戒処分である。この場合，賃金債権自体は発生しているから，支払義務そのものがなくなる通常の賃金カット（例えば，遅刻や欠席によるカット）と異なる。労基法は，1回（一事由について）の減給が平均賃金の1日分の半額を超えてはならず，（一賃金支払期内の複数の懲戒事由についての）総額が一賃金支払期内の賃金の総額の10分の1を超えてはならない旨定める（労基91条）。

⑶　出勤停止（停職）　出勤停止（停職）は，労働契約それ自体については存続させつつ，出勤を一定期間禁止する懲戒処分である。出勤停止期間中は，賃金が支払われず，退職金算定における勤続年数に算入されないという取扱いがなされることが多い。

⑷　降　格　降格は，職位といった企業内における労働者の地位を下げることである（第8章第1節**1**⑵参照）。降格は，例えば能力や成績査定の結果としての人事措置として行われるが，それとは別に，ここでは懲戒処分として実施されるものをいう。

⑸　諭旨（ゆし）解雇　諭旨解雇とは，労働者に対して，自主的な退職を勧告し，労働者がこれを拒否した場合に解雇または懲戒解雇を行うものである。労働者が勧告に従って退職した場合にも，懲戒処分として取り扱われる。

⑹　懲戒解雇　懲戒解雇は，懲戒という趣旨で解雇するものである。懲戒解雇の場合には，退職金を不支給・減額とするのが通例であり，また，懲罰を受けた記録としても残されることになり，労働者にとって不利益性が大きい。そして，懲戒解雇の場合，解雇予告期間を置かず即時解雇（第11章第3節**2**⑶を参照）することが多いが，即時解雇するには，別途に労基法20条1項但書の「労働者の責に帰すべき事由」が認められ，かつ，行政官庁（労基署長）の除外認定を受ける必要がある（労基20条3項）。

なお，使用者が懲戒解雇として行った解雇につき，それが懲戒解雇としては無効であるとしても，普通解雇の限度で有効とすること（普通解雇への転換）が認められるかが問題となる。この点，裁判例には，「懲戒解雇の意思表示に予備的に普通解雇の意思表示が内包されている」として普通解雇としての有効性を検討するものがある（日本経済新聞社事件・東京地判昭和45.6.23労民集21巻3号980頁〔普通解雇有効〕）。しかし，懲戒解雇は制裁罰として普通解雇とは性質を異にし，また，懲戒に際しては一定の厳重な手続が設けられていることが通常であり，普通解雇の意思表示が内包されていると解するのは妥当ではなく，また，懲戒解雇から相当期間を経た上での予備的普通解雇の意思表示は普通解雇の意思表示として適法性を認めがたい（野村證券事件・東京高判平成29.3.9労判1160号28頁。懲戒解雇については，**第10章第2節3**も参照）。

2　懲戒権の根拠

労働契約の一方当事者である使用者は，なぜ他方当事者の労働者に対して，「懲戒」という制裁を加えることができるのだろうか（労契15条）。学説は，大きく二つに分かれる。一つは使用者が有する経営権の一環として懲戒権を有していると理解する固有権説であり，もう一つはあくまで使用者は労働契約に基づく権利として懲戒権を有すると理解する契約説である。判例は，必ずしも判然としないものの，当初は固有権説的な理解を示していたが，現在は契約説的な立場を採っていると評価できる。

判例10-1 富士重工業事件

（最三小判昭和52.12.13民集31巻7号1037頁）

事　実　Yは，Yの就業規則においてYの従業員が職場の秩序維持等に努めるべき旨の規定（具体的には，「従業員は上長の指示に従い上長の人格を尊重して互いに協力して所定の秩序を守り，明朗な職場を維持して作業能率の向上に努めなければならない。」等の規定）を置き，また，「会社の諸規則通達等に違反したとき」を譴責または減給の懲戒事由とする規定も置いていた。Yの従業員であるXにつき，就業時間中上司に無断で職場を離脱し，就業中の他の従業員に対し原水爆禁止運動の署名を求めるなどの活動を行い就業規則に違反する行為をしたことが疑われ，YはXに対し事情聴取を行ったところ，Xは調査において非協力的な態度をとった。そこで，Yは，Xが上記調査に協力しなかったことが就業規則規定の違反に当たり上記懲戒事由に該当するとしてXを懲戒譴責処分（本件懲戒処分）に付した。Xが，譴責処分の付着しない労働契約上の権利を有することの確認を求めて提訴し，原審は請求を認容した一審判決を取り消した。そこで，Xが上告。

判　旨「企業秩序は，企業の存立と事業の円滑な運営の維持のために必要不可欠なものであり，企業は，この企業秩序を維持確保するため，これに必要な諸事項を規則をもつて一般的に定め，あるいは具体的に労働者に指示，命令することができ，また，企業秩序に違反する行為があつた場合には，その違反行為の内容，態様，程度等を明らかにして，乱された企業秩序の回復に必要な業務上の指示，命令を発し，又は違反者に対し制裁として懲戒処分を行うため，事実関係の調査をすることができることは，当然のことといわなければならない。しかしながら，企業が右のように企業秩序違反事件について調査をすることができるということから直ちに，労働者が，これに対応して，いつ，いかなる場合にも，当然に，企業の行う右調査に協力すべき義務を負つているものと解することはできない。けだし，労働者は，労働契約を締結して企業に雇用されることによつて，企業に対し，労務提供義務を負うとともに，これに付随して，企業秩序遵守義務その他の義務を負うが，企業の一般的な支配に服するものということはできないからである。……当該労働者が他の労働者に対する指導，監督ないし企業秩序の維持などを職責とする者であつて，右調査に協力することがその職務の内容となつている場合には，右調査に協力することは労働契約上の基本的義務である労務提供義務の履行そのものであるから，右調査に協力すべき義務を負うものと言わなければならないが，右以外の場合には，調査対象である違反行為の性質，内容，当該労働者の右違反行為見聞の機会と職務執行との関連性，より適切な調査方法の有無等諸般の事情から総合的に判断して，右調査に協力することが労務提供義務を履行する上で必要かつ合理的であると認められない限り，右調査協力義務を負うことはないものと解するのが，相当である」。

判例10-1 富士重工業事件は，基本的には企業秩序を根拠に企業が労働者に対して懲戒を行うことを認め固有権説的な理解を示しているようであるが，他方で，労働者が労働契約を締結することによって企業秩序遵守義務を負うとしている。そして，**判例10-1** に続き，**判例10-2** 国鉄札幌駅事件は，企業施設の利用（使用者の許諾を得ない使用者の物的施設へのビラ貼り）に関する懲戒処分の有効性を判断するにあたって，次のように企業秩序の維持・管理の必要性を

根拠として企業の構成員たる労働者に対して企業秩序に従うことを求めることができるとした。

判例10-2 国鉄札幌駅事件

（最三小判昭和54.10.30民集33巻6号647頁）

事　実　Yの職員であり，訴外労働組合Aの組合員であったXらは，Aのビラ貼付指令の下，YがY敷地内で管理する職員用のロッカー（旅客その他一般の公衆の出入りが全くないY職員が休憩等をする等のために使用する場所に設置されている）にYの合理化案をはねかえすよう呼びかける旨などが記載されたビラを粘着テープにより貼り付けた。ビラ貼付の際，Xらは上司からビラ貼付が違法である旨告げられ，ビラをはがすよう指示されたが聞き入れず，またビラをはがそうとした上司の手を払いのけるなどした。Yは，Xらに対し，Xらのビラ貼付行為がYの就業規則に規定する事由（「上司の命令に服従しないとき」等）に当たるとして，日本国有鉄道法の規定に基づき，Xらを戒告処分に付した。Xらが，右処分の無効確認を求めて提訴したところ，第一審は右処分を有効とし，原審は本件ビラ貼りを正当な組合活動であるとして，無効であるとした。これに対し，Yが上告。

判　旨　「企業は，その存立を維持し目的たる事業の円滑な運営を図るため，それを構成する人的要素及びその所有し管理する物的施設の両者を総合し合理的・合目的的に配備組織して企業秩序を定立し，この企業秩序のもとにその活動を行うものであつて，企業は，その構成員に対してこれに服することを求めうべく，その一環として，職場環境を適正良好に保持し規律のある業務の運営体制を確保するため，その物的施設を許諾された目的以外に利用してはならない旨を，一般的に規則をもつて定め，又は具体的に指示，命令することができ，これに違反する行為をする者がある場合には，企業秩序を乱すものとして，当該行為者に対し，その行為の中止，原状回復等必要な指示，命令を発し，又は規則に定めるところに従い制裁として懲戒処分を行うことができるもの，と解するのが相当である」。

このように，判例10-2国鉄札幌駅事件でも，最高裁は，企業秩序の概念から労働者に対する使用者の懲戒権を根拠づけていると評価できる。これに対し，判例10-5関西電力事件は，「労働者は，労働契約を締結して雇用されることによって，……企業秩序を遵守すべき義務を負」うとした上で，使用者の企業秩序の維持と懲戒の権限とに言及する。同判決からは，労働契約の締結によって使用者の懲戒権が根拠づけられるものと理解することができる。また，判例10-3ネスレ日本（懲戒解雇）事件も，「使用者の懲戒権の行使は，企業秩序維持の観点から労働契約関係に基づく使用者の権能として行われるものである」としている。

第2節　懲戒権の行使と濫用

1　懲戒権の行使

懲戒権を行使するには，まず，就業規則に，懲戒の種類と事由を定めておかなければならない（判例6-4フジ興産事件）。これを受けて，労契法15条は，「懲戒することができる場合」との前提を設けている。また，労基法89条9号により，懲戒の「種類及び程度に関する事項」が相対的必要記載事項とされている。そして，就業規則所定の懲戒事由は限定列挙であって，懲戒事由に該当しなければ，懲戒権は行使できない。

2　懲戒権の濫用

労契法制定以前から，懲戒権行使が濫用となる要件が確立されており（ダイハツ工業事件・最二小判昭和58.9.16労判415号16頁，判例10-3ネスレ日本〔懲戒解雇〕事件），労契法15条も，客観的に合理的な理由の存在（要件1）と社会通念上の相当性（要件2）を求める。

判例10-3　ネスレ日本（懲戒解雇）事件

（最二小判平成18.10.6労判925号11頁）

事　実　1993年6月9日，Yの従業員であるX_1は体調不良を理由に欠勤し，翌日，この欠勤を年次有給休暇に振り替えようとしたが上司Aはこれを認めず，X_1の7月支給分の賃金が一部減額された。X_1・X_2は，Y従業員で組織する労働組合Bの組合員であったところ（X_1はBの一支部の副書記長），Bは上記年次有給休暇の取扱いをBへの攻撃として捉えA等に抗議した。また，欠勤の年次有給休暇への振替えに関して，同年 10 月 25 日，同月 26 日，1994 年 2 月 10 日において，X_1・X_2は，Aに対し暴行を加えるなどした。Yは，上記暴行に関する警察署および検察庁の捜査の結果を待ってYとしての処分を検討するとしていたところ，1999 年 12 月 28 日付けでX_1・X_2は不起訴処分とされ後日関係者にその旨の通知がされた。Yは，2001 年 4 月 17 日，Yの就業規則の規定に基づき，Xらに対し，同月 25 日までに退職願が提出されないときは同月 26 日付けで懲戒解雇する旨の論旨退職処分を行った。Xら両名が上記処分は無効であるとして，Yに対し，労働契約上の従業員たる地位にあることの確認等を求めて提訴し，第一審は，Xらの請求を一部認容した。Yが控訴したところ原審は一審判決を取り消した。Xらが上告。

判　旨　「使用者の懲戒権の行使は，企業秩序維持の観点から労働契約関係に基づく使用者の権能として行われるものであるが，就業規則所定の懲戒事由に該当する事実が存在する場合であっても，当該具体的事情の下において，それが客観的に合理的な理由を欠き，社会通念上相当なものとして是認することができないときには，権利の濫用として無効になると解するのが相当である」。「本件各事件から 7 年以上経過した後にされた本件論旨退職処分は，……処分時点において企業秩序維持の観点からそのような重い懲戒処分を必要とする客観的に合理的な理由を欠くものといわざるを得ず，社会通念上相当なものとして是認することはできない。そうすると，本件論旨退職処分は権利の濫用として無効というべきであり，本件論旨退職処分による懲戒解雇はその効力を生じない」。

3　客観的に合理的な理由

(1)　**懲戒事由の客観性**　懲戒権の行使は，就業規則に規定される懲戒事由に該当する客観的に合理的な理由に基づくものでなければならない（労契 15 条）。そして，懲戒処分は労働者に対する制裁罰であることから，罪刑法定主義の考え方が重要となる。したがって，就業規則の規定の拡張解釈は許されない（全国建設工事業国民健康保険組合北海道東支部事件・札幌地判平成 17. 5 .26 労判 929 号 66 頁）。同様に，懲戒の適否は，当該懲戒の対象とされた非違行為との関係において判断されなければならず，使用者が懲戒当時認識していなかった非違行為は当該懲戒の有効性の根拠とはならない（判例10-4 山口観光事件）。

判例10-4 山口観光事件

（最一小判平成8.9.26労判708号31頁）

事　実　Yの従業員であるXが，Yにおける業務による疲労の蓄積から翌日から休暇を取得したい旨を伝えたところ，YはXに対して「勝手に休まれたのでは，仕事にならない。」等と述べ解雇の意思表示をした。Xは，Yと労働契約を締結する際，Yに提出した履歴書に12歳若く生年月日を記載していた。Yは，就業規則において，従業員が「重要な経歴をいつわり，その他不正な手段により入社したとき」は懲戒を行う旨を定め，情状を加味するとしつつも，懲戒の種類として懲戒解雇を挙げていた。Xが，上記解雇を無効とし未払賃金の支払を求めて地位保全等の仮処分を申し立てたところ，Yは，同仮処分事件の答弁書において，上記解雇が無効な場合，Xが契約締結の際に虚偽の生年月日を記載した履歴書を提出したことを理由とする懲戒解雇の意思表示（予備的解雇）を行った。同予備的解雇につき，第一審は有効であるとしたが，予備的解雇が行われるまでの未払賃金の限度でXの請求を認め，Yが控訴したが原審は控訴を棄却した。Yが上告。

判　旨　「使用者が労働者に対して行う懲戒は，労働者の企業秩序違反行為を理由として，一種の秩序罰を課するものであるから，具体的な懲戒の適否は，その理由とされた非違行為との関係において判断されるべきものである。したがって，懲戒当時に使用者が認識していなかった非違行為は，特段の事情のない限り，当該懲戒の理由とされたものでないことが明らかであるから，その存在をもって当該懲戒の有効性を根拠付けることはできないものというべきである。これを本件についてみるに，……本件懲戒解雇当時，Y社において，Xの年齢詐称の事実を認識していなかったというのであるから，右年齢詐称をもって本件懲戒解雇の有効性を根拠付けることはできない」。

また，懲戒当時使用者が認識していたにもかかわらず懲戒理由として表示しなかった非違行為も，「それが，懲戒理由とされた他の非違行為と密接に関連した同種の非違行為であるなどの特段の事情がない限り」「使用者側が後にこれを懲戒事由として主張することはできない」（ヒューマントラスト事件・東京地判平成24.3.13労判1050号48頁，富士見交通事件・東京高判平成13.9.12労判816号11頁）。そして，すでに懲戒事由として処分の対象とされた非違行為を再び懲戒事由とすること（二重処分）は許されない（やまばと会員光園事件・山口地下関支判平成21.12.7労判1002号68頁）。さらに，使用者が労働者に対し，企業秩序違反行為を理由として違法な不利益処分を行っている場合に改めて有効な懲戒処分を行うには，使用者は，先行する不利益処分を撤回し当該処分によって被った労働者の不利益を補塡した後でなければ，懲戒権の行使は認められない（WILLER EXPRESS 西日本事件・大阪地判平成 26.10.10 労判 1111 号 17 頁）。

(2)　懲戒事由の合理性　懲戒事由（合理的な理由）が存在するといえるためには，「単に労働者が雇用契約上の義務に違反したというだけでは足り」ず，また，懲戒事由に「形式的」に該当する労働者の行為が存在するだけでも足りない（日本通信事件・東京地判平成 24.11.30 労判 1069 号 36 頁）。問題の労働者の行為が，当該事案の具体的事情のもとにおいて，企業秩序の観点から処分されるに足りる事由に該当するかが問われる（日本鋼管事件・最二小判昭和 49.3.15 民集 28 巻 2 号 265 頁，判例10-3 ネスレ日本〔懲戒解雇〕事件参照）。

懲戒処分の対象者が，懲戒理由となっている暴行の被害者に対する威迫行為を行うことは，「懲戒の制度の適正な運用を妨げ，審査請求手続の公正を害する行為」に該当し，別途の懲戒事由に該当する（氷見市消防職員事件・最三小判令和 4.6.14 労経速 2496 号 3 頁〔停職処分有効〕）。

さらに，企業秩序の観点からは，懲戒処分は処分時点における企業秩序維持，回復のためになされなければならず，処分事由を構成した労働者の行為時から相当程度離れた時点で当該行為を処分事由とし当該労働者に重い懲戒処分を課すことは，懲戒権の行使を必要とする客観的に合理的な理由を欠き，かつ，社会通念上相当なものとは認められない（判例10-3 ネスレ日本〔懲戒解雇〕事件）。

なお，精神的不調を抱え無断欠勤を続けている労働者については，使用者には労働者の抱える事情に応じた対応をすることが求められ，そのような対応をすることなく一足飛びに懲戒処分に及ぶことは許されない（判例 9-2 日本ヒューレット・パッカード事件，第9章第2節 2 参照）。

4　社会通念上の相当性

懲戒権の行使は，当該懲戒に係る労働者の行為の性質およびその態様その他の事情に照らして，社会通念上相当であると認められるものでなければならない（労契 15 条）。判例は，懲戒権の濫用を検討する際，事案に沿って，懲戒処分の対象行為以前の労働者の勤続年数，功績，処分歴，懲戒対象となった行為と処分の均衡，当該行為の背信性の程度，当該労働者の企業における地位，その他様々な事情を考慮し，懲戒権行使の社会通念上の相当性について検討している（例えば，全国建設厚生年金基金事件・東京地判平成25. 1 .25労判1070号72頁〔労働者の非違行為（通勤手当の不正受給）の内容と懲戒処分（諭旨退職処分）の均衡〕，Y社事件・東京地判平成21. 4 .24労判987号48頁〔懲戒にかかる労働者の行為の性質および態様，労働者の会社への貢献，労働者における反省の有無，使用者による注意・警告の有無等〕）。

5　手続の相当性

懲戒処分は，使用者が一方的に行う制裁であるから，あたかも刑事手続のように，適正手続（デュープロセス）を遵守することが求められる。裁判例の中には，適正手続の観点を重視し，濫用判断に至る以前に，懲戒事由の存否を判断するものもある（前掲ヒューマントラスト事件）。

もっとも，多くの裁判例では，懲戒権の行使の合理的理由の存否と社会通念上相当であるかの判断を明確に区別しない傾向にあり，適正手続の遵守をそのような判断枠組みの中での検討事項の一つとしている。

使用者は，適正手続の観点から，就業規則に定める懲戒処分の定めに従う必要があり，手続的瑕疵が大きい場合には，当該処分は無効となる（中央林間病院事件・東京地判平成8 . 7 .26労判699号22頁〔懲戒解雇無効〕）。

また，使用者は，労働者に対して十分な「弁明の機会」を付与しなければならない。懲戒処分を検討するにあたっては，その前提となる事実関係を把握する必要があり，使用者が懲戒処分にあたって労働者への弁明の機会を付与することを就業規則に規定しているにもかかわらず，被処分労働者の具体的関与について十分に把握しようとしないまま懲戒処分を行うことは，そのような就業規則の趣旨に実質的に反することになる（セイビ事件・東京地決平成23. 1 .21労判1023号22頁〔懲戒解雇無効〕）。

このように，近年では，懲戒の種類に関わらず，懲戒処分における手続が一層重視されるようになってきている（不二タクシー事件・東京地判令和3 . 3 .26労判1254号75頁〔出勤停止無効〕，ディーエイチシー事件・東京地判令和3 . 6 .23 LEX/DB25590528〔懲戒解雇無効〕，テトラ・コミュニケーションズ事件・東京地判令和3．9．7労経速2464号31頁〔譴責処分無効〕など)。

第3節　懲戒事由とその正当性

1　業務命令違反

労働者が使用者による適法な業務命令に従わないことは，懲戒の理由となりうる。例えば，使用者の適法な配転命令を拒否した場合の懲戒解雇（判例8-2 東亜ペイント事件）などが考えられる（他に，所持品検査命令拒否を理由とする懲戒解雇を有効とした西日本鉄道事件・最二小判昭和43．8．2民集22巻8号1603頁，時間外労働命令拒否を理由とする懲戒解雇を有効とした判例17-3 日立製作所武蔵工場事件)。以前は，労働組合活動に従事した組合員らの業務命令違反を懲戒事由とする懲戒処分が多くみられた（争議行為として就労を拒否した労働組合員らの業務命令違反を懲戒事由とした懲戒処分の有効性が争われた例として，学校法人関西外国語大学事件・大阪高判令和3．1．22労経速2444号3頁)。ただし，業務命令自体の適法性と懲戒権行使の適法性とは別個の観点から判断される（配転命令については有効としつつも，懲戒解雇については権利の濫用として無効としたものとしてメレスグリオ事件・東京高判平成12.11.29労判799号17頁)。

2　職場の秩序を乱す行為

職場は，使用者の業務遂行のための場であり，使用者は職場の秩序維持のために就業規則により職場の規律を定め（会社内における政治活動を禁止する規定等)，これに違反する行為を懲戒処分の対象とすることが認められる（判例10-2 国鉄札幌駅事件，電電公社目黒電報電話局事件・最三小判昭和52.12.13民集31巻7号974頁)。労働者の職場内における政治活動や労働組合活動（具体的には，企業施設内での集会，ビラの配布など）などが以前は頻繁に問題となっていた（組合活動の正当性については，**第24章第2節**参照)。

また，労働者の職務専念義務違反も職場の秩序を乱すものとして，懲戒事由になりうる。判例は，労働者の「ベトナム侵略反対」等と書かれたプレートの着用は職務専念義務（「職員がその勤務時間及び職務上の注意力のすべてをその職務遂行のために用い職務にのみ従事しなければならない」義務）に違反し，企業秩序を乱すものとする（前掲電電公社目黒電報電話局事件，**第5章第3節2**参照）。同様に，就業時間中に職場のパソコンを用いて私用メールの送受信を行ったり職務に関係のないサイトの閲覧を行ったりすることも，職務専念義務違反となりうる（K工業技術専門学校〔私用メール〕事件・福岡高判平成17.9.14労判903号68頁）。

チャットの私的利用が，長時間に及ぶだけでなく，それが企業の顧客情報の持ち出しの助言や信用毀損，同僚についての誹謗中傷や同僚に対するセクハラを内容とする場合にも，職場秩序を乱すものと評価される（ドリームエクスチェンジ事件・東京地判平成28.12.28労判1161号66頁）。ネット上の電子掲示板に同僚の准教授を実名で批判する投稿を繰り返す行為は，「学生に対する指導効果を低下させかねない行為であり，〔大学〕の運営に支障を生ずるおそれのある行為」となる（千葉帝京大学事件・東京高判平成29.9.7判タ1444号119頁）。

3　兼業・二重就職

使用者は，就業規則等に，労働者の兼業禁止規定や兼業する際には使用者の承認を得るべき旨の規定をおくことがある（厚労省「副業・兼業の促進に関するガイドライン」〔令和2年9月改定〕も参照）。しかしながら，元来，労働者は，労働契約を締結し，一日のうち一定の限られた勤務時間のみ使用者に対して労務提供の義務を負担するのであって，それ以外の時間については自由に行動することができるはずである。したがって，使用者は，勤務時間外において兼業することを原則として認めなければならず（マンナ運輸事件・京都地判平成24.7.13労判1058号21頁），形式的にそのような就業規則規程に違反していたとしても当該規定に「実質的に違反しない」と評価されうる（上智学院事件・東京地判平成20.12.5労判981号179頁）。とはいえ，兼業により，使用者に対する労務の提供が疎かになるといった影響が生じる，使用者の企業秘密が漏洩し企業秩序が乱される，あるいは，労働者の兼業業務の内容によっては使用者の業務内容とそぐわず，企業の対外的信用，体面が傷つけられる場合もあるため，労働者の兼業の可否を会社の承諾にかからしめる旨の規定を就業規則に定めることも不当とはいいがたいとするものがある（小川建設事件・東京地決昭和57.11.19労民集33巻6号1028頁。前掲マンナ運輸事件も参照)。

4　私生活上の非行

労働者の私生活上の非行は，労働者の私的領域の事柄であり，使用者の企業経営とは直接関係ない。したがって，就業規則に私生活上の非行が懲戒処分事由として定められていたとしても，労働者の会社における地位や，当該非行の程度，非行の内容と会社業務との関連性等を考慮して，労働者の私生活上の非行を理由とする懲戒処分は厳格に判断される必要がある。こうして，比較的軽微な犯罪で刑事罰を科された指導的立場にない従業員の懲戒解雇は無効とされる（横浜ゴム事件・最三小判昭和45.7.28民集24巻7号1220頁)。

しかしながら，「職場外でされた職務遂行に関係のない労働者の行為であつても，企業の円滑な運営に支障を来すおそれがあるなど企業秩序に関係を有するもの」もありうることから，企業は，職場外の行為についても規制の対象とし，懲戒処分を行うことができる（判例10-5 関西電力事件)。

判例10-5 関西電力事件

（最一小判昭和58.9.8労判415号29頁)

事　実　Ｙの従業員であるＸは，就業時間外にＹの従業員社宅においてビラ約350枚を配布した。当該ビラには，Ｙが労働者をＹのスパイにしている，給料が安いといったＹの労務管理等への不満が記載されていた。Ｙは，本件ビラは会社を中傷誹謗し，会社と従業員間の信頼関係を破壊する不当なビラであり，このビラ配布行為がＹの就業規則に定める懲戒事由（「その他特に不都合な行為があったとき」）に該当するとして，Ｘに譴責処分を課した。Ｘが，本件譴責処分の無効確認を求め，第一審は請求を認容したが，原審は懲戒処分を有効とした。Ｘが上告。

判　旨　「労働者は，労働契約を締結して雇用されることによつて，使用者に対して労務提供義務を負うとともに，企業秩序を遵守すべき義務を負い，使用者は，広く企業秩序を維持し，もつて企業の円滑な運営を図るために，その雇用する労働者の企業秩序違反行為を理由として，当該労働者に対し，一種の制裁罰である懲戒を課することができるものであるところ，右企業秩序は，通常，労働者の職場内又は職務遂行に関係のある行為を規制することにより維持しうるのであるが，職場外でされた職務遂行に関係のない労働者の行為であつても，企業の円滑な運営に支障を来すおそれがあるなど企業秩序に関係を有するものもあるのであるから，使用者は，企業秩序の維持確保のために，そのような行為をも規制の対象とし，これを理由として労働者に懲戒を課することも許されるのであり（最高裁昭和……49年2月28日第一小法廷判決・民集28巻1号66頁〔国鉄中国支社事件〕），右のような場合を除き，労働者は，その職場外における職務遂行に関係のない行為について，使用者による規制を受けるべきいわれはないものと解するのが相当である」。本件においては，「ビラの内容が大部分事実に基づかず，又は事実を誇張歪曲してYを非難攻撃し，全体としてこれを中傷誹謗するものであり，右ビラの配布により労働者の会社に対する不信感を醸成して企業秩序を乱し，又はそのおそれがあつた」と認められる。

例えば，鉄道会社の従業員に関する電車内での痴漢行為を理由とした懲戒解雇（判例10-6 小田急電鉄事件）や，自動車等により集配業務等を行う会社の課長代理の地位にあった従業員による飲酒運転（新聞報道されることになった）等を理由とする懲戒解雇（判例16-2 日本郵便事業株式会社事件）について，使用者の事業の内容と労働者の非違行為との関係が考慮された上で懲戒解雇の有効性が判断されている（両事件とも懲戒解雇有効。労働者が勤務する鉄道会社の車内における痴漢行為に対する略式命令の確定を理由とした諭旨解雇処分が無効とされた例として，東京メトロ事件・東京地判平成27.12.25労判1133号5頁）。

判例10-6 小田急電鉄事件

（東京高判平成15.12.11労判867号5頁）

事　実　鉄道会社であるYでは，痴漢撲滅に取り組んでいたところ，Yの従業員であるXは，休日に他社の鉄道車内において，痴漢行為（東京都迷惑防止条例違反）で逮捕された。Xは，約6か月前にも，同様に痴漢行為で逮捕され，Yから懲戒処分（昇給停止および降職）を受け，今後同様の不祥事を発生させた場合にはいかなる処分にも従う旨の始末書をYに提出していた。新たな痴漢行為発覚により，Yは，Xを懲戒解雇（退職金全額不支給）した。

判　旨　痴漢行為が「本件のような条例違反で起訴された場合には，その法定刑だけをみれば，必ずしも重大な犯罪とはいえないけれども，……被害者に与える影響からすれば，窃盗や業務上横領などの財産犯あるいは暴行や傷害などの粗暴犯などと比べて，決して軽微な犯罪であるなどということはできない」。「まして，Xは，そのような電車内における乗客の迷惑や被害を防止すべき電鉄会社の社員であり，その従事する職務に伴う倫理規範として，そのような行為を決して行ってはならない立場にある。しかも，Xは，本件行為のわずか半年前に，同種の痴漢行為で罰金刑に処せられ，昇給停止及び降職の処分を受け」，始末書「を提出しながら，再び同種の犯罪行為で検挙されたものである。このような事情からすれば，本件行為が報道等の形で公になるか否かを問わず，その社内における処分が懲戒解雇という最も厳しいものとなったとしても，それはやむを得ないものというべきである」。支払うべき退職金の額については，「本件行為の性格，内容や，本件懲戒解雇に至った経緯，また，Xの過去の勤務態度等の諸事情に加え，とりわけ，過去のYにおける割合的な支給事例等をも考慮すれば，本来の退職金の支給額の3割」とするのが相当である。

5　ハラスメント

使用者は労働者に対して職場環境配慮義務を負う一方で（第5章第3節 1 (1)参照），職場におけるハラスメント行為を防止・除去し企業秩序を回復するために，そのような行為を行った者に対する懲戒処分をなしうる。

パワー・ハラスメント（第14章第4節 2 参照）につき営業部長の地位にあった労働者が，営業成績のあがらない従業員らの能力等を否定し，退職を強要しこれを執拗に迫るなど，パワー・ハラスメントが「極めて悪質」な場合には，比較的大幅な賃金減額を伴う降格処分も有効となりうる（三菱地所リアルエステートサービス事件・東京地判平成27. 8. 7労経速2263号3頁）。

また，セクシュアル・ハラスメント（第13章第3節 4 参照）につき，会社で研修等が実施されていたとしても，加害労働者がそもそもハラスメントをしていることについての明確な認識を欠いている場合もある。そのような場合には，使用者の側でも，速やかに加害労働者に対して直接的な注意や指導をすることが望ましい。しかしながら，加害労働者が自己の言動がセクハラに該当するかを明確に認識する機会がなかった場合にも，セクハラに対して職場で抗議しづらいというセクハラの性格や，加害労働者がセクハラに関する会社の方針等を「当然に認識すべき」地位にあることに鑑み，出勤停止といった比較的重い懲戒処分も有効とされうる（判例10-7 海遊館事件）。

判例10-7　海遊館事件

(最一小判平成27. 2 .26労判1109号5頁)

(事　実)　Yの営業部において，X_1（男性）はチームマネージャーの職位にあり，X_2（男性）は同部課長代理の職位あった。Yは，職場におけるセクハラ防止を重要課題として研修参加を全従業員に義務づけ，セクシュアル・ハラスメントを禁止する文書（セクハラ禁止文書）を作成し，従業員に配布等していた。Yの就業規則にも懲戒に関する規定が整備されていた。

2011年12月15日，訴外AとB（派遣労働者等）は，YにXらによる種々のセクハラ行為の被害を申告した。そこで，Yは，調査等を行った上で，2012年2月17日付けで，Xらの行動が就業規則とセクハラ禁止文書に該当するとして，就業規則に基づき，X_1については30日間の出勤停止処分を行い，X_2に対し，10日間の出勤停止処分をした（本件各処分）。X_1とX_2は，それぞれ，本件各処分により給与の不支給等の不利益を受けた。

Xらが，本件各処分につき懲戒処分の無効確認等を請求した。一審（大阪地判平成25. 9 . 6労判1099号53頁）は，懲戒処分を有効とし請求を棄却し，原審（大阪高判平成26. 3 .28労判1099号33頁）は，本件各処分の相当性を否定して懲戒処分は無効であるとし請求の一部を認容した。Yが，上告した。

(判　旨)　「同一部署内において勤務していた従業員Aらに対し，Xらが職場において1年余にわたり繰り返した上記の発言等の内容は，いずれも女性従業員に対して強い不快感や嫌悪感ないし屈辱感等を与えるもので，職場における女性従業員に対する言動として極めて不適切なものであって，その執務環境を著しく害するものであったというべきであり，当該従業員らの就業意欲の低下や能力発揮の阻害を招来するものといえる」。

Yにおいては，「セクハラの防止のために種々の取組を行っていたのであり，Xらは，」「Yの管理職として……Yの方針や取組を十分に理解し，セクハラの防止のために部下職員を指導すべき立場にあったにもかかわらず，派遣労働者等の立場にある女性従業員らに対し，職場内において1年余にわたり……多数回のセクハラ行為等を繰り返したものであって，その職責や立場に照らしても著しく不適切なものといわなければならない」。

そして，「管理職であるXらが女性従業員らに対して反復継続的に行った上記のような極めて不適切なセクハラ行為等がYの企業秩序や職場規律に及ぼした有害な影響は看過し難いものというべきである」。

「Yにおいて懲戒権を濫用したものとはいえず，有効なものというべきである」。

地方公共団体の男性職員が勤務時間中に訪れたコンビニエンスストアの女性店員に対し，わいせつ行為等を繰り返した場合に，懲戒処分の有効性の判断において，公務に携わる者であるという点が加味されうる。そうした職員の行為は，「客と店員の関係にあって拒絶が困難であることに乗じて行われた厳しく非難されるべき行為であって」，「公務一般に対する住民の信頼を大きく損なう」ものであること等に鑑みれば，相当に重い処分であっても有効となる（加古川市事件・最三小判平成30.11.6労判1227号21頁）。同事件は，被害者側からみると，カスタマー・ハラスメントにも該当する（**第14章第4節3**参照）。

様々なハラスメントにつき，事業主に措置義務が課される中で（**第13章第3節4**と**第14章第4節2**を参照），労働者も，ハラスメントにつき深い関心と理解を持つことが求められる（雇均11条の2第4項，労働施策推進30条の3第4項等を参照）。

6　経歴詐称

採用の際に，労働者が使用者に対して，学歴，職歴，犯罪歴，年齢等につき秘匿しまたは虚偽申告する経歴詐称は，懲戒処分の対象となる（炭研精工事件・最一小判平成3.9.19労判615号16頁，東京高判平成3.2.20労判592号77頁）。また，労働契約の目的である業務内容に必要な能力が存在しないにもかかわらず，存在するかのような経歴を経歴書に記載して採用されることも懲戒処分の対象になる（グラバス事件・東京地判平成16.12.17労判889号52頁〔懲戒解雇有効〕）。

7　内部告発

労働者が，いわゆる内部告発を行った場合に，使用者が，当該内部告発により企業秩序が乱されたとして，懲戒処分を行う場合があり，懲戒処分の有効性が問題となる（大阪いずみ市民生協事件・大阪地堺支判平成15.6.18労判855号22頁〔懲戒解雇無効〕）。また，労働者の内部告発については，公益通報者保護法による保護が存在する（同法は令和2年6月に保護要件や保護対象をより広げるように改正されている。詳細については，〔**第14章第5節1**〕）。

第Ⅱ編

第11章 解　　雇

解雇は，労働紛争の最終局面である。配転や降格などの労働契約上の紛争，賃金・労働時間など労働条件に関する紛争，組合活動に関する紛争，雇用差別紛争など，労働紛争は，その紛争を終局的に解決できない場合には，解雇という形で使用者と労働者の関係が断ち切られることがほとんどである。すなわち，「すべての紛争は，解雇に通ずる」のである。逆にみると，解雇についてどのような法制が予定されているかが，他の労働紛争のあり方にとっても決定的となる。解雇法制は，一国の労働法制全体の特色を決定づけるバロメーターともいいうる。わが国の解雇法制は，かつては高度経済成長のもとでの長期雇用（終身雇用）慣行を背景に，使用者にとって解雇しにくい制度と理解されてきた。他方で，経済環境の変化のもと，有期労働契約などの非典型労働者の増加や，解雇以外の種々の方法による雇用終了の実態がみられる。また，近年では，使用者が解雇に対する規制を避けるように，合意解約といった雇用終了をめぐる紛争がむしろ多くなっている。解雇を労働契約の理論的側面だけでなく，雇用制度全般や社会経済の動きの中で理解することも重要である。

第1節　解雇権の濫用と解雇禁止

1　解雇権の濫用

解雇とは，使用者の行う，労働契約の解約をいう。使用者が単独で行う点で，辞職や合意解約と区別され，契約の解約である点で，有期労働契約の期間満了や契約の変更と区別される（ただし，変更解約告知は，解雇の側面ももつ）。

もともと，民法の建前では，使用者は「解雇の自由」を有する。というのは，期間の定めのない労働契約は，「いつでも」解約の申入れをすることができるのが原則であり（民627条1項），期間によって報酬を定めた場合，使用者からの解約の申入れは，次期以後について可能となり，当該期間の前半に予告をする必要がある（同条2項）。さらに6か月以上の期間によって報酬を定めた場合は，3か月前に予告をする必要がある（同条3項）。

これに対して，判例は昭和20年代から，権利濫用という形で，解雇の自由に歯止めをかける法理を定着させてきた。この解雇権濫用法理は，最高裁でも受け入れられ，最初にこれを明らかにしたのが，ユニオン・ショップ解雇に関する日本食塩製造事件（最二小判昭和50.4.25民集29巻4号456頁）であった。最高裁は，これに引き続き，宿直勤務のアナウンサーが，寝過ごして朝のニュース放送に穴を開ける事故を2週間に2度起こしたことを理由とする解雇について，同法理の適用により無効とした（判例1-2 高知放送事件）。

このように形成された解雇権濫用法理が実定法規に集約されたのが，労契法16条である。民法627条1項によれば使用者による解約は自由であるが，使用者の有する解雇権は労契法16条の定めに基づき，「客観的に合理的な理由を欠き」，「社会通念上相当であると認められない」場合は，その権利を濫用したものとして無効となる。

2　解雇制限期間

使用者は，①業務上の負傷・疾病で療養のために休業していた者については休業期間およびその後の30日，ならびに，②産前産後休業を取得した女性についてはその期間およびその後の30日の期間中には，その労働者を解雇してはならない（労基19条1項）。これらの期間は，それぞれの目的から労働者の保護を要する期間であり，安心して療養や出産に専念できるようにする趣旨である。したがって，労働者に明らかな非違行為がある場合や整理解雇の対象となる場合でも，解雇することができない。

この規定が禁止している「解雇」とは，現実に労働者を離職させるという意味の解雇であって，解雇の通告（意思表示）を意味するものではない。したがって，例えば産後休業期間の終了予定日の30日以上前に，解雇の予告をすることは許されるのであり，その場合には保護期間の終了とともに解雇の効果が生じる。また，業務上災害による休職期間が満了し退職とされた場合，本規定の趣旨から私法上無効とする，あるいは，本条の類推適用を行うなどの解釈が考えられる（アイフル〔旧ライフ〕事件・大阪高判平成 24.12.13 労判 1072 号 55 頁）。

解雇制限が解除される「使用者が，第 81 条の規定によつて打切補償を支払う場合」（労基 19 条 1 項但書前段）の解釈について，最高裁は，労働者が労災保険給付を受給している場合にも適用されるとした（学校法人専修大学事件・第二小判平成 27. 6 . 8 民集 69 巻 4 号 1047 頁。詳しくは**第 20 章第 2 節 2** 参照）。解雇制限が解除されたとしても，解雇権濫用法理（労契 16 条）による審査は改めて必要となる。そして，上記事件の差戻審では，「解雇までの間に業務上の疾病の回復のための配慮を全く欠いていたというような特段の事情」がない場合には，社会通念上の相当性が認められるとの判断が示されている（学校法人専修大学〔差戻審〕事件・東京高判平成 28. 9 .12 労判 1147 号 50 頁）。

また，「天災事変その他やむを得ない事由のために事業の継続が不可能となつた場合」にも，解雇制限は適用されない（労基 19 条 1 項但書後段）。この場合，行政官庁（＝労働基準監督署長）の認定を受けなければならない（労基 19 条 2 項）。なお，妊娠中および出産後 1 年を経過しない女性労働者に対する解雇は原則無効となる（雇均 9 条 4 項，**第 13 章第 3 節 3 (3)** 参照）。

3　解雇の禁止

(1)　法律による解雇理由の制限　労基法その他の法律は，解雇権濫用に当たる場合とは別に，解雇に制限を設ける。まず，労働法全体の基本理念である平等原則に基づき，国籍，信条，社会的身分に基づく差別的解雇（労基 3 条），労働組合加入や正当な組合活動を理由とする解雇（労組 7 条 1 号），労働者の性別を理由とする解雇（雇均 6 条 4 号），女性の婚姻・妊娠・出産等を理由とする解雇（同 9 条 2 項 3 項）などが禁止される。また，権利行使に対する報復を禁止するものとして，監督機関に対する申告権行使に対する報復的解雇（労基 104 条 2 項），育児・介護休業の取得を理由とする解雇（育介 10 条・16 条），公益通報者保護法の定める内部告発を理由とする解雇は無効（公益通報 3 条）となる。

(2)　就業規則等による制限　使用者は，就業規則に「解雇の事由」を定めなければならず（絶対的必要記載事項。労基 89 条 3 号），その定めは限定列挙と解されている。したがって，就業規則に定めた解雇事由以外の事由でなされた解雇は，就業規則の最低基準としての効力（労契12条）に反するものとして効力を生じない。労働協約に解雇事由を定めた場合も同様である（労組16条）。

第2節　解雇権濫用の成否

1　解雇の合理性と相当性

解雇は，一般に，その理由により，三つの場合に分けて考えられている。第一は，労働者の職業能力や心身の適格性の問題から適切な就労ができない場合，第二は，労働者に業務命令違反や不正行為，暴行などの非行があった場合，第三に，経営不振による人員削減など経営上の必要性がある場合である（その他，特別な解雇理由としてユニオン・ショップ解雇がある）。最初の二つは，労働者側に原因のある解雇である一方，第三の場面は，使用者側の原因によるいわゆる整理解雇であり，後述する独自の法理が発展した。

労契法16条は，解雇権濫用となる場合として，「客観的に合理的な理由を欠」いている場合と「社会通念上相当であると認められない場合」とを掲げている。前者は解雇理由の合理性に注目する評価であり，後者は解雇に処することが妥当であるかの評価である。いずれか一方に該当すれば，解雇権濫用が成立する。もっとも，裁判例は，問題となっている解雇につき，客観的に合理的な理由の有無と社会通念上の相当性の点を，併せて判断することも多い。以下では，便宜的に，二つの要件を分けて判例の内容を示す。

(1)　**解雇理由の客観的な合理性**　　解雇理由が「合理的」であるとは，主張される事実が真に存在し（真実性），解雇を正当化する事実である（正当性）ことを意味する。使用者が主張する事実について，労働者側がその真実性・正当性について反証を行うことになる。

また，解雇理由が「客観的」であるとは，それが外部から検証できる事実に裏づけられていることを意味する。この点で問題となるのは，使用者の「信頼関係」といった主観的な理由であるが，最高裁は次のように判断している。

判例11-1 敬愛学園事件

（最一小判平成6．9．8労判657号12頁）

事　実 Y法人の経営する高校の再建のために，A校長が就任したところ，その学校運営等をめぐって教員間で対立が生じた。同高校の社会科教員であるXは，遅刻や業務命令拒否等の行動を理由に1987年に解雇されたため（第一次解雇），同年裁判所に地位保全等仮処分を申請し認容された。これと前後して，Xは秋田弁護士会長および同会宛に，Aの人権無視を訴え調査を求める旨の文書を送った。さらに，訴訟係属中に，取材に来た週刊誌記者にこれら文書に関する説明を行い，記事として掲載された。そこでYは，これら一連の行為が就業規則各規定に違反するとして，第一次解雇を撤回して，新たに解雇の意思表示をした（本件解雇）。原審は，解雇権の濫用に当たると判断したため，Yが上告した。

判　旨 原審認定の事実によれば，「Xは，文書……により，Yの学校教育及び学校運営の根幹にかかわる事項につき，虚偽の事実を織り混ぜ，又は事実を誇張わい曲して，Y及びAを非難攻撃し，全体としてこれを中傷ひぼうしたものといわざるを得ない。さらに，Xの『週刊アキタ』誌の記者に対する文書……の情報提供行為は，前示のような問題のある情報が同誌の記事として社会一般に広く流布されることを予見ないし意図してされたものとみるべきである。以上のようなXの行為は，Aの名誉と信用を著しく傷付け，ひいてはYの信用を失墜させかねないものというべきであって，Yとの間の労働契約上の信頼関係を著しく損なうものであることが明らかである。第一次解雇がAの学校運営に批判的で勤務状況にも問題のあるXを排除しようとして性急にされたうらみがないではないことや，Xが，秋田弁護士会又は同弁護士会会長あてに前記各文書を交付したのが第一次解雇の効力をめぐる紛争中のことであったことを考慮しても，右の評価が左右されるものとはいえない。そして，Xの勤務状況には，……問題があったことをも考慮すれば，本件解雇が権利の濫用に当たるものということはできない」。

労働者が，同僚労働者の生命・身体を危険に晒す行動をとる場合，当該行為は「労働者の生命，身体等の安全に配慮すべき立場にある使用者として甘受し得ないほどの著しい負担」をもたらすものとして，解雇の客観的に合理的な理由を構成しうる（山崎工業事件・静岡地沼津支判令和2．2．25労判1244号94頁）。

また，公務員が，同僚に対して，暴行，暴言等の言動を繰り返していた場合，当該公務員の性格の矯正は簡単ではなく，改善の余地がないとの判断に不合理な点はなく，分限免職処分も裁量権の行使を誤った違法なものではない（長門市・長門消防局事件・最三小判令和4.9.13労判1277号5頁）。

⑵　解雇の相当性　解雇が社会通念上相当であるとは，解雇理由に一応の合理性があるとしても，企業から排除する程度のものであるかについての判断であり，解雇理由の重大さと解雇という措置とのバランスが考慮される。例えば，判例1-2高知放送事件で，最高裁は，アナウンサーが2週間に2度寝過ごしてニュースの放送ができなかったとしても，解雇をもって臨むことが「必ずしも社会的に相当なものとして是認することはできない」と判断している。

解雇が就業規則に定めた解雇の基準に合致しないときには，やはり相当性を欠くことになる。就業規則の解雇事由として「労働能率が劣り，向上の見込みがない」等と定めることは多いが，一般には著しく労働能率が劣る場合をいうものと解すべきであり，平均的な水準に達しないというだけでは解雇理由として不十分である。とりわけ，人事考課が相対評価であって，絶対評価ではない場合には，そのことから直ちに労働能率が著しく劣り，向上の見込みがないとまでいうことはできず，「他の解雇事由との比較においても，右解雇事由は，極めて限定的に解されなければならないのであって，常に相対的に考課順位の低い者の解雇を許容するものと解することはできない」（セガ・エンタープライゼス事件・東京地決平成11.10.15労判770号34頁）。

判例11-2　日本アイ・ビー・エム（解雇・第1）事件

（東京地判平成28.3.28労判1142号40頁）

事　実　X_1～X_3の3名（以下，「Xら」）は，Y社に期間の定めなく雇用されていた。Yは，従業員の業績を示すPBCと称する評価制度を設けており，その結果は上から順に「1」「2+」「2」「3」「4」の5段階となっている。それぞれの配分については，「1」が10%～20%，「2+」および「2」の合計が65%～85%，「3」および「4」の合計が5%～15%とされている相対評価である。Yが実施している業績改善プログラム（Performance Improvement Program，以下「PIP」）とは，従業員とその上司との間で，一定期間（数か月程度）の改善目標を設定し，その改善の進捗状況を定期的な面談で検証することを内容とする。

X_1は，1987年に入社後，営業職を担当し，職位ランク6の副主任となった。その後，営業支援事務へ配置されたが，業績不良が続き，評価は「2」から

「4」へ低下した。2009年にはPIPが実施され目標を達成したものの，翌年のPIPを拒否した。X_2やX_3についても，一定程度の業績不良や問題等が認められ，PIPが提案されるなどした。

2012年7月から9月にかけて，YはXらに対し，業績不良を理由とする解雇の意思表示を行った。Xらは，Yに対して，解雇権の濫用として無効であり，不法行為に当たるとして，地位確認等を請求した。

（判　旨）「X_1は……業績不良が続き，業務内容の変更やPIPの実施，所属長の面談など業績改善の措置を取っても〔職位ランク〕に見合った業務はできなかったものと認められる。Yが主張する解雇事由は，その全てが認められるわけではないものの……相当程度これに対応する事実が認められる」。

しかし，以前は職位に見合った業務ができ，複数の表彰を受けたりPIPの目標を達成したりするなどの事情からすると，「業績不良は認められるものの，担当させるべき業務が見つからないというほどの状況とは認められない。また，PBC評価はあくまで相対評価であるため，PBC評価の低評価が続いたからといって解雇の理由に足りる業績不良があると認められるわけではないこと，X_1は大学卒業後Yに入社し，約25年にわたり勤務を継続し，配置転換もされてきたこと，職種や勤務地の限定があったとは認められないことなどの事情もある。そうすると，現在の担当業務に関して業績不良があるとしても，その適性に合った職種への転換や業務内容に見合った職位への降格，一定期間内に業績改善が見られなかった場合の解雇の可能性をより具体的に伝えた上での更なる業績改善の機会の付与などの手段を講じることなく行われた」本件解雇は，権利濫用として無効というべきである。

判例11-2のほか，能力不足などを理由とする解雇が無効とされた事案として，業務改善計画に具体的な改善矯正策が含まれていない場合，その未達成を能力不足と評価し解雇事由とすることに，客観的合理性があるとはいえないとしたもの（ブルームバーグ・エル・ピー事件・東京高判平成25.4.24労判1074号75頁），あるいは，「能力不足ないし成績不良を理由とする解雇については，……その程度が著しく劣悪であり，使用者側が改善を促したにもかかわらず，改善がないといえるかどうか，使用者の業務全体にとって相当な支障となっているといえるかどうか等の点を総合考慮して，その有効性を判断するのが相当である」との判断基準を示した裁判例（コネクレーンズ事件・東京地判平成28.12.6

LEX/DB25544736）がある。

他方で，解雇を認めた裁判例では，上級専門職として高待遇で中途採用された労働者について，「長期雇用システムを前提とした従業員とは根本的に異なるところ，期待される能力を有していなかった場合には……解雇回避措置（配置転換や手当の引き下げ）を取らなかったとしても，それをもって直ちに解雇の相当性を欠くことにはならない」（ドイツ証券事件・東京地判平成28.6.1 LEX/DB25543184）。また，労働者の業務の遂行が十分でなかったために使用者が設けた改善に向けた面談の場で，使用者の質問に対して回答せず，「回答しないことが回答である」旨述べるなど，労働者が使用者の指示に従って業務を行う意思を有しないと認められる場合には，「改善の余地」がなく，労働者に対する業務改善の提案を欠いていたとしても，解雇に客観的に合理的な理由が認められる（Zemax Japan 事件・東京地判令和3.7.8労経速2467号18頁）。

就業規則に労働者の疾病が重篤で「回復の見込みがない」場合に解雇すると規定されている場合，短期間で回復することが証明されたときは，解雇することは許されない。また，労働者が特定の資格で雇用されたときには，回復の意味についてその資格による業務の範囲が考慮される（**第9章第2節2(4)**の北海道龍谷学園事件・札幌高判平成11.7.9労判764号17頁を参照）。

(3)「権利濫用法理」としての解雇　以上のように，解雇権濫用の成否は，一定の基準は見られるものの，多様な事案に即して，ケースバイケースで判断されるというしかない。その際には，労働者については，当該労働者の雇用形態，在職年数，職務内容，企業内での地位などが考慮される。企業についても，当該事業の従業員規模，業種などが重要な考慮の対象になる。

概していえば，解雇は当該労働者の生活や将来を左右するものであるだけに，解雇権の濫用は厳しく制限されており，例外的な場合にのみ認められる一般の権利濫用法理とは異なっているといえよう。

もっとも，解雇理由が客観的に明白かつ相当であって，解雇に処すべきことが歴然としていれば，かかる「最後の手段」としての要請は後退する。損害賠償請求の事件ではあるが，このことを明らかにする最高裁判決がある。

判例11-3 小野リース事件

（最三小判平成22. 5 .25労判1018号5頁）

（事　実）Yは建設機材の賃貸等を業とする会社で，就業規則には普通解雇事由として，「技能，能率又は勤務状態が著しく不良で，就業に適さないとき」を掲げている。Xは，Y会社の統括事業部長を兼務する取締役であったが，飲酒癖があり，酩酊して出勤したり，社外で昼間から飲酒して酩酊したりすることがあった。これに対してA社長は，強く注意をすることはなく，Xも飲酒を控えることがなかった。その後，無断欠勤などがあったため，Aは取締役会でXの退職を承認したところ，Xが退職届を提出しなかったため，上記規定に基づき同人を解雇した。そこで，Xが解雇は不法行為に当たるとして損害賠償を請求したところ，原審（仙台高判平成21. 7 .30労判1018号9頁）は，解雇は不法行為に当たると判断した。そこで，Yが上告した。

（判　旨）「上記事実関係の下では，本件解雇の時点において，幹部従業員であるXにみられた本件欠勤を含むこれらの勤務態度の問題点は，Yの正常な職場機能，秩序を乱す程度のものであり，Xが自ら勤務態度を改める見込みも乏しかったとみるのが相当であるから，Xに本件規定に定める解雇事由に該当する事情があることは明らかであった。そうすると，Yが X に対し，本件欠勤を契機として本件解雇をしたことはやむを得なかったものというべきであり，懲戒処分などの解雇以外の方法を採ることなくされたとしても，本件解雇が著しく相当性を欠き，Xに対する不法行為を構成するものということはできない」。

2 整理解雇

企業の業績不振や組織変更など，使用者側の都合により，余剰人員の整理として行う解雇は，労働者側に原因のないものであるだけに，解雇権濫用法理の一環として，より慎重な判例法理が形成されてきた。整理解雇における正当性判断の4基準といわれるものである（要件か要素かについては(5)で後述する）。

判例11-4 東洋酸素事件

（東京高判昭和54.10.29労民集30巻5号1002頁）

（事　実）Yは，酸素等の各種高圧ガスの製造販売を業とする会社であり，Xら13名は，アセチレン部門で勤務していたところ，同部門は需要の低下等により赤字に転落し，多額の累積赤字を計上した。そこでＹは，川崎工場のアセチレン部門の閉鎖を決定し，翌年に就業規則の「やむを得ない事業の都合によるとき」の規定に基づき，Ｘらを含む同部門の従業員全員を解雇する旨の意思表示をした。その際に，Ｙは，Ｘらを他部門への配転することや希望退職募集の措置を講じなかった。Ｘらは地位保全仮処分等請求を行ったのに対して，原審は解雇回避措置が不十分であるとして請求を認容したため，Ｙが控訴した。

判　旨　解雇が「『やむを得ない事業の都合による』ものに該当するといえるか否かは，畢竟企業側及び労働者側の具体的実情を総合して解雇に至るのもやむをえない客観的，合理的理由が存するか否かに帰するものであり，この見地に立つて考察すると，特定の事業部門の閉鎖に伴い右事業部門に勤務する従業員を解雇するについて，それが『やむを得ない事業の都合』によるものと言い得るためには，第一に，右事業部門を閉鎖することが企業の合理的運営上やむをえない必要に基づくものと認められる場合であること，第二に，右事業部門に勤務する従業員を同一又は遠隔でない他の事業場における他の事業部門の同一又は類似職種に充当する余地がない場合，あるいは右配置転換を行つてもなお全企業的に見て剰員の発生が避けられない場合であつて，解雇が特定事業部門の閉鎖を理由に使用者の恣意によつてなされるものでないこと，第三に，具体的な解雇対象者の選定が客観的，合理的な基準に基づくものであること，以上の３個の要件を充足することを要し，特段の事情のない限り，それをもつて足りるものと解するのが相当である」。

「なお，解雇につき労働協約又は就業規則上いわゆる人事同意約款又は協議約款が存在するにもかかわらず労働組合の同意を得ず又はこれと協議を尽くさなかつたとき，あるいは解雇がその手続上信義則に反し，解雇権の濫用にわたると認められるとき等においては，いずれも解雇の効力が否定されるべきであるけれども，これらは，解雇の効力の発生を妨げる事由であつて，その事由の有無は，就業規則所定の解雇事由の存在が肯定されたうえで検討されるべきものであ」る。

⑴　**人員整理の必要性**　人員整理を行う経営上の必要性が真に存在しなければならない。その程度は，人員整理をしなければ倒産必至という状況までは要求されないが，相当に高度の必要性があって企業経営上やむを得ないといえる場合でなければならない。例えば，単年度決算では人件費比率が高いようにみえても，資産が比較的優良であって長期的な視野で人件費削減や収入増加の取組みが可能なときには人員削減の必要性は認められない（三田尻女子高校事

件・山口地判平成12. 2 .28労判807号79頁)。コロナ禍によって一時的な収支悪化が生じても，有期雇用契約期間中に行う解雇は「やむを得ない事由」(労契17条1項）として厳格に制約されており，整理解雇法理の下で，雇用調整助成金を活用するなどの方策を行わずに解雇した場合，人員削減の必要性は否定される（センバ流通〔仮処分〕事件・仙台地決令和2．8 .21労判1236号63頁)。

なお，人員削減の前提となる特定部門の廃止が事業戦略にかかわる高度の専門的判断であるときには，裁判所としては企業の意思決定機関の判断を尊重せざるを得ない場合もある（ナショナル・ウエストミンスター銀行〔三次仮処分〕事件・東京地決平成12. 1 .21労判782号23頁)。

⑵　解雇の必要性　人員整理を，解雇という方法で行う必要性が存在しなければならない。いいかえれば，使用者は，配転，出向，一時帰休，有期雇用労働者の雇止め，希望退職の募集など，整理解雇を回避するための努力を尽くしていなければならない。希望退職者を募集するなどの努力をしないで解雇することは，労使間の信義に反し権利の濫用として無効となる（あさひ保育園事件・最一小判昭和58.10.27労判427号63頁)。また，使用者が，労働者の意向を汲みつつ人事制度上取り得る異動に向けた提案をしたのに対し，労働者が真摯な対応を長期間にわたり怠っていた場合には，解雇回避努力を尽くしたものと認められる（クレディ・スイス証券事件・東京地判令和4．4 .12労経速2492号3頁)。なお，正社員の解雇に先立ち，まずは臨時社員などを人員整理の対象とすることがあるが，有期労働契約というだけの理由で一律に雇止めをするようなことは許されない（三洋電機事件・大阪地判平成3 .10.22労判595号9頁)。

⑶　人選基準の合理性　一定の人数の解雇が必要であるとしても，被解雇者の選定は合理的な基準によりなされる必要がある。一般には，労働者の職務能力，解雇が労働者の生活に与える打撃の程度，労働者間の公平などを考慮しつつ，勤務成績，勤怠記録，勤続年数，年齢，職種などが基準とされている。不当な差別や使用者の主観・恣意によるものであってはならず，そのためにはこれらの基準を組み合わせて用いるのが妥当である。例えば，勤怠記録や，「扶養家族のいない者」の基準だけを用いると，差別的な基準と疑われやすい。一方で，「満52歳以上の者」という年齢基準は，恣意の入らない客観的な基準であり合理的なものと判断する裁判例が有力である（三井石炭鉱業事件・福岡地

判平成4.11.25労判621号33頁，判例11-5日本航空事件も同旨，なお「幹部職員としての業務が，高齢になるほど業績の低下する業務であることを認めるに足り」ないと述べたヴァリグ日本支社事件・東京地判平成13.12.19労判817号5頁も参照)。

判例11-5 日本航空事件

（大阪高判平成28.3.24労判1167号94頁）

事　実　原告Xは，航空会社であるYに勤務する客室乗務員であったところ，2009年頃から，皮膚が赤くなるようになり，悪化した2010年3月頃には年休を取得しながら勤務を続けたが，同年5月から同年10月18日まで病気休職した後，Yの産業医の診断を受け同月19日から乗務復帰した。Yは，同年1月19日に会社更生手続開始決定を受け，整理解雇の実施を決定し，労働組合との交渉を経て，①同年9月27日の時点で休職中の者，②過去一定期間以上の休職や病気欠勤がある者，③人事考課が一定基準以下の者，④年齢の高い者，⑤ただし対象となる期間のさらに1年6か月前の期間に連続して1か月を超える病気欠勤期間・休職期間がなかった者は除外する（復帰日基準），との病欠・休職等基準を策定した。Xは，同基準により被解雇者となったため，本件整理解雇は無効であるとして，Yに対し労働契約上の地位確認等を求めて提訴した。地裁（大阪地判平成27.1.28労判1126号58頁）は，Xの労働契約上の地位確認等を認容した。Yが控訴。

判　旨　「更生手続開始決定を受け，将来に向けて事業再生をする必要のあるYが，整理解雇の人選基準を設けるに当たって，将来の貢献度に着目し，特に，Yが再生していく過程にある至近の2ないし3年間に，どれだけの貢献が期待できるかという点を重視し，人選基準を設けたことは，合理的であ〔り〕……病欠・休職等基準及び人事考課基準は合理性を有するというべきである」。

「病欠・休職等基準に該当する者については，過去の一定期間において病気欠勤や休職により相当日数労務の提供ができない欠務期間があった者であるから，そのような病気欠勤や休職をしないで勤務を行ってきた者との対比において，Yに対する過去の貢献度及び将来の想定貢献度が低いないし劣後すると評価することが合理的であ〔り〕……Yが，休業・休職の制度を設け，休むことを制度として保障していること……や，Yにおいては，病気欠勤等をした場合における賃金・手当付加金の支給に関し，……手厚い労働者保護がなされていたこと……は，上記の貢献度の評価とは別個の事柄であるから，上記評価の合理性を否定する根拠となるものではない」。

(4)　解雇についての説明・協議　使用者は，予定する人員整理につき，労働者や労働組合に対して事前に，誠実な説明・協議をしなければならない。労働組合との間の団体交渉の義務とは別に，信義則から要請される義務であり，使用者は，上記(1)から(3)について，整理解雇をできるだけ回避し，再就職を考慮するなど解雇による打撃を緩和するための説明・協議のプロセスを経ることが求められる。他の要件は満たされていても，「解雇手続における説明義務の履践等に信義に従った手続きがされていない」として解雇権の濫用と判断する裁判例（日証事件・大阪地判平成11.3.31労判765号57頁）もみられる。

(5)　解雇基準のとらえ方　これまでみた整理解雇の四つの基準の関係については，見解が分かれており，これらを一つでも欠くことのできない個別「要件」とする立場（前掲三田尻女子高校事件）や，これらを総合考慮すべき「要素」であって一部が不十分であっても全体として満たされていればよいとする立場（前掲ナショナル・ウエストミンスター銀行〔三次仮処分〕事件参照）がある。

また，整理解雇は，危機的な経営状況での倒産回避目的で行う場合と，積極的な企業戦略として行う場合があり，後者の場合にはより厳格に4基準が適用される（PwCフィナンシャル・アドバイザリー・サービス事件・東京地判平成15.9.25労判863号19頁を参照）。

(6)　再建型手続と整理解雇　整理解雇4基準の法理は，会社がいわゆる再建型倒産手続である会社更生法の手続のもとでなされた場合にも適用される（日本航空〔客室乗務員〕事件・東京高判平成26.6.3労経速2221号3頁，日本航空〔運航乗務員整理解雇〕事件・東京高判平成26.6.5労経速2223号3頁など参照）。債務超過や破産状態であることは，人員整理の必要性（(1)）の一事情として考慮されるとしても，整理解雇法理の適用自体に直接影響を及ぼす事情ではない（山田紡績事件・名古屋高判平成18.1.17労判909号5頁）。

3　懲戒解雇

(1)　懲戒解雇の意義　企業が労働者の非違行為を理由に，就業規則に基づき懲戒目的で行う解雇が，懲戒解雇である（懲戒については，**第10章**）。懲戒解雇は，使用者による労働契約の一方的解約という側面では一般の解雇（普通解雇）と異ならないが，一般に退職金を全額または一部について支払わないとされる点，および「制裁としての解雇」として人事記録および解雇理由証明書に記載されるという事実上の不名誉の点で，普通解雇と異なる。

(2)　懲戒解雇の要件　懲戒解雇は，懲戒の一種であるから，懲戒についての確立した制限法理に服する。すなわち，懲戒の項目で述べたように，①手続的には，「あらかじめ就業規則において懲戒の種別及び事由を定めておくことを要する」（判例6-4 フジ興産事件）とともに，懲戒委員会の設置などにより労働者に理由告知や弁明の機会を与えることを要する。②懲戒処分は，「客観的に合理的な理由を欠き，社会通念上相当であると認められない」ものであってはならず（労契15条），退職金の不払という永年の功績を抹消されてもやむを得ない程度でなければならない。

第3節　解雇の手続

解雇は，適法な理由があるときにも，さらに一定の手続を踏まなければ正当とはいえない。解雇手続には，労働協約等で定められることのある解雇の同意または協議の手続，労基法に基づく解雇予告の手続，および同じく労基法に基づく解雇理由の証明に関する手続がある。

1　解雇の同意または協議

労働協約では，「解雇をするためには，本組合の同意を要する」または「解雇は，本組合と十分な協議の上なすことを要する」旨の，同意約款または協議約款が定められることがある。これらの協約条項は，組合幹部の解雇を阻止し，または一方的な大量解雇を阻止するために規定されるものである。

労働協約理論の観点からすると，これらの規定は「労働協約に定める……労働者の待遇に関する基準」に該当するから，いわゆる規範的効力が認められ，この規定に違反してなされた解雇は無効となる（労組16条）。

しかし，判例は，これらの労働協約の条項を機械的に適用することはせずに，同条項の規定を限定的に解して，事案の実情に即した柔軟な解決を図ろうとしている。例えば，解雇協議約款に基づき協議するための信頼関係がまったく欠如している場合には手続を履行しなくても解雇を無効とすることはできず（洋書センター事件・東京高判昭和61.5.29労判489号89頁)，手続違反の程度や経緯などを総合的に考慮して，解雇の効力が判断される。

2 解雇の予告

⑴ **解雇予告期間**　使用者は，労働者を解雇しようとするときには，少なくとも30日前に解雇の予告をしなければならない（労基20条1項)。

解雇により労働者の受ける経済的・心理的打撃を緩和し，またできるだけ早くから再就職の準備をさせる必要があることによる。民法にも，期間の定めのない労働契約の解約について予告と同趣旨の制度があるが（民627条)，解雇については労基法の予告制度が適用される。

期間の定めがある場合の期間途中の解雇にも，労基法21条1号から4号に定める適用除外に該当しない限り予告が必要である。これに対して，労働契約の期間満了（雇止め）は，解雇ではないから予告の必要はない。ただし，行政通達では，有期労働契約であっても，1年以上継続勤務している場合，および3回以上更新した場合の雇止めについては，やはり30日前に予告するよう指導している（平成15.10.22厚労告357号)。

また，解雇予告は，労基法21条各号に定める者には必要ないが，それぞれ「引き続き使用」されて同条但書に該当する場合には必要となる。

⑵ **予告手当**　30日前に予告をしない使用者は，30日分以上の平均賃金を予告手当として支払わなければならない。予告手当の額は，予告期間との相関で短縮させることが認められており，例えば解雇の20日前に予告したときには，10日以上の予告手当を支払うことが認められる（労基20条2項)。

⑶ **即時解雇**　解雇予告および予告手当の支払は，①「天災事変その他やむを得ない事由のために事業の継続が不可能となった場合」，および②「労働者の責に帰すべき事由に基いて解雇する場合」には適用されない。そのような解雇は，即時解雇と呼ばれる。適用除外を受けるためには，労働基準監督署長により，除外認定を受けなければならない（労基20条1項但書・3項)。ただ，この除外認定は，直ちに解雇の効力に結びつくものではなく，現実に除外事由があれば，認定を怠っていた場合にも解雇自体は有効になると解されている（ただし，同項違反として罰則の適用を免れない)。

除外認定の基準は,「天災事変」という例示が示すように, 解雇予告制度による保護を認めることが適当でないほど重大な帰責事由があることを要する(長期にわたる無断欠勤や, 著しく不名誉な犯罪行為など)。裁判例では, 身元保証書の不提出を理由とする解雇について, これに当たると判断するものがあるが(シティズ事件・東京地判平成11.12.16労判780号61頁参照), 疑問である。

(4)　違反の効果　こうした除外認定事由がないのに, 解雇予告をせずかつ予告手当も支払わない解雇, すなわち労基法20条違反の解雇は効力を有するであろうか。最高裁は, 口頭弁論終結日に予告手当を支払った事案で,「使用者が労働基準法20条所定の予告期間をおかず, または予告手当の支払をしないで労働者に解雇の通知をした場合, その通知は即時解雇としては効力を生じないが, 使用者が即時解雇を固執する趣旨でない限り, 通知後同条所定の30日の期間を経過するか, または通知の後に同条所定の予告手当の支払をしたときは, そのいずれかのときから解雇の効力を生ずる」と判断した(細谷服装店事件・最二小判昭和35.3.11民集14巻3号403頁)。

しかし, この判断では,「即時解雇を固執する」かは使用者の意向次第であるし, また,「固執」したとして自己に不利な主張をする使用者は少ないであろうから, 労働者が解雇の無効を主張できる可能性はほとんど存在しない。また, 30日経過により20条違反の状態はなくなるから, 裁判所に付加金(労基114条)を請求する余地もなくなる。そこで, 多くの裁判例は, こうした場合には, 解雇の無効を主張するか, 有効と認めて解雇手当(および付加金)の支払を主張するかを, 労働者が選択できるとする見解(選択説)を採用しており(一例として, 丸善住研事件・東京地判平成6.2.25労判656号84頁), あっせん等の実務でもこうした考え方で予告手当等を支払わせる取扱いが一般的である。

3　解雇理由の証明

解雇された労働者が, 解雇に際して解雇理由の証明書を請求したときには, 使用者はこれを遅滞なく交付しなければならない(労基22条1項)。また, 解雇予告をした後から退職の日までの間に, 労働者がこれを請求したときにも, 使用者はやはり遅滞なく交付しなければならない。ただし, 後者の場合に, 解雇予告の後に労働者が当該解雇以外の理由により退職したときには, その日以後については交付しなくてもよい（同条2項）。使用者がこの証明書の交付を拒否した場合，そのことは解雇権濫用の判断に影響を及ぼす。また，使用者側は，証明書として解雇理由を明示した以上，後に訴訟になったときに解雇理由を追加したり変更したりすることはできないと解すべきである。

第4節　不当な解雇の諸帰結

1　解雇の無効と地位確認請求

客観的に合理的な理由を欠き，社会通念上相当と認められない解雇は，解雇権を濫用したものとして無効となる（労契16条）。就業規則や労働協約の定める基準に違反した解雇も，やはり無効である（同12条，労基93条，労組16条）。

解雇が無効であるとは，使用者ははじめから解雇の意思表示をしておらず，労働契約は継続していることを意味する。したがって，裁判においても労働契約上の地位の確認（あるいは従業員たる地位の確認）を求めるという，確認訴訟がなされるのが一般である。なお，判例は一般に就労請求権を認めていないから，基本的に，現実に労働者を就労させる義務（受領義務）はない。

2　解雇期間中の賃金

(1)　賃金請求権　労働者が解雇され，裁判等で勝訴して解雇無効の判決を得た場合，その間に就労できなかったことは，「債権者の責めに帰すべき」履行不能と解され，債権者である使用者は「反対給付の履行を拒むことができない」（民536条2項前段）。すなわち，労働者は，解雇期間中の賃金請求権を失わず，その全額を請求することができる。

ただ，解雇期間中にあったはずの時間外労働の賃金，賞与査定分，昇給，各種手当などについて，いかなる範囲で賃金請求権に含まれるかは，個々のケースにおける就業規則等の規定，解雇の違法性の程度などを総合的に考慮して判断するしかない。

なお，裁判例には，労働契約の解約の有無が争われる事案で，労働者がそうした紛争を契機として他社で就労を開始した場合などに，使用者が，労働者にそもそも就労する意思や能力がなかったとして，賃金請求権の発生を争うものが散見される（新日本建設運輸事件・東京高判令和2.1.30労判1239号77頁など）。

(2)　中間収入の控除　解雇期間中に，労働者が別の企業や自営業で稼働して得た収入（中間収入）は，本来の勤務をしなかったことにより得た収入であるから，債務者である労働者はその分を償還しなければならない（民536条2項後段）。ただ，それが副業的なもので，解雇がなくても当然取得していたものである場合には，償還から除かれる。

もっとも，解雇の無効の場合にも，労基法26条（休業手当）の規定（**第16章第4節**参照）は免れないから，中間収入の償還を行う場合も，平均賃金の6割までの部分は控除の対象とすることが禁止され，使用者は中間収入の額が時期的に対応する平均賃金の額の6割を超える部分について控除して支払うことが認められる（米軍山田部隊事件・最二小判昭和37.7.20民集16巻8号1656頁）。

3　解雇と損害賠償

解雇権濫用は使用者の不法行為となることもあるから，解雇をされた労働者は，不法行為に基づく損害賠償を請求することも可能である。しかし，解雇権濫用について無効との効果が予定され（労契16条），実務でも解雇無効を前提とする地位確認訴訟が定着していることから，損害賠償請求の例は少ない。また，不法行為の成立のためには，故意・過失，権利侵害，損害の発生，因果関係といった成立要件を満たす必要があり，解雇が権利濫用で無効であるときにも損害賠償が成立するとは限らない（解雇権濫用は成立するが，違法とまではいえないと判断して不法行為の成立を否定したものとして，ジェー・イー・エス事件・東京地判平成8.5.27労経速1614号9頁を参照）。もっとも，解雇無効ではなく不法行為による損害賠償のみを請求し，これが認容されたケースもある（3か月分の給与相当の逸失賃金を含む損害賠償を認めた裁判例として，O法律事務所事件・名古屋高判平成17.2.23労判909号67頁）。

4　解雇紛争の迅速な解決

(1)　地位保全等仮処分　解雇紛争については，特に迅速な解決が必要であることから，民事保全法に基づく仮処分申請の方法が活用されている（地位保

Column 4

解雇の金銭解決

地位確認請求訴訟では，使用者による労働契約の解約が解雇権濫用に該当し，または強行法規や労働協約・就業規則に違反すると，解雇は無効とされ，未払賃金の支払が認められる。これに加えて，地位確認が原則とされるのは，組合幹部や活動家が次々に解雇されたレッド・パージに対する復職闘争や，さらには，その後に形成された終身雇用慣行が解雇法理に影響を及ぼしたものと考えられる。使用者が労働者の就労申入れを拒んだとしても，労働者の復職を強制されることはないが（就労請求権の原則否定），毎月の賃金支払義務は発生し続ける。そこで，最終的には労使双方が何らかの手を打たざるを得ず，裁判外での金銭による解決が現実的な選択肢となる。一度失われた労使の信頼関係を元に戻して労働者を復職させることは困難である場合が多く，労働審判やあっせんの現場では金銭解決がデフォルトになっている。

実は，欧米の多くの諸国では，解雇については金銭解決が原則であり，例外的に，公序違反や組合活動を理由とする不当解雇などに限り，無効・復職を認める立法が多い。日本では，2017年5月に，厚生労働省の「透明かつ公正な労働紛争解決システム等の在り方に関する検討会」報告書が出され，さらに，2022年4月に，「解雇無効時の金銭解決制度に係る法技術的論点に関する検討会」報告書が示された。そこでは，諸外国の制度を参照しつつ，基本的に，解雇無効の事実の存在を前提に，労働者側の選択肢を増やすという趣旨での，労働契約終了の金銭解決制度が構想されている。具体的には，労働者に，一定の要件の下，金銭救済を求めうる地位を発生させる形成権を認め，労働者によるその行使の結果，金銭債権の発生と労働契約終了効が発生する仕組み（形成権構成）等が詳細な技術的な論点と共に構想されている。

全等仮処分については，**第1章第3節4(2)**）。

(2)　労働審判　　また，解雇紛争について，事案に即した柔軟で迅速な解決を図るために，2006年の制度発足以降は，労働審判が利用されている。労働審判の受理件数の中でも，解雇事件が最も多く，その多くについて金銭解決が図られているのが実情である。また，解雇紛争の解決については，都道府県労働局で行われる個別労働関係紛争解決促進法に基づくあっせん制度の役割も大きい（労働審判制度およびあっせん制度については，**第1章第3節3**）。

第Ⅱ編

第12章　退職とその法律関係

退職（労働契約の終了）には様々なパターンがあることから，各場面に応じた法規制が必要となる。あらかじめ期間の定めがあり，短期間の労働契約を予定していることもあるし（第4章），期間の定めを置かない場合でも，解雇（第11章）や定年退職のほか，労働者の辞職，労使双方の合意による解約，さらには当事者の消滅（死亡・会社の解散）による終了もありうる。

退職には負のイメージがつきまとうが，より良い次の労働契約へ繋ぐというポジティブな側面もある。雇用保険法には，雇用継続給付や教育訓練給付が設けられており，雇用保険事業などとともに，雇用対策の推進を支えるという積極的な役割も与えられている。

第1節　解雇以外の労働契約の終了

1　合意解約と辞職

労働者と使用者の双方の意思が合致して労働契約の解消に至ると，合意解約となる。この場合は，予告期間の制限もなく，期間の定めの有無にかかわらず，相手側の承諾によって労働契約を解除することができる。

これに対して，労働者側からの一方的な解約を辞職という。期間の定めのない契約である場合には，労働者は2週間の予告期間により，いつでも解約の申入れ（＝辞職）をなすことができる（民627条1項）。労働者からの辞職に対して，使用者の承諾を条件とすることは，労働者の基本的な権利を侵害することになるので許されない。また，期間の定めのある契約の場合であっても，やむを得ない事由があるときは，労働者は辞職をすることができる（同628条）。辞職は，生活の基盤たる労働契約を直ちに解約する意思表示であるから，その認定は慎重に行うべきである。口頭での発言をもって，直ちに，確定的な退職の意思表示であると評価するかについては慎重な検討が必要となる（近鉄住宅管理事件・大阪地判令和4.12.5労判1283号13頁）。労働者による退職または辞職の表明は，原則として合意解約の申込みであり，「使用者の態度如何にかかわらず確定的に雇用契約を終了させる旨の意思が客観的に明らかな場合に限り」辞職の意思表示と解すべきであろう（大通事件・大阪地判平成10.7.17労判750号79頁）。

辞職や合意解約に関して問題となるのは，労働者が解約の意思表示を行った後に，これを撤回することが可能かどうかである。合意解約については，使用者が承諾の意思表示を示すまで，撤回が可能であるとする見解が学説上は有力である。しかし，最高裁は，承諾権限をもつ者（人事部長）の退職願の受理によって，承諾の意思表示があったと解し，以後の撤回はできないと判示した（大隈鐵工所事件・最三小判昭和62.9.18労判504号6頁）。なお，民法の一般原則である，錯誤による取消し（民95条），詐欺・強迫による取消し（同96条）も適用される（富士ゼロックス事件・東京地判平成23.3.30労判1028号5頁）。

また，従業員の自発的な退職を促すために，早期退職優遇制度が設けられる場合がある。早期退職優遇制度による労働者からの退職の申出に対する使用者の承諾がない場合，当該労働者は優遇措置を受けられないと解されている（大和銀行〔退職支援金〕事件・大阪地判平成12.5.12労判785号31頁，ソニー〔早期割増退職金〕事件・東京地判平成14.4.9労判829号56頁など）。最高裁は，選択定年制による退職に伴う割増退職金について，早期の退職の代償として特別の利益を付与するものであり，「選択定年制による退職の申出に対し承認がされなかったとしても，その申出をした従業員は，……その退職の自由を制限されるものではない」ことを理由に，承認がなければ割増退職金債権は発生しないと判示した（神奈川信用農業協同組合事件・最一小判平成19.1.18労判931号5頁）。

なお，当該労働契約の終了が，合意解約，辞職，解雇のいずれに該当するのか，当事者の合意や意思表示といった側面からは捉えることが困難な，曖昧な場合も少なくない。現実には，使用者が労働者を辞職に追い込むなど，解雇の代替的処遇（オルタナティブ）として，合意解約や辞職が用いられる場合もある。

2 退職勧奨

労働者の自発的な退職意思の形成を慫慂（しょうよう）するための説得を退職勧奨という。退職勧奨を短期間内に多数回・長時間にわたり執拗に行うと，任意の意思形成を妨げる勧奨行為となり，不法行為等を構成する（判例12-1 下関商業高校事件）。

判例12-1 下関商業高校事件

（最一小判昭和55.7.10労判345号20頁）

事　実　下関市教育委員会は，退職勧奨基準年齢（男性57歳，女性55歳）に準じて勧奨対象者を選定し，市立高校教員の退職勧奨を実施してきた。X_1およびX_2は，いずれも下関市立下関商業高等学校の教員として勤務していた者である。Y_2（教育長）の要請に基づき，X_1に1970年3月から5月までに11回，X_2に同年3月から7月までの13回，20分から2時間15分に及ぶ退職勧奨が行われた。その際に，Y_3（教育次長兼学校教育課長）は「あなたがやめれば欠員の補充もできるし，学校設備の充実もできる。」など発言し，Y_3を含む退職勧奨担当者らも「今年は市教委の総力を投入してやる。」，「夏休みは授業がないのだから，毎日来てもらって勧奨しましょう。」などと発言した。Xらは，退職勧奨によって精神的損害を受けたとして，Y_1（下関市），Y_2，Y_3に対し，損害賠償を請求した。

原審（広島高判昭和52.1.24労判345号22頁）は，「退職勧奨は，任命権者がその人事権に基き，雇傭関係ある者に対し，自発的な退職意思の形成を慫慂するためになす説得等の行為であって，法律に根拠をもつ行政行為ではなく，単なる事実行為である」。「勧奨は……種々の観点からの説得方法を用いることができるが，いずれにしても，被勧奨者の任意の意思形成を妨げ，あるいは名誉感情を害するごとき言動が許されないことは言うまでもなく，そのような勧奨行為は違法な権利侵害として不法行為を構成する場合がある」。退職勧奨が「ことさらに多数回あるいは長期にわたり勧奨が行なわれることは，……不当に退職を強要する結果となる可能性が強く，違法性の判断の重要な要素と考えられる」。「退職勧奨は，……被勧奨者の名誉感情を害することのないよう十分な配慮がなされるべきであり」，態様を「総合的に勘案し，全体として被勧奨者の自由な意思決定が妨げられる状況であったか否かが，その勧奨行為の適法，違法を評価する基準になる」として，第一審の結論を維持した。これに対して，Y_1が上告。

判　旨　「所論の点に関する原審の認定判断は，原判決挙示の証拠関係に照らし，是認しえないものではなく，その過程に所論の違法はない」。

退職勧奨の態様における限界は，①勧奨の回数，②期間，③言動，④勧奨者の数，⑤優遇措置の有無，という5要素を総合考慮して判断される。退職勧奨行為が違法とされた裁判例として，鳥屋町職員事件（金沢地判平成13.1.15労判805号82頁）は，近親者の影響力を期待して説得することを依頼することは，退職勧奨方法として社会的相当性を逸脱する行為であるとした。判例9-3全日本空輸（退職強要）事件（大阪高判平成13.3.14労判809号61頁）は，勧奨の頻度，時間の長さ，勧奨者の言動が社会通念上許容しうる範囲を超えており，違法な「退職強要」に該当するとして不法行為を認めた。また，人事担当者が上司と共に，繰り返し強く自主退職を迫り，その場で自主退職の手続をするよう繰り返し迫ることは，労働者の自由な意思決定を促す行為として許される限度を逸脱し，違法となる（東武バス日光ほか事件・東京高判令和3.6.16労判1260号5頁）。同様に，退職以外の選択肢について八方塞がりの状況にあるかのような印象を，現実以上に抱かせるような発言を繰り返し，かつ自尊心をことさら傷付け困惑させる言動は，違法な退職勧奨である（日立製作所事件・横浜地判令和2.3.24判時2481号75頁）。他方で，退職勧奨の趣旨を含む研修において，参加者らに「社外転身（ママ）」に活路を見出す旨のスライドを示して精神的衝撃を与えたとしても，参加者の自由な意思形成を妨げるほどの執拗さや態様とはならない（日立製作所〔降格〕事件・東京地判令和3.12.21労判1266号56頁）。退職を拒否した労働者に対する報復的な人事は，それ自体が退職強要となる（フジシール〔配転・降格〕事件・大阪地判平成12.8.28労判793号13頁）。

3　当事者の消滅

労働者の死亡や，自然人である使用者の死亡により（ただし，使用者の場合は，相続により使用者たる地位が承継される可能性も残されている），法人の場合は破産手続などが結了して法人格が消滅した時点で，労働契約は終了となる。法人の倒産は解雇事由にすぎず，あくまで整理解雇法理が適用される（石川タクシー富士宮事件・東京高判平成26.6.12労判1127号43頁）。会社合併では，合併会社に労働契約が承継される（第7章第3節参照）。

4　契約終了時の法規制

使用者は，労働者が退職・死亡した場合，権利者の請求により7日以内に賃金を支払い，労働者の権利に属する金品の返還をしなければならない（労基23条1項）。ただし，退職金については，別途の支払が許される。

退職（解雇を含む）にあたって，使用期間，業務の種類，地位，賃金，または退職の事由についての証明書を労働者が請求した場合，使用者は遅滞なくこれを交付しなければならない（同22条1項）。この証明書には，使用者は労働者が請求しない事項を記入してはならない。また，再就職を妨害するためにブラックリストを作成したり，証明書に記号を記入したりすることは禁じられる（同条3項4項）。

第2節　競業避止義務・秘密保持義務

労働契約の存続中には，競業避止義務が存在する（**第5章第3節2(2)**参照）。しかし，むしろ問題となるのは，労働契約の終了後に，使用者の業務と競合する他企業に再就職し，あるいは自ら競合する事業を立ち上げ，在職中に知りえた秘密やノウハウを利用したり，顧客を奪ったり，従業員を引き抜いたりする場合である。

判例12-2　フォセコ・ジャパン・リミティッド事件

（奈良地判昭和45.10.23判時624号78頁）

事　実　X会社は，各種冶金（やきん）用副資材の製造販売を業としている。Y_1とY_2の2名は共に昭和33（1958）年にXに入社し，Y_1は入社時より約10年間にわたりXの本社研究部に所属し，退社時には現場の製品管理を担当し，Y_2は入社時より同40（1965）年まで本社研究部に所属し，以後退社するまで大阪支社鋳造（ちゅうぞう）本部で販売業務に従事していた。Yらは，Xに在職中，Xとの間に秘密漏洩禁止，退社後の競業避止に関する特約を結んだ。

Yらは，Xを昭和44（1969）年6月に退社後，同年8月29日に訴外A会社が設立されると同時にAの取締役に就任した。Aの製品はすべてXの製品と対応し，現実にXの得意先等に対しXと同様の営業品目を製造販売しており，XとAは競業関係となった。そこでXが，当該特約に基づく競業行為禁止仮処分を求めたのが本件である。

判　旨「一般に雇用関係において，その就職に際して，或いは在職中において，……退職後における競業避止義務をも含むような特約が結ばれることはしばしば行われることであるが，……その特約締結につき合理的な事情の存在することの立証がないときは一応営業の自由に対する干渉とみなされ」る。

「しかしながら，当該使用者のみが有する特殊な知識は……営業上の秘密として営業の自由とならんで共に保護されるべき法益というべく，そのため一定の範囲において被用者の競業を禁ずる特約を結ぶことは十分合理性があるものと言うべきである。……技術の中枢部にタッチする職員に秘密保持義務を負わせ，又右秘密保持義務を実質的に担保するために退職後における一定期間，競業避止義務を負わせることは適法・有効と解する」。

競業の制限が合理的範囲を超える場合には，公序良俗に反し無効となるが，「合理的範囲を確定するにあたっては，制限の期間，場所的範囲，制限の対象となる職種の範囲，代償の有無等について，Xの利益（企業秘密の保護），Yの不利益（転職，再就職の不自由）及び社会的利害（独占集中の虞れ，それに伴う一般消費者の利害）の三つの視点に立って慎重に検討していくことを要する」。

本件では，競業の制限は合理的な範囲を超えているとは言い難く，無効ということはできない。よって，Yらは競業する業務に従事してはならない。

退職後の競業避止義務は明確な特約があって初めて認められるところ，特約等の定めがなく退職した従業員が同種の事業を営んだとしても，営業秘密に係る情報を用いたり，会社の信用をおとしめたりするなどの不当な方法で営業活動を行ったことが認められない場合には，社会通念上自由競争の範囲を逸脱した違法なものということはできず，不法行為には該当しない（サクセスほか〔三佳(みよし)テック〕事件・最一小判平成22.3.25労判1005号5頁)。競業避止特約に期間の定めや代償措置がない場合には，競業避止となる行為の範囲が限定される（レジェンド元従業員事件・福岡高判令和2.11.11労判1241号70頁）。同様に，特約によって禁止される行為の範囲が不明確であるとされたり（ソフトウェア開発・ソリトン技術事件・東京地判平成13.2.23労経速1768号16頁），労働者への代償がないことが不当と判断されることがある（東京貨物社事件・東京地判平成12.12.18労判807号32頁）。

在職中の秘密保持義務（第5章第3節2(2)参照）について，退職後にも業務上知りえた使用者および企業の秘密を他に漏らす行為を禁じるためには「秘密保持義務」について定めた特約が必要であると解されている。退任後の競業禁止を定める特約に関しては，たとえ「秘密保持義務」確保という目的のために必要かつ相当な限度であっても，競業が禁止される場所の制限がなく，競業禁止の不利益に対する代償措置が十分でない場合には，公序良俗に反して無効となる可能性が高い（東京リーガルマインド事件・東京地決平成7.10.16労判690号75頁）。ただし，不正競争防止法により保護される使用者の「営業秘密」を「不正の利益を得る目的で，又はその営業秘密保有者に損害を加える目的で，その営業秘密を使用し，又は開示する行為」（不正競争2条1項7号）は，たとえ労働契約上の特約がなくとも，差止めや損害賠償の請求等をなしうる。

退職に伴う労働者の引き抜きが，単なる転職の勧誘の域を超えて，「社会的相当性を逸脱し極めて背信的方法で行われた場合には，それを実行した会社の幹部従業員は雇用契約上の誠実義務に違反したものとして，債務不履行あるいは不法行為責任を負う」（ラクソン事件・東京地判平成3.2.25労判588号74頁，かかる雇用契約上の誠実義務について第5章第3節2参照）。その判断基準としては，①転職する従業員のその会社に占める地位，②会社内部における待遇および人数，③従業員の転職が会社に及ぼす影響，④転職の勧誘に用いた方法（退職時期の予告の有無，秘密性，計画性等）等，諸般の事情を総合考慮することになる。

第3節　雇用保険・求職者支援

1　保険制度の概要

昭和49（1974）年に制定された雇保法により，失業保険制度に代わって，雇用保険制度が設けられた。雇保法は，労働者を雇用するすべての事業主に適用される（雇保5条1項）。被保険者は，①一般被保険者，②高年齢被保険者，③短期雇用特例被保険者，④日雇労働被保険者，に分けられる。週の所定労働時間が20時間未満の者（同6条1号），31日以上の雇用が見込まれない者（同条2号），などは適用除外となる。65歳以上の高年齢被保険者については，マルチジョブホルダー制度として，２つの適用事業の週所定労働時間の合計が20時間以上であれば，特例加入の申出を行うことによって，被保険者となることができる（雇保37条の５）。

雇用保険の保険料は，原則として，一般の事業の場合，賃金総額の1.55％となっており，政府が保険者となって徴収する。そのうち1.2％は失業等給付の費用に充てられるもので労使折半となり，残りの0.35％は二事業にかかる費用の分であるため，事業主のみが負担する。これに加えて，一定額の国庫負担もある。厚生労働大臣は，保険の財政状況に応じて保険料率を一定範囲内で増減させることができる。これまでは原則よりも低い保険料率が続いていたが，コロナ禍により財政が急速に悪化し，通常通りとなった（Column 5参照）

2　失業等給付

(1)　**求職者給付**　　求職者給付は，一般被保険者の場合，基本手当，技能習得手当，寄宿手当，傷病手当からなる。なかでも重要かつ大きな割合を占めるのが「基本手当」である。

(a)　基本手当　　原則として，離職の日以前の２年間に被保険者期間が通算して12か月以上（倒産・解雇等の離職者は１年間に６か月以上）ある者に，基本手当の受給資格が与えられる（雇保13条以下）。受給資格者には，離職日の翌日から１年以内の失業している期間について，年齢，被保険者期間や離職の事由ごとに異なる所定の給付日数を上限として（Fig. 12-1を参照），賃金日額の50％から80％が支給される。65歳以上の労働者は高年齢被保険者とされ，基本手当ではなく，高年齢求職者給付金が一時金として支給される。

ここでいう失業とは，被保険者が離職し，労働の意思および能力を有するにもかかわらず，職業に就くことができない状態をいう。基本手当を受給するためには，公共職業安定所に出頭して求職の申込みをし，さらに４週間に１度出頭して失業認定を受けなければならない。失業の認定は，受給資格者が職業紹介を受けるなどの活動を確認した上で行われる。受給者は「誠実かつ熱心に求職活動を行うことにより，職業に就くように努めなければならない」（雇保10条の２）。

いずれの場合も最初の７日間は，待期する期間として支給されない。また，

Fig. 12-1　基本手当

1　特定受給資格者（倒産・解雇等による離職者）および一部の特定理由離職者（範囲の1：労働契約の期間満了，範囲の2：正当な理由のある自己都合退職）（※1）

<table>
<tr><th>被保険者であった期間／区分</th><th>1年未満</th><th>1年以上
5年未満</th><th>5年以上
10年未満</th><th>10年以上
20年未満</th><th>20年以上</th></tr>
<tr><td>30歳未満</td><td rowspan="5">90日</td><td>90日</td><td>120日</td><td>180日</td><td>—</td></tr>
<tr><td>30歳以上35歳未満</td><td>120日
(90日※2)</td><td rowspan="2">180日</td><td>210日</td><td>240日</td></tr>
<tr><td>35歳以上45歳未満</td><td>150日
(90日※2)</td><td>240日</td><td>270日</td></tr>
<tr><td>45歳以上60歳未満</td><td>180日</td><td>240日</td><td>270日</td><td>330日</td></tr>
<tr><td>60歳以上65歳未満</td><td>150日</td><td>180日</td><td>210日</td><td>240日</td></tr>
</table>

2　一般の離職者（1および3以外の離職者　例：自己都合退職，自己の責任に帰すべき重大な理由による解雇など）

<table>
<tr><th>被保険者であった期間／区分</th><th>1年未満</th><th>1年以上
5年未満</th><th>5年以上
10年未満</th><th>10年以上
20年未満</th><th>20年以上</th></tr>
<tr><td>全年齢</td><td>—</td><td colspan="2">90日</td><td>120日</td><td>150日</td></tr>
</table>

3　就職困難者（障害者等）

<table>
<tr><th>被保険者であった期間／区分</th><th>1年未満</th><th>1年以上
5年未満</th><th>5年以上
10年未満</th><th>10年以上
20年未満</th><th>20年以上</th></tr>
<tr><td>45歳未満</td><td rowspan="2">150日</td><td colspan="4">300日</td></tr>
<tr><td>45歳以上65歳未満</td><td colspan="4">360日</td></tr>
</table>

※1　特定理由離職者のうち範囲の1に該当する方は，受給資格に係る離職の日が2009年3月31日から2025年3月31日までの間にある方に限り，所定給付日数が特定受給資格者と同様となる。

※2　受給資格に係る離職日が2017年3月31日以前の場合の日数

（出典）　厚生労働省職業安定局ハローワークインターネットサービス(https://www.hellowork.mhlw.go.jp/insurance/insurance_benefitdays.html)

一般の離職者については2か月の給付制限があり（5年間で2回まで。3回目からは3か月の給付制限），さらに職業紹介や職業訓練を拒否した場合には1か月間の給付制限が適用される。

(b)　その他の求職者給付　　基本手当以外の求職者給付には，①公共職業訓練等を受ける場合に支給される技能習得手当（雇保36条1項），②職業訓練を受けるために親族と別居して寄宿する場合に支給される寄宿手当（同条2項），③求職の申込みをした後に疾病・負傷のために職業に就くことができない場合に支給される傷病手当（同37条）がある。

⑵　就職促進給付　就職促進給付には，就職促進手当，移転費および広域求職活動費がある。就職促進手当は，失業者の早期再就職や就業を促進するために，それにより支給せずに済んだ基本手当分の一部を還元する形で支給するもので，一定の条件を満たすと基本手当の3割程度に相当する金額が支給される（雇保56条の3）。

⑶　雇用継続給付　労働者が失業する前でも，その「雇用の継続が困難となる事由が生じた場合」（雇保1条）に対処するため，雇用継続給付として，高年齢雇用継続給付（第4節**5**参照），介護休業給付（第9章第1節**3**参照）が設けられた。

⑷　教育訓練給付　教育訓練給付金は，労働者が自己の能力・資格を高めるために職場外で自主的に訓練を受けた場合，雇用保険からその費用の一部を給付するものである。対象となる教育訓練は，厚生労働大臣が指定するものに限られる。一般教育訓練給付（被保険者期間3年，初めての場合1年）は，給付率（かかった費用に対する給付の割合）20%，給付上限額は10万円と，かつてに比べて小ぶりな制度となっている。そこで専門実践教育訓練給付（被保険者期間3年，初めての場合2年）では，より中長期的なキャリア形成のための訓練に対して，給付率が受講費用の最大70%へ（50%＋特定の場合20%追加），3年間の給付上限額は168万円と引き上げられた（給付期間は2～3年）。

3　育児休業給付

育児休業給付金は，被保険者である労働者が育児休業を取得した場合に，支給される（詳しくは第9章第1節**2**⑷）。かつて同給付は，失業等給付における雇用継続給付として設けられていたが，受給者数の増加と給付率の引き上げにより給付総額が増額したことから，現在では，失業等給付から財政的に独立し，体系的にも「失業等給付」と並ぶ「育児休業給付」として明確に位置づけられている（雇用保険法第3章の2）。

4　雇用保険二事業

⑴　**雇用安定事業**　雇用安定事業（雇保62条）は，政府が被保険者の雇用の安定を図るために，事業主に対する一定の助成等を行うもので，①景気変動や産業構造の変化により事業活動の縮小を余儀なくされた場合における雇用維持措置に対する助成・援助，②離職を余儀なくされる労働者に対する再就職促進措置への助成・援助，③定年の引上げ，雇用延長，再就職支援など高年齢者の雇用促進措置への助成・援助，④雇用状況を改善する必要のある地域における雇用安定措置への助成・援助，⑤障害者その他，就職が特に困難な者の雇入れの促進などが対象となる。その代表例として，「雇用調整助成金」のような制度があり，景気の変動，産業構造の変化等により事業活動の縮小を余儀なくされた事業主が，休業・教育訓練または出向を行う場合，負担した賃金の一部を保障する（雇保則102条の3）。コロナ禍では，特例措置を伴う形で一層の活用が試みられた（Column 5参照）。例えば，産業雇用安定助成金（雇用維持支援コース）の対象となる出向は，コロナ禍により事業活動の一時的な縮小を余儀なくされた事業主が，雇用の維持を図ることを目的に行う出向で，かつ，出向期間終了後は元の事業所に戻って働くことを前提としている。

⑵　**能力開発事業**　能力開発事業（雇保63条）は，被保険者等の職業能力の開発向上の促進のための援助事業であり，事業主等のなす職業訓練への助成，公共職業訓練施設の設置運営，有給教育訓練休暇への補助金支給などを行っている。この事業は，職業能力開発促進法に定める，国または地方公共団体からの援助・助成の一つでもある。

職業能力開発促進法は，1985年に職業訓練法が題名改正されたものであるが，事業主を職業能力開発の主体として位置づけた点が大きく異なる。公共職業訓練については，職業能力開発校，職業能力開発センター，障害者職業能力開発校などで行われる。

5　求職者支援

特定求職者（雇用保険の失業等給付を受給できない求職者で，就職支援を行う必要があると認められた者）に対しては，安定した就職を実現するための求職者支援

Column 5

コロナ禍が雇用保険制度に与えた打撃

2020年4月より，新型コロナウイルス感染症の影響に伴う特例として，休業手当を支払う事業主に対して，雇用調整助成金（以下，雇調金）による助成率と上限額の引き上げが行われ，被保険期間が6か月未満の被保険者も対象となった。さらに，雇用保険の適用対象者以外（学生アルバイトなど）には，緊急雇用安定助成金が同様に支給された。しかしながら，助成金制度の趣旨が理解されなかったり，手続の煩雑さから助成金の申請を諦めたり，休業手当を払う当座の資金すら用意できないなどの理由により，4人に1人の労働者に全く休業手当が支払われないとの調査結果がみられ，休業手当を受け取れない労働者に直接給付する感染症対応休業支援金も創設された。しかし，使用者が休業手当を出し渋る逆インセンティブとなることが危惧され，労働者にとっても支給手続が高いハードルとなった。これらの特例制度が終了を迎える頃には，雇調金の不正受給が徐々に明らかとなり，187億円を超えた（2022年12月末時点）。不正受給分は，2割増しで返還することが求められ，悪質性が高い場合には労働局による社名公表がなされている。

2022年11月末時点までで，雇調金の支給総額は6兆2千億円もの規模となった。あまりの巨額支出となったため，雇用安定資金ではカバーすることができず，失業等給付のための積立金（労使折半で拠出）から借り入れ，特例法により3兆円を越える税金も投入された。その結果，雇用保険全体の財政も急速に悪化し，失業給付など他の財源にまで影響を及ぼすことになった（fig. 12-2）。

2022年3月には，保険料を徐々に原則に戻しつつ，緊急時には税金を投入できる仕組みを恒久化するなど，財政面を中心とする雇用保険法の改正が行われた。今後とも，雇用保険が働く人のセーフティネット（安全網）となり，さらにリスキリングに関わる教育訓練の給付を充実させるためには，コロナ禍で浮き彫りとなった諸課題を解決する必要があろう。

制度がある（雇保64条）。特定求職者は，就職支援計画に基づき，ハローワークでの積極的な職業相談・職業紹介を受けるとともに，公共職業訓練はもとより，特別に用意された「求職者支援訓練」も無料で受講することができる。さらに，職業訓練の受講を容易にするため，収入・資産・出席日数などの要件を満たす場合には，職業訓練受講手当（月額10万円）と通所手当（訓練に通うための交通費），寄宿手当が支給される（求職者支援7条）。

Fig. 12-2　積立金と保険料率の推移

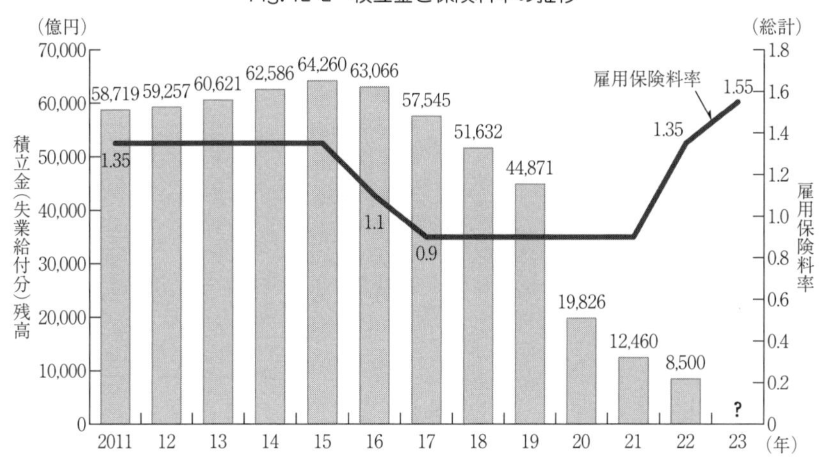

第 4 節　定年と継続雇用

1 定年制度

労働者が一定年齢に達したことを理由として，労働契約が終了する制度を「定年制」という。一般には定年に達したときに自動的に契約が終了する「定年退職制」が多いが，まれに定年に達したときにする解雇の意思表示を必要とする「定年解雇制」も存在する。いずれにしても，定年年齢を定める場合の年齢については，60 歳を下回ることができない（高年 8 条）。60 歳を下回る定年を定めた場合の法的効果については，定年制が無効になるという見解と（牛根漁業協同組合事件・福岡高宮崎支判平成 17.11.30 労判 953 号 71 頁），60 歳まで定年が引き上げられるに過ぎないと解する立場がある。

定年制度には，当該定年年齢までの雇用が保障されるという事実上の効果が期待できる半面，年齢を理由として労働者を不利益に取り扱う制度でもあり，年齢差別との関係が問題となる（第 13 章第 5 節 2）。最高裁は，定年制度自体の合理性を否定してはいない（判例 6-1 判例 7-3 秋北バス事件）。

なお，多くの国家公務員の定年は 60 歳だが（国公 81 条の 2），2023 年度から段階的に延長され，2031年度には65歳定年となる。国家公務員の定年を基準としている地方公務員についても同様となる。

2 定年後の再雇用

定年退職後に同じ労働者を再雇用することは多くの企業で行われており，再雇用された労働者を嘱託職員などと呼んでいる。再雇用は，あくまで新たな労働契約の締結となるため，従前と異なる雇用形態や労働条件で雇用することも認められる。とりわけ定年延長に伴って旧定年年齢以降の労働条件を変更する際には，会社の経営状態により，大幅な賃金減額が許容されることもある（判例6-3 協和出版販売事件）。もっとも，次の高年齢者雇用確保措置として継続雇用が行われる際には，一定の判断枠組みが示されている。

3 高年齢者雇用確保措置

2004年に改正された高年法によって，65歳未満の定年を定めている事業主に対して，65歳までの安定した雇用を確保するため，①定年の引上げ，②継続雇用制度の導入，③定年の廃止，のいずれかの措置（高年齢者雇用確保措置）をとることが義務づけられた。ここでいう「継続雇用制度」とは，「現に雇用している高年齢者が希望するときは，当該高年齢者をその定年後も引き続いて雇用する制度」（高年9条1項2号）である。継続雇用制度によって高年齢者の雇用を確保する企業には，特殊関係事業主（いわゆるグループ企業）も含まれる（同条2項）。高年齢者雇用確保措置を行わない事業主に対しては，厚生労働大臣による指導・助言・勧告が行われ，勧告に従わない企業名が公表される（同10条3項）。

継続雇用の職務内容や労働条件については，一定の合理性を求める判例法理が形成されつつある。シュレッダー清掃業務などの短時間労働を提示されたことから，労働者が再雇用締結を断念した事案では，「社会通念に照らし当該労働者にとって到底受け入れ難いような職務内容を提示するなど実質的に継続雇用の機会を与えたとは認められない場合においては，当該事業者の対応は改正高年法の趣旨に明らかに反する」として不法行為の成立を認めた（トヨタ自動車ほか事件・名古屋高判平成28. 9 .28労判1146号22頁）。また，賃金が大幅に低下する短時間労働の条件を提示されたため，やはり労働者が再雇用に応じなかった裁判例では，定年時の労働条件との連続性を前提に，「再雇用について，極めて不合理であって，労働者である高年齢者の希望・期待に著しく反し，到底受け入れ難いような労働条件を提示する行為は，継続雇用制度の導入の趣旨に違反した違法性を有する」として，慰謝料請求が認められた（九州惣菜事件・福岡高判平成29. 9 . 7労判1167号49頁，〔不受理決定〕最一小決平成30. 3 . 1労経速2347号11頁）。

高年齢者の継続雇用が拒否された事案において，最高裁は，高年法の趣旨等に鑑み，嘱託雇用契約の終了後も，再雇用されたのと同様の雇用関係が存続していると判示した。（判例12-3 津田電気計器事件）

判例12-3 津田電気計器事件

（最一小判平成24.11.29労判1064号13頁）

事　実　Yは，電鉄・電力分野の電子制御・計測機器などの製造・販売を主たる業務内容とする会社である。Xは，1966年3月にYに正社員として入社し，本社工場にて勤務してきた。Yの就業規則では，定年は60歳とされており，Xが所属する労働組合との協約により，定年後1年間は嘱託社員として雇用する取扱いを行ってきた。

Yは，嘱託を満了した従業員を対象に，継続雇用を行うための規程を定めていた。同規程には，①継続雇用を希望する高年齢者をYが選考して採用する，②在職中の査定を点数化し，総点数が0点未満の高年齢者は原則として採用しない，③総点数が10点以上の場合のみ週40時間勤務（その他は30時間）とすること，などが定められていた。2009年1月，Xは嘱託満了後に継続雇用を希望したが，規程の点数基準を満たさないとして，継続雇用を拒否された。そこで，Xが継続雇用による再雇用契約の成立を求めて提訴した。地裁（大阪地判平成22. 9 .30労判1019号49頁），高裁（大阪高判平成23. 3 .25労判1026号49頁）とも，理論構成は異なるものの，Xの請求を概ね認容したため，Yが上告した。

判　旨　「Yは，〔2012年改正前高年〕法9条2項に基づき，本社工場の従業員の過半数を代表する者との書面による協定により，継続雇用基準を含むものとして本件規程を定めて従業員に周知したことによって，同条1項2号所定の継続雇用制度を導入したものとみなされるところ，期限の定めのない雇用契約及び定年後の嘱託雇用契約によりYに雇用されていたXは，……本件規程所定の継続雇用基準を満たすものであったから，Xにおいて嘱託雇用契約の終了後も雇用が継続されるものと期待することには合理的な理由があると認められる一方，Yにおいて X につき上記の継続雇用基準を満たしていないものとして本件規程に基づく再雇用をすることなく嘱託雇用契約の終期の到来によりXの雇用が終了したものとすることは，他にこれをやむを得ないものとみるべき特段の事情もうかがわれない以上，客観的に合理的な理由を欠き，社会通念上相当であると認められないものといわざるを得ない。したがって，……〔高年〕法の趣旨等に鑑み，YとXとの間に，嘱託雇用契約の終了後も本件規程に基づき再雇用されたのと同様の雇用関係が存続しているものとみるのが相当であり，その期限や賃金，労働時間等の労働条件については本件規程の定めに従うことになるものと解される」（判例 4-3，判例 4-4 参照）。「そして，本件規程によれば，……YとXとの間の上記雇用関係における労働時間は週30時間となるものと解するのが相当である」。

労契法19条2号は，継続雇用中の有期労働契約にも適用され，労働者が65歳までは再雇用されると期待することへの合理的理由が認定されることになろう（Y社事件・広島高判令和2.12.25労判1286号68頁）。

なお，継続雇用後について，65歳定年後の大学専任教員に対して，70歳までの雇用が継続されるという一定の慣例が存在する場合は，再雇用を締結しないことが権限濫用となると解した裁判例がある（学校法人尚美学園事件・東京地判平成28.5.10労判1152号51頁）。

4　高年齢者就業確保措置

事業主は，65歳から70歳までの働く機会を確保するよう努めなければならない（高年10条の2）。これは「高年齢者就業確保措置」と呼ばれるもので，「雇用確保措置」（3の①～③）と同内容の措置に加えて，過半数代表の同意を得た上で「創業支援等措置」（後記④，⑤のいずれか）による代替も可能となり，④事業主と業務委託契約を締結することによる就業確保，⑤事業主や他の団体が実施・支援する社会貢献活動への参加支援による就業確保，さらには，⑥他企業への再就職支援も該当する。

5　継続雇用における給付と賃金水準

60歳以上の高年齢者を雇用する事業主に対しては，雇用保険法の雇用安定事業による助成金などの援助措置がなされる。また，60歳以降の雇用における労働者の賃金の減少分を補うために，雇用保険法で，雇用継続給付の中に，高年齢雇用継続基本給付金の制度が設けられている（雇保61条）。これは，60歳以上65歳未満で，被保険者であった期間が5年以上である被保険者について，その賃金が60歳の時点における賃金の75%を下回る場合に支給され，給付額は，現在の賃金額の15%（2025年4月より10%）であるが，合計額が60歳時点の75%を上回らない額に調整される。現在の賃金が一定額を超える場合には支給されない。

継続雇用において有期労働契約となり，同じ職務でありながら労働条件に格差が生じている場合，不合理な労働条件の相違（パート有期8条，労契法旧20条）が問題となる（第15章第1節3）。

判例12-4 長澤運輸事件

（最二小判平成30.6.1民集72巻2号202頁）

事　実　Yはセメント等の輸送事業を営む株式会社である。Xらは，いずれもYと無期労働契約を締結し，バラセメントタンク車の乗務員として勤務し，Yを定年退職した後，Yと有期労働契約を締結し，それ以降も同様に嘱託乗務員として勤務している。嘱託乗務員には，異なる賃金体系が適用され，各種手当の多くが支払われず，賞与も支給されないため，年収は定年退職前の8割程度となった。Xらは，無期労働契約を締結している正社員との間に，労契法旧20条違反の労働条件の相違があるとして，賃金差額等の支払を求めた。地裁（東京地判平成28.5.13労判1135号11頁）は同条違反を認めたが，高裁（東京高判平成28.11.2労判1144号16頁）はXらの請求を棄却したため，Xらが上告。

判　旨　労契法旧20条の解釈につき判例15-1を参照し，「Yにおける嘱託乗務員及び正社員は，その業務の内容及び当該業務に伴う責任の程度に違いはなく，業務の都合により配置転換等を命じられることがある点でも違いはないから，両者は〔職務内容および変更範囲〕において相違はないということができる。」

「労働者の賃金に関する労働条件の在り方については，基本的には，団体交渉等による労使自治に委ねられるべき部分が大きいということもできる。そして，労働契約法20条は，有期契約労働者と無期契約労働者との労働条件の相違が不合理と認められるものであるか否かを判断する際に考慮する事情として，『その他の事情』を挙げているところ，その内容を職務内容及び変更範囲に関連する事情に限定すべき理由は見当たらない」。

「定年制の下における無期契約労働者の賃金体系は，当該労働者を定年退職するまで長期間雇用することを前提に定められたものであることが少なくないと解される。これに対し，使用者が定年退職者を有期労働契約により再雇用する場合，当該者を長期間雇用することは通常予定されていない。また，定年退職後に再雇用される有期契約労働者は，定年退職するまでの間，無期契約労働者として賃金の支給を受けてきた者であり，一定の要件を満たせば老齢厚生年金の支給を受けることも予定されている。そして，このような事情は，定年退職後に再雇用される有期契約労働者の賃金体系の在り方を検討するに当たって，その基礎になるものであるということができる」。

「そうすると，有期契約労働者が定年退職後に再雇用された者であることは，当該有期契約労働者と無期契約労働者との労働条件の相違が不合理と認められるものであるか否かの判断において，労働契約法20条にいう『その他の事情』として考慮されることとなる事情に当たると解するのが相当である」。

「嘱託乗務員と正社員との精勤手当及び超勤手当（時間外手当）を除く本件各賃金項目に係る労働条件の相違については，労働契約法20条にいう不合理と認められるものに当たるということはできない」。

一方，継続雇用時の基本給や賞与の支給に係る労働条件の相違についても，労契法20条は適用されるところ，名古屋自動車学校（再雇用）事件（最一小判令和5.7.20 LEX/DB25572945）は，基本給月額が定年退職時の半分以下に減額されたという事案で，「その判断に当たっては，他の労働条件の相違と同様に，当該使用者における基本給及び賞与の性質やこれらを支給することとされた目的を踏まえて同条所定の諸事情を考慮することにより，当該労働条件の相違が不合理と評価することができるものであるか否かを検討すべき」（メトロコマース事件・最三小判令和2.10.13民集74巻7号1901頁参照）であるとし，これらの事情に加え，労使交渉の具体的な経緯をも勘案すべきであると判示して，原審を破棄して差し戻した。

第5節　公的年金と企業年金

1　公的年金

民間企業の労働者の公的年金は，かつては厚生年金保険制度のみであったが，1985年に国民年金制度が導入されて以降，基礎年金（定額）と厚生年金（報酬比例）という二階建て構造になっている。

老齢厚生年金の受給権者が，被保険者として雇用される場合には，その賃金額に応じて，老齢厚生年金につき全部または一部が支給停止される。なお，70歳からは，たとえ被保険者として就労していたとしても，厚生年金保険は資格喪失となる。

2　企業年金

(1)　**企業年金をめぐる紛争**　各使用者が行う企業年金も普及している。これは基本的には私的な制度であって，給付の内容や支給要件はそれぞれ異なり，退職金の全部または一部を年金の形で支払うだけのものもある。紛争が生じた場合には，各制度の規定や趣旨に照らして判断がなされる。

りそな企業年金基金事件（東京高判平成21.3.25労判985号58頁，〔不受理決定〕最一小決平成22.4.15 LEX/DB 25464080）では，平均で13.2%，最大約21.8%程度の引下げが争われ，「集団的，永続的処理を求められるという厚生年金基金の性格からすれば，給付水準の変更による不利益の内容，程度，代償措置の有無，内容変更の必要性，他の受給者又は受給者となるべき者（加入員）との均衡，これらの事情に対する受給者への説明，不利益を受けることとなる受給者集団の同意の有無，程度を総合して，当該変更が加入員であった者（受給者）の上記不利益を考慮してもなお合理的なものであれば，このような変更も許されるというべきである」との判断基準を示し，変更の効力を認めた。

そのほか，幸福銀行（年金減額）事件（大阪地判平成10.4.13労判744号54頁）は，「賃金の後払い的性格は希薄であって，主として功労報償的性格の強いものであるというべきである」として，減額措置の合理性ないし必要性を認めたが，早稲田大学（年金減額）事件（東京地判平成19.1.26労判939号36頁）は，「年金支給額を減額するについてやむを得ない事情があり，かつ，受給権者に対して相当な手続が講じられた場合には，年金支給額を減額することも承諾しているものと解するのが相当である」として，より慎重な判断を求めている。

判例12-5 松下電器産業グループ（年金減額）事件

（大阪高判平成18.11.28労判930号26頁）

事　実　Yには，1966年から，退職者を対象とした福祉年金制度が存在する。Xらは，この年金制度に加入した者で，同制度の内容は，「基本年金」と「終身年金」からなっており，「将来，経済情勢もしくは社会保障制度に大幅な変動があった場合……全般的な改定または廃止を行う」旨の規定があった。年金運営によって生じる赤字分は，Yの事業収益から賄われた。

Yは，2002年に現役従業員との関係では同制度を廃止するとともに，既受給者についても，給付利率を一律2％引き下げた。Xらは，同意なしになされた一方的な利率改定が許されないとして，差額の支払を求めた。地裁（大阪地判平成17.9.26労判904号60頁）は，Xらの請求を棄却したため，Xらが控訴。

判　旨　改廃規定によって既受給者との間においても，給付利率の改定をすることは許される。「もっとも，……Yは，本件改廃規定が規定する要件が認められれば，自由に本件規程を改定できる訳ではなく，本件利率改定内容の必要性，相当性を必要とすることは，事柄の性質上明らかである。また，本件利率改定に当たり，本件制度は退職労働者の福祉政策の一環として労働組合との協議のうえ発足したものであるから労働組合に対し理解を求めることが必要であるし，また，本件年金受給者は退職して労働組合員ではないから，不利益を受ける本件年金受給者に対しても，本件利率改定に対し理解を求める努力をする等手続の相当性が必要である」。Yは，これらの要件を満たしており，「本件改廃規定に基づく，本件利率改定は，有効であり，その効力が生じたことが明らかである」。

さらに，年金の打切りについての紛争では，幸福銀行（年金打切り）事件（大阪地判平成12.12.20労判801号21頁）は，金融再生法による破綻処理を受けていた銀行で，支給打切りの必要性が極めて大きいことは認めつつも，具体的に発生した退職年金請求権は，使用者の裁量によって支給の有無を左右することができるものではないとして，支給の打切りを無効とした。

⑵ **確定給付企業年金**　確定給付企業年金は，2001 年より導入され，将来にわたる年金受給権を保護するために，積立義務や事業主などの管理・運営の責任を明確にし，事業主などに情報開示の義務を課している。

⑶ **確定拠出年金**　確定拠出年金は，拠出された掛金を個々の加入者が運用し，その結果によって各人の受け取り年金額が変動する年金で，2001 年の「確定拠出年金法」により認められるようになった。年金の原資が個人ごとに管理記録されるので，転職時の処理も容易でポータビリティーが確保される。事業場協定により実施し事業主のみが拠出する企業型と，国民年金基金連合会が実施主体となり加入者個人が拠出する個人型という，二つのタイプがあり，2017 年 1 月からは個人型の加入要件が大幅に緩和された。

III　Human Rights, Equality and Discrimination on Employment

第Ⅲ編　雇用平等と均衡，人権

Contents

第Ⅲ編

第13章 雇用平等

なぜ「差別」が禁じられなければならないのか，そもそも「平等」な取扱いとは何か，いかにして差別を解消していくべきか，といった根本的な問いかけに対して，これまで日本の労働法や判例法理は関心が薄かったかもしれない。労基法3条は雇用における「国籍」「信条」「社会的身分」差別のみを禁じており，まだ雇均法が存在しなかった時代は，労基法4条が賃金についてのみ「性」差別を禁じてきた。近年では，雇均法改正，障害者雇用促進法改正，さらには同一労働同一賃金の新規定などにみられるように，立法政策における雇用平等への優先度は徐々に高くなりつつある。

多様な人材を活用することによって，企業に新しいパワーが生まれる可能性もある。差別の積極的是正のみならず，就労の場におけるダイバーシティ（多様性）の実現という観点からも，雇用平等というテーマは熱い論争になりつつある。

第1節 雇用平等法

日本国憲法の人権規定の総則的な意味をもつ憲法14条は，人間生来の「人格の平等」原則に根差した法の下の平等を定めていると解され，「雇用平等法」は，この平等理念を雇用の場面で具体化するものと位置づけられる。労働関係における平等の実現は，社会全体における個人の尊重（憲13条）と人格の平等を実現するためにも不可欠である。実定法規としての雇用平等法は，均等待遇や男女同一賃金（労基3条・4条），雇均法，労働施策推進法（9条），障害者雇用促進法（特に34条以下）を軸に据えつつ，労働法全体に拡散した形で構成されている。また，社会的な注目度が高まっている雇用形態を理由とする差別の禁止や同一労働同一賃金の問題も，雇用平等法に含まれる。

第2節　平等原則

1　労働条件差別の禁止（労基法3条の均等待遇）

労基法3条と憲法14条が禁じる差別類型には，相違点がある。労基法3条では「人種」差別が列挙されていないが，近接した概念である「国籍」あるいは「社会的身分」を理由とする差別として禁止されるとの考え方もある。「性別」を理由とする差別については，別に労基法4条（男女同一賃金）の規定が設けられている。

労基法3条の「国籍」差別が問題となった裁判例として，永住権を有する在日外国人に対する国籍秘匿を理由とする採用内定取消しが争われた事案があり，本条にいう国籍を理由とする差別であるとされた（日立製作所事件・横浜地判昭和49.6.19判時744号29頁）。外国人であることを理由に，会社の寮において住宅費・水道光熱費を日本人に比べて多く徴収することも，本条が禁止する国籍差別となる（デーバー加工サービス事件・東京地判平成23.12.6労判1044号21頁）。

次に「信条」については，宗教的信条と並んで，政治的信条も含まれると解されている。信条による差別はその立証が困難であるが，昇給・昇格差別を救済する裁判例もみられる（東京電力〔山梨〕事件・甲府地判平成5.12.22労判651号33頁など）。また，政治団体や宗教団体など事業が特定の思想・信条と結びついている「傾向経営」については，労働者に対して当該信条の承認・支持を求めることが事業の本質からみて客観的に妥当である場合に限られ，労働者の資格要件を明確にすべく就業規則等に明記しなければならない（日中旅行社事件・大阪地判昭和44.12.26判時599号90頁）。

最後の「社会的身分」とは，自己の意思をもって離れることのできない生来の身分を指し，伝統的門地・被差別部落・非嫡出子等がこれに当たる。後天的なものであっても，生来的属性に準ずる地位で，社会的に差別の対象とされやすい帰化人・孤児等などは含まれよう。裁判例によれば，婚姻制度上の地位（既婚者かどうか），雇用契約上の地位（臨時工やパートタイマー）は含まれない。

労基法3条にいうところの「労働条件」とは，就労条件はもとより，労働関係における待遇条件，処遇全般を含むと解されている。労基法3条に違反した使用者には，罰則が適用される（労基119条）。民事的には，差別的取扱いが法律行為（解雇・懲戒処分など）であれば無効となり，事実行為（査定差別・勤務割当など）であれば不法行為責任が問われる。

2　男女同一賃金

(1)　性別による賃金差別の禁止　憲法は性別による差別を明確に禁じ（憲14条），民法も両性の本質的平等をその解釈の基本原理として規定している（民2条）。しかしながら，1947年に制定された労基法は，3条に「性別」を含まず，4条は「賃金」についてのみ女性差別を禁じている。これは，まずは賃金差別の撤廃から実現しようとする制定当時の時代状況と，かつての労基法には女性に対する特別な保護規定が多数設けられていたという事情による。したがって，労基法が賃金以外の性差別を許容している趣旨であると理解してはならない。もっとも，4条違反の使用者には罰則が適用される（労基119条）だけに，「賃金」差別以外の場面への安易な類推適用はできない。

判例13-1　秋田相互銀行事件

（秋田地判昭和50.4.10判時778号27頁）

事　実　Xら（7名，女性）は，Y銀行に雇われている女性労働者である。Yに雇われている行員の給与は，（当時の）就業規則によれば，「基本給は本人給，職能給より構成する」と規定されており，①②という二つの本人給表が毎年度作成されていた。この二つの本人給表は，25歳に達するまでは同一金額であるものの，それ以降は①の金額が②の金額を上回り，年齢の増加とともに格差は拡大している。女性労働者には②の金額が支払われたため，Xらが，女性であることを理由として，賃金について男性労働者と差別的取扱いをしたものであるとして，かかる給与の支払は憲法14条，労基法4条，民法90条に違反して無効であるとして，差額賃金の支払を求めたのが本件である。

判　旨　男女間で異なる賃金表を用いる場合，他に特段の事情がない限り「Yにおいて，Xらが女子であることを理由として，賃金（本人給および臨時給与）について，男子と差別的取扱をしたものであると推認することができ，Yにおいて，このことは，性別と関係なしに定められたものであるとして，右の推認を動揺させるに足りる立証をしない限り，Ｙの不利益に事実を仮定することになる」。

本件において，Ｙの反証は不十分であり，「女子について男子と差別的取扱をしたものであるといわなければならない。……労働契約において，使用者が，労働者が女子であることを理由として，賃金について，男子と差別的取扱いをした場合には，労働契約の右の部分は，労働基準法４条に違反して無効であるから，女子は男子に支払われた金額との差額を請求することができるものと解するのを相当とする」。

⑵　労基法４条と同一価値労働同一賃金　労基法４条の男女同一賃金が，ILO100号条約などが定める「同一価値労働同一賃金」の原則を含むか否かについては争いがある。いずれに解するとしても，同一（価値）の職務に従事しているにもかかわらず，男女の賃金格差がある場合には，使用者側が合理的な理由を示さない限り，労基法４条違反が推定される。制度的な賃金差別が明確でない場合でも，質・量ともに男性と同等の労働に従事し，能力的にも遜色のない事実の証明により，差別性が認められる（日ソ図書事件・東京地判平成４.８.27労判611号10頁）。職種変更により男性労働者と同一の労働に従事するようになった女性労働者に賃金格差がある場合，使用者には当該格差を是正する義務があり，是正しない場合には，労基法４条に違反する違法な賃金差別として不法行為を構成する（塩野義製薬事件・大阪地判平成11.７.28労判770号81頁）。コース別人事制度においては，当該労働者の職務が他コースの労働者と同等であったことの証明に成功した場合，賃金差別が認定される（兼松事件・東京高判平成20.１.31労判959号85頁。原告６人中の４人に差額賃金・慰謝料が認められた）。コース別人事制度が実質的な男女別賃金制度である場合も，労基法４条違反となる（東和工業事件・名古屋高金沢支判平成28.４.27労経速2319号19頁）。

⑶　昇進・昇格差別　同期同年齢男性と比較して昇格・昇進に著しい差異があり，これによって大幅な賃金格差が生じている場合は，そこに意図的な男女差別の存在を認めることはできないとしても，賃金格差を当然のものと認めるべき合理的事情がないときは，昇格したものとして取り扱われることがある（芝信用金庫事件・東京高判平成12.12.22労判796号５頁）。同事件は，差別の証明方法についても，「男女差別の意図等を直接証拠によって証明することは殆ど

不可能に近く，格差の存在という結果から推認する方法によらざるを得ない」とし，是正義務を認めなければ「差別の根幹にある昇格についての法律関係が解消されず，男女の賃金格差は将来にわたって継続することとなり，根本的な是正措置がない」と明言した。また，職能資格制度において，実質的な男女別の基準で一定の資格に一定年数滞留させて昇格を管理する運用が行われていた場合には，資格および賃金上，違法な男女差別と判断される（昭和シェル石油事件・東京地判平成21.6.29労判992号39頁）。

(4)　性中立的な基準　世帯主か否か，あるいは勤務地が限定されているか否か等，それ自体は「性中立的な基準」によって手当等の支給基準を異にする場合も，一定の社会条件下では労基法4条違反として評価される可能性がある。

判例13-2　三陽物産事件

（東京地判平成6.6.16労判651号15頁）

事　実　Xら（3名，女性）は，酒類食品等の卸しを業とするY会社に勤務している従業員である。Yは，給与規定で本人給を，①最低生計費の保障を目的に，原則として社員の年齢に応じ別表に定める額を支給する，②適用年齢は実年齢25歳（のちに26歳に引上げ）まではみなし年齢とし，それ以降は実年齢をもって支給する，③適用年齢は毎年4月1日をもって定める，という基準で支給することを定め，④非世帯主および独身の世帯主には所定の本人給を支給しないことがある，という例外規定を定めた。さらに，1989年には，労働基準監督署からの指導もあり，④の例外規定を「非世帯主および独身の世帯主で，かつ本人の意思で勤務地域を限定して勤務についているものには，所定の本人給の適用はみなし年齢26歳までとする。この勤務地域の限定・無限定は本人の希望によって変更できるが1回限りとする」と変更した。そこでXらは，④について，女性であることを理由とした差別取扱いであるとして，差額賃金・慰謝料の支払および労働契約上の地位確認を求めた。

判　旨　「Yにおいては，一貫して，世帯主か否かの基準を住民票上の世帯主に該当するかどうかで決定していることが認められる。……女子が世帯主になれないという理由はないし，また，本件全証拠によっても，Yが従業員に対して世帯主を男子にするよう指導をしたという事実も認められない」。「しかしながら……Yは，世帯主・非世帯主の基準を設けながら，実際には，男子従業員については，……一貫して実年齢に応じた本人給を支給してきて」いる。「Yとしても，同基準を制定した際，あらかじめ全従業員の住民票を集約したことにより，当時女子従業員のほとんど全員が非世帯主又は独身の世帯主であること，……を認識していた」。よって，「世帯主・非世帯主の基準は，労働基準法4条の男女同一賃金の原則に反し，無効であるというべきである」。

「Yは，中央労働基準監督署から世帯主・非世帯主の基準の運用について男女同一賃金の原則に違反する疑いがないように措置すべき旨の指導を受け，その検討を迫られていた〔ため,〕……勤務地域限定・無限定の基準の適用の結果生じる効果が女子従業員に一方的に著しい不利益となることを容認し，右基準を新たに制定したものと推認される」。Yは「女子従業員に対し，女子であることを理由に賃金を差別したものであるというべきであ」る。

第3節　性差別の禁止

1　雇均法制定前の状況

雇均法が制定される以前には，性差別的な慣行が堂々と行われていた。例えば女性の結婚退職・出産退職は一般的に「寿退社」と呼ばれており，これを就業規則に明示した上，入社時に女性労働者から「結婚したときは退職する」旨の念書を要求する会社が存在した。また，女性のみの差別的な若年定年制度も散見され，個々の裁判において，当該慣行の当否が争われることになった。

婚姻の自由の保障は「公の秩序」（民90条）を構成するものであり，採用時に「結婚又は満35才に達したときは退職する」との合意は無効であるとされた（住友セメント事件・東京地判昭和41.12.20判時467号26頁）。女性のみを対象とする若年（30歳）定年制の設置は違法であり（東急機関工業事件・東京地判昭和44.7.1判時560号23頁），その格差を5歳（男60歳，女55歳）とする場合でも違法となる（日産自動車事件・最三小判昭和56.3.24民集35巻2号300頁）。

2　雇均法の成立と裁判例の変遷

1985年に成立した雇均法は，判例法理で確立していた雇用の出口での問題（差別的定年制度や解雇）を禁止し，その他は努力義務とされた。同法は，勤労婦人福祉法の抜本的な改正という形で誕生したため，その目的に「女子労働者の福祉の増進と地位の向上を図ること」が掲げられていた。

その後，1997年の改正（施行は1999年4月1日）では，努力義務規定の多くは禁止規定へと改められ，セクシュアル・ハラスメントを予防する事業主の配慮義務，ポジティブ・アクションの規定などが新設された。ただし，この時点でも雇均法の対象者は女性のみであり，募集・採用における「女性のみ」といった取扱いが原則禁止されたものの，同法がもつ片面性を完全に払拭することはできなかった。

雇均法の制定後も，過去のコース別人事制度に起因する格差の是正については，消極的に傾いている（悪しき「時代制約論」とでもいうべき）裁判例も少なくない。野村證券（男女差別）事件（東京地判平成14.2.20労判822号13頁）は，「会社は，〔1997年改正の雇均法〕が施行された平成11〔1999〕年4月以降……違法な男女差別を維持したことについて過失があるというべきで……男女差別という不法行為によって原告らが被った損害を賠償する義務がある」として，改正雇均法施行以後の限られた期間について，精神的苦痛に対する慰謝料のみを認めた（そのほか住友電工事件・大阪地判平成12.7.31労判792号48頁，岡谷鋼機事件・名古屋地判平成16.12.22労判888号28頁，住友金属工業事件・大阪地判平成17.3.28労判898号40頁など。ただし，いずれの事件も，高裁にて原告側に有利な和解が成立している）。

近年でも，社長による性差別的なコース人事を認める発言があり，総合職が全員男性で，一般職が全員女性で，かつ，転換制度が実施されない状態が続いていた事案で，雇均法6条3号に違反する違法な男女差別となることを認めつつ，女性労働者の救済としては，精神的苦痛に対する慰謝料請求のみを認め，差額賃金等は認めなかった裁判例がある（巴機械サービス事件・東京高判令和4.3.9労判1275号92頁）。

3　雇均法の概要

2006年の改正（施行は2007年4月1日）で，これまで女性のみを対象としていた雇均法が，性別に基づく差別を禁止する（＝男性も適用対象となる）法へと大きく変容した。

⑴　**募集・採用**　事業主は採用に関して，性別にかかわりなく，均等な機会を与える義務が課され，事実行為としての採用差別は不法行為となる（雇均５条)。すなわち，一定の職種や採用区分に対する募集を一方の性別のみとすること，募集・採用にあたって男女いずれかを排除すること，男女別の採用予定人員を設定すること，男女で異なる募集・採用条件を設けること，求人情報や募集・採用に関する情報提供について男女で異なる取扱いをすること等が違反行為となる（平成 18.10.11 厚労告 614 号「労働者に対する性別を理由とする差別の禁止等に関する規定に定める事項に関し，事業主が適切に対処するための指針」)。

⑵　**労働条件など**　配置・昇進については，一方の性であることを理由に対象から排除すること，結婚や子育て中であることを理由とすること，男女のいずれかのみに一定の資格取得あるいは出勤率や勤続年数を条件とすること，資格試験を実施する場合に男女異なる取扱いをすること等が違反行為となる（前掲厚労告)。教育訓練についても，性別を理由に対象から排除することや，男女いずれかのみに限定すること等が違反行為とされる（雇均６条１号)。福利厚生についての差別的取扱い（同条２号）あるいは職種および雇用形態の変更における差別（同条３号）や退職勧奨・定年・解雇・契約更新における差別（同条４号）も禁じられる。

⑶　**婚姻，妊娠，出産等を理由とする不利益取扱いの禁止**　婚姻，妊娠，出産を退職理由として定めること（雇均９条１項)，婚姻を理由とする女性労働者の解雇（同条２項)，妊娠，産前産後休業の請求・取得，軽易業務への転換（労基 65 条）等を理由として不利益取扱いを行うこと（雇均９条３項，雇均則２条の２参照）は禁じられている。また，妊娠中の女性労働者および出産後１年を経過しない女性労働者に対する解雇は，原則無効となるが，事業主が妊娠・出産を理由とする解雇ではないことを証明したときは例外として認められる（雇均９条４項)。同条項は，安心して女性が妊娠，出産および育児ができることを保障する趣旨の規定であり，使用者は，「妊娠・出産等以外の客観的に合理的な解雇理由があることを主張立証する必要がある」（社会福祉法人緑友会事件・東京高判令和３．３．４判時 2516 号 111 頁)。もっとも，当該不利益取扱いが，妊娠・出産等を理由とするものか否かの判断は，事実認定によって大きく左右されうる（ネギシ事件・東京高判平成 28.11.24 労判 1158 号 140 頁)。解雇が妊娠・出産や

育児休業取得等に近接して行われた場合，解雇は原則無効と解すべきであろう（シュプリンガー・ジャパン事件・東京地判平成29.7.3労判1178号70頁）。

判例13-3　広島中央保健生活協同組合事件

（最一小判平成26.10.23民集68巻8号1270頁）

事　実　Yは，医療介護事業等を行う消費生活協同組合であり，複数の医療施設を運営している。XはYとの間で，理学療法士として労働契約を締結し，病院のリハビリ科に配属され，2004年4月からは副主任に任ぜられた。Xは，2008年2月，妊娠を理由として，労働基準法65条3項に基づいて軽易な業務への転換を請求し，訪問リハビリ業務よりも身体的負担が小さい病院リハビリ業務を希望し，同業務へ異動となった。その際に，副主任を免ずる旨の辞令がなされ，Xは渋々ながらも了解した。Xは，2008年9月から同年12月まで産前産後休業を，2009年10月まで育児休業を取得した。その間，別の職員が副主任に任ぜられ，以降Xは副主任に任ぜられることはなかった。Xは，①本件措置は雇均法9条3項に違反し違法無効であり，②本件各措置は雇均法2条，育介法1条に定めるYの義務に違反するとして，訴訟を提起した。一審（広島地判平成24.2.23労判1100号18頁）は請求を棄却し，原審（広島高判平成24.7.19労判1100号15頁）も，ほぼ一審を維持し，控訴を棄却した。これに対して，Xが上告。

判　旨　妊娠・出産・産前産後休業などを理由とする不利益取扱いの禁止を定める雇均法9条3項の規定は，同法の目的や理念を実現するため「これに反する事業主による措置を禁止する強行規定として設けられたものと解するのが相当であり，女性労働者につき，妊娠，出産，産前休業の請求，産前産後の休業又は軽易業務への転換等を理由として解雇その他不利益な取扱いをすることは，同項に違反するものとして違法であり，無効である」。「一般に降格は労働者に不利な影響をもたらす処遇であるところ，上記……に照らせば，女性労働者につき妊娠中の軽易業務への転換を契機として降格させる事業主の措置は，原則として同項の禁止する取扱いに当たるものと解されるが，当該労働者が軽易業務への転換及び上記措置により受ける有利な影響並びに上記措置により受ける不利な影響の内容や程度，上記措置に係る事業主による説明の内容その他の経緯や当該労働者の意向等に照らして，当該労働者につき自由な意思に基づいて降格を承諾したものと認めるに足りる合理的な理由が客観的に存在するとき，又は事業主において当該労働者につき降格の措置を執ることなく軽易業務への転換をさせることに円滑な業務運営や人員の適正配置の確保などの業務上の必要性から支障がある場合であって，その業務上の必要性の内容や程度及び上記の有利又は不利な影響の内容や程度に照らして，上記措置につき同項の趣旨及び目的に実質的に反しないものと認められる特段の事情が存在するときは，同項の禁止する取扱いに当たらない」。

妊娠・出産や育児休業取得等を理由とする嫌がらせ（マタニティー・ハラスメントを含む）については，より対象者の範囲を広げた防止措置義務が定められ（雇均11条の3以下，育介25条以下），指針も示されている（平成28. 8 . 2厚労告312号，令和2 . 1 .15厚労告6号「事業主が職場における性的な言動に起因する問題に関して雇用管理上講ずべき措置についての指針」）。産休中の労働者に対して退職扱いにする旨の連絡をし，取消しを求めた労働者に退職通知を行うなどの行為は，不法行為に該当する（出水商事事件・東京地判平成27. 3 .13労判1128号84頁）。

⑷　**間接性差別の禁止**　　2006年改正により，初めて間接性差別の禁止が実現した（雇均7条）。間接性差別とは，一見すると性別とは全く関係のない基準であっても，結果として一方の性に大きな不利益を及ぼす場合，当該基準に合理性・正当性が認められない限りは性差別が成立する（＝禁じられる）という考え方である（間接差別について Column 6 参照）。

もっとも，7条で禁じられる間接性差別は，省令で定める3類型のみに限定されており，アメリカやEU諸国における間接差別概念とは大きく異なる。すなわち，①労働者の募集または採用に関する措置であって，労働者の身長，体重または体力に関する事由を要件とするもの，②労働者の募集もしくは採用，昇進または職種の変更に関する措置であって，労働者の住居の移転を伴う配置転換に応じることができることを要件とするもの，③労働者の昇進に関する措置であって，労働者が勤務する事業場と異なる事業場に配置転換された経験があることを要件とするものである（雇均則2条）。

⑸　**ポジティブ・アクション**　　事業主が女性労働者に対して行うポジティブ・アクション（積極的是正措置）の規定は，2006年改正後も残された（雇均8条）。これは，雇用平等実現の支障となっている採用・配置・昇進等における男女間格差を改善する目的で，女性の割合が相当程度少ない（4割を下回る）雇用管理区分や役職において女性を有利に扱う事業主の措置については，雇均法に違反しないことを明らかにしたものである（平成18.10.11厚労告614号）。

Column 6

間接差別の起源

本文中では間接性差別の禁止という形で登場するが，ここで初めて「間接差別」という言葉を目にした読者もいることだろう。「間接差別」という概念は，1971年にアメリカの連邦最高裁判決（Griggs事件）が判示した「差別的インパクト」法理が，ヨーロッパで展開されたものである。このGriggs事件判決は，白人労働者が占めていた職務への転換に高卒学歴や知能テストへの合格を要求した事案で，かかる基準は黒人労働者への差別的なインパクト（効果）をもたらすものであり，当該基準に業務上の必要性が認められない場合，たとえ使用者に差別の意図はなくとも雇用差別が成立するという法理を示した。この際に連邦最高裁は『きつねとコウノトリ』という童話のタイトルを引用している。お互いを家に招待したものの，コウノトリはきつね用の平皿でミルクを飲むことができず，逆にきつねはコウノトリ用の細長い壺ではミルクを飲むことができなかったという話である。すなわち，形式的・外形的には平等な機会を与えているようにみえても，それが必ずしも平等な取扱いを行ったことにはならないという教訓を示している。真の意味での「平等」とは何かを考えさせられる。

国は，積極的是正措置を講じようとする事業主に対して，相談その他の援助を行うことができる（雇均14条）。

⑹　**紛争解決と制裁**　都道府県労働局長は，募集・採用以外の紛争について，当事者の一方または双方からの申請があった場合，紛争調整委員会に調停を行わせることができる（雇均18条1項）。この調停を申請したことを理由として，当該労働者に対して不利益な取扱いをしてはならない（同条2項）。

厚生労働大臣は，事業主に対して，報告を求め，助言・指導・勧告を行うことができ（雇均29条1項），差別禁止規定に違反している事業主が勧告に従わない場合，企業名とともにその旨を公表することができる（同30条）。この企業名の公表という制度は，雇均法違反に対する制裁として位置づけられる。

4　セクシュアル・ハラスメント

⑴　**セクシュアル・ハラスメントとは？**　セクシュアル・ハラスメント（以下，セクハラ）には，職務上の地位を利用し，解雇あるいは昇格・昇給といった不利益・利益と引き換えに，性的な関係を強要する「対価型」と，性的に

不快な環境（性的な言葉を投げかける，ポルノ雑誌やポスターを閲覧するなど）を与えるという「環境型」という，二つの概念が含まれている。

セクハラを初めて認めたのが福岡セクシュアル・ハラスメント事件（福岡地判平成4.4.16労判607号6頁）であり，職場や関連する場における個人的な性生活などについての発言は，被害者の働きやすい職場環境のなかで働く利益を害するものとして加害者は不法行為責任を負い，さらに被害者の犠牲において職場関係を調整した使用者も責任を負うとされた。同判決を契機として，セクハラ訴訟が次々と提起されるようになった。また，損害賠償の法律構成についても，勤務時間中のわいせつ行為に対して会社が対策をとらなかったことにつき，労働契約上の職場環境配慮義務違反という債務不履行責任を認める裁判例も出てきた（三重セクシュアル・ハラスメント事件・津地判平成9.11.5労判729号54頁）。また，障害者がサービス利用契約を締結する就労継続支援B型事業所には，通常の労使関係よりも高い職場環境配慮義務が求められる（NPO法人B会ほか事件・福岡高判平成30.1.19労判1178号21頁）。男性管理職らが，女性従業員らに対し，1年余にわたり性的な発言を繰り返すことも，「女性従業員に対して強い不快感や嫌悪感ないし屈辱感等を与えるもので，職場における女性従業員に対する言動として極めて不適切なものであって，その執務環境を著しく害する」（判例10-7 海遊館事件）。

職場外や自宅付近での付きまとい行為がセクハラに該当するかが争われ，さらにグループ会社内での親会社の責任が問われたのが，次の 判例13-4 である。

判例13-4 イビデン事件

（最一小判平成30.2.15労判1181号5頁）

事　実　Xは，Y_3に採用され，グループ内の親会社であるY_4の工場にて建材加工作業に従事していた。Y_1は，別の子会社であるY_2の課長職で，同工場内や事務所等で就労していた。XとY_1は，一時期交際に近い状態にあったが，XがY_1に借りた金銭を返済するタイミングで，Xの方から距離を置くようになった。その後，Y_1は就労中のXに復縁を求めたり，Xの自宅に押しかけたり，自宅近くに車を何度も停めるなど，職場の内外で付きまとうようになった。Xが上司に相談したところ，朝礼で付きまといを止めるようにとの注意がなされた。そこで，Xの元同僚が相談窓口（以下，本件相談窓口）に申出を行ったが，セクハラの事実は存在しないとの回答であった。

Xは，Y_1に対してセクハラによる不法行為，Y_2に対して使用者責任，Y_3に対して安全配慮義務違反，Y_4に対して親会社としての措置義務違反などを理由に，損害賠償を請求した。地裁（岐阜地大垣支判平成27.8.18労判1157号74頁）はセクハラ行為自体を認定しなかったところ，高裁（名古屋高判平成28.7.20労判1157号63頁）は，Y_1のセクハラ行為を認定した上で，Y_1～Y_4いずれの責任も認めた。Y_1～Y_4が上告し，Y_4のみ受理。

判　旨　グループ内の親会社である「Y_4は，……グループ会社の事業場内で就労する者から法令等の遵守に関する相談を受ける本件相談窓口制度を設け〔ていた〕。その趣旨は，……企業集団の業務の適正の確保等を目的として，本件相談窓口における相談への対応を通じて，本件グループ会社の業務に関して生じる可能性がある法令等に違反する行為……を予防し，又は現に生じた法令等違反行為に対処することにあると解される。これらのことに照らすと，……法令等違反行為によって被害を受けた従業員等が，本件相談窓口に対しその旨の相談の申出をすれば，Y_4は，相応の対応をするよう努めることが想定されていたものといえ，上記申出の具体的状況いかんによっては，当該申出をした者に対し，当該申出を受け，体制として整備された仕組みの内容，当該申出に係る相談の内容等に応じて適切に対応すべき信義則上の義務を負う場合があると解される」。

本件では，X本人が相談窓口に対する相談の申出をしたとの事情がなく，元同僚からの申出に対しても一定の対応を行っており，「申出の際に求められたXに対する事実確認等の対応をしなかったことをもって，Y_4のXに対する損害賠償責任を生じさせることとなる……義務違反があったものとすることはできない」。

⑵　雇均法上の防止規定など　セクハラ被害者の多くは女性であるが，女性から男性に対するセクハラも成立するし（日本郵政公社事件・大阪高判平成17.6.7労判908号72頁，ただし結論は否定），同性間でのセクハラも成立しうる。

雇均法では，事業主にセクハラ防止措置を義務づけている（雇均11条1項）。具体的には，ガイドライン策定と労働者に対する啓発活動（例えば，パンフレットの配布や研修・講習），苦情処理制度の設置や担当者の配置，迅速かつ適正な処分の実施および被害者の救済，当事者のプライバシー保護などである（平成18.10.11厚労告615号，令和2.1.15厚労告6号）。セクハラの相談を行ったこと，または，当該相談への対応に協力した際に事実を述べたことを理由とする解雇その他の不利益取扱いも禁止されている（雇均11条2項）。パワハラ（**第14章第4節2**）と同様に，国，事業主，労働者の責務も定められている（同11条の2）。

5　女性活躍推進法

女性の職業生活における活躍を迅速かつ重点的に推進するため，2015年に女性活躍推進法が制定された。とりわけ注目すべきは，常時300人を越える労働者を雇用する事業主に対して，「男女の賃金の差異」を定期的に公表することを義務づけた点であり，性差別的な人事制度を見直す契機となりうる。また，100人を越える労働者を雇用する事業主に対して，「一般事業主行動計画」の策定と届出，労働者への周知と公表を義務づけている。女性活躍の基準に適合する事業主には，「えるぼし」マークの使用が認められるとともに，各府庁による公共調達では加点評価される。

第4節　雇用における障害差別

障害者雇用促進法により，使用者には障害者差別の禁止が義務づけられる。「事業主は，労働者の募集及び採用について，障害者に対して，障害者でない者と均等な機会を与えなければなら」ず（障害雇用34条），「事業主は，賃金の決定，教育訓練の実施，福利厚生施設の利用その他の待遇について，労働者が障害者であることを理由として，障害者でない者と不当な差別的取扱いをしてはならない」（同35条）。

さらに，募集・採用および採用後において，「当該障害者の障害の特性に配慮した必要な措置を講じなければならない」（障害雇用36条の2。同36条の3も同様）として，合理的な配慮（Reasonable Accommodation）が使用者に求められる。具体的には，車椅子を利用する応募者に対して，面接の際に移動が少なくて済むように配慮する，あるいは，採用後には机や作業台の高さを調整するなどの配慮が該当する。ただし，同法は「事業主に対して過重な負担を及ぼすこととなるときは，この限りでない」（同36条の2但書・36条の3但書）とも定めており，①事業活動への影響の程度，②実現困難度，③費用・負担の程度，④企業の規模，⑤企業の財務状況，⑥公的支援の有無，などの要素が考慮される。

同条施行前の裁判例では，排便が困難となる障害を有するバス運転手に対して，労働契約承継後の使用者が適切な勤務配慮を行わないことが争われた事案で，配慮を行う合意の承継が認められた（阪神バス〔勤務配慮・本訴〕事件・神戸地尼崎支判平成26.4.22労判1096号44頁）。また，網膜色素変性症により徐々に視力が低下した大学教員を授業担当から外し，学科事務のみを担当させた事案では，「望ましい視覚補助の在り方を本件学科全体で検討，模索することこそが障害者に対する合理的配慮の観点からも望ましい」として，慰謝料請求を認めている（学校法人原田学園事件・広島高岡山支判平成30.3.29労判1185号27頁）。

障害者雇用については，差別禁止だけでなく，法定雇用率制度も維持されている（第3章第2節**2**(2)も参照）。

第5節　雇用差別禁止法理の課題

1　公序良俗違反から待遇格差規制へ

労契法旧20条やパート有期労働法制定前に「およそ人はその労働に対し等しく報われなければならない」という「均等待遇の理念」を導き出したのが丸子警報器事件（長野地上田支判平成8.3.15労判690号32頁）である。正社員と勤務時間・日数は同じ（ただし，所定労働時間は15分短い）で，仕事内容も差がない有期雇用労働者らが，こうした賃金格差は違法であるとして，不法行為に基づく賃金を請求した。同判決では，「同一（価値）労働同一賃金の原則の基礎にある均等待遇の理念は，賃金格差の違法性判断において，ひとつの重要な判断要素として考慮されるべきものであって，その理念に反する賃金格差は，使用者に許された裁量の範囲を逸脱したものとして，公序良俗違反の違法を招来する場合があると言うべきである」との一般論を示し，使用者が当該労働者らを「女性正社員との顕著な賃金格差を維持拡大しつつ長期間の雇用を継続したことは，前述した同一（価値）労働同一賃金の原則の根底にある均等待遇の理念に違反する格差」であるとして，「賃金が，同じ勤務年数の女性正社員の8割以下となるときは，許容される賃金格差の範囲を明らかに越え，その限度において〔使用者〕の裁量が公序良俗違反として違法となると判断すべきである」と結論づけた。

同事件は，憲法14条や労基法の規定により均等待遇が求められるとの公序を設定し，同一（価値）労働同一賃金原則に反するような賃金格差が違法となるとの理論を示し，新たな雇用平等法理の発展の起点になると考えられた。現に，2012年の労契法改正により旧20条（期間の定めによる不合理な差別の禁止）が制定され，これが待遇格差を違法と定める端緒となり，2014年にはパートタイム労働法8条（労働時間が短いことを理由とする不合理な待遇の相違の禁止），そして両規定を統合した現行法である2018年のパート有期労働法に至った。

ところが，これまで労契法旧20条の適用が争われた各最高裁判決では，各種手当や休暇の一部のみが不合理な格差と認められたに過ぎず（日本郵便〔非正規格差〕事件・最一小判令和2.10.15労判1229号67頁など，詳しくは**第15章第1節3**），違法と認められる範囲は極めて狭い。すなわち，現在の制定法や判例法理による同一労働同一賃金は，丸子警報器事件などが示した公序良俗違反としての救済法理よりも，むしろ後退しているとの見方もできる。

2　雇用における年齢差別

人間にとって「加齢」は避けることができないものであるから，むしろ「年齢」を用いる基準こそが「平等」であるという考え方もできる。しかしながら，雇用の場面における年齢差別の規制は，国際的に大きな潮流となりつつある（Column 7参照）。

雇用の入り口（募集・採用）という限定された場面では，その年齢にかかわりなく均等な機会を与えなければならないとされ，年齢差別（制限）が禁止される（労働施策推進9条）。ただし，年齢制限が許容される例外として，①その会社の定年未満とするため「65歳未満」などの制限を行う場合，②労基法の年齢制限（18歳未満の就労禁止業務）などに従う場合，③若年層に長期勤続によるキャリア形成を図る観点から募集を行う場合，④技能・ノウハウ等の継承の観点から，特定の職種で特定年齢層を募集する場合，⑤演劇で子役などを募集する場合，⑥60歳以上の高年齢者（上限年齢の設定は不可）または特定の年齢層に対する雇用促進施策に限定する場合，などの例外が認められている（労働施策推進則1条の3第1項）。

Column 7

年齢差別禁止の国際動向

アメリカでは，1967年に連邦法である「雇用における年齢差別禁止法（ADEA）」が制定され，適用対象は40歳以上に限定されるが，雇用のあらゆる場面における年齢差別を禁じている。各州レベルでは，早くから年齢差別を禁じており，全年齢を適用対象とする，あるいは住宅供給における年齢差別も禁じるなど，連邦法よりも厳しい法律を制定する州も少なくない。カナダでも，1960年代より各州で年齢差別禁止法が次々に制定され，現在では多くの州が年齢差別禁止規定をもつ。

そして，これまで年齢差別規制が皆無に近かったヨーロッパでも，2000年のEC指令により，年齢差別禁止法の制定が加盟国に義務づけられた。これにより，現在の各加盟国は何らかの形で雇用における年齢差別を規制している。もっとも，定年退職についての対応は各国で異なるなど，様々なバリエーションが許容されており，アメリカのADEAほど厳格ではない。

募集・採用以外の場面についてみると，一定の年齢に達した者に対して大幅に賃金を減額する就業規則や労働協約が，年齢差別として労基法3条違反となりうる（日本貨物鉄道事件・名古屋地判平成11.12.27労判780号45頁）といった裁判例などもあるが，主流とはいえない（整理解雇の人選基準としての年齢については，**第11章第2節2(3)**参照）。

3　性的マイノリティ差別

性的マイノリティであるLGBTQ（Lesbian, Gay, Bisexual, Transgender, and Questioning〔Queer〕）あるいは多様な性としてのSOGI（Sexual Orientation and Gender Identity）への関心が高まっており，性的指向およびジェンダーアイデンティティの多様性に関する国民の理解の増進に関する法律も制定された。パワハラ防止指針（令和2.1.15厚労告5号，**第14章第4節2**）でも，「労働者の性的指向・性自認や病歴，不妊治療等の機微な個人情報について，当該労働者の了解を得ずに他の労働者に暴露すること」として，いわゆるアウティングも該当例として示されている。本人が公にしていない性的指向や性自認を暴露された当事者は，職場の人間関係や仕事への影響に不安を持ち，自殺などの重大な結果を引き起こしかねないため，まずはアウティングの防止が求められたと考えられる。また，アウティング以外の行為でも，職場の上司による性自認の侮辱（性自認が女性である労働者を，執拗に「彼」と呼ぶなど）が行われることにより，当該労働者がうつ病を発症した場合には，労働災害として認定されうる。

トランスジェンダーに関わる初期の裁判例として，Ｓ社（性同一性障害者解雇）事件（東京地決平成 14. 6 .20 労判 830 号 13 頁）がある。生物学的には男性である労働者が，ホルモン療法を受けたことから，精神的，肉体的に女性化が進み，女性の服装で出社したところ，「女性風の服装またはアクセサリーを身につけたり，または女性風の化粧をしたりしない」旨の服務命令が発せられ，自宅待機を命じられた後，同服務命令への違反などを理由に懲戒解雇された。同事件の判旨は，「性同一性障害に関する事情を理解し，……〔当該労働者〕の意向を反映しようとする姿勢を有していたとも認められ」ず，女性の容姿による就労が「企業秩序又は業務遂行において，著しい支障を来すと認めるに足りる疎明はない」として，解雇無効と判断した。

また，タクシー乗務員の化粧を理由とした就労拒否が争われた淀川交通（仮処分）事件（大阪地決令和２．７.20 労判 1236 号 79 頁）では，性同一障害者の生物学的には男性である乗務員も，女性乗務員と同様に化粧を施すことを認める必要性があるとして，就労を拒否したことについては，必要性も合理性も認めることはできないと結論づけた。

この分野で初めての最高裁判決となった国・人事院（経産省職員）事件（最三小判令和５．７.11LEX/DB25572932）では，女性として生活してきたトランスジェンダーの国家公務員（疾病により性適合手術を受けていない）が職場施設（女性トイレ等）の利用制限を受けたこと等に対して，かかる利用制限に問題はないと人事院が判定したところ，「トラブルが生ずることは想定し難く，特段の配慮をすべき他の職員の存在が確認されてもいなかったのであり……人事院の判断は，本件における具体的な事情を踏まえることなく他の職員に対する配慮を過度に重視し，〔当該職員〕の不利益を不当に軽視するものであって，関係者の公平並びに……職員の能率の発揮及び増進の見地から判断しなかった」として，裁量権の逸脱，濫用として違法となると結論づけた。なお，本判決には，裁判官５人全員の補足意見が付され，いずれも性自認に即して社会生活を送ることの重要性を指摘している。

第Ⅲ編

第14章　労働者の自由と人権

労基法制定以前に横行した非人間的労働関係を除去するため，労基法は「強制労働の禁止」や「中間搾取の排除」などの規定を置いた。これらの条文は「労働憲章」と呼ばれており，違反に対しては厳しい罰則が待ち構えている。21世紀の現在でも『蟹工船』のような前近代的労働は形を変えて残存しており，ディーセント・ワーク（人間らしい労働）の実現が要請されている。

また，個人情報保護法の制定にみるように，新しい人権としてのプライバシー権が重視されるようになり，情報技術の発達に伴って生じる紛争も登場してきている。職場での「いじめ」やパワー・ハラスメントの責任を認める裁判例が蓄積しており，措置義務などについては立法化された。

第1節　「労働憲章」による労働者の人権擁護

1　強制労働の禁止

労基法5条が定める強制労働の禁止は，憲法18条の奴隷的拘束および苦役からの自由を，雇用の場において具体化したものである。禁止される態様は，暴行，脅迫，監禁その他精神または身体の自由を不当に拘束する手段であり，このうち「暴行」「脅迫」「監禁」は刑法上の犯罪にも該当するが，労基法は刑法以上の刑罰を科しており，1年以上10年以下の懲役または20万円以上300万円以下の罰金となる（労基117条）。これは，労基法上もっとも重い刑罰である。

2 中間搾取の排除

労基法6条の「中間搾取の排除」は，労働ブローカーなど第三者が労働関係の開始・存続に介在して賃金の中間搾取などを行うことを排除することを目的とするものである。本条のいう「業として」とは，営利を求めて反復継続することのみならず，たとえ1回の行為であったとしても，継続の意思をもって行われたものであるならば，要件を満たすと解される。また，「他人の就業」は，正規の労働契約が成立している場合に限られず，事実上の従属労働関係にあれば該当する。労働者供給は，職安法（44条）で禁止されているが，同時に本条にも違反することがある。なお，派遣労働については，派遣元と労働者との間に労働契約があるので「他人の就業」に介入したことにはならない。

3 公民権行使の保障

労基法7条は，労働時間中に労働者が公民としての権利を行使する，あるいは公の職務を執行するために必要な時間を保障すべき旨を定めている。ただし，当該権利の行使に妨げがない限りにおいて，使用者は請求された時刻を変更することができる。

公民としての権利としては，国政・地方選挙のほか，最高裁判所の国民審査，住民投票権の行使，住民直接請求権などがあり，公の職務としては，国会・地方議会議員，各種審議会の委員，裁判所・労働委員会などの証人，労働審判員，裁判員などの職務がある。

本条が保障する時間中の賃金について，有給を義務づける規定は存在しないが，カットしないことが望ましいといえよう。議員への就任に際して，あらかじめ会社の承認を必要とし，これを得なかった労働者を懲戒解雇することは本条に違反して無効である（十和田（とわだ）観光電鉄事件・最二小判昭和38.6.21民集17巻5号754頁）が，「公職就任により……通常の業務運営及び人事管理面において支障を及ぼす」ような場合には，普通解雇が認められることもある（社会保険新報社事件・東京高判昭和58.4.26労民集34巻2号263頁）。

第2節　労働者の拘束の禁止

1　賠償予定の禁止

(1)　違約金と損害賠償の予定　　債務の不履行につき損害賠償を予定することや違約金を定めることは，本来は契約の自由として認められる（民420条）。しかし，労基法16条は「労働契約の不履行について違約金を定め，又は損害賠償額を予定する契約をしてはならない」と明確に禁じている。これは，違約金や損害賠償の予定により，労働者の退職の自由などが制約されることを防止するためである。ただし，16条が禁止しているのは，あくまで損害賠償の「予定」なので，実際に生じた損害に対する賠償そのものを禁止してはいない。

(2)　留学・修学費用等の返還請求　　労働者を海外研修させ，帰国後の一定期間内に辞職したときには研修費用を返還させる旨の合意が，労基法16条に違反するか否かについての紛争が生じている。裁判例は，①応募が労働者の自由意思によるものか，②海外留学・研修と業務との関連性，③労働者にとって利益となる一般的な能力か，といった複数の要素を勘案することで「業務性」の有無を判断し，業務性が強いと16条違反を認める傾向にある。

よって，業務に関連する学科の専攻を命じられたような場合（新日本証券事件・東京地判平成10.9.25労判746号7頁）には返還規定が16条違反で無効とされる。これに対して，留学への応募が労働者の自由意思に委ねられ，留学先や履修科目も選択できる場合（みずほ証券事件・東京地判令和3.2.10労判1246号82頁），留学先での科目の選択や生活が本人に任されていた場合（長谷工コーポレーション事件・東京地判平成9.5.26労判717号14頁）には，「留学を業務と見ることはでき」ないとして留学費用返還請求の一部が有効とされている。留学費用の返還に際して，賞与や退職金との相殺をあらかじめ合意し，現に実行することは，「自由な意思に基づいてされたものであると認めるに足りる合理的な理由が客観的に存在する」限り，賃金全額払いの原則（労基24条1項本文，同原則について**第16章第3節1(3)**参照）に反しない（大成建設事件・東京地判令和4.4.20LEX/DB25592956）。

修学費用については，医療法人が勤務していた労働者に対して，6年間の返還免除期間を定め看護学校の学費を貸し付けていたところ，労基法14条の契約期間上限の趣旨に鑑み「事実上の制限となる期間が3年（特定の一部の職種については5年）を超えるか否かを基準として重視すべきである」との判断も示されている（医療法人K会事件・広島高判平成29.9.6労判1202号163頁）。

2　前借金相殺の禁止

（ぜんしゃくきんそうさい）

労基法17条は，「前借金その他労働することを条件とする前貸の債権と賃金を相殺してはならない」と規定する。これは，労働契約の際に使用者から本人・親族が借り受けた金銭（＝前借金）によって，労働者が退職できなくなることを防止する趣旨である。ただし，本条が禁止するのは前借金と賃金との相殺であって，前借金そのものを禁止しているわけではない。また，企業福利厚生の一環としての貸付であって，合理的な貸付金額・期間・返済方法が定められ，返済前の退職の自由が保障されている限り，本条違反とはならない。

本条で禁止される相殺は，使用者からの一方的な意思によるものはもとより，労働者との合意（相殺契約）がある場合も含まれる。相殺契約が真に自発的な合意によるかどうかの判断が困難であり，事実上の足止め策や強制労働となる危険性が高いからである。

3　強制貯金の禁止

「使用者は，労働契約に附随して貯蓄の契約をさせ，又は貯蓄金を管理する契約をしてはならない」（労基18条1項）。賃金からの強制的な天引き貯金は，労働者を拘束する手段として使われるばかりでなく，使用者の破産等によって払戻しが受けられなくなる危険性もある。任意の貯蓄制度についても，かかる趣旨から厳格な要件が定められ（同条2項以下），使用者に①事業場協定の提出，②貯蓄金管理規程の作成と周知，③一定利率以上の利子，④遅滞なき返還を義務づけている。

第3節　労働者の人格権・プライバシー

1　人格権の保護

「人格権」とは，個人の人格において本質的な利益の総体をいう。これらの利益には生命・身体，健康，精神，自由，名誉，肖像および生活等に関するものが含まれる。秘密裏にロッカーを開けて撮影するという行為が，人格権の侵害として認められたのが，次の判例14-1関西電力（ロッカー撮影）事件である。

判例14-1　関西電力（ロッカー撮影）事件

（最三小判平成7.9.5労判680号28頁）

（事　実）　X_1〜X_4は，電力会社であるYの従業員であり，共産党員あるいは同調者であった。Yは，従来から共産党に対して警戒心を持って労務政策を行ってきた。Yの神戸支店では，Xらに対する監視・孤立化政策を行うため，所属する営業所の主任に監視・調査を実行させ，進捗状況を発表させるなどした。Xらに対する調査は，趣味活動から家族状況におよび，その手法についても警察情報の入手や自宅への侵入を行うなど，徹底したものであった。X_2やX_3に対する調査では，退社後に同人らを尾行したり，X_3については無断でロッカーを開けて私物を写真に撮影したりした（両者を「本件行為」という）。

後にYの一連の行為を知ったXらは，不法行為による損害賠償請求等を求めて，本件訴訟を提起した。

（判　旨）　Yの，一連の「行為は，Xらの職場における自由な人間関係を形成する自由を不当に侵害するとともに，その名誉を毀損するものであり，また，……〔本件行為〕はそのプライバシーを侵害するものでもあって，同人らの人格的利益を侵害するものというべく，これら一連の行為がYの会社としての方針に基づいて行われたというのであるから，それらは，それぞれYのXらに対する不法行為を構成するものといわざるを得ない」。

よって，原審（地裁も同じ）が認めたとおり，本件不法行為の態様，期間，原告らの被った精神的打撃の程度，その他諸般の事情を参酌し，YはX各自に対し各80万円をもって慰謝するのが相当である。

国籍差別的な内容を含む文書の配付やアンケートの強要は，当該労働者に対する差別的取扱いを行っていないとしても，職場環境配慮義務を怠ったことにより，国籍または民族的出自に基づいて差別されないという人格的利益を侵害したものとして，不法行為が成立する（フジ住宅事件・大阪高判令和3.11.18労判1281号58頁。ただし，法律構成としては労基法3条に違反しないと判断した）。

2　雇用におけるプライバシー

⑴　プライバシー権の意義　　人格権の一種であるプライバシー権は，元々「ひとりで放っておいてもらう権利」から出発し，やがて私生活をみだりに公開されない権利へと発展し，今では「広く個人の人格的生存にかかわる重要な事項は各自が自律的に決定できる権利」と理解されている（憲13条参照)。

⑵　特定の思想の有無　　卒業式における国歌斉唱の際に国旗に向かって起立し国歌を斉唱することを命じた職務命令について，プライバシー権あるいは思想・良心の自由との関係が問題になる。定年退職後の再任用選考に申し込んだ都立高校教員らが，かかる命令に違反し処分を受けたことを理由に不合格とされた東京都・都教委事件（最二小判平成23.5.30民集65巻4号1780頁）では，「本件職務命令は，特定の思想を持つことを強制したり，これに反する思想を持つことを禁止したりするものではなく，特定の思想の有無について告白することを強要するものということもできない」ことなどを理由に，憲法違反とはいえないと判示した。同判決などを前提に，近年の最高裁は，再任用制度における任命権者の裁量を広く捉え，再任用拒否は違法ではないと解している（君が代不起立訴訟・最一小判平成30.7.19労判1191号16頁)。

⑶　感染症　　警察官に任用された後に，HIV抗体検査が陽性であったために辞職を強要された事案では，「本人の意に反して〔HIV感染の有無という〕情報を取得することは，……個人のプライバシーを侵害する違法な行為というべき」と判示した（東京都〔警察学校・警察病院〕事件・東京地判平成15.5.28労判852号11頁)。HIVの検査については，①客観的かつ合理的な必要性，②本人の承諾，という要件が必要となる（T工業〔HIV解雇〕事件・千葉地判平成12.6.12労判785号10頁)。採用時に不必要な血液検査を行うこと（判例3-4 B金融公庫事件)，HIVの感染情報を労働者本人に無断で共有すること（社会医療法人

T事件・福岡高判平成27.1.29労判1112号5頁）は，いずれもプライバシー権の侵害となる。

(4)　位置情報　近年では，GPS装置の高度化により，労働者の社外における居場所の把握が容易になっている。しかし，勤務時間外に同装置を用いて居場所を確認することは，労働者に対する監督権限を濫用するもので，不法行為を構成する（東起業株式会社事件・東京地判平成24.5.31労判1056号19頁）。

(5)　電子メール・チャット　情報漏洩防止や職務専念という趣旨から，会社が電子メール，インターネット，チャット等の私的利用を制限すること自体には，合理性が認められる（ドリームエクスチェンジ事件・東京地判平成28.12.28労判1161号66頁，**第10章第3節2**）。こうした制限を予定する規定がない場合，私的利用とプライバシー権との関係が特に問題となる。誹謗中傷メール送信の疑いがある労働者への調査過程で，サーバーに保存されていた電子メールを本人に無断で調査したことが争われた事案では，「業務に何らかの関連を有する情報が保存されていると判断されるから，……精神的自由を侵害した違法な行為であるとはいえない」として，違法なプライバシー権の侵害はないと結論づけた（日経クイック情報事件・東京地判平成14.2.26労判825号50頁）。しかしながら，電子メールの監視が問題となった事案では，異なる観点が必要となる。

判例14-2　F社Z事業部事件

（東京地判平成13.12.3労判826号76頁）

事　実　X_1（女性）は，F社Z事業部に勤務する社員であり，YはZ事業部の部長（男性）であった者である。2000年2月，YはX_1に対して仕事のことで教えて欲しいことがある旨のメールを送ったが，X_1は仕事を口実とした誘いだと思い，Yに批判的なメールを同僚で夫であるX_2に対して送信するつもりが，Yに誤送信してしまった。Yは，この誤送信されたメールを読み，各自の氏名で構成されていたパスワードによりサーバー内に残されていたX_1の電子メールを監視するようになり，さらにX_1の相談相手である同僚Aのメールも監視した。X_1がパスワードを変更した後は，YはIT部に対してX_1の電子メールをY宛に自動送信するように依頼し，引き続き電子メールを監視し続けた。X_1とX_2は，YがX_1の私的な電子メールを許可なしに閲読したことを理由として，不法行為に基づく損害賠償を求めた。

（判　旨）「会社のネットワークシステムを用いた電子メールの私的使用に関する問題は，……いわゆる私用電話の制限の問題とほぼ同様に考えることができる。すなわち，……会社における職務の遂行の妨げとならず，会社の経済的負担も極めて軽微なものである場合には，……会社の電話装置を発信に用いることも社会通念上許容されていると解するべきであ〔る〕。……社員の電子メールの私的使用が……その使用について社員に一切のプライバシー権がないとはいえない」。

「しかしながら，……社内ネットワークシステムには当該会社の管理者が存在し……全体を適宜監視しながら保守を行っているのが通常であ〔り〕，通常の電話装置の場合と全く同程度のプライバシー保護を期待することはでき」ない。

監視する立場にない者が監視した場合，専ら個人的な好奇心等から監視した場合，個人の恣意に基づく手段方法により監視した場合など，「社会通念上相当な範囲を逸脱した監視がなされた場合に限り，プライバシー権の侵害となると解するのが相当である」。

これを本件に照らすと，……X_1 らが法的保護に値する重大なプライバシー侵害を受けたとはいえない。

---

(6)　容　貌　地下鉄運転士が，ひげを剃って業務に従事するよう上司から指導され，人事考課で低評価の査定を受けたことを争った事案では，「ひげは着脱不能なものであるから，服務規律でひげを生やすことが禁止されると，勤務関係又は労働契約の拘束を離れた私生活にもその影響が及ぶ」として，人事考課における使用者の裁量権を逸脱・濫用したものとした（大阪市〔旧交通局職員ら〕事件・大阪高判令和元. 9 . 6 労判 1214 号 29 頁)。容貌については，トランスジェンダーとの関係でも問題となりうる（第 13 章第 5 節 3）。

第4節　職場の人間関係と「いじめ・嫌がらせ」

1　職場での「いじめ」

仕事を始めたばかりの若年層を中心に，職場における「いじめ」が問題となっている。その背景として，企業内研修（OJT）などで時間をかけて人材を育てる余裕がなくなり，成果主義的な傾向が強まった結果，人間関係が不安定になった影響などが指摘されている。

判例14-3 川崎市水道局事件

（東京高判平成15．3．25労判849号87頁）

事　実　訴外Aは，Y_1（川崎市）の水道局職員であり，1995年5月に工業用水課工務係に配属された。Aは，勤務後1か月を経過した頃から，Y_2（課長），Y_3（事務係長），Y_4（主査）から「いじめ」を受けるようになった。その内容は，Aの容姿を嘲笑したり，性的にからかったり，「何であんなのがここに来たんだよ」と聞こえるように言ったり，果物ナイフを示しながら「今日こそは刺してやる」と発言したりするものであった。さらに，Y_2～Y_4は，いじめの実態調査が行われることを知ると，それがAの被害妄想である旨の口裏合わせを近隣職員に働きかけ，職員課長によるY_2を含む職員への調査ではいじめの事実を確認することができなかった。

Aは，以前は欠勤することが稀であったが，上記の部署に配置されて以降の同年9月頃から休みがちになり，12月からはほとんど出勤できなくなった。その後，数度の自殺未遂を起こし，複数の医療機関で治療が続けられたが，1997年3月に自宅において自殺した。そこで，Aの両親であるXらが，Y_1～Y_4に対して国賠法に基づく損害賠償請求等を提起したのが本件である。

判　旨　「一般的に，市は市職員の管理者的立場に立ち，……職員の安全の確保のためには，職務行為それ自体についてのみならず，これと関連して，ほかの職員からもたらされる生命，身体等に対する危険についても，……加害行為を防止するとともに，……被害職員の安全を確保して被害発生を防止し，職場における事故を防止すべき」安全配慮義務があると解される。

関係者の地位・職務内容に照らすと，Y_2は，Y_4などによるいじめを制止するとともに，適切な処置をとり，また，職員課に報告して指導を受けるべきであったにもかかわらず，いじめを制止しないばかりか，これに同調していたもので，調査を命じられても，いじめの事実がなかった旨を報告した。「また，Aの訴えを聞いた〔職員〕課長は，直ちに，いじめの事実の有無を積極的に調査し，速やかに善後策……を講じるべきであったのに，これを怠り，いじめを防止するための職場環境の調整をしないまま，Aの職場復帰のみを図ったものであり，その結果，不安感の大きかったAは復帰できないまま，症状が重くなり，自殺に至ったものである」。「したがって，Y_2及び〔職員〕課長においては，Aに対する安全配慮義務を怠ったものというべきである」。

Aについては，「本人の資質ないし心因的要因も加わって自殺への契機となったものと認められ，損害の負担につき公平の理念に照らし，Xらの上記損害額の7割を減額するのが相当である」。

この 判例14-3 川崎市水道局事件は，雇用における「いじめ」による自殺を判断した先例としての意義を有するが，当事者が公務員関係にあり，かつ「公権力の行使」（国賠1条1項）であると認められたため，加害者らの個人責任は否定されている。

これに対して，労働契約関係にあった裁判例として，無理な飲酒の強要（危険な無呼吸状態になった），冷かし・からかい，嘲笑・悪口，他人の前で恥辱・屈辱を与える，暴力などの「いじめ」を繰り返したことにより被害労働者を自殺に至らしめた事案では，加害者の不法行為責任が認められた（誠昇会（せいしょうかい）北本共済（きたもときょうさい）病院事件・さいたま地判平成16.9.24労判883号38頁）。同事件では，使用者についても「いじめを認識することが可能であったにもかかわらず，これを認識していじめを防止する措置を採らなかった安全配慮義務違反の債務不履行」責任を認めている（ただし，「自殺」の予見可能性はないとして，「いじめ」に対する責任のみ）。

なお，単なる同僚間での暴行については，「小中学校ではあるまいし，〔会社が〕一般的な従業員間の暴力抑止義務のようなものを負っているとは認めがたい」として，使用者の安全配慮義務を否定した裁判例がある（佃運輸事件・神戸地姫路支判平成23.3.11労判1024号5頁）。

2　パワー・ハラスメント

(1)　定義と措置義務　2019年にパワー・ハラスメント（以下，パワハラ）に関わる法改正が行われた。パワハラとは「職場において行われる優越的な関係を背景とした言動であつて，業務上必要かつ相当な範囲を超えたものによりその雇用する労働者の就業環境が害されること」であり，事業主にはパワハラを防止するために雇用管理上必要な措置を講じることが義務づけられている（労働施策推進30条の2第1項）。パワハラ防止指針（「事業主が職場における優越的な関係を背景とした言動に起因する問題に関して雇用管理上講ずべき措置等についての指針」。令和2.1.15厚労告5号）によれば，①身体的な攻撃，②精神的な攻撃，③人間関係からの切り離し，④過大な要求，⑤過小な要求，⑥個の侵害，が典型的な事例として示されている。措置義務の内容としては，相談体制の整備，不利益取扱いの禁止，などが定められている。また，パワハラとその他当該言動に起因する問題（優越的言動問題）について，国，事業主，および労働者は，広報活動，啓発活動その他の措置を講ずることや協力することが求められる（同30条の3）。もっとも，紛争解決（同30条の4以下）や義務違反に対する制裁（同33条）は，セクハラの場合と同様であり（**第13章第3節3(6)**を参照），実効性に乏しいとの懸念がある。優越的な関係が前提となっているところが，職場の「いじめ」やセクハラ（**第13章第3節4**）との違いとなる（むろん同時に成立することもあろう）。

(2)　パワハラの労災認定　上記法改正前の裁判例で，労災認定を争った事案では，上司による「存在が目障りだ，居るだけでみんなが迷惑している」等の暴言が原因で自殺した製薬会社の労働者につき，労災保険法に基づく遺族補償給付の不支給処分の取消しが認められた（静岡労基署長〔日研化学〕事件・東京地判平成19.10.15労判950号5頁。同じく不支給処分の取消しが認められた事例として，国・鳥取労基署長〔富国生命・いじめ〕事件・鳥取地判平成24.7.6労判1058号39頁）。また，身に覚えのない乗客転倒事故の責任を追及されたバス運転士が焼身自殺した裁判例では，地公災基金・地裁で公務外とされたものの，高裁判決では公務起因性が認められた（地公災基金名古屋市支部長〔市営バス運転士〕事件・名古屋高判平成28.4.21労判1140号5頁）。

(3)　損害賠償請求　上司から叩くなどの暴行や「馬鹿だな」の発言を繰り返され，うつ病にり患した労働者が自殺した事案では，不法行為に基づく損害賠償責任を上司が負うだけでなく，使用者の責任として安全配慮義務違反の債務不履行（民415条）と使用者責任（民715条）のいずれも成立する（サン・チャレンジほか事件・東京地判平成26.11.4労判1109号34頁）。

日本名を使用している外国籍の労働者に，他の従業員の前で本名を名乗るよう求めるなどしたことが人格的利益を侵害すると認めた裁判例（カンリ事件・東京高判平成27.10.14LEX/DB25541315）がある。他方で，当該労働者に不正経理を行ったという責任があるとして，その是正のためにノルマ達成を求め，上司が叱責を行って自殺に追い込んだとして争われた事案では，労災認定がなされていたにもかかわらず，会社に対する損害賠償請求は否定される（前田道路事件・高松高判平成21. 4 .23労判990号134頁）など，判断が分かれることもある。

3　不当な業務命令等

バンク・オブ・アメリカ・イリノイ事件（東京地判平成7 .12. 4労判685号17頁）では，勤続33年の課長経験者を受付業務への配置転換したことが，管理職をことさらにその経験・知識にふさわしくない職務に就かせ，働きがいを失わせるとともに，行内外の人々の衆目にさらし，違和感を抱かせ，やがては職場にいたたまれなくさせ，自ら退職の決意をさせる意図の下にとられた措置であるとして，「人格権（名誉）」侵害が認められた。また，執拗な退職勧奨についても，それ自体が不法行為を構成する（第12章第1節2参照）。

たとえ教育訓練を目的とする業務命令であっても，態様には限界がある。組合のマーク入りベルトを着用して就労した労働者に対し，いわゆる日勤教育（運転手を通常の乗務から外し，日勤に変えた上で，教育訓練を行う）を行った事案では，就業規則の全文書き写しは，「見せしめを兼ねた懲罰的目的からなされたものと推認せざるを得ず，その目的においても具体的態様においても不当なものであって，……〔使用者の〕裁量を逸脱，濫用した違法なもの」と判示した（JR東日本本荘（ほんじょう）保線区事件・最二小判平成8 . 2 .23労判690号12頁）。他方で，日勤教育と列車運転手の自殺について因果関係が争われた裁判例では，自殺との相当因果関係が否定されている（JR西日本尼崎電車区事件・大阪高判平成18.11.24労判931号51頁）。2005年4月に発生したJR福知山線脱線事故において，航空・鉄道事故調査委員会「鉄道事故調査報告書」（2007年6月28日）は，JR西日本の日勤教育が事故原因の一つであったことを指摘している。

従業員が顧客から危害を加えられることが予見される場合には，一般に「使用者は，それを防止するために必要な措置を執るべき義務（安全配慮義務）を負う」（バイオテック事件・東京地判平成11. 4 . 2 LEX/DB25565312）。現在ではカスタマー・ハラスメントと呼ばれる問題の先駆けとなる事案だが，明確な危害とまではいえない場合や，予見可能性がない場合について，使用者がいかなる義務を負うのかが検討課題となる。なお，前掲・パワハラ指針においても，

「顧客等からの著しい迷惑行為（暴行，脅迫，ひどい暴言，著しく不当な要求等）」により労働者が就業環境を害されることのないよう，事業主に対し，雇用管理上の配慮を求めている。

第5節　内部告発

1　内部告発を理由とする不利益取扱い

労働者が，会社に法令違反等の不正行為が存在するものと考え，これをマスコミや行政機関等の外部に対して告発（内部告発）した結果，懲戒処分や不当な配転（オリンパス事件・東京高判平成23.8.31労判1035号42頁）など，不利益な処遇がなされることがある。そこで，正当な内部告発である限りは，かかる取扱いは認められないとの裁判例が蓄積し，内部告発の権利が保障されてきた。

内部告発を理由とする懲戒処分が争われた事案では，「内部告発においては，これが虚偽事実により占められているなど，その内容が不当である場合には，内部告発の対象となった組織体等の名誉，信用等に大きな打撃を与える危険性がある一方，これが真実を含む場合には，そうした組織体等の運営方法等の改善の契機ともなりうるものであること，内部告発を行う者の人格権ないしは人格的利益や表現の自由等との調整の必要も存する」として，①内部告発の内容の根幹的部分が真実ないしは内部告発者において真実と信じるについて相当な理由があるか，②内部告発の目的が公益性を有するか，③内部告発の内容自体の当該組織体等にとっての重要性，④内部告発の手段・方法の相当性などを総合的に考慮して，当該内部告発が正当と認められた場合には，懲戒処分（懲戒解雇）は許されない（大阪いずみ市民生協事件・大阪地堺支判平成15.6.18労判855号22頁）。

また，内部告発を行った労働者に対し，30年近くも様々な不利益取扱いを行った判例14-4トナミ運輸事件では，債務不履行責任などが認められた。

判例14-4 トナミ運輸事件

（富山地判平成17.2.23労判891号12頁）

事実　Xは1970年に運送会社であるYに入社し，営業を担当していた。Xは，運送業界において，ヤミカルテルが取り決められていく様子を知り，読売新聞名古屋支局などに，カルテルを告発した。その結果，Yを含む運送会社に対して，運輸省より厳重警告処分がなされた。

1975年，Xは旧教育研修所に異動となり，旧教育研修所に在籍する他の職員が勤務していた1階の事務室ではなく，2階の個室に配席され，1人で勤務していた。Xにはトレーラーコース等の整備や研修生の送迎等の極めて補助的な雑務しか与えられなかった。また，Xは，これ以後，一度も昇格することがなかった。1992年6月，教育研修所が移転することに伴い，Xの勤務先も新教育研修所に移った。Xは事務室で数名の職員と一緒に仕事をするようになったが，仕事の内容は，旧教育研修所勤務時と大きく変わることはなかった。

XはYに対して，かかる不利益取扱いが債務不履行または不法行為に該当するとして，慰謝料や賃金格差相当額などを求め本件訴訟を提起した。

判旨　Xの行った内部告発は，「告発に係る事実が真実であるか，真実であると信じるに足りる合理的な理由があること，告発内容に公益性が認められ，その動機も公益を実現する目的であること，告発方法が不当とまではいえないことを総合考慮すると，……正当な行為であって法的保護に値する」。

「人事権の行使においてこのような法的保護に値する内部告発を理由に不利益に取り扱うことは，配置，異動，担当職務の決定及び人事考課，昇格等の本来の趣旨目的から外れるものであって，公序良俗にも反するものである。また，従業員は，正当な内部告発をしたことによっては，……他の従業員と差別的処遇を受けることがないという期待的利益を有するものといえる」。Yの行為は，「人事権の裁量の範囲を逸脱する違法なものであって，これにより侵害した……期待的利益について，不法行為に基づき損害賠償すべき義務があるというべきである」。

「使用者は，信義則上，このような雇用契約の付随的義務として，その契約の本来の趣旨に則して，合理的な裁量の範囲内で……人事権を行使すべき義務を負っているというべきであり，その裁量を逸脱した場合は……債務不履行責任を負う」。「Yが〔内部告発〕を理由にXに不利益な配置，担当職務の決定及び人事考課等を行う差別的な処遇をすることは，その裁量を逸脱するものであって，……信義則上の義務に違反したものというべきである。したがって，YはXに対し債務不履行に基づく損害賠償責任を負う」。

なお，労基法違反や労安衛法違反の事実については，監督機関に対する申告者の保護が定められている（労基104条，労安衛97条）。

2　公益通報者保護法

公益通報者保護法は，内部告発を行った労働者などを保護する目的で2004年に制定され，2020年に改正された。同法は，労働者が公益通報をしたことを理由とする解雇を無効とし（公益通報3条），不利益取扱いを禁止する（同5条）など，公益通報者の保護を図るだけではなく，事業者に適切な措置を求めることで（同11条），企業に内部統制システムの整備を促す仕組みとなっている。公益通報の対象となる事実は，特定の法律にかかわる事実に限定され（同2条3項1号2号），同法による保護にも限界があるため，判例法理の重要性は失われていない。宗教法人幹部らの背任行為を告発した労働者が懲戒解雇を争った事案では，公益通報者保護法の趣旨に照らしながらも，過去の判例法理と同様の枠組みを提示し，内部文書を公表したこと等が就業規則の懲戒規程に外形的に該当する行為であるとしても違法性が阻却されると結論づけた（神社本庁事件・東京高判令和3．9．16 LEX/DB25590915）。

第Ⅲ編

第15章　パート有期労働，派遣労働

企業の現場では，期間の定めのない労働契約によりフルタイムで勤務する「正社員」だけでなく，それ以外の多様な雇用形態の人たち（非正規労働者）が働いている。非正規労働者のうち，当該企業で直接に雇用されている形態には，期間の定めのある労働契約による雇用（有期雇用労働），パートタイム労働などがあり，当該企業とは直接に雇用関係のない外部労働者の形態には，企業内下請，派遣労働などがある。こうした非正規労働者の割合は，増加して高止まりの傾向にあり，2022年の総務省「労働力調査」では，契約社員，パート，派遣社員など「非正規雇用労働者」の占める割合は36.9%（2101万人。その内訳は，パート48.6%，アルバイト21.7%，派遣社員7.1%，契約社員7.1%，嘱託5.3%，その他4.0%）にのぼる。

本章では，パートタイム労働と派遣労働，それに有期雇用労働の法的規整のうち「パート有期労働法」で定めている部分を取り扱う（有期雇用労働のそれ以外の部分については，**第4章**を参照）。非正規労働者の処遇問題は雇用政策の重要な柱となっており，各法令の規定の改廃が著しい。2018年には，働き方改革推進整備法の一環として，それまでのパート労働法を大幅改正して，上記のパート有期労働法に改められ，パートタイム労働者と有期雇用労働者が同一の規整の下に置かれることになった（2020年4月施行）。労働者派遣についても，2015年に抜本改正がなされた後，さらに2018年には，派遣労働者の均衡および均等処遇を志向した改正がなされており，政策の動きに目が離せない状況にある。

第1節　パート有期労働者

1　パートタイム労働および有期雇用労働の定義と法制

「短時間労働者及び有期雇用労働者の雇用管理の改善等に関する法律」（パート有期労働法）は，パートタイム労働者を「短時間労働者」と称しており，これを「1週間の所定労働時間が同一の事業主に雇用される通常の労働者……の1週間の所定労働時間に比し短い労働者」と定義し（パート有期2条1項），原則として同種の業務に属する通常の労働者と比較すべきものとしている。また，ここにいう通常の労働者とは，①いわゆる「正規型」労働者，および，②「正規型」が存在しない事業所や業務では，事業主と期間の定めのない労働契約を締結しているフルタイム労働者をいう（平成31.1.30基発0130第1号〔改正令和4.6.24雇均発0624第1号〕「短時間労働者及び有期雇用労働者の雇用管理の改善等に関する法律の施行について」）。

同条はさらに，期間の定めのある労働契約を締結している労働者を「有期雇用労働者」（同条2項）と，そして短時間労働者および有期雇用労働者（いずれか一方であればよい）を総称して，「短時間・有期雇用労働者」と称している（同条3項。本書では，「パート有期労働者」と称する）。

2　パート有期労働者の雇入れ

パート有期労働者は，所定労働時間が短く，または有期雇用であるとはいえ「労働者」であることに変わりはないので，労基法はもちろんのこと，最賃法をはじめとするその他の労働法規が等しく適用される。しかし，それのみでは適正な労働条件を確保しがたいことから，パート有期労働法は，雇入れ等に関して独自の規制を定めている。

(1)　**労働条件の明示**　　事業主は，パート有期労働者を雇い入れたときには，労基法15条1項に基づき書面により明示を義務づけられている事項（第3章第3節2を参照）のほかに，速やかに，昇給・退職手当・賞与の有無などの特定事項（パート有期労働法施行規則2条1項）を，文書の交付その他の方法で明示しなければならない（パート有期6条）。これに違反すると，過料に処せられる（同31条）。

(2)　就業規則　事業主は，パート有期労働者に適用される就業規則を作成しなければならず，また一般の就業規則でも，パート有期労働者に関する事項の作成・変更については，その過半数代表の意見を聴取するよう努めなければならない（パート有期7条）。

(3)　フルタイム労働者への転換推進　事業主は，①通常の労働者を募集する際のパート有期労働者への周知，②通常の労働者の新規配置の際のパート有期労働者への希望聴取，③通常の労働者への転換のための試験制度等のうち，いずれかを講じなければならない（パート有期13条）。

(4)　その他の利益　一定の労働時間や労働日数を下回るパート有期労働者には，雇用保険や社会保険が適用されない。まず，週の所定労働時間が20時間未満の者，および31日以上引き続き雇用されることが見込まれない者（前2か月の各月に18日以上雇用された場合を除く）に当たるパート有期労働者は，雇用保険の適用を受けることができない（雇保6条1号2号）。また，パート有期労働者のうち，年収130万円を超える者，および年収130万円以下であっても年収約106万円（標準報酬月額8800円）以上で，2ヵ月を超える雇用の見込みがあり，所定労働時間が週20時間以上の者は，独自に厚生年金保険および健康保険に加入することになる（100人〔2024年10月からは50人〕を超える企業に適用。厚年12条1号・5号，健保3条1項2号・9号）。

3　労働条件

(1)　不合理な労働条件の相違の禁止　パート有期労働者の労働条件については，通常の労働者との関係での適正な処遇が求められているが，その方式は複雑である。まず，パート有期労働者全般の待遇については，これに通常の労働者の待遇との相違を設けるときには，その相違は，職務の内容（業務の内容や責任の程度），および職務内容や配置の変更の範囲その他の事情のうち待遇の性質や目的に照らして適切と認められるものを考慮して，不合理と認められるものであってはならない（パート有期8条）。

本条は，2018年改正前の労契法旧20条が廃止されて統合されたものであり，最高裁（判例15-1ハマキョウレックス事件）は労契法旧20条の趣旨および解釈方法として，①同条には，有期契約労働者と無期契約労働者について，職務の内容等の違いに応じた「均衡のとれた処遇」を求める規定と解されること，②同条は，有期契約労働者と無期契約労働者との間の労働条件の相違が，「期間の定めの有無に関連して生じた」場合に適用されること，③同条の「不合理と認められるもの」とは，有期契約労働者と無期契約労働者との労働条件の相違が不合理であると評価することができるものであることをいい，相違が合理的なものであることまで求められないこと，④有期契約労働者と無期契約労働者との間の相違が同条に違反する場合でも，労働条件が同一のものとなるものではないこと，⑤差異は，賃金総額ではなく各賃金項目を個々の労働条件ごとに判断すべきことを判示した。以上の法理は，基本的には，パート有期労働法8条においても，維持される。

判例15-1 ハマキョウレックス事件

（最二小判平成30.6.1民集72巻2号88頁）

事　実　Xは，一般貨物自動車運送事業等を営むY社との間で，有期労働契約を締結し，トラック運転手として配送業務に従事して期間6か月の契約を更新している。Yでは，正社員に対しては，就業規則等により，無事故手当，作業手当，給食手当（月額3500円），住宅手当（月額2万円），皆勤手当（月額1万円），通勤手当，家族手当を支給し，また定期昇給があり，賞与・退職金が支給されている。一方，Xら契約社員については，別就業規則が適用され，賃金は時給で諸手当に関する定めはなく，通勤手当のみが異なる内容で支給される。また，定期昇給は原則としてなく，賞与・退職金は原則として支給されない。

契約社員と正社員の間には，トラック運転手の業務の内容や業務に伴う責任の程度には相違はない。正社員には，就業規則上，出向を含む全国規模の広域異動の可能性があり，教育訓練の可能性や等級役職があるが，契約社員についてはその規定はなく，転勤や出向は予定されていない。

Xは，無事故手当，作業手当，給食手当，住宅手当，皆勤手当および通勤手当の諸手当につき，正社員との相違は労契法旧20条違反であると主張し，賃金等に関し正社員と同一の権利を有する地位の確認，正社員の手当との差額の支払等を請求した。原審（大阪高判平成28.7.26労判1143号5頁）は，上記のうち，無事故手当，作業手当，給食手当および通勤手当の相違を同条違反と判断した。

判　旨　労契法旧20条は，「有期契約労働者と無期契約労働者との間で労働条件に相違があり得ることを前提に，職務の内容，当該職務の内容及び配置の変更の範囲その他の事情（……）を考慮して，その相違が不合理と認められるものであってはならないとするものであり，職務の内容等の違いに応じた均衡のとれた処遇を求める規定であると解される」。

もっとも，「仮に本件賃金等に係る相違が労働契約法［旧］20条に違反するとしても，Xの本件賃金等に係る労働条件が正社員の労働条件と同一のものとなるものではないから，Xが，本件賃金等に関し，正社員と同一の権利を有する地位にあることの確認を求める本件確認請求は理由がなく，また，同一の権利を有する地位にあることを前提とする本件差額賃金請求も理由がない」。

「同条にいう『期間の定めがあることにより』とは，有期契約労働者と無期契約労働者との労働条件の相違が期間の定めの有無に関連して生じたものであることをいうものと解するのが相当である」。「本件諸手当に係る労働条件の相違は，契約社員と正社員とでそれぞれ異なる就業規則が適用されることにより生じているものであることに鑑みれば，当該相違は期間の定めの有無に関連して生じたものであるということができる」。

「労働契約法［旧］20条は，……飽くまでも労働条件の相違が不合理と評価されるか否かを問題とするものと解することが文理に沿うものといえる」。「そして，両者の労働条件の相違が不合理であるか否かの判断は規範的評価を伴うものであるから，当該相違が不合理であるとの評価を基礎付ける事実については当該相違が同条に違反することを主張する者が，当該相違が不合理であるとの評価を妨げる事実については当該相違が同条に違反することを争う者が，それぞれ主張立証責任を負うものと解される」。

本件では，契約社員は，職務の内容および配置の変更の範囲に違いがあるところ，住宅手当についての相違は「不合理と認められるものに当たらない」が，皆勤手当の相違は不合理である。したがって，原判決のうち皆勤手当の請求に関する部分を破棄し差し戻す。

かかる解釈を前提に，定年後に有期契約で雇用されたトラック運転手の賃金が引き下げられたことにつき，定年後再雇用であることが労契法旧20条の「その他の事情」に該当するとして，精勤手当が支給されないことについてのみ不合理な相違と判断したものとして，**判例12-4** 長澤運輸事件がある。

さらに最高裁は2020年10月に，労契法旧20条に定める有期労働契約労働者の労働条件の不合理な相違の具体的判断として，5つの判決を言い渡した。

まず，①大阪医科薬科大学事件（最三小判令和2.10.13労判1229号77頁）は，期間の定めのない労働契約を締結している正職員に対しては，賞与および私傷病による欠勤中の賃金が支払われている一方で，雇用期間1年（上限5年）で雇用されるアルバイト職員にはそれらが支給されないとする労働条件の相違は，労契法旧20条にいう不合理と認められるものに当たらないと判断して，大学側の上告を認容し，原判決を破棄した。②メトロコマース事件（最三小判令和2.10.13民集74巻7号1901頁）は，売店業務に従事する期間の定めのない労働契約による正社員に対しては退職金を支給する一方で，契約期間1年の有期労働契約を更新して65歳定年制の下で同じ業務に従事した契約社員については退職金を支給しないとする労働条件の相違は，労契法旧20条にいう不合理と認められるものには当たらないと判断して，会社側の上告を認容し，原判決を破棄した（反対意見および補足意見がある)。

以上に対して，③日本郵便ほか（佐賀中央郵便局）事件（最一小判令和2.10.15民集74巻7号1901頁）は，正社員に対して夏期冬期休暇を与える一方で，郵便の業務を担当する時給制契約社員に対してこの休暇を与えないという労働条件の相違は，同条にいう不合理と認められ，これを取得させなかったことは，不法行為に当たるとして，会社側の上告を棄却した。④日本郵便（時給制契約社員ら）事件（最一小判令和2.10.15労判1229号58頁）は，年末年始勤務手当の支給に関する相違，および，私傷病による有給の病気休暇の付与における相違は，労契法旧20条にいう不合理と認められるものに当たると判断して，会社側の上告を棄却し，また，郵便の業務を担当する正社員に対しては夏期冬期休暇を与える一方で，同業務を担当する時給制契約社員に対してはこれを与えないことは，同条に違反して財産的損害を与えたものとして不法行為に当たるとして労働者側の上告を認容して原判決を破棄した。⑤日本郵便（非正規格差）事件（最一小判令和2.10.15労判1229号67頁）は，年末年始勤務手当の支給に関する相違，年始期間の勤務に対する祝日給の支給に関する相違，および扶養手当の支給の相違は同条にいう不合理と認められるものに当たると判断して，労働者側の上告を認容して原判決を破棄し，郵便の業務を担当する正社員に対しては夏期冬期休暇を与える一方で，同業務を担当する時給制契約社員に対してはこれを与えないことは，不法行為に当たるとして，会社側の上告を棄却した。

以上の5判決を概括すると，日本郵便事件の各判決（③〜⑤）では，扶養手当のような生活手当や年末年始勤務手当のようなインセンティブ手当について，判例15-1ハマキョウレックス事件判決に依拠した積極的な均衡処遇が求められているのに対して，①大阪医科薬科大学事件や②メトロコマース事件では，退職金，賞与および病気休職の賃金のように，賃金支給にあたる部分では均衡処遇の要件が緩和されている。

(2)　差別的取扱いの禁止　パート有期労働者のうち，①職務の内容が当該事業に雇用される通常の労働者と同一であり（「職務内容同一短時間・有期雇用労働者」），かつ，②当該事業主との雇用関係が終了するまでの全期間において，その職務の内容および配置が当該通常の労働者の職務のそれと同一の範囲で変更されることが見込まれる者（「通常の労働者と同視すべき短時間・有期雇用労働者」）については，パート有期労働者であることを理由として，基本給，賞与その他の待遇につき，差別的取扱いをしてはならない（パート有期9条）。

この9条（2014年改正前の8条1項）に基づき，ニヤクコーポレーション事件（大分地判平成25.12.10労判1090号44頁）は，1日の所定労働時間7時間・雇用期間1年のパート有期労働契約を更新していた貨物自動車運転手が，勤務の実態や配置の範囲などで「通常の労働者と同視すべき」短時間労働者に当たるとした上で，賃金の決定，賞与額，年間の週休日数，退職金の有無について「短時間労働者であることを理由として……差別的取扱いをした」と判断した。

フルタイム労働者に対して実施する教育訓練は，「職務内容同一短時間・有期雇用労働者」に対しても実施しなければならない（パート有期11条1項）。さらに，福利厚生のうち，給食施設，休憩室，更衣室については，すべてのパート有期労働者に利用機会を与えなければならない（同12条）。

(3)　均衡処遇　以上に対して，「通常の労働者と同視すべき短時間・有期雇用労働者」以外のパート有期労働者の賃金については，通常の労働者との均衡を考慮しつつ決定するように努めるものとされ（パート有期10条），いわゆる均衡処遇の努力義務にとどまる。

(4)　説明義務　事業主は，パート有期労働者から求めがあれば，通常の労働者との待遇の相違の内容および理由，その他の考慮事項について説明しなければならず，またそのような質問をしたことを理由に当該労働者に対して解雇その他の不利益な取扱いをしてはならない（パート有期14条2項・3項）。

(5)　労働時間・休暇　労働時間はできるだけ所定労働時間を超えず，または所定労働日以外の日に労働させないように努め，その設定・変更に関しては当該労働者の事情を十分考慮するよう努める（平成19.10.1厚労告326号「事業主が講ずべき短時間労働者及び有期雇用労働者の雇用管理の改善等に関する措置等についての指針」第3の1）。また，労働日数の少ないパートタイム労働者の年次有給休暇の日数は，労基法39条3項の定めによる（**第18章第3節**を参照）。

4　パート有期労働者の解雇・雇止め

期間の定めのないパートタイム労働者の解雇については，通常の労働者と同様に解雇権濫用の規定（労契16条）が適用される。経営上の理由による人員削減（整理解雇）などの場合に，パートタイム労働者を通常の労働者よりも先順位で解雇することができるかは問題であるが，パートタイム労働者というだけで常に臨時的であるとは限らず，実質的に臨時的で「企業との結びつきの度合いが希薄」である場合に，優先的な解雇が認められるにすぎない（東洋精機事件・名古屋地判昭和49.9.30労判211号38頁）。

パート有期労働者のうち，有期雇用労働者の期間途中の解雇や雇止めについては，**第4章第2節・第4節**を参照。

第2節　労働者派遣

1　労働者派遣の意義

(1)　労働者派遣法　企業の多角的な業務活動に対応するためには，常用労働者だけでなく専門能力を備えた社外労働者を利用する必要があり，労働者派遣が事業として発達するようになった。これに対処すべく1985年に労働者派遣法が制定されたが，同法は制定以後，規制緩和の方向で，いくども改正が加えられた。当初は派遣をなしうる業務は専門的業務に限定されていたが，その後に26業務に拡張され，さらに1999年の改正により，適用対象は特定された業務を除き原則自由（ネガティブリスト方式）に拡大された。また，派遣期間に制限が設けられたが，その限度も延長された。さらに，2003年に製造業への派遣が認められてから後は，労働者派遣の専門性はさらに失われ，不安定雇用としての問題がクローズアップされた。

こうした労働者派遣法の規制緩和により，派遣労働者の就業条件や雇用に重大な障害が生じたことへの反省から，2012年には派遣労働者の保護を中心目的にした労働者派遣法の改正が行われた。この改正では，法律の名称に「派遣労働者の保護」を明記するとともに，事業規制の強化や，派遣労働者の無期雇用化や待遇の改善等の保護的規制を加えた。

しかし，2015年には，労働者派遣の基本枠組みを大きく変更する改正がなされ，派遣労働（temporary work）は臨時的労働という本来の意義を失い，常用代替的な長期受入れの可能性を開くことになった。一方，2018年には，働き方改革推進整備法の「非正規雇用の処遇改善」の一環として，賃金格差是正等のための改正がなされた。

(2) 労働者派遣

(a) 労働者派遣とは　他企業の労働者を利用する社外労働者の形態は，労働者派遣だけではない。そこで，労働者派遣法２条は，労働者派遣を他の就業形態と区別するために，労働者派遣の定義を定めている。それによれば，労働者派遣は，①「自己の雇用する労働者を，当該雇用関係の下に」労働させるものであるから，まず労働者供給と区別される。②また，「他人の指揮命令を受けて，当該他人のために労働に従事させる」点で，請負と区別されている（労働者派遣と請負との区別については，さらに昭和61．4．17労告37号を参照）。③「当該労働者を当該他人に雇用させることを約してするものを含まない」から，この点で出向と区別される。以上の定義規定の背景には，次の(b)(c)の区別問題がある。

(b) 労働者供給との区別　①の定義は，法律上禁止された弊害の大きい就業形態である労働者供給（職安44条）との区別であるから，特に重要である。両者の違いは，派遣元使用者と派遣労働者の間には雇用関係がある一方，労働者供給では供給元と労働者の間には事実上の支配関係しかない点にあり，後述の登録型派遣の場合は，労働者供給に接近するおそれがある（労働者供給と労働

Column 8

三者間労働関係

派遣，業務請負，労働者供給，出向は，事業主と使用者・指揮命令権者が分離するなどして，労働関係が三者間で形成される。その関係を図示すると，次のようになる。

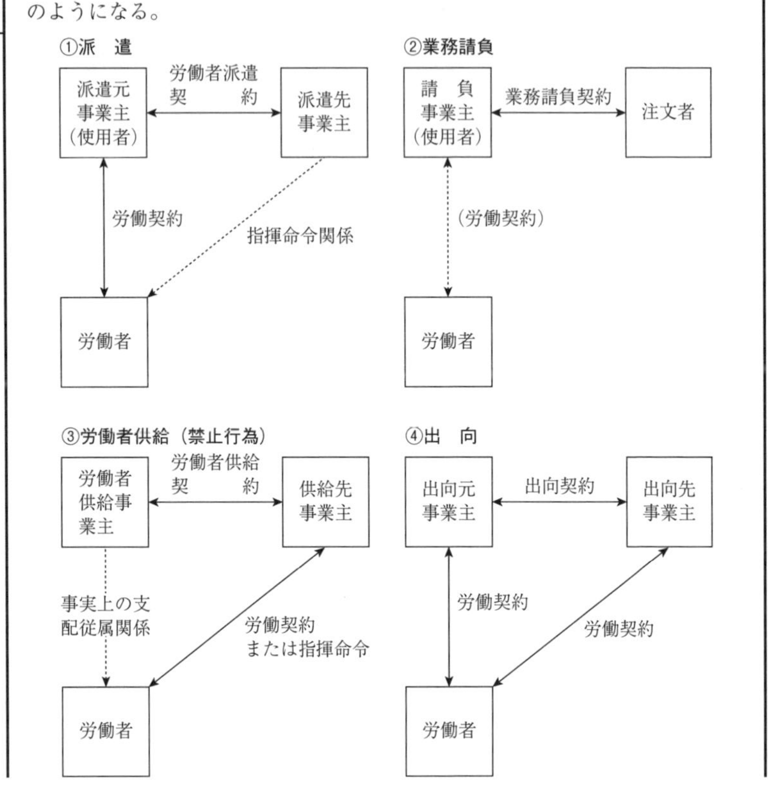

者派遣の区別については，職安4条8項参照）。

(c)　業務請負との区別　　労働者派遣と請負との区別は，派遣先と派遣労働者との間には指揮命令関係が存在するが，請負における注文主と労働者の間には指揮命令関係が存在しない点にある。しかし，両者の区別は微妙であるために，製造業や建設業を中心に，勤務の実態は労働者派遣に当たるのに，請負という形式で業務委託をして労働者派遣法の規制をかいくぐるという，「偽装請負」の問題が指摘されてきた。この区別については，通達で詳細な基準が定められており（昭和61.4.17労告37号「労働者派遣事業と請負により行われる事業との区分に関する基準」），業務遂行の指示と評価，労働時間の指示，服務規律や配置，資金調達，機械・設備の提供その他の条件を一つでも欠いていると，労働者派遣とみなされ，さらに「故意に偽装されたもの」であるときには労働者派遣業としての責任を免れないとしている。

裁判例では，「業務委託契約」の名目でありながら社外労働者を正規従業員と混在・共同して作業に従事させる実態にある場合には，労働者供給契約または違法な労働者派遣であるとして，公序違反により無効と判断するものがみられたが（松下プラズマディスプレイ〔パスコ〕事件・大阪高判平成20.4.25労判960号5頁），同事件の上告審で最高裁（判例15-2）は，労働者派遣法の取締法規としての性質や派遣労働者の保護の必要性を理由に，違法派遣の場合であっても「特段の事情」のない限り，派遣元と派遣労働者の間の労働契約が無効になることはないと判断した。

判例15-2　パナソニックプラズマディスプレイ（パスコ）事件

（最二小判平成21.12.18民集63巻10号2754頁）

事　実　Xは，家庭用電気機械器具の製造業務の請負等を目的とするA会社に，雇用期間2か月（更新あり）で雇用され，Y会社の工場で，Yの従業員の指揮命令を受けてプラズマディスプレイの製造（PDP業務）に従事していた。そこで，Xは偽装請負であるとして労働組合とともにYに対して直接雇用を申し入れ，団体交渉の結果，Yとの間で雇用期間6か月の直接雇用の契約を締結した。ところが，Yがこの新たな労働契約の期間満了後に，更新拒否したので，Xが雇用契約上の地位確認等を請求して訴えを提起。第一審では，請求の多くが棄却されたが，控訴審では本文掲記の理由により主要な請求が認容されたので，Yが上告した。

判　旨　Xは，「AによってYに派遣されていた派遣労働者の地位にあったということができる。そして，Yは，上記派遣が労働者派遣として適法であることを何ら具体的に主張立証しないというのであるから，これは労働者派遣法の規定に違反していたといわざるを得ない。しかしながら，労働者派遣法の趣旨及びその取締法規としての性質，さらには派遣労働者を保護する必要性等にかんがみれば，仮に労働者派遣法に違反する労働者派遣が行われた場合においても，特段の事情のない限り，そのことだけによっては派遣労働者と派遣元との間の雇用契約が無効になることはないと解すべきである。そして，XとAとの間の雇用契約を無効と解すべき特段の事情はうかがわれないから，上記の間，両者間の雇用契約は有効に存在していたものと解すべきである。

次に，ＹとＸとの法律関係についてみると，前記事実関係等によれば，ＹはＡによるＸの採用に関与していたとは認められないというのであり，ＸがＡから支給を受けていた給与等の額をＹが事実上決定していたといえるような事情もうかがわれず，かえって，Ａは，Ｘに本件工場のデバイス部門から他の部門に移るよう打診するなど，配置を含むＸの具体的な就業態様を一定の限度で決定し得る地位にあったものと認められるのであって，前記事実関係等に現れたその他の事情を総合しても，平成17年7月20日までの間にＹとＸとの間において雇用契約関係が黙示的に成立していたものと評価することはできない」。

この最高裁判決の後，多くの下級審裁判例は，偽装請負や後述の26専門業務の偽装の場合にも「特段の事情」に当たらないとして，派遣労働契約の効力を認めている（偽装請負事例の一例として，国〔神戸刑務所〕事件・大阪高判平成25.1.16労判1080号73頁。ただし，同判決を含む一部の裁判例は，不法行為の成立を認め，派遣先に対して慰謝料の支払を命じている）。もっとも，マツダ防府工場事件（山口地判平成25.3.13労判1070号6頁）は，同一の労働者を，1年間の派遣受入れの後に3か月プラス1日のクーリング期間に直接雇用し，その後さらに派遣受入れを繰り返すという「サポート社員制度」を採用して「組織的かつ大々的な違法派遣」をしたという事案で，「制度全体として労働者派遣法に違反し，協同して違法派遣を行っていたとみられ」，「原告と派遣元との間の派遣労働契約を無効であると解すべき特段の事情があると認められる」と判断した。

なお，上記最高裁判判決後の派遣法の改正により，現在では，これら偽装請負による派遣就業の場合に，派遣先がそれを知って役務の提供を受け入れていた場合には，後述のように，派遣先が同一内容の労働契約の締結の申込みをなしたものとみなされる（派遣40条の6第1項5号，3(2)を参照）。

(3) 労働者派遣事業の規制

(a) 労働者派遣事業　　労働者派遣事業は，すべての業務について行うことができるのが原則であり，例外的に，港湾運送業務，建設業務，警備業務および政令で定める業務（医師，歯科医師，薬剤師，看護師等の業務）は実施できない（派遣4条1項，派遣令1条・2条）。前述のように，1999年の改正までは，適用対象が26の専門業務に限定されていたが，上記の特定された業務を除き原則自由に拡張された（ネガティブリスト方式)。なお，2015年改正までは，派遣業務のうちこの26業務だけは，派遣期間制限のない取扱いを受ける専門業務とされていたが，同改正によりその区別が廃止された。

2015年の改正は，労働者派遣事業の制度に大きな改革をもたらした。すなわち，同事業は，従来は一般労働者派遣（許可制）と特定労働者派遣（届出制）とに区別されていたが，これらをすべて「許可制」に一本化した（派遣2条・5条以下)。許可にあたっては，許可申請書に所定の事項を記載し，添付する事業計画書には派遣労働者の数，派遣料金の額等の事項を記載しなければならない（同5条4項)。その許可基準においては，例えば特定の者に役務を提供することを目的とする派遣（専属派遣）が禁止され，派遣労働者に対する適正な雇用管理の能力を有することが求められる（同7条1項1号2号)。なお，労働者協同組合は，労働者派遣事業を行うことができない（労協7条2項)。

一方，労働者派遣事業が種々の処分を受けても事業を維持することを阻止するために，許可の欠格事由が設けられており（派遣6条)，例えば，許可の取消し（同14条）の日から起算して5年を経過しない者は，許可を受けることができない（同6条5号)。

(b)　紹介予定派遣　　派遣就業の開始前または開始後に，派遣就業が終了した後に当該派遣先に雇用される旨を約束する「紹介予定派遣」（ジョブサーチ派遣）という方式が認められている（派遣2条4号)。これをするには，労働者派遣の事業主が，同時に民営職業紹介事業の許可を受けていなければならない。

2　労働者派遣をめぐる当事者の権利・義務

(1)　労働者派遣契約　　派遣元事業主と派遣先事業主が締結する労働者派遣契約には，法律所定の条項（派遣26条1項）が定められる。この契約では，派遣の対象となる労働者は特定されない。また，派遣先は契約の締結に際して，派遣労働者の特定を目的とする行為（「特定行為」という。派遣先への履歴書の提出，事前面接など）をしないように努めなければならない（同条6項。紹介予定派遣の場合は雇用を予定しているから特定行為は禁じられない)。

派遣先は，国籍，信条，性別，社会的身分，正当な組合活動等を理由として，労働者派遣契約を解除してはならない（同27条，公益通報4条も参照)。一例として，航空会社を経営する派遣先が客室乗務員の派遣契約を解除したことが，派遣労働者の正当な組合活動（団体交渉，争議行為の通知等）を理由とするものであり，同解除は派遣法27条に違反して無効と判断した裁判例がある（トルコ航空ほか1社事件・東京地判平成24.12. 5労判1068号32頁)。

⑵　派遣期間の限度　従来の制度では，労働者派遣が正規雇用の代替とならないように，派遣期間は1年または3年に制限されていた。しかし，2015年改正により，大幅な見直しがなされた。まず，上記のように，それまで期間制限のない取扱いであった26専門業務の特例が廃止された。一方で，期間の定めなく雇用されている派遣労働者や60歳以上の労働者等については派遣受入期間の制限がなされない（派遣40条の2第1項但書，派遣則32条の4)。

有期雇用派遣労働者については，派遣先の事業所単位の受入期間の上限は3年とされる（派遣40条の2第1項2項)。もっとも，過半数代表等への意見聴取を経て，3年ごとの期間延長が可能である（同条3項4項)。また，有期雇用派遣労働者の個人単位の期間制限として，派遣先は「組織単位」ごとの業務に3年を超えて同一の労働者を受け入れることができない（同40条の3)。この組織単位とは，「課，グループ等の業務としての類似性や関連性がある組織」等とされる。また，3年の派遣受入れの後に3か月のクーリング期間を経過すれば，再び同じ組織単位に受け入れることが可能とされる（「派遣先が講ずべき措置に関する指針」〔最終改正令和2.10.9厚労告346号〕第2.14.⑵・⑷)。このように，有期雇用派遣労働者については，派遣労働者自身の雇用期間と派遣先の組織単位の範囲との組み合わせで，派遣可能期間が決せられる。

⑶　派遣元事業主と派遣先の労働者に対する義務　派遣元事業主および派遣先は，法律により労基法等の使用者の義務を分担する（派遣44条)。派遣元事業主の義務は，主として労働契約の締結にともなう義務や，派遣労働者の管理に関する義務が割り当てられている。派遣先の義務としては，就業にともなう労基法上の義務を負担するものが多い。ただし，三六協定などの事業場協定やその届出は，派遣元の義務である。

派遣先は，派遣労働者を雇用する事業主とみなされて義務を負担する場合がある。派遣先は，育児・介護休業等に関する不利益取扱いが禁止されるとともに，育児・介護休業等の取得等を理由とするハラスメントを防止する措置義務を負う（派遣47条の3）。さらに，セクシュアル・ハラスメントに関する雇用管理上の措置義務（雇均11条），妊娠中・出産後の健康管理に関する義務（同12条以下）を負担するとともに，職場における妊娠，出産等に関する言動（いわゆるマタニティー・ハラスメント）についての雇用管理上の措置（同11条の3）を講じなければならない（派遣47条の2）。同様に，派遣先は，優越的言動（パワー・ハラスメント）について事業主の講ずべき雇用管理上の措置（労働施策推進30条の2）についても，事業主とみなされて義務づけられる（派遣47条の4）。

3　派遣労働契約関係

(1)　派遣元と労働者の関係　派遣元での常時雇用の派遣を常用型派遣，そうでないものを登録型派遣という。常用型派遣の場合には，派遣元と派遣労働者とは常に労働契約で結ばれており，有期雇用派遣と無期雇用派遣とがある。労働者が派遣就業中でないときには，労働者は派遣元で勤務するか，一種の休業（原則として，使用者の責に帰すべき事由による休業）の状態に置かれることになる。これに対して，登録型派遣の場合には，労働者が派遣就業に応じる旨を約束したときに，その時点で労働契約が締結される。

派遣元の義務として，有期雇用派遣労働者に対して「雇用安定措置」（派遣30条）を講じなければならない。すなわち，有期雇用派遣労働者の派遣期間の上限は上記のように3年とされるところ，雇用する有期雇用派遣労働者のうち1年以上派遣する見込みの者（特定有期雇用派遣労働者）については，①派遣先への直接雇用依頼，②新たな派遣先の提供，③派遣元での無期雇用，④その他について，努力義務を課せられ（同条1項），3年派遣する見込みのある者についてはこれらの事項につき法的義務が課せられる（同条2項）。

派遣元は，無期雇用派遣労働者については，労働者派遣契約の終了のみを理由として解雇してはならず，また有期雇用派遣労働者についても，労働者派遣が終了した場合であって当該労働者派遣にかかる労働契約が継続しているときには，当該労働者派遣の終了のみを理由として解雇してはならない（「派遣元事業主が講ずべき措置に関する指針」〔最終改正令和2.10.9厚労告347号〕）。

さらに，労働者派遣の実施にあたって，次のような制限が加えられる。①いわゆる日雇派遣（日々または30日以内の期間を定めて雇用する労働者派遣）は，適正な雇用管理に支障を及ぼすおそれがないと認められる業務，あるいは雇用機会の確保が特に困難な場合等として政令で定める場合を除き，原則として禁止される（派遣35条の4，派遣令4条)。②派遣元事業主は，会社グループ内など「関係派遣先」に労働者を派遣するときには，その派遣割合（労働時間数で算定）が，80％以下となるようにしなければならない（派遣23条の2）。

また，派遣元事業主は，一定の雇用情報の公開を求められており，①事業ごとの派遣労働者の数，役務の提供を受けた者の数，および派遣料金と派遣労働者の賃金の差額の派遣料金に占める割合（マージン率）その他の所定の情報を公開しなければならず（同23条5項），②労働者を派遣労働者として雇い入れようとする際，および労働者派遣をしようとする際に，派遣労働者に対して，一人当たりの派遣料金の額を明示しなければならない（同34条の2）。

派遣先が，派遣契約に基づき派遣受入れした労働者を，別の労働者に変更を求めたり（差替要求)，派遣契約そのものを解約したりすることは禁止されていない。この場合に，派遣元は労働者を直ちに解雇できるわけではなく，解雇については，期間の定めのない労働者の場合には労契法16条の，有期契約労働者については労契法17条1項の規制に服することになる。また，解雇が無効である場合，有期契約労働者の場合には，契約期間の満了までの残余期間につき，休業手当を請求しうるにとどまるか，賃金の全額を請求しうるかが問題となる。判例では，前者の立場のもの（三都企画建設事件・大阪地判平成18.1.6労判913号49頁）と，アウトソーシング事件（津地判平成22.11.5労判1016号5頁）のように全額の支払を認めるものとがある。

⑵　派遣先と労働者の関係（申込みみなし）　派遣先と派遣労働者との間には，指揮命令関係のみ存在し，労働契約は存在しない。しかし，派遣先が派遣労働者に対して労務給付請求権を有し，賃金を支払っているとみるべき事情などがあるときには，実質的にみて派遣契約は有名無実なものとなり，派遣労働者と派遣先との間に黙示の労働契約が締結されたと認めるべき場合がある（伊予銀行・いよぎんスタッフサービス事件・高松高判平成18.5.18労判921号33頁）。

判例15-2 パナソニックプラズマディスプレイ（パスコ）事件最高裁判決は，派遣先が採用に関与しておらず，給与の額を決定していた事情もないことから，黙示の労働契約の成立を否定した。もっとも，下級審では，派遣先が派遣労働者の成績に応じて派遣料金に差を設ける「ランク制度」を採用していたことから，派遣先が派遣労働者の給与の「額を実質的に決定する立場にあった」として，派遣先との間の黙示の労働契約の成立を認める裁判例がある（前掲マツダ防府工場事件）。

他方，派遣先は労働者派遣法に基づき，次の義務を負担する。①労働者が当該派遣先を離職した者であるときには，離職の日から１年以内に派遣労働者として受け入れることが禁止される（派遣 40 条の９）。②派遣先は，その都合により労働者派遣契約を解除するときには，労働者の新たな就業機会の確保，派遣元事業主が支払う休業手当の費用負担その他の労働者の雇用の安定を図るために必要な措置を講じなければならない（同 29 条の２）。③派遣先は，特定の派遣法違反の事実，すなわち具体的には，ⓐ派遣禁止業務の派遣受入れ，ⓑ派遣元事業主以外の事業主からの派遣受入れ，ⓒ事業所単位での派遣可能期間の制限を超える派遣の受入れ，ⓓ労働者単位での派遣可能期間の制限を超える派遣の受入れ，ⓔいわゆる偽装請負等による役務の受入れ，という事実を知って労働者派遣の役務の提供を受けたときには，派遣労働者に対して，その受入れの時点で同一の労働条件で労働契約の申込みをしたものとみなされる（同 40 条の６）。その上で，労働者がその時点から１年以内に承諾する旨の意思表示をしたときには（同条２項・３項），派遣先との間に労働契約が成立する。

この「申込みみなし」について，判例15-3 東リ事件は，形式上は業務委託契約であっても派遣受入れをしていたとの認定を前提に，それが「適用潜脱目的」をもってなされたことから偽装請負に当たると判断し（前掲ⓔ該当），これにより使用者が労働契約の締結の申込みをしたとみなされると判断した。なお，同様の判断を前提としつつも，労働者側が１年以内に承諾の意思表示をしなかったとして，労働契約の成立を否定したものがある（日本貨物検数協会〔日興サービス〕事件・名古屋地判令和２.７.20 労判 1228 号 33 頁）。さらに，冠婚葬祭の互助会業務を運営する委託元会社（被告）は，労働者派遣事業の許可を得ていない代理店から労働者派遣を受けたものであり（前掲ⓑ該当），代理店から派遣された従業員（原告ら）に対して，派遣法 40 条の６第１項２号の行為をしたものとして労働契約の申込みをしたとみなされるところ，原告らは承諾の意思表示をしていないから労働契約は成立しないが，被告会社が従業員らに雇用関係のないことの「確認書」を提出させていた行為は，労働契約申込みに対する承諾をするか否かの選択権を不当に妨げるものであり，不法行為を構成すると判断する例がある（ベルコほか〔労働契約申込みみなし〕事件・札幌地判令和4.2.25労判1266号6頁）。他方で，大手建設会社（A社）が別会社（B社）に施工図作成業務を委託し，B社がさらに派遣会社（C社）に業務委託していた結果，C社に雇用されていた派遣労働者が二重の派遣（実際は労働者供給）関係によりA社の指揮命令のもとで業務に従事していた事案で，A社が契約を締結しているB社は，C社が雇用する労働者とは雇用関係にはないため，A社とB社の間には，労働者派遣関係は成り立ち得ないから，A社は派遣法40条の6にいう「労働者派遣の役務の提供を受ける者」に当たらないとする裁判例もみられる（竹中工務店ほか2社事件・大阪地判令和4.3.30労判1274号5頁）。

判例15-3 東リ事件

（大阪高判令和3.11.4労判1253号60頁）

事　実　被控訴人（被告）Y社では，製造業において労働者派遣が禁止されていた2004（平成16）年以前から，訴外A社と業務請負基本契約を締結し，A社の従業員はY社伊丹工場で稼働し，工程の一部ではYの従業員とが混在し，ともにYの指揮監督下で労務を提供していた。同年改正後も，Aの従業員であった控訴人（原告）Xらは製造の詳細な手順や方法についてYから指示を受け，Yの製造計画に従って製品を製造し，Yは労働時間を実質的に管理していた。XらはYに対し当初は直接雇用を申し入れていたが，Yはこれを受け入れず，関係工程につきA社との請負契約を終了させたため，XらはAから整理解雇された。Xら4名は，Yが派遣法40条の6第1項5号に該当する偽装請負を行い，同項柱書本文により労働契約の申込みをしたものとみなされ，これに対してXらが承諾する旨の意思表示をしたとして，Yとの間の労働契約の存在確認および賃金の支払を求めた。原審が偽装請負等の状態にあったとまではいえないと判断して，請求を棄却したのでXらが控訴。なお，本判決は最高裁の上告不受理決定により確定した（最三小決〔上告不受理〕令和4.6.7判例集未登載）。

判　旨　労働者派遣法2条1号および民法632条によれば，「請負人による労働者に対する指揮命令がなく，注文者がその場屋内において労働者に直接具体的な指揮命令をして作業を行わせているような場合には，請負人と注文者との間において請負契約という法形式が採られていたとしても，これを請負契約と評価することができない」。本件においては，「独立の業務請負契約としての実態があったとは認められない」。

「労働者派遣法40条の6……の制度趣旨は，違法派遣の是正に当たって，派遣労働者の希望を踏まえつつ雇用の安定を図ることができるようにするため，違法派遣を受入れた者に対する民事的な制裁として，当該者が違反行為を行った時点において，派遣労働者に対し労働契約の申込みをしたものとみなすことにより，労働者派遣法の規制の実効性を確保することである」。「日常的かつ継続的に偽装請負等の状態を続けていたことが認められる場合には，特段の事情がない限り，労働者派遣の役務の提供を受けている法人の代表者又は当該労働者派遣の役務に関する契約の契約締結権限を有する者は，偽装請負等の状態にあることを認識しながら，組織的に偽装請負等の目的で当該役務の提供を受けていたものと推認するのが相当である」。本件の場合，「A社の従業員に対する業務遂行上の具体的な指示を続けるなど，偽装請負等の状態を解消することなく，日常的かつ継続的に偽装請負等の状態を続けていたのであるから，本件業務請負契約……が解消されるまでの間，Yには，偽装請負等の目的があったものと推認することができる」。

派遣先の派遣労働者に対する団体交渉の義務については，判例2-4朝日放送事件を参照。

4　不合理な相違および不利な待遇の禁止

派遣労働者についても，パート有期労働者と同様に（しかし，独自の方法で）均衡処遇の取扱いだけでなく，派遣元事業主に労働条件の格差是正の措置が義務づけられている。

⑴ **「比較対象労働者」についての情報提供と派遣禁止**　格差の有無を検討する前提として，派遣先は派遣元事業主と派遣契約を締結するにあたって，派遣労働者の従事する業務ごとに，派遣先の「比較対象労働者」の賃金等の情報を提供しなければならない。派遣元事業主は，この情報提供がないときは，派遣契約を締結してはならない。なお，この比較対象労働者とは，派遣先で雇用される通常の労働者であって，職務の内容や配置の変更の範囲が派遣労働者と同一と見込まれる者などをいう（派遣26条7項～9項）。

⑵　不合理な相違の禁止　派遣元事業主は，派遣労働者の「基本給，賞与その他の待遇のそれぞれ」について，派遣先の通常の労働者との間で，職務の内容，職務・配置の変更の範囲その他の事情のうち，各待遇の性質・目的に照らして適切と認められるものを考慮して，「不合理と認められる相違」を設けてはならない（派遣30条の3第1項）。

⑶　「不利な」待遇の禁止　派遣元事業主は，派遣労働者のうち，派遣先の通常の労働者と，職務内容が同一で，かつ職務内容および配置の変更の範囲が同一と見込まれるものについては，正当な理由がなく，基本給，賞与その他の待遇のそれぞれについて，通常の労働者の待遇に比して「不利な」ものとしてはならない（派遣30条の3第2項）。

⑷　事業場協定による適用除外　これら⑵および⑶の規制は，派遣元事業主が当該事業で事業場協定を締結し，①協定の対象となる派遣労働者の範囲，②賃金決定の方法（同種業務の平均的な賃金額として厚労省令で定めるものと「同等以上の賃金の額」となるものであり，改善されうること），③賃金の公正な評価による決定，④賃金を除く待遇の決定方法，⑤教育訓練の実施，⑥厚労省令で定めるその他の事項を定めているときには，適用しない。ただし，このうちの②④⑤の定めを遵守せず，または③の公正な評価に取り組んでいないときには，なお⑵と⑶は適用される（派遣30条の4）。実際には，この事業場協定を締結することにより，⑵⑶の義務の適用を回避する例が多いといわれている。

⑸　均衡考慮　⑶と⑷の二つの規定に該当する場合を除く一般規制として，派遣元事業主は，「派遣先に雇用される通常の労働者との均衡を考慮しつつ」，派遣労働者の職務の内容，職務の成果，意欲，能力または経験等を勘案し，その賃金を決定するように努めなければならない（派遣30条の5）。

なお，派遣元事業主が派遣労働者にかかる就業規則の作成・変更をするときには，「雇用する派遣労働者の過半数を代表すると認められるもの」の意見聴取に努めなければならない（派遣30条の6）。

IV　Working Condition

第Ⅳ編　労働条件

Contents

第Ⅳ編

第16章　賃　　金

賃金は，労働者にとって最も重要な労働条件であり，法的にみても，労働契約において本質的部分を構成している（民623条，労契6条）。そして，賃金は，労働契約の本質的かつ重要な要素であるからこそ，その額や決定の方法は，原則として，就業規則や労働協約の定めのもとで決定される。他方で，労働者にとっては，賃金収入が，生計を維持・確保するための主たる手段となっていることから，賃金の確実な支払や最低賃金などの法規制が用意されている。

第1節　賃金の意義

1　労基法上の賃金

就業規則などに基づき決まって支給される賃金のうち，次にいう所定外賃金を除いたものを所定内賃金といい，基本給，職務手当，精皆勤手当，通勤手当，家族手当などが含まれる。所定外賃金とは，所定の労働時間を超える労働に対して支給される賃金や，休日労働，深夜労働に対して支給される賃金をいい，時間外・休日労働手当，深夜労働手当，宿日直手当などである。また，特別（臨時）の賃金として，一時金（賞与，ボーナス）や退職金がある。

そして，労基法11条は，「賃金」を「労働の対償として使用者が労働者に支払うすべてのもの」と定義している。一般に，就業規則等において，支給条件が明確に規定されて，使用者がその支給を約束しているときには，その支給金は同法11条の「労働の対償」としての「賃金」にあたると解されている。したがって，基本給や手当の多くも賃金であり，例えば，家族手当や退職金・一時金も，上記要件を満たす限り賃金であることに変わりはなく，これに対して，明確な支給条件が規定されず，任意的・恩恵的な性格をもつものは賃金ではない。例えば，慶弔金などは，賃金とはいえず，法的な性格は，贈与（民549条）に当たると解される。

なお，使用者は，労働時間数を含む賃金計算の基礎となる事項等について賃金台帳に記入しなければならず（労基108条，労基則54条），賃金台帳の保存期間は，5年間（ただし当分の間は3年間）である（労基109条，附則143条）。

2　賃金請求権

(1)　賃金請求権の発生　労働契約に基づき労働者が請求できる（使用者が支払義務を負う）賃金の内容や範囲は，当該労働契約の定めにより確定されるものであり，労基法上の賃金とは必ずしも同じではない。賃金請求権は，債務の本旨に従った労務の提供（民493条）があって初めて発生する（民624条）。

労働契約で職種や業務が特定されていない場合，病気や障害などによりそれまでの業務を十全に遂行できないときは，配置の現実的可能性があると認められる他の業務について労務の提供をすることができかつその申出をしているならば，労務の提供があったものとみなすことができる。この場合，使用者は賃金支払義務の履行を拒むことができない（判例5-5 片山組事件，民536条2項）。

これに対して，職種等の特定がある場合として，例えば，職種がトラック運転手に特定されていた事案では，労働者がそれまでの業務を通常の程度に遂行することができなくなった場合には，特定された職種の職務に応じた労務の提供をできない状況にあるものと解され，原則として賃金請求権は認められない（カントラ事件・大阪高判平成14.6.19労判839号47頁）。

また，使用者の責めに帰することができない事由によって労働に従事することができなくなったとき，および，雇用の履行が中途で終了したときには，労働者は，すでに履行した割合に応じて報酬の請求ができる（民624条の2）。

そして，労働者の自己都合による欠勤や遅刻・早退があった場合，債務の本旨に従った労務の提供がなかった限度（日数・時間）で賃金請求権は発生せず，使用者はその分の賃金を支払う義務はない（労契6条参照）とされる（NEXX事件・東京地判平成24.2.27労判1048号72頁）。ただし，就業規則等でこれと異なる定めがあれば，その定めが優先される。

(2) 消滅時効　退職手当を除く労基法所定の賃金（同法39条9項の賃金を含む。**第18章第3節4**参照）の請求権は5年間（ただし当分の間は3年間），退職手当の請求権は5年間，災害補償その他の請求権（賃金の請求権を除く）は2年間，それぞれ行使することができる時を起算点として時効により消滅する（労基115条，附則143条）。

3 平均賃金

労基法では，賃金額の概数を算定するため，「平均賃金」が利用される（例えば，労基20条・26条・39条9項・76条・77条など）。平均賃金は，労働契約で定まる賃金の平均額と一致するわけではない。平均賃金の算定方法は，それを算定すべき事由が発生した日以前の3か月の支払賃金総額を，3か月の総日数（非労働日を含む）で除する方式を原則とする（労基12条）。

4 賃金債権の保全

民法は，賃金債権の弁済を確保するために，賃金・退職金などについて一般先取特権を定めている（民306条2号・308条）が，特別先取特権（同329条2項）や動産質権（同334条），登記をした抵当権（同336条）等に劣後することから，実際にその弁済を受けることは難しい。また，労働者が破産手続（破産法），会社更生手続（会社更生法），再生手続（民事再生法）を申し立てて行う賃金債権の保全方法もあるが，倒産の多くが私的整理等で処理されるため，賃金債権の回収は困難といわれる。

賃金の支払の確保等に関する法律は，企業倒産により賃金を受け取らないまま退職した労働者に対して，未払賃金の一部を立替払する制度を設けている。立替払の範囲は，基準退職日の6か月前からの賃金および退職手当のうち未払賃金総額の80%に相当する額であるが，その額は労働者の基準退職日における年齢によって異なる（賃確7条，同法施行令4条）。退職労働者の未払賃金については，遅延利息が14.6%と定められているが（賃確6条，同法施行令1条），当該未払金の存否に係る事項に関し，合理的な理由により裁判所等で争っている場合など（同法施行規則6条）には，法定利率（3%。民404条2項）によるべきとされる（レガシィほか1社事件・東京高判平成26.2.27労判1086号5頁）。

第2節　賃金の決定・変更と減額・不支給

1　賃金の決定・変更

(1)　**決　定**　賃金は重要な労働条件であり，労働条件明示義務が課され（労基15条），就業規則の絶対的必要記載事項でもある（同89条2号）。また，最低賃金や賃金支払の諸原則（第3節1参照）に違反したり，男女差別や不合理な待遇などと認められない限り，具体的な計算方法や賃金水準の決定に関しては，基本的に当事者の契約自由の原則に委ねられる。例えば，職能資格制度は，仕事遂行能力，従事可能な職位を基準に資格等級を設け，資格等級に対応する賃金を定めるものである。

(2)　**変　更**　いったん合意された賃金を使用者が一方的に変更することは，原則として（就業規則による合理的変更を除く）できない（労契8条・9条）。労働者に同意を受け入れる旨の行為があっても，変更の同意が認められるのは，その態様や経緯，不利益の内容・程度，労働者への情報提供・説明内容等に照らして，労働者の自由な意思に基づいてなされたものと認めるに足りる合理的な理由が客観的に存在するときに限られる（判例7-2 山梨県民信用組合事件）。年俸額が合意できない場合でも，当然に，使用者が一方的に決定できるわけではなく，年俸額決定権限を就業規則等に定め，その内容が公正であることが求められる（日本システム開発研究所事件・東京高判平成20.4.9労判959号6頁）。

2　一時金（賞与）

賞与は，臨時の賃金に該当し，制度として支給する場合には，就業規則にその支払に関する規定を置く必要がある（労基89条4号）。そして，賞与の支給要件や金額は，労使間の合意や使用者の決定により自由に定めることができるが，賞与請求権は，使用者の決定や労使の合意・慣行等がある場合にはじめて発生する（福岡雙葉（ふたば）学園事件・最三小判平成19.12.18労判951号5頁，クレディ・スイス証券事件・最一小判平成27.3.5判時2265号120頁）。また，賞与は，賃金の後払い，功労報償，生活費の補助，労働者の意欲向上等といった多様な趣旨を含みうる。このことは，具体的な賞与請求権の解釈や不合理な待遇（パート有期8条等）の評価などにあたっても考慮される（判例12-4 長澤運輸事件）。

さらに，支給日に在籍する者のみに賞与を支給する旨の「支給日在籍要件」については，一般に不合理といえず，賞与の不支給も有効であると解されており（大和銀行〔賞与〕事件・最一小判昭和57.10.7労判399号11頁），退職時期を選択できない定年退職者に対しても適用される（JR東日本〔退職年度期末手当〕事件・東京高判平成29.12.13労判1200号86頁）。ただし，整理解雇のように，労働者に帰責事由がなく，退職時期を予測できない場合には，同要件は適用されない（リーマン・ブラザーズ証券事件・東京地判平成24.4.10労判1055号8頁）。また，考課対象期間の満了後の病死による退職の場合にも，同要件の適用は公序（民90条）により排除される（医療法人佐藤循環器科内科事件・松山地判令和4.11.2 LEX/DB25593746）。

3 退　職　金

(1) **同業他社への転職と減額・不支給**　退職金は，就業規則の相対的必要記載事項であり（労基89条3号の2），就業規則等で支払条件が明確に定められていれば，労基法11条の賃金に該当し，退職金請求権は労基法上の保護を受ける。また，退職金には，賃金後払的性格や功労報償的性格があるとされる。

そして，退職後同業他社に就職した場合に，退職金を減額・不支給とすることがあるが，判例16-1 三晃社事件のように，半額への減額について，「制限違反の就職をしたことにより勤務中の功労に対する評価が減殺され」ることから，そのような取扱いも認められている。これに対して，「顕著な背信性がある場合に限ると解するのが相当である」として，全額不支給規定の適用を否定するものもある（中部日本広告社事件・名古屋高判平成2.8.31労判569号37頁）。

判例16-1 三晃社事件

（最二小判昭和52.8.9労経速958号25頁）

事　実　X社は広告代理店であり，YはXに入社し，約10年勤務した後，Xを退職した。Xの就業規則によれば，勤続3年以上の社員が退職したときは退職金を支給することとされ，退職後同業他社へ転職したときは自己都合退職の2分の1の乗率で退職金が計算されることとされていた。退職にあたって，Yは就業規則の自己都合退職乗率に基づき計算された退職金64万8000円を受領したが，その際，今後同業他社に就職した場合には，就業規則に従い受領した退職金の半額32万4000円を返還する旨を約束した。しかし，Yは退職後，同業他社へ入社し，これを知ったXは，支払済み退職金の半額の返還を求めて提訴した。

（判　旨）「Xが営業担当社員に対し退職後の同業他社への就職をある程度の期間制限することをもって直ちに社員の職業の自由等を不当に拘束するものとは認められず，したがって，Xがその退職金規則において，右制限に反して同業他社に就職した退職社員に支給すべき退職金につき，その点を考慮して，支給額を一般の自己都合による退職の場合の半額と定めることも，本件退職金が功労報償的な性格を併せ有することにかんがみれば，合理性のない措置であるとすることはできない。すなわち，この場合の退職金の定めは，制限違反の就職をしたことにより勤務中の功労に対する評価が減殺されて，退職金の権利そのものが一般の自己都合による退職の場合の半額の限度においてしか発生しないこととする趣旨であると解すべきであるから，右の定めは，……労働基準法……3条，16条，24条及び民法90条等の規定にはなんら違反するものではない」。

(2)　懲戒解雇と減額・不支給　懲戒解雇の場合にも，不支給とされることが多いが（プリマハム事件・大阪高判平成22.6.29判タ1352号173頁等），労働者の「永年勤続の功労を抹消してしまうほどの不信行為」がある場合に限るとするものもある（日本高圧瓦斯工業事件・大阪高判昭和59.11.29労民集35巻6号641頁等）。しかし，永年の勤続の功を消し去る重大な非違行為がある場合は，不支給とされる（みずほ銀行事件・東京高判令和3.2.24労判1254号57頁）。

また，懲戒解雇等に伴う不支給の事案では，当該行為の具体的内容，会社への影響，被解雇者の勤続の功労などの個別的事情に応じ，退職金の一部の支払請求を認めたものがある（判例10-6 小田急電鉄事件，東日本電信電話会社事件・東京高判平成24.9.28労判1063号20頁，判例16-2〔いずれも約3割相当額を認容〕）。

判例16-2 日本郵便事業株式会社事件

（東京高判平成25.7.18判時2196号129頁）

（事　実）Xは，郵便事業を行うYの従業員として，専ら内務業務に従事し，後記本件処分当時，勤続26年で課長代理の地位にあった。Xは，酒気帯び運転で物損事故を起こして現場から逃走し，同日逮捕され，酒気帯び運転および不申告罪により罰金50万円に処せられた。Xの酒気帯び運転等は新聞により報道された。Yは，就業規則に基づき，Xを懲戒解雇とし（本件処分），懲戒解雇された者には退職手当を支給しない旨の退職手当規程に基づき，退職手当を不支給とした（Xの本件処分時点での退職金額は1320万5310円）。XはY社に対して，主位的に①本件処分を無効として労働契約上の地位の確認を，予備的に②退職金の支払を求めて提訴したところ，原審（東京地判平成25.3.26判時2196号132頁）は，①を棄却し，②について請求額の約3割の400万円を認容したため，Yが控訴した。

判　旨　「Yにおける退職金は，賃金の後払的な意味合いが強いというべきであるから，……労働者の行った非違行為によってそれまでの永年の勤続の功が抹消されるといえるような場合には退職金を支給しないことができるものの，それまでの永年の勤続の功が抹消されるとまではいえない場合には，労働者の行った非違行為によってそれまでの永年の勤続の功が減殺される程度に応じて，退職金を減額することができるにすぎない」。「本件非違行為は，一般社会からも強く指弾されるべき反社会的行為であるが，業務外のものであって，本件酒気帯び運転に対しては罰金刑が科されたにすぎず，交通事故は物損事故であり」，また，「Yに現実的な信用上及び営業上の損害が発生した」とは認められず，Xの勤務態度が不良であったとはいえない。「Xは，自動車等により集配業務等を行うことを主たる業務とするYの社員としての適格を欠くというべきであることなどからすると，本件非違行為は，Xのそれまでの永年の勤続の功を相当程度減殺するもの」であり，約3割に当たる400万円を認めるのが相当である。

第3節　賃金支払に対する規制

1　賃金支払の諸原則

労基法24条は，通貨払い・直接払い・全額払い・毎月1回以上定期払いの4つの原則を定めている。

(1)　**通貨払い**　賃金は通貨で支払わなければならない。現物給与を禁止し，労働者に最も安全で便利な支払方法を命じたものである。ただし，労働協約で別段の定めをするときには通貨以外で支払うことが認められる。また，賃金の口座振込については，労働者の同意を得て，その指定する金融機関の預貯金口座への振込等により行うことができる（労基則7条の2第1項）。さらに，労働者の同意を得て，一定の要件を満たすものとして厚生労働大臣が指定した資金移動業者（○○ Payなど）の口座への賃金支払（デジタル払い）も可能となった（同項3号，7条の3～7条の8）。

(2)　直接払い　　賃金は，労働者に直接支払わなければならない。賃金債権は，社会保険の受給権と異なり，譲渡が許されないわけではないが，労働者が賃金の支払を受ける前に債権を他に譲渡した場合でも，使用者は直接労働者に対して賃金を支払わなければならず，譲受人に支払うことはできない（電電公社小倉電話局事件・最三小判昭和43．3．12民集22巻3号562頁）。

(3)　全額払い　　使用者は当該計算期間の労働に対して約束した賃金の全額を支払わなければならず，賃金からの控除は原則として許されない。例外として，法令に別段の定めがある場合（給与所得に対する所得税等の源泉徴収，社会保険料の控除など）や事業場協定を締結した場合（社宅や寮等の費用，社内預金，組合費など）には賃金の一部を控除して支払うことができる。そして，この原則は，相殺禁止の趣旨も含んでいると解され，使用者による一方的相殺（控除）は認められない（関西精機事件・最二小判昭和31．11．2民集10巻11号1413頁，日本勧業経済会事件・最大判昭和36．5．31民集15巻5号1482頁）。

他方で，この原則の趣旨は，労働者の経済生活を脅かすことのないようにしてその保護を図ろうとするものであり，労働者が自ら賃金債権を放棄する意思表示をした場合，それが「労働者の自由な意思に基づくものであると認められるに足りる合理的な理由が客観的に存在」していたといえるときに限り，全額払い原則は適用されない（シンガー・ソーイング・メシーン事件・最二小判昭和48．1．19民集27巻1号27頁）。また，判例16-3 日新製鋼事件のように，使用者が労働者の同意を得てなす相殺についても，同様に解されている。

なお，過払賃金を後に支払われる賃金から差し引くことを「調整的相殺」というが，過払いのあった時期と合理的に接着した時期において賃金の清算調整が行われ，労働者の経済生活の安定を脅かさない場合に認められる（福島県教組事件・最一小判昭和44．12．18民集23巻12号2495頁）。

判例16-3 日新製鋼事件

（最二小判平成2.11.26民集44巻8号1085頁）

事　実　訴外Aは，Y会社に在職中，同社の住宅財形融資規程に則り，元利均等分割償還，退職した場合には残金一括償還の約定で，同社から87万円を，B銀行から263万円をそれぞれ借り入れた。各借入金のうち，Yへの返済については，上記規程およびYとAとの間の住宅資金貸付に関する契約証書の定めに基づき，YがAの毎月の給与および年2回の賞与から所定の元利均等分割返済額を控除するという方法で処理することとされ，Aが退職するときには，退職金その他より融資残金の全額を直ちに返済する旨約されていた。Aは，交際費等の出費に充てるため借財を重ね，破産申立てをする他ない状態になったことから，Yに退職を申し出るとともに，上記各借入金の残債務を退職金等で返済する手続をとってくれるように依頼した。Yは，Aに支払われるべき退職金と給与から，各借入金を控除し，Aの口座に振り込んだ。その後，Yの担当者が，Aに対して，事務処理上の必要から領収書等に署名捺印を求めたが，Aはこれに異議なく応じた。その後，Aの申立てにより，裁判所は破産宣告をし，Xを破産管財人に選任した。Xは，YがAの退職金につき，以上のような措置をとったことは，労基法24条に違反する相殺措置であるとして，Yに対して退職金の支払を請求した。

判　旨　労基法24条1項所定の「賃金全額払の原則の趣旨とするところは，使用者が一方的に賃金を控除することを禁止し，もって労働者に賃金の全額を確実に受領させ，労働者の経済生活を脅かすことのないようにしてその保護を図ろうとするものというべきであるから，使用者が労働者に対して有する債権をもって労働者の賃金債権と相殺することを禁止する趣旨をも包含するものであるが，労働者がその自由な意思に基づき右相殺に同意した場合においては，右同意が労働者の自由な意思に基づいてされたものであると認めるに足りる合理的な理由が客観的に存在するときは，右同意を得てした相殺は右規定に違反するものとはいえないものと解するのが相当である（最高裁昭和……48年1月19日第二小法廷判決・民集27巻1号27頁参照)。もっとも，……右同意が労働者の自由な意思に基づくものであるとの認定判断は，厳格かつ慎重に行われなければならない」。

(4)　毎月1回以上・定期払い　賃金は，毎月1回以上，特定した日に支払わなければならない。年俸制でも毎月定期払いをする必要がある。ただし，賞与や1か月を超える期間についての手当等はその期間で支払うことができる。

2　非常時払い

使用者は，労働者本人およびその扶養する者が，出産，疾病，災害，結婚，死亡，やむを得ない事由による帰郷の費用に充てるために，労働者が賃金を請求する場合，支払期日前であっても，すでに履行された労働に対する賃金を支払わなければならない（労基25条，労基則9条）。

3　最低賃金

最低賃金制度は，国が定めた賃金の最低額を使用者に強制することにより，労働者の保護を図る制度である。最低賃金額を下回る賃金額の定めは無効となり，最低賃金の額となる（最賃4条）。精神または身体の障害により著しく労働能力の低い者や試用期間中の者等について，減額の特例がある（同7条）。

最低賃金額の決定方式として，地域別最低賃金と特定最低賃金がある。地域別最低賃金は，全国各地域について，労働者の生計費および賃金ならびに通常の事業の賃金支払能力を考慮して定めることとされ，その際に，生活保護に係る施策との整合性にも配慮するものとされる（同9条）。毎年，中央最低賃金審議会が地域最賃額改定の目安に関する公益委員見解を発表し，この見解を参考に，地方最低賃金審議会が，関係労使の意見，賃金実態調査の結果等を考慮して，厚生労働大臣または都道府県労働局長が決定し，公示される（同10条）。特定最低賃金は，一定の事業もしくは職業に係る最低賃金制度であり（同15条），地域別最低賃金を補足する任意の制度として位置づけられる。

そして，病気休職からの試し勤務の場合でも，使用者の指揮監督下で労基法11条の「労働」に従事する限り，最低賃金相当額の支払を要するとするものがある（NHK〔名古屋放送局〕事件・名古屋高判平成30. 6 .26労判1189号51頁）。

第4節　休業手当

1　休業手当の意義

休業とは，労働者が労働契約に従って労働の用意をなし，労働の意思をもっているにもかかわらず，その給付の実現が拒否され，または不能となった場合をいう。労基法26条は，労働者の生活を保護する目的で，使用者に対して，強行的に（罰則や付加金の支払〔労基120条1号・114条〕がある），休業期間中の労働者に平均賃金の6割以上の手当を支払わせる制度を設けている。なお，就業規則等により休日と定められている日については，休業手当支払義務は生じない（昭和24.3.22基収4077号）。

2 使用者の責に帰すべき事由

労基法26条の「使用者の責に帰すべき事由」の範囲については，民法536条2項の「債権者の責めに帰すべき事由」（故意・過失または信義則上それらと同視しうる事由）よりも広く，一般に，不可抗力を除いて，使用者側に起因する経営・管理上の障害を含むと解されている。例えば，経営障害の場合であり，親会社の経営難から下請工場が資材，資金の獲得ができず休業した場合（昭和23.6.11基収1998号）などである。コロナ禍の売上減少に伴う休業も不可抗力とはいえず，休業手当を支払わなければならない（ホテルステーショングループ事件・東京地判令和3.11.29労判1263号5頁）。

他方で，地震で事業場の施設・設備が直接的な被害を受けた結果休業させる場合（平成23.4.27厚労省「東日本大震災に伴う労働基準法等に関するQ＆A〔第3版〕」），計画停電で電力が供給されないことを理由とする休業の場合（平成23.3.15基監発0315第1号）等は，労基法26条にいう「休業」には該当しない。また，争議行為の影響による休業について，一部ストにおける非・他組合員には休業手当が認められうるが（明星電気事件・前橋地判昭和38.11.14判時355号71頁），判例16-4 ノースウエスト航空事件のように，スト参加者と組織的な一体性があり，スト実施の意思形成に関与しうる部分ストのスト不参加組合員には，休業手当は認められない（判例24-4 ノースウエスト航空事件も参照）。

なお，有期労働契約の場合，当該契約期間内に限っての雇用継続およびそれに伴う賃金債権の維持については期待が高く，その期待は合理的なものであって，保護されなければならないとして，休業命令により労務提供を受領しなかったことに対して，賃金請求権（民536条2項）を認めた裁判例がある（いすゞ自動車〔雇止め〕事件・東京高判平成27.3.26労判1121号52頁）。

判例16-4　ノースウエスト航空事件

（最二小判昭和62.7.17民集41巻5号1283頁）

事　実　XらはY会社の大阪と沖縄の営業所に所属する従業員であり，訴外A労働組合の組合員である。Aは東京地区の組合員のみでストライキを実施し，羽田空港内のYの業務用機材を格納家屋で占拠したため，羽田空港における地上業務が困難となり，予定便数や路線の変更をせざるを得なくなった。その結果，大阪と沖縄での運行が一時中止となり，Xらの就労が不要になったとして，Yは，Xらに対して，その間の休業を命じ，賃金を支払わなかった。そこで，Xらはストライキによる休業がYの責任で労働できなかったとして賃金の支払を請求し（民536条2項），これが認められない場合にも，労基法26条の「使用者の責に帰すべき事由」に当たるとして休業手当の支払を求めた。

判　旨　「休業手当の制度は，右のとおり労働者の生活保障という観点から設けられたものではあるが，賃金の全額においてその保障をするものではなく，しかも，その支払義務の有無を使用者の帰責事由の存否にかからしめていることからみて，労働契約の一方当事者たる使用者の立場をも考慮すべきものとしていることは明らかである。そうすると，労働基準法26条の『使用者の責に帰すべき事由』の解釈適用に当たつては，いかなる事由による休業の場合に労働者の生活保障のために使用者に前記の限度での負担を要求するのが社会的に正当とされるかという考量を必要とするといわなければならない。このようにみると，右の『使用者の責に帰すべき事由』とは，取引における一般原則たる過失責任主義とは異なる観点をも踏まえた概念というべきであつて，民法536条2項の『債権者ノ責ニ帰スヘキ事由』よりも広く，使用者側に起因する経営，管理上の障害を含むものと解するのが相当である」。

「本件ストライキは，もつぱらXらの所属する本件組合が自らの主体的判断とその責任に基づいて行つたものとみるべきであつて，Y側に起因する事象ということはでき」ず，休業手当請求権は認められない。

3　中間収入控除の限度

労働者（債務者）が違法な解雇によって労務を提供できなかった場合，使用者（債権者）の帰責事由によるものとして，使用者は，解雇期間中の賃金支払義務の履行を拒むことができない（民536条2項）。一方で，労働者がその間に

Column 9

解雇期間中の賃金からの中間収入の控除

Xは，2022年4月1日に解雇された。Xの1か月あたりの賃金総額は30万円で，賞与は12月15日（支給対象期間：同年4月1日から9月30日）と6月15日（同：前年10月1日から翌年3月31日）に各30万円とする。Xは，解雇期間のうち2022年6月1日から2023年3月31日まで，アルバイトで月収16万円の収入を得ていた。2023年6月30日に労働契約上の地位の確認請求が認められ（解雇無効），同年7月1日から復職した場合の賃金額を計算しよう。

まず，①⑦「中間収入と時期的に対応しない賃金」と②「中間収入と時期的に対応する賃金のうち平均賃金の6割相当額」と③「中間収入と時期的に対応しない賞与（平均賃金算定の基礎に算入されない賃金）」の合計額が「絶対保障額」として確定する。これに対して，④「中間収入と時期的に対応する賃金のうち平均賃金の4割相当額」と⑤「中間収入と時期的に対応する賞与（平均賃金の算定基礎に算入されない賃金）」については，中間収入の控除が可能である。

⑥「中間収入」≧（④＋⑤）の場合には「絶対保障額」のみが認められ，⑥＜（④＋⑤）の場合，「絶対保障額」＋（④＋⑤－⑥）が認容される。本件では，⑥160万円＜（④120万円＋⑤50万円）なので，絶対保障額の340万円（①60万円＋②180万円＋③10万円＋⑦90万円）に加えて，中間収入を控除した後の残額の10万円（④120万円＋⑤50万円－⑥160万円）を加算した350万円の支払請求が認容される（これとは別に2022年6月15日支給の賞与も請求できる）。

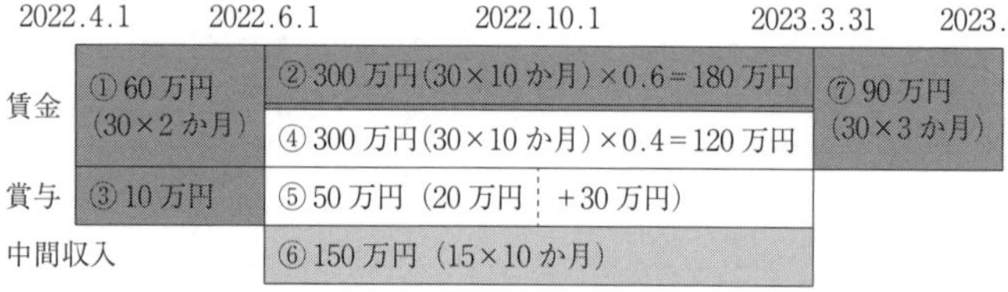

	2022.4.1	2022.6.1	2022.10.1	2023.3.31	2023.6.30
賃金	①60万円（30×2か月）	②300万円（30×10か月）×0.6＝180万円		⑦90万円（30×3か月）	
		④300万円（30×10か月）×0.4＝120万円			
賞与	③10万円	⑤50万円（20万円	＋30万円）		
中間収入		⑥150万円（15×10か月）			

他で労働して得た収入（中間収入という）は，賃金の支払と引換えに使用者に償還しなければならず（同項後段），賃金額から中間収入が控除される。

しかし，労基法26条の趣旨から，中間収入の控除は平均賃金の4割相当額以内として，平均賃金の6割の支払は確保すべきとされる（米軍山田部隊事件・最二小判昭和37.7.20民集16巻8号1656頁，第11章第4節**2**(2)参照）。また，中間収入の額が平均賃金の4割を超える場合には，平均賃金の算定基礎に算入されない賃金（労基法12条4項所定の臨時に支払われた賃金等）の全額を対象として控除できる。そして，賃金から控除しうる中間収入は，その利益の発生した期間が賃金の支給の対象となる期間と時期的に対応するものであることを要する（あけぼのタクシー〔解雇〕事件・最一小判昭和62. 4 . 2労判506号20頁，いずみ福祉会事件・最三小判平成18. 3 .28労判933号12頁，Column 9参照）。

第Ⅳ編

第17章　労働時間

労働時間規制は，伝統的に労働者の健康保護を目的としてきた。さらに，近年の労働時間規制の強化には，ワークライフ・バランスといった社会的要請への対応という視点も含まれている。2018年の労基法改正では，時間外労働の上限規制が導入されるなど，労働時間規制に若干の進展が見られた。しかし，現実には，時間外労働等に対する未払割増賃金請求訴訟や長時間労働による安全配慮義務違反に関する訴訟など労働時間をめぐる紛争は多く，労働時間規制やその解釈にはなお課題が残されている。

第1節　労働時間の意義

1　労働時間の枠組み

1日の時間は，拘束時間（始業時刻から終業時刻までの時間）と非拘束時間（勤務間インターバル）に区別される。実労働時間とは，拘束時間のうち休憩時間を除いたものをいい，実作業時間だけでなく手待ち時間も含むものである。

労基法上の労働時間は，使用者が労働者に労働させている時間（実労働時間）である（労基32条）。労基法は，使用者は，休憩時間を除き，週40時間，1日8時間を超えて，労働者を労働させてはならない（労基32条。ただし，特例事業〔10人未満の労働者を使用する物品販売の事業等〕では週44時間，1日8時間〔同40条，労基則25条の2〕）と定めており，これを法定労働時間という。

他方，始業・終業時刻と休憩時間に関する事項は就業規則の絶対的必要記載事項であり（労基89条1号），所定労働時間とは，労働契約や就業規則で定めた労働義務のある時間をいう。

2　労基法上の労働時間の概念

(1)　**定義と判断要素**　判例は，労基法上の労働時間を「労働者が使用者の指揮命令下に置かれている時間」と定義し，労働時間に当たるか否かは，「労働者の行為が使用者の指揮命令下に置かれたものと評価することができるか否かにより客観的に定まる」と解している（判例17-1三菱重工業長崎造船所〔一次訴訟・会社側上告〕事件）。

例えば，命じられた業務の準備行為等を義務づけられ，または余儀なくされたときは，特段の事情のない限り，使用者の指揮命令下に置かれたものと評価され，当該行為に要した時間は労働時間に該当する（判例17-1）。指示がある場合や，行為を怠ると懲戒処分を受けたり，成績評価に反映されたりする場合には，指揮命令下に置かれたものと評価されるが（判例17-1），業務として行われたものではなく，制裁等がない場合は指揮命令下と評価されない（オリエンタルモーター〔割増賃金〕事件・東京高判平成25.11.21労判1086号52頁）。

判例17-1　三菱重工業長崎造船所（一次訴訟・会社側上告）事件

（最一小判平成12.3.9民集54巻3号801頁）

（事　実）　Xらは，Y社N造船所で勤務する従業員であり，A労組の組合員である。Nの所定労働時間は，午前8時から正午までと午後1時から午後5時まででであったところ，勤怠把握の方法が構内入門時のタイムレコーダー打刻方式から所属長の確認（更衣を済ませ体操場の場所にいるか否か）方式に変更され，また，所定の終業時刻に実作業を終了し，終業後に更衣等を行うものに変更された。Xらは，Y社から，実作業にあたり，作業服のほか所定の保護具等の装着を義務付けられ，装着を所定の更衣所等において行うものとされており，これを怠ると，就業規則に定められた懲戒処分を受けたり就業を拒否されたりし，また，成績考課に反映されて賃金の減収にもつながる場合があった。また，始業時刻前に副資材等の受出しを行うことを義務付けられ，上長の指示により，粉じん防止のため，月数回散水をすることを義務付けられていた。Xらは，①入退場門から更衣所までの移動時間，②午前の始業時刻前の保護具等を装着して体操場まで移動する時間，③午前・午後の始業時刻前の副資材等の受出し・散水の時間，④午前の終業時刻後の食堂等への移動・作業服等の一部脱離の時間，⑤午後の始業時刻前の作業場等への移動・作業服等の装着の時間，⑥午後の終業時刻後の更衣所等への移動・作業服等の脱離の時間，⑦手洗い・洗身・通勤服着用等の時間，⑧更衣所等から入退場門までの移動時間について，労基法上の労働時間に当たるとして，時間外労働に係る賃金および割増賃金等を求めて提訴した。一審（長崎地判平成元．2．10労判534号10頁）および原審（福岡高判平成7．4．20労判681号75頁）は，②③⑥について労働時間と認めたため，Y社が上告し，労働時間と認められなかったそれ以外の部分について，Xらも上告した。

判　旨　労基法32条の労働時間とは，「労働者が使用者の指揮命令下に置かれている時間をいい，右の労働時間に該当するか否かは，労働者の行為が使用者の指揮命令下に置かれたものと評価することができるか否かにより客観的に定まるものであって，労働契約，就業規則，労働協約等の定めのいかんにより決定されるべきものではないと解するのが相当である。そして，労働者が，就業を命じられた業務の準備行為等を事業所内において行うことを使用者から義務付けられ，又はこれを余儀なくされたときは，当該行為を所定労働時間外において行うものとされている場合であっても，当該行為は，特段の事情のない限り，使用者の指揮命令下に置かれたものと評価することができ，当該行為に要した時間は，それが社会通念上必要と認められるものである限り」，労基法上の労働時間に該当する。

Xらは，Y社から，実作業にあたり，「保護具等の装着を義務付けられ，また，右装着を事業所内の所定の更衣所等において行うものとされ」，「副資材等の受出し及び散水も同様である。さらに，Xらは，実作業の終了後も，……保護具等の脱離等を終えるまでは，いまだY社の指揮命令下に置かれているものと評価することができる」。

判例17-1は②③⑥を労働時間と認めた。他方で，三菱重工業長崎造船所（一次訴訟・組合側上告）事件（最一小判平成12．3．9労判778号8頁）では，事業所内での洗身等（⑦）については，これを「義務付けられてはおらず，特に洗身等をしなければ通勤が著しく困難であるとまではいえなかった」として，また，休憩時間中の保護具等の脱着（④⑤）については，「使用者は，休憩時間中，労働者を就業を命じた業務から解放して社会通念上休憩時間を自由に利用できる状態に置けば足りる」として，労働時間に該当しないと判断した。

(2)　不活動時間　実作業に従事していない不活動時間であっても，労働契約上の役務の提供が義務づけられている場合には，労働からの解放が保障されているといえず，指揮命令下に置かれているといえ，労働時間に該当する（判例17-2大星ビル管理事件）。

例えば，ビル管理業務につく労働者が，電話や警報等に対して直ちに相応の対応をすることが義務づけられている仮眠時間について，労働時間に当たると認めた例がある（判例17-2）。また，住み込みのマンション管理人について，住民等の要望に随時対応するよう「黙示の指示」があった時間帯につき，不活動時間を含め，指揮命令下に置かれていたとして，労働時間と認めた例がある（大林ファシリティーズ〔オークビルサービス〕事件・最二小判平成19.10.19民集61巻7号2555頁）。実作業への従事が必要になることが皆無に等しく，実質的に義務づけがされていないと認めることができる事情がある場合には，労働時間に該当しない（ビル代行〔宿直勤務〕事件・東京高判平成17.7.20労判899号13頁，ビソー工業事件・仙台高判平成25.2.13労判1113号57頁）。

なお，仮眠時間が労働時間と認められた場合，それが時間外労働等に当たる限りで，割増賃金支払義務（第4節3(1)）が生じるが，仮眠時間に対する労働契約上の賃金は，泊り勤務手当の支払でよいとするものがある（判例17-2）。

判例17-2　大星（たいせい）ビル管理事件

（最一小判平成14.2.28民集56巻2号361頁）

事　実　Xらはビル管理会社Y社の従業員で，Y社が管理受託した各ビルに配属され，ビル設備の運転操作，監視，ビル内の巡回監視等の業務に従事していた。Xらは月に数回24時間の勤務（このうち休憩が合計2時間，仮眠時間が連続8時間）に従事し，仮眠時間中は，ビルの仮眠室に待機し（外出禁止・飲酒禁止），警報が鳴るなどすれば直ちに所定の作業を行うが，そのような事態が生じない限り，睡眠をとってよいことになっていた。24時間勤務に対して，Y社は，泊り勤務手当（1回2300円）を支給し，現実にXらが突発的な作業に従事した場合は，実作業時間に対して，残業申請に基づき所定の時間外・深夜勤務手当を支払っていたものの，仮眠時間は労働時間に算入されていなかった。そこで，XらはY社に対して，仮眠時間は現実に作業を行った否かに関わらず，労働時間に該当するとして，時間外・深夜勤務手当につき，泊り勤務手当との差額を請求したものである。

判　旨　実作業に従事していない不活動仮眠時間が「労基法上の労働時間に該当するか否かは，労働者が不活動仮眠時間において使用者の指揮命令下に置かれていたものと評価することができるか否かにより客観的に定まるものというべきである」。「不活動仮眠時間において，労働者が実作業に従事していないというだけでは，使用者の指揮命令下から離脱しているということはできず，当該時間に労働者が労働から離れることを保障されていて初めて，労働者が使用者の指揮命令下に置かれていないものと評価することができる。したがって，不活動仮眠時間であっても労働からの解放が保障されていない場合には労基法上の労働時間に当たるというべきである。そして，当該時間において労働契約上の役務の提供が義務付けられていると評価される場合には，労働からの解放が保障されているとはいえず，労働者は使用者の指揮命令下に置かれているというのが相当である」。

「実作業への従事がその必要が生じた場合に限られるとしても，その必要が生じることが皆無に等しいなど実質的に上記のような義務付けがされていないと認めることができるような事情も存しないから，本件仮眠時間は全体として労働からの解放が保障されているとはいえず，労働契約上の役務の提供が義務付けられていると評価することができる」。

第2節　変形労働時間制・フレックスタイム制

1　変形労働時間制

(1)　変形労働時間制の意義　変形労働時間制は，一定期間の平均労働時間が週40時間を超えない限りで，特定の週または日に法定労働時間を超えて労働させることを可能とする制度である。一定期間内で，労働時間を弾力化し，業務の繁閑に応じて労働時間を配分することで労働時間を短縮することを目的とする（昭和63.1.1基発1号）。ただし，使用者は，育児や介護を行う者や職業訓練・教育を受けている者等が，育児等に必要な時間を確保できるよう配慮しなければならず（労基則12条の6），妊産婦が請求した場合，変形労働時間制は適用されない（労基66条1項）。

(2)　1か月以内の期間の変形労働時間制　使用者は，事業場協定または就業規則（就業規則作成義務のない常時10人未満の事業場では「その他これに準ずるもの」）で，1か月以内の一定期間（単位期間）を平均して1週間の労働時間が40

時間を超えない定めをした場合，特定の週に40時間を超えてまたは特定の日に8時間を超えて労働させることができる（労基32条の2第1項）。協定は行政官庁に届け出なければならない（同2項）。

制度の適用のためには，単位期間内の各週，各日の所定労働時間を就業規則等において特定する必要があり，それが特定されているといえるかは，作成される各書面の内容，作成時期や作成手続等に関する就業規則等の定め等から判断する必要がある（判例17-2 大星ビル管理事件）。

変形労働時間制の適用による効果は，単位期間内の一部の週または日に法定労働時間を超える所定労働時間を定めても，定められた所定労働時間の限度で，法定労働時間を超えたものと取り扱わないというものである（判例17-2）。そのため，①法定労働時間を超える所定労働時間を定めた週または日は，所定労働時間を超えた労働時間（判例17-2），②それ以外の週または日は法定労働時間を超えた労働時間，③単位期間の法定労働時間の総枠を超えた労働時間（①②を除く）は，時間外労働となる（昭和63.1.1基発1号）。

⑶　1年以内の期間の変形労働時間制　季節や時期ごとの繁閑に応じた労働時間の配分を可能にするものである。事業場協定で，対象労働者の範囲，対象期間における労働日，労働日ごとの労働時間等を定め，行政官庁に届け出た場合，1年以内の一定期間の平均労働時間が1週40時間を超えない範囲で，特定の週に40時間を超えてまたは特定の日に8時間を超えて労働させることができる（労基32条の4第1項4項）。対象期間における労働日数の上限（対象期間が3か月超の場合，原則，1年あたり280日），労働時間の上限（原則，1日10時間，1週52時間），連続労働日数の上限（原則6日）がある（労基32条の4第3項，労基則12条の4第3項～5項）。

⑷　1週間単位の非定型的変形労働時間制　日ごとの業務に著しい繁閑が生じることが多く，これを予測し，就業規則等で各日の労働時間を特定しておくことが困難な事業（小売業，旅館，料理店・飲食店の事業）かつ労働者が30人未満の事業場で，事業場協定を締結し届け出た場合，1日10時間まで労働させることができる（労基32条の5第1項3項，労基則12条の5第1項2項）。ただし，使用者は，1週間の各日の労働時間を，その週が始まる前に労働者に書面で通知しなければならない（労基32条の5第2項，労基則12条の5第3項）。

2 フレックスタイム制

フレックスタイム制は，一定期間の総労働時間を定めておき，その範囲内で労働者が始業・終業時刻を自ら決定して働くことができる制度で，生活と業務の調和を図りながら，効率的に働くことを可能にするものである（昭和63．1．1基発1号）。制度の導入には，事業場協定で，①対象労働者の範囲，②清算期間（上限3か月），③清算期間を平均して1週間の労働時間が法定労働時間の範囲内（清算期間が1か月を超える場合，清算期間を1か月ごとに区分した各期間を平均して1週間の労働時間が50時間を超えない範囲内）となるように定めた清算期間における総労働時間，④標準となる1日の労働時間を定めなければならない（労基32条の3第1項2項，労基則12条の3第1項1号）。また，⑤コアタイム（労働者が労働しなければならない時間帯）や⑥フレキシブルタイム（労働者がその選択により労働することができる時間帯）を設ける場合には，その開始・終了時刻も定める必要がある（労基則12条の3第1項2号3号）。

フレックスタイム制においては，清算期間における法定労働時間の総枠を超えた時間が，時間外労働となる（昭和63．1．1基発1号）。清算期間が1か月を超える場合には，①1か月ごとに週平均50時間を超えた時間および②法定労働時間の総枠を超えた時間（①を除く）が，時間外労働となる。

なお，1000人以上の企業におけるフレックスタイム制の適用を受ける労働者の割合は，18.0%である（令和4年就労条件総合調査）。

第3節　労働時間の算定

1 労働時間の把握

使用者は，労働時間数を記入した賃金台帳を調製する義務を負い（労基108条，労基則54条），雇用契約上，労働者を指揮命令下で労働させ，労基法上，時間外労働に対する割増賃金支払義務を負う立場にあるため，労働時間把握義務を負う（阪急トラベルサポート〔派遣添乗員・第2〕事件・最二小判平成26．1．24労判1088号5頁の原審〔東京高判平成24．3．7労判1048号6頁〕）。そして，労働時間の適正な把握のために，タイムカード，ICカード，PCのログ等の客観的記録により把握すべきことが原則とされている（平成29.1.20基発0120第3号）。テレワークにおける労働時間も，客観的記録による把握や，情報通信機器の使用時間の記録が始終業時刻を反映できない場合には自己申告による把握が考えられる（厚生労働省「テレワークの適切な導入及び実施の推進のためのガイドライン」）。

割増賃金請求（第4節3）においては，上記の客観的記録のほか，車両のタコグラフ（旭運輸事件・大阪地判平成20.8.28労判975号21頁），運転日報（コーダ・ジャパン事件・東京高判平成31.3.14労判1218号49頁），タイムカードが実態と乖離する場合に労働者が作成したメモ（オオシマニットほか事件・和歌山地田辺支判平成21.7.17労判991号29頁）等から労働時間が認定されている。

また，事業者は，労働者の健康保持のため，長時間労働を行った労働者に医師による面接指導を行わなければならないとされており（労安衛66条の8・66条の8の2），その前提として，労安衛法上も，客観的方法による労働時間の状況の把握義務を負っている（労安衛66条の8の3，労安衛則52条の7の3）。

2　労働時間の計算方法

労働者が複数の事業場で労働した場合においても，労働時間は通算される（労基38条1項）。兼業・副業により異なる事業主のもとで労働者が労働する場合，各々の事業主が通算した労働時間を管理する必要がある（令和2.9.1基発0901第3号）。通算した労働時間のうち，法定労働時間を超える部分は，時間外労働となり，割増賃金支払義務が生じる。

坑内労働については，労働者が坑口に入った時刻から坑口を出た時刻までの時間が，休憩時間を含め労働時間とみなされる（坑口計算制，労基38条2項）。一方で，この場合，休憩時間の一斉付与（労基34条2項）および自由利用の原則（同条3項）の規定は適用されない。

3　みなし労働時間制

(1)　**事業場外労働時間のみなし制**　　労働者が，労働時間の全部または一部について事業場外での業務に従事し，労働時間を算定し難いときは，所定労働時間労働したものとみなされる。ただし，当該業務遂行のためには通常所定労働時間を超えて労働することが必要となる場合，当該業務遂行に通常必要とされる時間労働したものとみなされる。この場合，事業場協定で定め，届け出ることによって「通常必要とされる時間」を定めることができる（労基38条の2）。この制度は，事業場外労働で，使用者による具体的な指揮監督が及ばず，労働時間の把握・算定が困難な場合に「実際の労働時間にできるだけ近づけた便宜的な労働時間の算定方法を定めるもの」で，その限りで労働時間の把握・算定義務を免除するものと解される（前掲阪急トラベルサポート〔派遣添乗員・第2〕事件原審判決)。海外旅行ツアーの添乗員が，携帯電話を貸与され，ツアー各日の行程の詳細を記載した日報の作成・提出を指示され，ツアー内容の変更が必要になった際は，指示を受けることが求められていた場合に，事業場外労働であっても，業務の性質や指示・報告の方法等を考慮し，労働者の勤務状況を具体的に把握することが困難であったとは認め難く，「労働時間を算定し難いとき」に当たらず，事業場外労働時間のみなし制は適用されないと判断されている（前掲阪急トラベルサポート〔派遣添乗員・第2〕事件)。

⑵　**専門業務型裁量労働制**　業務の性質上その遂行方法を大幅に労働者の裁量にゆだねる必要があるため，業務遂行の手段や時間配分等を使用者が具体的に指示することが困難な業務に労働者を就かせた場合，事業場協定で定めた時間働いたものとみなす制度である（労基38条の3）。

裁量労働制は，労働者の自律的な働き方を可能にする一方で，事業場協定で定めた時間によって労働時間を算定するため，実労働時間に応じた時間外労働に対する割増賃金支払が不要となり，労働者に不利益になりうる（レガシィほか1社事件・東京高判平成26.2.27労判1086号5頁参照)。そのため，対象業務は，限定列挙されている（①研究開発，②情報処理システムの分析・設計，③取材・編集，④デザイン，⑤放送番組等のプロデューサー・ディレクター，⑥その他厚生労働大臣の指定する14業務〔システムコンサルタント，大学での教授研究，弁護士，税理士等〕〔労基則24条の2の2第2項〕。2024年4月からは，銀行等における顧客の合併・買収に関する業務も対象になる〔令和5.3.30厚労告115号〕)。税理士の業務は，税理士法3条の資格を有し，税理士名簿への登録を受けた者自身を主体とする業務と解されている（前掲レガシィほか1社事件)。一方で，ウェブ広告の制作について，「業務の性質上その遂行の方法を大幅に当該業務に従事する労働者の裁量にゆだねる必要があるため，当該業務の遂行の手段及び時間配分の決定等に関し使用者が具体的な指示をすることが困難」（労基 38 条の３第１項１号）な業務かという観点から④に該当しないと判断したもの（インサイド・アウト事件・東京地判平成 30.10.16 判タ 1475 号 133 頁），プログラミングは，業務の性質上，裁量性の高い業務ではないので，②に含まれないと解したものがある（エーディーディー事件・大阪高判平成 24. 7 .27 労判 1062 号 63 頁）。

また，制度の適用のためには，事業場協定で，①対象業務，②みなし労働時間，③業務遂行の手段・時間配分等に関し，使用者が具体的指示をしないこと，④健康・福祉確保措置，⑤苦情処理措置等を定め，行政官庁に届け出ることが必要である（労基 38 条の３第１項２項）。2024 年４月からは，⑥使用者が労働者の同意を得なければならず，同意しない労働者に対し不利益取扱いをしてはならないことや，⑦同意の撤回に関する手続が協定事項に追加される（令和５年厚労省令 39 号による改正後の労基則 24 条の２の２第３項１号２号）。

裁量労働制は，労働者にとっても自律的な業務遂行が可能であること等の利益があることから，いったん定まった以上，この適用から恣意的に除外されて，裁量労働制の適用による利益が奪われるべきではない。したがって，使用者が労働者の同意を得ることなく一方的になした裁量労働制除外措置は，有効とは認められない（日立コンサルティング事件・東京地判平成 28.10.7 労判 1155 号 54 頁）。

⑶　企画業務型裁量労働制　　事業運営に関する事項の企画，立案，調査，分析の業務で，業務の性質上その遂行方法を大幅に労働者の裁量にゆだねる必要がある業務に労働者を就かせた場合，事業場協定で定めた時間労働したものとみなす制度である（労基 38 条の４）。専門業務型に比べ，対象業務の範囲が概括的である一方で，制度適用のための手続が加重されており，適用には労働者の同意が必要である。具体的には，労使委員会（**第１章第１節３⑶**参照）を設置し，委員の５分の４以上の多数により，①対象業務，②対象労働者の範囲，③みなし労働時間，④健康・福祉確保措置，⑤苦情処理措置，⑥使用者が労働者の同意を得なければならず，同意しない労働者に対し不利益取扱いをしてはならないこと等に関して決議し，行政官庁に届け出なければならない（労基 38 条の４第１項）。2024 年４月からは，決議事項に，⑦同意の撤回手続等が追加される（令和５年厚労省令 39 号による改正後の労基則 24 条の２の３第３項１号）。

なお，1000人以上の企業におけるみなし労働時間制の適用を受ける労働者の割合は，事業場外労働で6.8%，専門業務型裁量労働制で1.7%，企画業務型裁量労働制で0.4%である（令和4年就労条件総合調査）。

(4)　みなし労働時間制における健康管理　みなし労働時間制の下でも，使用者は，労働者の健康管理のための労働時間の状況の把握義務を負っており（労安衛66条の8の3），健康状態に応じて過重な業務に就かせないようにするなどの安全配慮義務も負う（システムコンサルタント事件・東京高判平成11.7.28労判770号58頁，前掲エーディーディー事件）。

第4節　時間外・休日労働

1　時間外・休日労働

(1)　時間外・休日労働の意義　法定労働時間を超えて労働させることを，時間外労働といい，法定休日（労基35条）に労働させることを休日労働という。時間外・休日労働について，使用者は労基法37条に基づく割増賃金支払義務を負うが，所定労働時間を超えて法定労働時間を超えない法内超勤については，同条の義務を負わない。ただし，就業規則等で割増賃金を支払うとする場合には，それらの根拠に基づき支払義務が生じる。

労基法は，例外的に，33条と36条において時間外・休日労働を認めている。それらの要件を満たす場合，時間外・休日労働をさせても罰則は適用されない。

(2)　非常事由による時間外・休日労働　災害その他避けることができない事由によって臨時の必要がある場合，使用者は，行政官庁の許可を受けて，時間外・休日労働をさせることができる（労基33条1項）。事態急迫のため許可を受ける暇（いとま）がない場合には，事後に遅滞なく届け出なければならない（同条1項但書）。また，公務のために臨時の必要がある場合には，非現業の地方公務員について時間外・休日労働をさせることができる（同条3項）。

(3)　三六協定に基づく時間外・休日労働　使用者は，事業場協定（いわゆる三六協定）を締結し，行政官庁に届け出た場合，三六協定の範囲内で時間外・休日労働をさせることができる（労基36条1項。免罰的効果）。三六協定には，労働者の範囲，対象期間，時間外・休日労働の具体的事由，時間外労働ができる時間数・休日労働ができる日数を定めなければならない（同条2項)。

三六協定で定めうる時間外労働ができる時間は，原則，①月45時間，年360時間という限度時間を超えてはならない（労基36条3項4項)。臨時的に限度時間を超えて労働させる必要がある場合には，限度時間を超えて労働時間を延長し，休日に労働させうる時間を定める特別条項を規定することができる（同条5項)。この場合，②年720時間，③単月100時間未満（休日労働含む)，④複数月平均80時間（休日労働含む）を限度とし（同条5項・6項2号3号)，⑤月45時間を超える月数（1年に6か月以内）を定めなければならない（同条5項)。また，坑内労働その他健康上有害な業務の時間外労働は，1日2時間が上限とされる（同条6項1号)。同条6項各号の上限に違反する場合，罰則が適用される（労基119条1号)。

ただし，新技術等の研究開発に係る業務には，上記①〜⑤は適用されない（労基36条11項)。適用が猶予されている建設業，自動車運転業務，医師等には，2024年4月から適用される。しかし，それ以降も，当分の間，建設業の災害復興・復旧事業に限り，③④が適用されず（労基附則139条1項)，自動車運転業務は，②が年960時間とされ，③〜⑤は適用されず（労基附則140条1項)，医師は，②〜⑤が適用されず，原則，月100時間未満，年960時間（例外的に1860時間）が上限とされる（労基附則141条1項〜3項，令和4年厚労省令5号による改正後の労基則69条の4，69条の5，令和4年厚労省令6号)。

2　三六協定の範囲内での時間外・休日労働に応じる義務

三六協定の締結・届出は免罰的効果を有するが，三六協定を根拠として，労働契約上当然に労働者に時間外・休日労働義務が生じるわけではない。使用者が三六協定を締結し，届け出ており，就業規則に三六協定の範囲内で時間外労働をさせることがある旨を定めていた場合に，就業規則の規定内容が合理的なものである限り，それが具体的労働契約の内容をなすから，就業規則の規定の適用を受ける労働者は，その定めるところに従い，労働契約に定める労働時間を超えて労働する義務を負う（判例17-3 日立製作所武蔵工場事件)。

判例17-3 日立製作所武蔵工場事件

（最一小判平成3.11.28民集45巻8号1270頁）

事　実　Xは，Y社の従業員であり，M工場で製品の品質等の向上を所管する業務に従事していたところ，上司に命じられた業務に必要な作業を怠り，上司からその手抜かりを指摘され，残業してでも作業のやり直しをするよう命じられたものの（本件残業命令），これを拒否して帰宅した。Y社は，Xに残業拒否につき始末書の提出を求めたが，残業命令に従う義務はないとの態度を変えなかったため，Xに対する過去4回の懲戒処分も踏まえて，Xを懲戒解雇とした。Xは，本件懲戒解雇は無効であるとして，雇用契約上の地位の確認を求めた。なお，Y社の就業規則には，会社は，業務上の都合によりやむを得ない場合には，Xの加入するA組合（Y社〔M工場〕の労働者の過半数で組織）との協定により1日8時間の実働時間を延長することがある旨が定められていた。Y社とA組合との間では，「会社は，①納期に完納しないと重大な支障を起すおそれのある場合，②賃金締切の切迫による賃金計算又は棚卸し，検収・支払等に関する業務ならびにこれに関する業務，③配管，配線工事等のため所定時間内に作業することが困難な場合，④設備機械類の移動，設置，修理等のため作業を急ぐ場合，⑤生産目標達成のため必要ある場合，⑥業務の内容によりやむを得ない場合，⑦その他前各号に準ずる理由のある場合は，実働時間を延長することがある。」等の定めがある協定が締結され（以下「本件三六協定」という），所轄労基署長へ届出がなされていた。

判　旨　労基法32条の「労働時間を延長して労働させることにつき，使用者が，当該事業場の労働者の過半数で組織する労働組合等と書面による協定（いわゆる三六協定）を締結し，これを所轄労働基準監督署長に届け出た場合において，使用者が当該事業場に適用される就業規則に当該三六協定の範囲内で一定の業務上の事由があれば労働契約に定める労働時間を延長して労働者を労働させることができる旨定めているときは，当該就業規則の規定の内容が合理的なものである限り，それが具体的労働契約の内容をなすから，右就業規則の規定の適用を受ける労働者は，その定めるところに従い，労働契約に定める労働時間を超えて労働をする義務を負うものと解するを相当とする」。

「本件三六協定は，Y社（M工場）がXら労働者に時間外労働を命ずるについて，その時間を限定し，かつ，前記①ないし⑦所定の事由を必要としているのであるから，結局，本件就業規則の規定は合理的なものというべきである」。「Y社は，……本件三六協定所定の事由が存在する場合にはXに時間外労働をするよう命ずることができたというべきところ」，本件残業命令は「本件三六協定の⑤ないし⑦所定の事由に該当するから，これによって，Xは，前記の時間外労働をする義務を負うに至ったといわざるを得ない」。

3 割増賃金

(1) 割増賃金の意義　労基法37条は，時間外・休日・深夜労働について，使用者に割増賃金の支払を義務づけている。これは，使用者に経済的負担を課すことで時間外労働等を抑制し，労基法の労働時間に関する規定を遵守させるとともに，過重な労働を行った労働者に対する補償を行おうとする趣旨によるものである（静岡県教職員事件・最一小判昭和47.4.6民集26巻3号397頁，判例17-4医療法人社団康心会事件）。労基法33条や36条の要件を充足しない違法な時間外労働等の場合でも，当然，使用者は労基法37条の割増賃金支払義務を負う（小島撚糸事件・最一小判昭和35.7.14刑集14巻9号1139頁）。他方，公立の義務教育諸学校等の教育職員の給与等に関する特別措置法は，「教育職員については，時間外勤務手当及び休日勤務手当は，支給しない」と定め（3条2項），時間外・休日勤務の長さにかかわらず給料月額の4％相当額を基準とする「教職調整額」を支給するとしている（同条1項。埼玉県〔小学校教員・時間外割増賃金請求〕事件・東京高判令和4.8.25 LEX/DB25572401も参照）。

使用者は，通常の労働時間・労働日の賃金の計算額を基に，法定の割増率で計算した割増賃金を支払わなければならない。割増率は，時間外労働が25％以上，休日労働が35％以上，深夜労働が25％以上である（労基37条1項4項，「労働基準法第37条第1項の時間外及び休日の割増賃金に係る率の最低限度を定める政令」）。時間外・休日労働が深夜労働と重なる場合には，両方の割増率が適用され，時間外労働が深夜労働と重なる場合には50％以上，休日労働が深夜労働と重なる場合には60％以上の割増率となる（労基則20条）。時間外労働のうち月60時間を超える部分は，割増率が50％以上となるが（労基37条1項但書），25％分は，事業場協定の締結により，有給休暇の付与に代えることができる（同条3項）。

(2) 割増賃金の算定基礎　割増賃金の算定基礎となる通常の労働時間・労働日の賃金の計算額は，①時給制の場合は時給，②月給制の場合は月給を月の所定労働時間（月によって異なる場合，1年における1か月の平均所定労働時間数）で除した額，③出来高払い制の場合は賃金算定期間における賃金総額を総労働時間数で除した額である（労基則19条1項）。家族手当，通勤手当，別居手当，子女教育手当，住宅手当，臨時に支払われた賃金，1か月を超える期間ごとに支払われる賃金は，算定基礎から除外される（労基37条5項，労基則21条）。これらの除外賃金に当たるかは，名目のみにとらわれず，実質に着目して判断される（小里機材事件・最一小判昭和63.7.14労判523号6頁）。

(3) 割増賃金の支払方法　労基法37条は，法所定の方法で算定された額を下回らない割増賃金支払を義務づけるにとどまると解される。そのため，一定の時間外労働等に対する割増賃金を，①あらかじめ基本給や手当に含めて支払うとすることも，直ちに同条違反とならず（判例17-4 医療法人社団康心会事件），②定額の手当で支払うこともできる（日本ケミカル事件・最一小判平成30.7.19労判1186号5頁）。これらを，固定残業代制（定額残業代制）という。

ただし，①の場合，労働契約で通常の労働時間の賃金部分と割増賃金部分が判別できる必要があり（判別可能性），割増賃金部分が法所定の方法で算定した割増賃金の額を下回るときは，使用者は差額支払義務を負う（判例17-4）。

②の場合，手当が時間外労働等の対価として支払われるものであること（対価性）を要する。対価性は，契約書等の記載内容や，事案に応じて使用者の説明内容，労働者の実際の労働時間等を考慮して判断される（前掲日本ケミカル事件）。

また，歩合給の計算基礎となる額から計算した割増賃金相当額を支払う一方，同額を歩合給の計算過程で控除する仕組みのもとで，割増賃金が支払われたといえるかも，上記の判別可能性と対価性の観点から判断される。その際，対価性は，手当の名称や算定方法だけでなく，労基法37条の趣旨を踏まえ，労働契約の定める賃金体系全体における手当の位置づけ等にも留意して検討しなければならない（国際自動車〔第二次上告審〕事件・最一小判令和2.3.30民集74巻3号549頁，国際自動車〔第2・上告審〕事件・最一小判令和2.3.30労判1220号15頁）。①能率手当を除く基準内賃金と②それを基礎として算出した割増賃金が支給され，出来高から②を控除して算出された③能率手当と④それを基礎として算出した割増賃金も支払われていた事案では，同様の判断枠組みの下，対価性・判別可能性が認められ，割増賃金が支払済みであると判断された（トールエクスプレスジャパン事件・大阪高判令和3．2．25労判1239号5頁)。

固定残業代制においても，給与体系の変更により通常の労働時間の賃金が減少し，過大な割増賃金が支払われる賃金体系となることやそれに関する十分な説明の有無が，対価性の判断で考慮され，通常の労働時間の賃金に当たる歩合給として支払われていた賃金の一部につき，名目のみを割増賃金に置き換えて支払う賃金体系と評価される場合は，労基法37条の割増賃金が支払われたものとはいえない（熊本総合運輸事件・最二小判令和5．3．10労判1284号5頁)。

また，限度時間（本節1(3)）改定前の事案であるが，過労死認定基準を満たすような長時間の時間外労働等に相当する定額残業代の定めは，実際には，恒常的な長時間労働を予定していないことを示す特段の事情がない限り，公序良俗違反で無効とするのが相当として，実際に月80時間超の時間外労働等が行われていた事案で，そのような定額残業代の定めが無効とされた（イクヌーザ事件・東京高判平成30.10.4労判1190号5頁)。

判例17-4　医療法人社団康心会事件

（最二小判平成29．7．7労判1168号49頁）

事　実　医師であるXと病院等を運営するYは，次の内容の雇用契約を締結した。年俸1700万円（①本給月額86万円，②諸手当〔職務手当・調整手当等〕月額34万1000円，③賞与)，週5日勤務・所定勤務時間8時30分から17時30分まで（休憩1時間）を基本とするが，業務上の必要がある場合には，これ以外の時間帯でも勤務しなければならない。また，医師時間外勤務給与規程（本件規程）によれば，21時から翌日8時30分までの間および休日に発生する緊急業務等に要した時間を対象として時間外手当を支給するが，通常業務の延長とみなされる時間外業務は支給対象外であった。XY間の契約において，本件規程に基づき支払われるもの以外の時間外労働等に対する割増賃金について，年俸に含まれることが合意されていたが（本件合意)，年俸の中で時間外労働等に対する割増賃金に当たる部分は明らかでない。Xの割増賃金等の請求に対して，原審（東京高判平成27.10.7労判1168号55頁）は，一部を除き割増賃金は月額給与等に含まれていたと判断した。

判　旨　「割増賃金をあらかじめ基本給等に含める方法で支払う場合においては，……前提として，労働契約における基本給等の定めにつき，通常の労働時間の賃金に当たる部分と割増賃金に当たる部分とを判別することができることが必要であり……割増賃金に当たる部分の金額が労働基準法37条等に定められた方法により算定した割増賃金の額を下回るときは，使用者がその差額を労働者に支払う義務を負う」。本件合意によっては，「時間外労働等に対する割増賃金として支払われた金額を確定することすらできないのであり……年俸について，通常の労働時間の賃金に当たる部分と割増賃金に当たる部分とを判別することはでき」ず，「年俸の支払により，Xの時間外労働及び深夜労働に対する割増賃金が支払われたということはできない」。

4　長時間労働の改善と制限

長時間労働は，脳・心臓疾患や精神疾患の原因となるものである（第20章第3節・第4節参照）。そのため，使用者が，労働者の恒常的な時間外労働を認識しながら，負担軽減措置を怠った場合には安全配慮義務違反となる（判例20-7 電通事件）。具体的な疾患を発症していなくても，使用者が三六協定を締結せずに労働者を月80時間超の長時間労働に従事させ，改善指導等も行っていなかった場合，安全配慮義務違反に基づく慰謝料請求が認められうる（肯定例：狩野ジャパン事件・長崎地大村支判令和元.9.26労判1217号56頁，無洲事件・東京地判平成28.5.30労判1149号72頁，否定例：社会福祉法人セヴァ福祉会事件・京都地判令和4.5.11労判1268号22頁）。

長時間労働は，ワークライフ・バランスの観点からも制限される必要がある。未就学児を養育する労働者や要介護家族を介護する労働者が請求した場合，時間外労働が，月24時間，年150時間以内に制限される（育介17条・18条，第9章参照）。また，三六協定を締結せずに，育児短時間勤務の事実上の適用を受けていた労働者を，ひと月あたり30〜50時間の時間外労働に従事させ，長時間労働の改善指導等を行っていなかった場合に慰謝料請求を認めた例もある（アクサ生命保険事件・東京地判令和2.6.10労判1230号71頁）。

労働時間等の改善のために，労働時間等の設定の改善に関する特別措置法は，勤務間インターバルの設定（2条1項），労働者の心身の状況に応じた休暇付与等，育児や家族介護，単身赴任，教育訓練の受講といった事情に配慮した労働時間等の設定改善（同条2項）について，事業主に努力義務を課している。

また，タクシー，トラック，バス運転者については，拘束時間や休息期間

（インターバル）の基準が定められている（「自動車運転者の労働時間等の改善のための基準」〔平成元. 2 . 9労告7号〕）。同基準の改正により，休息期間が，継続8時間の確保から，継続11時間を基本とし，最低9時間の確保に延長された（令和4 .12.23厚労告367号。適用は2024年4月から）。

第5節　適用除外

1　労働時間，休憩，休日の規定の適用除外

(1)　適用除外の意義　　労基法41条は，事業や業務の特殊性から，①農・水産業等従事者，②管理監督者，③監視・断続的業務従事者について，労基法の労働時間，休憩，休日に関する規定を適用除外とする。ただし，深夜業に関する規制は，時間帯に着目した規制であるため，適用除外となる規定に含まれず，管理監督者も，深夜割増賃金を請求できる（ことぶき事件・最二小判平成21. 12.18労判1000号5頁）。

(2)　農・水産業等従事者　　農・水産業等の事業に従事する者は，この種の事業がその性質上，天候等の自然的条件に左右されるため，法定労働時間および週休制になじまないものとして，適用除外とされている（労基41条1号）。

(3)　管理監督者　　管理監督者が適用除外とされた趣旨は，管理監督者が，経営者と一体的な立場において，労基法の労働時間の枠を超えて事業活動することが要請される重要な職務と責任，権限を付与され，勤務態様も労働時間規制になじまない立場にある一方，待遇面や勤務態様に照らして，適用除外としても保護に欠けるところがないためと解される（日産自動車〔管理監督者性〕事件・横浜地判平成31. 3 .26労判1208号46頁，太陽家具百貨店事件・広島高判平成31. 3 . 7労判1211号137頁，日本マクドナルド事件・東京地判平成20. 1 .28労判953号10頁等）。そのため，管理監督者に該当するかは，「管理職」といった名称にとらわれず，①職務や責任，権限，②勤務態様（労働時間管理の裁量），③賃金等の待遇といった観点から実態に即して判断される（ことぶき事件・東京高判平成20.11.11労判1000号10頁，前掲日産自動車〔管理監督者性〕事件等）。

(4)　監視・断続的業務従事者　　監視または断続的労働に従事する者は，通

常の労働者と比較して労働密度が疎であり，適用除外としても労働者保護に欠けるところがないと解される一方，その態様は様々であるため，行政官庁の許可を要件として，適用除外が認められている（労基41条3号)。許可基準として，監視に従事する者は，監視を本来の業務とし，常態として身体的・精神的緊張が少ないものについて許可するものとされ，交通関係の監視など精神的緊張の高いものは許可されない。断続的業務従事者は，休憩時間は少ないが手待時間が多い者で，例えば寄宿舎の賄人等は勤務時間を基礎として，作業時間と手待時間が半々程度まで許可するとされている（昭和63.3.14基発150号)。

2 高度プロフェッショナル制度

高度プロフェッショナル制度とは，高度の専門的知識等を有し，職務範囲が明確で，一定の年収要件を満たす労働者について，労使委員会決議と労働者の同意があり，使用者が健康確保措置を講じること等を条件に，労基法の労働時間，休憩，休日，深夜割増賃金に関する規定を適用除外とするものである（労基41条の2)。

対象業務は，①金融商品の開発，②資産運用，③有価証券等の分析・評価またはこれに基づく投資助言，④企業の事業運営に関する重要事項の調査・分析およびこれに基づく考案・助言，⑤新技術等の研究開発である（労基41条の2第1項1号，労基則34条の2第3項)。ただし，当該業務に従事する時間に関し，使用者から具体的な指示を受けて行うものは除かれる。

制度を導入するためには，労使委員会の5分の4以上の多数により，以下の事項を決議し，行政官庁に届け出なければならない。決議事項は，①対象業務，②対象労働者の範囲（合意で職務が明確に定められており，年収1075万円以上〔労基則34条の2第6項〕)，③健康管理時間（事業場内にいた時間と事業場外で労働した時間の合計）を把握する措置，④年間104日以上かつ4週に4日以上の休日の付与，⑤健康確保のための選択的措置（勤務間インターバルの確保および深夜労働の回数の制限，健康管理時間の上限設定，1年に1回以上連続2週間の休日または健康診断の実施)，⑥健康管理時間に応じた健康・福祉確保措置，⑦同意撤回の手続，⑧苦情処理措置，⑨同意しない労働者への不利益取扱いの禁止等である。制度を適用するには，対象労働者の書面による同意が必要である。

第Ⅳ編

第18章　休憩・休日と年次有給休暇

労基法は，１日の拘束時間および１週間の中で労働から解放される時間を確保し心身の疲労を回復させるための休憩・休日ならびに労働契約上労働義務を負っていながらこれから免れることを可能にする年次有給休暇に関する制度を設けている。これらの制度は，労働者のワークライフ・バランスを図るだけでなく，労働力を維持・向上し，退職等による人的資源の損失を防止するなど企業や社会全体において重要な機能を果たしている。

第１節　休　　憩

1　休憩時間

労基法上の休憩時間とは，労働者が労働時間の途中において休息のために労働（義務）から完全に解放されることを保障されている時間をいう（クアトロ〔ガソリンスタンド〕事件・東京地判平成17.11.11労判908号37頁）。使用者は，１日の労働時間が６時間を超える場合は45分以上，８時間を超える場合は１時間以上の休憩時間を労働時間の途中に与えなければならない（労基34条１項）。

休憩時間は，労働時間の途中で与える限り，労基法上は，その位置を特定ないし一定させることを要求されておらず，またその分割も制限されていない。

なお，一定の要件を満たす運送・郵便事業の長距離乗務員等については，「休憩時間を与えないことができる」（労基則32条１項２項）。

2　一斉付与の原則

休憩時間は，事業場の全労働者に対し一斉に与えなければならない（休憩時間一斉付与の原則。労基34条2項)。労働者が気兼ねなく休憩できるようにし，また労働時間や休憩時間の監督の便宜のためである。ただし，事業場協定によって対象労働者，休憩付与の方法を定めることにより一斉付与の原則の例外が認められる（同項但書，労基則15条)。

坑内労働（労基38条2項但書)，および，公衆（利用客）の便宜という観点から，運送業，商業，金融・広告，映画・演劇，郵便・電気通信，病院・保健衛生，旅館・飲食店，官公署の事業については，一斉付与の原則が適用されない（同40条1項，労基則31条。労基34条2項但書の事業場協定は不要)。

3　自由利用の原則

使用者は，労働者に休憩時間を自由に利用させなければならない（休憩時間自由利用の原則。労基34条3項)。1時間に10分ずつの休憩を取ることとされ，ただし休憩時に顧客が来た場合などには業務を優先し，適時に休憩を取るよう指示を受けており，休憩とされる時間中もスタンド敷地内から出ることが許されないという休憩は，自由利用の保障のないものであり，労基法上の休憩時間ではない（前掲クアトロ〔ガソリンスタンド〕事件)。このように，休憩時間は，利用の方法・場所について合理性のない制限を受けるものであってはならない。使用者は，合理的な理由がある場合にのみ，休憩時間中の外出につき届出制など必要最小限の規制を加えることができる。休憩時間付与義務が，債務の本旨に従ってなされず，それにより労働者が使用者の指揮命令下に身体・自由を半ば拘束され，肉体的精神的苦痛を被った場合には，使用者は慰謝料の損害賠償責任を負う（住友化学事件・最三小判昭和54.11.13判タ402号64頁)。

企業施設内で行われる休憩時間中の政治活動は，使用者の施設管理権等との関係で問題となる。判例は，勤務中における反戦プレートの着用，その取外し命令への不服従および命令に抗議する目的での休憩時間中の休憩室・食堂における無許可でのビラ配布を理由とする懲戒戒告処分の無効確認請求の事案において，休息時間中も「使用者の企業施設に対する管理権の合理的な行使として是認される範囲内の適法な規制による制約を免れることはできない」が，これらの行為について，実質的に事業場内の「秩序風紀を乱すおそれのない特別の事情が認められるときは，右規定〔就業規則〕の違反になるとはいえない」としている（電電公社目黒電報電話局事件・最三小判昭和52.12.13民集31巻7号974頁）。この「特別の事情」を認めた判例として，昼休時間中に工場食堂内で政党の選挙ビラを平穏に配布した事案につき就業規則（許可制）の違反はないとしたものがある（明治乳業事件・最三小判昭和58.11.1労判417号21頁）。

坑内労働については，自由利用の原則が適用されない（労基38条2項但書）。また，児童自立支援施設，児童養護施設等に勤務する職員で児童と起居をともにする者等にも，自由利用の原則は適用されない（労基則33条1項）。

第2節　休　　日

1　週休1日制の原則

休日とは，労働者が労働義務を負わない日として労働契約上あらかじめ定められた日のことをいう。「使用者は，労働者に対して，毎週少くとも1回の休日を与えなければならない」（週休1日制〔週休制〕の原則。労基35条1項）。週休2日制の場合には，そのうちの1日が法定休日であり，他の日は法定休日ではない（法定外休日）。「毎週」とは，就業規則等で週の起算点を定めればそれによるが，そのような定めがない場合には，暦週と解されている（日曜日を起点とする）。また，「休日」とは，原則として，暦日（午前0時から午後12時まで）とされている（昭和63.1.1基発1号）。ただし，行政解釈により，若干の例外が認められる。すなわち，特定の一昼夜交替勤務については継続24時間を与えれば差し支えないとされている（昭和63.3.14基発150号）。また，一定の条件の下で，旅館業において「2暦日にまたがる休日」，自動車運転者について「30時間以上の連続した時間」が，それぞれ労基法上の休日として認められる（昭和57.6.30基発446号，平成元.2.9労告7号，平成元.3.1基発93号）。

労基法上は，日曜日や「国民の祝日」を休日とすることは求められていない。また，休日を特定することも求められていない（労基35条1項）。ただし，行政監督上，就業規則において休日をできるだけ特定させるよう指導するという方針が採られている（昭和23.5.5基発682号，昭和63.3.14基発150号）。

週休1日制は，使用者が4週間を通じ4日以上の休日を与える場合には，適用されない（労基35条2項）。これを変形週休制（4週4休制）という。変形週休制を実施するには，就業規則等において，4日以上の休日を与えることとする4週間の起算日を定めておく必要がある（労基則12条の2第2項）。

2　休日振替と代休

「休日の振替とは，就業規則等において休日として定められ労働義務のないとされている日をあらかじめ他の労働義務のある日と交換してその休日を労働義務のある日として，他の労働義務のある日を休日として労働義務のない日とすることをいう。休日の振替が認められるためには，いかなる事由が認められる場合にいかなる方法によりできるのかを就業規則に定める必要があ」る（八重椿本舗事件・東京地判平成25.12.25労判1088号11頁）。就業規則等にこのような定めがない場合に休日振替を行うには，労働者の個別的同意を得る必要がある。また，振り替えられた後の休日を，労基法上の週休1日制もしくは変形週休制（4週4休制）の要件（労基35条1項もしくは2項）を満たすように指定することも必要である。そして，休日の振替がなされると当該休日は労働日となり，その日に労働させても休日労働とはならない。ただし，振り替えたことにより当該週の労働時間が1週間の法定労働時間を超えるときは，その超えた時間については，時間外労働となり，時間外割増賃金を支払う必要がある（三菱重工業横浜造船所事件・横浜地判昭和55.3.28労判339号20頁，前掲八重椿本舗事件）。

これに対して，「代休とは，休日の振替の手続をあらかじめとることなく休日に労働させた上で，後に休日労働の代償として他の労働日を休日とすることである」（前掲八重椿本舗事件）。代休の場合は，休日に労働したこと自体に変わりはないので，使用者は割増賃金の支払義務を負う（労基37条）。

第3節　年次有給休暇

1　年休権の発生要件と構造

(1)　年休権の発生要件　労働者が雇入れの日から6か月間継続勤務し，全労働日の8割以上出勤したとき，法所定の日数の年休権が生じる（労基39条1

Fig. 18-1　年休日数

雇入れの日から起算した継続勤務期間	6か月	1年6か月	2年6か月	3年6か月	4年6か月	5年6か月	6年6か月以上
付与日数	10日	11日	12日	14日	16日	18日	20日

Fig. 18-2　パートタイム労働者の年休日数

週所定労働日数	1年間の所定労働日数	雇入れの日から起算した継続勤務期間						
		6か月	1年6か月	2年6か月	3年6か月	4年6か月	5年6か月	6年6か月以上
4日	169日〜216日	7日	8日	9日	10日	12日	13日	15日
3日	121日〜168日	5日	6日	6日	8日	9日	10日	11日
2日	73日〜120日	3日	4日	4日	5日	6日	6日	7日
1日	48日〜 72日	1日	2日	2日	2日	3日	3日	3日

（注）週以外の期間によって所定労働日数が定められている労働者については，1年間の所定労働日数の区分による（労基39条3項2号）。

項)。休暇日数は，Fig. 18-1のとおり，継続勤務6か月で10日，1年6か月で11日，2年6か月で12日であるが，2年6か月を超えた後には1年ごとに2日ずつ加算した日数となり，勤続6年6か月以降は上限の20日となる（労基39条1項2項)。パートタイム労働者については，Fig. 18-2のとおり，その所定労働日数に比例して（通常の労働者の週労働日を5.2日として）年休が付与される（同39条3項，労基則24条の3第2項3項)。なお，1週間の所定労働時間が30時間以上の者または所定労働日数が週4日もしくは年216日を超える者については，通常の労働者と同様の年休が付与される（労基39条3項，労基則24条の3第1項4項5項)。

「継続勤務」は，在籍で足り，休業や休職期間も継続勤務に含まれる。また，実質的に判断されるため，定年後引き続き嘱託で再雇用される場合，非正規雇用から正規雇用に切り替えられた場合および有期契約が反復更新されている場合も継続勤務と解される（日本中央競馬会事件・東京高判平成11. 9 .30労判780号80頁)。さらに，月曜日から土曜日まで就労義務が課される期間の定めのない雇用契約の下で，翌日勤務すべき場所が使用者により具体的に指定されることによって，具体的な勤務日と勤務場所が定まり，指定されない場合には就労義務が免除されるという制度（フリーシフト制）についても，継続勤務と認められる（アールエス興業事件・横浜地川崎支判平成27. 9 .30労判1125号16頁)。6か月の起算日は「雇入れの日」であり，就労の始期が定められている場合には当該時期の到来時（いわゆる入社日）が起算日となる。「全労働日」とは「労働者が労働契約上労働義務を課せられている日」をいう（エス・ウント・エー事件・最三小判平成4.2.18労判609号12頁）。

年休権の発生要件である出勤率は，全労働日を分母とし，出勤日数を分子として算定される。最高裁は，労働者が無効な解雇によって使用者から正当な理由なく就労を拒まれた日が全労働日および出勤日数に算入されるか否かにつき，8割以上の出勤率の要件の趣旨は，「労働者の責めに帰すべき事由による欠勤率が特に高い者をその対象から除外する趣旨で定められたもの」と解した上で，次のような解釈を示した。すなわち，労働者の責めに帰すべき事由によるとはいえない不就労日について，このうち，①不可抗力や使用者側に起因する経営，管理上の障害による休業日等については，当事者間の衡平等の観点から，全労働日および出勤日数のいずれからも除かれ，他方，②無効な解雇等の使用者の責めに帰すべき事由による不就労日については，全労働日および出勤日数のいずれにも含まれる（八千代交通事件・最一小判平成25.6.6民集67巻5号1187頁）。

前掲八千代交通事件判決後に発出された通達（平成25.7.10基発0710第3号）等により，不就労日の全労働日および出勤日数への算入の可否について整理すると次のとおりである。

まず，全労働日および出勤日数のいずれからも除かれる不就労日には，不可抗力による休業日，労基法26条の「使用者の責に帰すべき事由」のうち民法536条2項の「債権者の責めに帰すべき事由」を除いた「使用者側に起因する経営，管理上の障害による休業日」（**第16章第4節2参照**），正当な同盟罷業（ストライキ）その他正当な争議行為により労務の提供が全くなされなかった日（前掲基発），生理休暇および慶弔休暇取得日が含まれる。また，休日労働日も，所定労働日ではない日における労働であることから，全労働日に含まれない（前掲基発）。ただし，休日労働日については，使用者が具体的に休日労働を命じて労働者が休日労働義務を負う場合には全労働日および出勤日数に算入すべきであるとの有力説がある。

次に，全労働日および出勤日数のいずれにも含まれる不就労日には，裁判所の判決により解雇が無効と確定した場合や労働委員会による救済命令を受けて会社が解雇の取消しを行った場合における解雇日から復職日までの不就労日が含まれる（前掲基発）。また，年休取得日は，全労働日であり出勤したものとして扱われる（昭和22.9.13発基17号）。さらに，労働義務のある日における，業務上災害により療養のために休業した期間，育児・介護休業期間，産前産後休業期間は，明文の規定により，出勤したものとみなされる（労基39条10項）。

以上の定めによる年休（法定年休）に加えて，使用者は就業規則や労働協約に基づき追加の休暇（法定外休暇）を付与することがある。この場合に，法定休暇または法定外休暇のいずれかが区別されていないときには，両者は一律に取り扱われ，結果としてすべて法定年休としての保護が与えられる（高知郵便局事件・最二小判昭和58.9.30民集37巻7号993頁参照）。

(2)　**年休権の構造**　年次有給休暇の権利（年休権）は，労働者が6か月間継続勤務し，全労働日の8割以上出勤するという要件（労基39条1項）を充足することにより法律上当然に発生する，その年度に一定日数の年休を取得することのできる権利である。実際に年休を取得するためには，年休日を特定するための権利の行使や手続の履践等が必要である。年休権をこのように理解する考え方を「二分説」という（判例18-1 白石営林署事件）。

判例18-1　白石（しろいし）営林署事件

（最二小判昭和48.3.2民集27巻2号191頁）

事　実　林野庁白石営林署の職員Xは，1958年12月9日，翌10日と11日について，年次有給休暇を請求し，出勤せず，気仙沼で全林野労働組合の拠点闘争に参加した。署長はXの年休請求を不承認とし，欠勤として扱い，欠勤分を賃金から控除したため，Xは，署長の不承認の意思表示が無効であるとして，控除分の支払等を求めて提訴した。一審と控訴審はXの請求を認容したため，Y（国）が上告した。

判　旨　年次有給休暇の権利は，労基法39条「1，2項の要件が充足されることによつて法律上当然に労働者に生ずる権利であつて，労働者の請求をまつて始めて生ずるものではなく，また，同条3項〔現5項〕にいう『請求』とは，休暇の時季にのみかかる文言であつて，その趣旨は，休暇の時季の『指定』にほかならないものと解すべきである」。

「労働者がその有する休暇日数の範囲内で，具体的な休暇の始期と終期を特定して右の時季指定をしたときは，客観的に同条3項但書所定の事由が存在し，かつ，これを理由として使用者が時季変更権の行使をしないかぎり，右の指定によつて年次有給休暇が成立し，当該労働日における就労義務が消滅するものと解するのが相当である。すなわち，これを端的にいえば，休暇の時季指定の効果は，使用者の適法な時季変更権の行使を解除条件として発生するのであつて，年次休暇の成立要件として，労働者による『休暇の請求』や，これに対する使用者の『承認』の観念を容れる余地はないものといわなければならない」。

「年次休暇の利用目的は労基法の関知しないところであり，休暇をどのように利用するかは，使用者の干渉を許さない労働者の自由である，とするのが法の趣旨であると解するのが相当である」。

---

(3)　年休の分割付与　　使用者は，事業場協定で定めるところに従い，労働者が有給休暇を時間を単位として請求したときは，1年に5日を限度として，時間を単位として有給休暇を与えることができる（労基39条4項）。

2　年休の時季の特定

年休の時季の特定方法には，労働者による時季指定（同条5項），事業場協定に基づく計画年休（同条6項）および使用者による時季指定（同条7項）がある。

(1)　年休の時季の指定　　労基法は，年休権を有する労働者に，「使用者は，……有給休暇を労働者の請求する時季に与えなければならない」（時季指定権。労基39条5項本文）と規定し，使用者に年休付与義務を課している。年休権は同条1項の要件を充足することにより法律上当然に発生するのであり，労働者による「請求」は，年休権の成立要件ではなく，時季の指定にほかならない。この時季指定権は，使用者による適法な時季変更権の行使を解除条件とする形成権である（判例18-1 白石営林署事件）。労働者が具体的に始期と終期を特定して時季指定をした場合には，使用者が時季変更権を適法に行使しない限り，使用者の承諾がなくとも，その時季に年次有給休暇が成立し，当該労働日の労働義務は消滅する。「今月3日からは年休をいただき，その後は病欠でお願い致します」というメールの内容は「年休の終期について一義的に明確ではなく，多義的な解釈が可能」であり，同メールにより時季指定権を行使したとは認められないとする裁判例がある（高島事件・東京地判令和4．2．9労判1264号32頁）。

時季指定は一定期日前までに行う旨を就業規則等で定めることは，それが合理的なものである限り，適法と解されている。

⑵　**時季変更権の行使**　　使用者は，労働者が時季指定する日に年休を取得することのできるように配慮する義務を負う（電電公社弘前電報電話局事件・最二小判昭和62.7.10民集41巻5号1229頁）。しかし，使用者は，「請求された時季に有給休暇を与えることが事業の正常な運営を妨げる場合においては，他の時季にこれを与えることができる」（時季変更権。労基39条5項但書）。通常の配慮をすれば，勤務割を変更して代替勤務者を配置することが客観的に可能な状況にあると認められるにもかかわらず，使用者がそのための配慮をしないことにより代替勤務者が配置されないときは，必要配置人員を欠くものとして事業の正常な運営を妨げる場合に当たるということはできない（前掲電電公社弘前電報電話局事件）。また，恒常的な要員不足により常時代替要員の確保が困難である場合も同様である。

なお，通常の配慮とまではいえないとされた事例として次の裁判例がある。事前調整による夏休確定後の年休取得は乗務員間での夏休交換等により対応する慣行のあるバス営業所の乗務員が代替出勤可能日を申告せずに時季指定した場合には，休日勤務命令等により代替要員を確保することは使用者としての通常の配慮とまではいえないとするものがある（東京都〔交通局〕事件・東京高判令和3.1.13労旬1988号51頁）。また，勤務割作成の基本となる乗務循環表と作成基準が労使間協議を経て定められ，これらに基づき年休取得がされてきた鉄道会社の乗務員が時季指定したところ，年休取得のためには他の乗務員に公休出勤を命じないことが労使間の合意内容または慣行となっているとして，公休出勤に同意する者を探した上で公休出勤を命じるという措置は通常の配慮ではないとするものもある（阪神電気鉄道事件・大阪地判令和4.12.15労経速2512号22頁）。

時季指定が研修期間中の一部についてなされた場合には，研修を欠席しても予定された知識，技能の修得に不足を生じさせないと認められない限り，年休取得は事業の正常な運営を妨げるものとされる（日本電信電話事件・最二小判平成12.3.31民集54巻3号1255頁）。また，労働者が事前の調整を経ることなく長期かつ連続の年休の時季指定をした場合には，時季変更権の行使に際して使用者にある程度の裁量的判断の余地が認められる（判例18-2 時事通信社事件）。

判例18-2 時事通信社事件

（最三小判平成4.6.23民集46巻4号306頁）

事　実　通信社Yに勤務するXは，1980年6月23日に社会部長Aに対して8月20日から約1か月間の年休を取って欧州を取材したい旨を申入れ，6月30日に休暇および欠勤届を提出し，年休の時季指定をした。Yで科学技術記者クラブに所属していたのはXのみであったことなどから，Aは，取材報道に支障を来すおそれがあり，代替記者を配置する人員の余裕もないとの理由から，2週間ずつ2回に分けて休暇を取ってほしいと回答した上，7月16日付けで，8月20日から9月3日までの休暇は認めるが，9月4日から20日までについては業務の正常な運営を妨げるものとして時季変更権を行使した。しかし，Xは，8月22日，取材旅行に出発し，その間の勤務に就かなかった。Xは，懲戒処分（譴責）に処せられ，賞与を減額されたため，譴責処分の無効確認等を求めて提訴した。一審は請求を棄却したが，控訴審は認容したため，Yが上告した。

判　旨　「労働者が長期かつ連続の年次有給休暇を取得しようとする場合においては，それが長期のものであればあるほど，使用者において代替勤務者を確保することの困難さが増大するなど事業の正常な運営に支障を来す蓋然性が高くなり，使用者の業務計画，他の労働者の休暇予定等との事前の調整を図る必要が生ずるのが通常である。しかも，使用者にとっては，労働者が時季指定をした時点において，その長期休暇期間中の当該労働者の所属する事業場において予想される業務量の程度，代替勤務者確保の可能性の有無，同じ時季に休暇を指定する他の労働者の人数等の事業活動の正常な運営の確保にかかわる諸般の事情について，これを正確に予測することは困難であり，当該労働者の休暇の取得がもたらす事業運営への支障の有無，程度につき，蓋然性に基づく判断をせざるを得ないことを考えると，労働者が，右の調整を経ることなく，……始期と終期を特定して長期かつ連続の年次有給休暇の時季指定をした場合には，これに対する使用者の時季変更権の行使については，右休暇が事業運営にどのような支障をもたらすか，右休暇の時期，期間につきどの程度の修正，変更を行うかに関し，使用者にある程度の裁量的判断の余地を認めざるを得ない。もとより，……右裁量的判断は，労働者の年次有給休暇の権利を保障している労働基準法39条の趣旨に沿う，合理的なものでなければならないのであって，右裁量的判断が，同条の趣旨に反し，使用者が労働者に休暇を取得させるための状況に応じた配慮を欠くなど不合理であると認められるときは，同条3項〔現5項〕ただし書所定の時季変更権行使の要件を欠くものとして，その行使を違法と判断すべきである」。

(3) 計画年休　使用者は，事業場協定で年休時季を定めることにより，年休の計画付与をすることができる（計画年休。労基39条6項）。ただし，年休日数のうち少なくとも5日は労働者個人の時季指定により取得する年休（自由年休）として残さなければならない。協定に基づき年休日が具体的に特定された労働日は，年休日となり，これに反対する労働者も拘束される（三菱重工業長崎造船所事件・福岡高判平成6.3.24労民集45巻1=2号123頁）。

計画年休を締結した労働者の代表が，過半数代表の要件（労基39条6項）を満たしていないときには，協定の効力は生じず，労働者はその日数についてなお時季指定権を行使することができる（シェーンコーポレーション事件・東京高判令和元.10.9労判1213号5頁）。

(4) 使用者の時季指定義務　使用者は，有給休暇（10日以上付与されているものに限る）の日数のうち5日については，付与した日から1年以内の期間に，労働者ごとにその時季を定めることにより与えなければならない（労基39条7項。違反の場合には30万円以下の罰金に処せられる。同120条1号）。ただし，すでに与えた有給休暇の日数（5日を超える場合には，5日とする）分については，時季を定めることにより与えることを要しない（同39条8項）。例えば，労働者が2日分を時季指定している場合，使用者は3日分につき時季指定義務を負う。

3　年休自由利用の原則と年休権行使の保護

(1) 年休自由利用の原則　年次有給「休暇をどのように利用するかは，使用者の干渉を許さない労働者の自由である」（判例18-1 白石営林署事件）。したがって，例えば，他の事業場における争議行為に年休を利用して参加することも自由であり，賃金請求権も発生する。ただし，労働者が所属する職場における業務の正常な運営の阻害を目的として，全員一斉に休暇届を提出（時季指定）して職場を放棄・離脱すること（一斉休暇闘争）は，実質的に年休に名を借りた同盟罷業（ストライキ）にほかならず，本来の年休権の行使ではないので，これに対する使用者の時季変更権の行使もありえず，賃金請求権も発生しない。

(2) 年休の不付与・取得妨害と損害賠償　労働者に年次有給休暇を取得する権利が発生した場合には，使用者は年次有給休暇を付与する義務を負っており（労基39条1項5項），使用者にはできるだけ労働者が指定した時季に休暇を取れるよう状況に応じた配慮をすることが求められる（前掲電電公社弘前電報電話局事件）。また，使用者は，労働者が同権利を行使することを妨害してはならない義務を労働契約上負い（出水商事〔年休等〕事件・東京地判平成27.2.18労判1130号83頁），信義則上の付随義務として，年休付与日数につき虚偽の情報を積極的に告知しない法的義務を負う（中津市〔特別職職員・年休〕事件・大分地中津支判平成28.1.12労判1138号19頁）。

これらの義務を履行しない場合には，使用者に債務不履行（民415条）または不法行為（同709条）による損害賠償責任が生じうる。すなわち，使用者が，代替要員の確保の努力をせず，恒常的な要員不足を放置したままで時季変更権を行使し，その結果，年休権が時効消滅した場合には，労働者は使用者の債務不履行による慰謝料請求が認められる（西日本ジェイアールバス事件・名古屋高金沢支判平成10.3.16労判738号32頁。慰謝料25万円を認容）。また，使用者が，給与明細書の有休残日数を勝手に0日に変更したり，通達を発して取得できる有休日数を勝手に6日間に限定したり，しかもその取得理由を冠婚葬祭や病気休暇に限るとしたことは，労働者らに対して，労基法上認められている年次有給休暇を取得することを萎縮させるものであり，労働契約上の債務不履行にあたるとして，各50万円の債務不履行に基づく損害賠償（慰謝料）の支払を命じたものがある（前掲出水商事〔年休等〕事件。慰謝料50万円を認容）。さらに，使用者が，毎年，年休日数を10日と記載した任用通知書を交付したことは労基法を下回る日数しかないように虚偽の情報を積極的に提供したと認められ，債務不履行による損害賠償が認められる（前掲中津市〔特別職職員・年休〕事件）。

不法行為による損害賠償の事例としては，有給休暇申請により勤務成績の評価が下がることになるなどとして申請の取下げを要請する社内メールの送信や発言をし，申請を取り下げさせた行為が，有給休暇を取得する権利の妨害にあたるなどとして，不法行為による損害賠償（慰謝料120万円）が認められた事例がある（日能研関西ほか事件・大阪高判平成24.4.6労判1055号28頁）。

(3)　不利益取扱いの禁止　　労基法上，年休取得を理由とする不利益取扱いは禁止されているかという問題について，最高裁は，一方では，「使用者に対し年次有給休暇の期間について一定の賃金の支払を義務付けている労働基準法39条4項〔現9項〕の規定の趣旨からすれば，使用者は，年次休暇の取得日の属する期間に対応する賞与の計算上この日を欠勤として扱うことはできない」とした（前掲エス・ウント・エー事件）が，他方では，「使用者は，……有給休暇を取得した労働者に対して，賃金の減額その他不利益な取扱いをしないようにしなければならない」との規定（労基法附則134条〔現136条〕）について，使用者の努力義務を定めたものとした上で，タクシー乗務の勤務予定表作成後に年休を取得した場合には皆勤手当を支給しないという取扱いも，年休権を保障した趣旨を実質的に失わせるものでない限り，公序に反して無効とはいえないとの判断を示している（沼津交通事件・最二小判平成5.6.25民集47巻6号4585頁）。しかしながら，年休権を保障する労基法39条には不利益取扱いを私法上禁止する規範が含まれている（附則136条はこれを確認する規定である）と解すべきであり，賞与，皆勤手当等の賃金の算定基準，昇給の基準，整理解雇の人選基準などで年休取得を欠勤として扱うことは，違法と解される。前掲沼津交通事件は，代替要員の手配を困難とする勤務予定表作成後における年休取得という特別の事情のもとでの判断であり，一般化すべきではない。

公序違反の事案としては，年休を取得した場合，その取得申請時期や自動車の実働率への影響の有無を問わず，年休手当として受給した額全額が歩合給から控除されるという（実質的に年休手当が支払われない）制度について，年休を取得する権利の行使を一般的に抑制することをも趣旨，目的とするものと解され，また，労働者が失う経済的利益の程度が大きいため，公序に反して無効としたものがある（土電（とでん）ハイヤー事件・高知地判平成30.3.16 LEX/DB25549807）。

4　年休中の賃金と未消化年休の処理

(1)　年休中の賃金　　年休日が時季指定権の行使，計画年休または時季指定義務の履行によって特定された場合，法的効果として，当該年休日の労働義務が消滅するとともに，法所定の年休手当請求権が発生する。使用者は，就業規則等に定めるところにより，①平均賃金，②所定労働時間労働した場合に支払われる通常の賃金，③事業場協定に所定の事項を定めた場合には，健康保険法40条1項に定める標準報酬月額の30分の1に相当する金額のいずれかを支払わなければならない（労基39条9項）。時間単位年休の場合は，①②③の金額を，その日の所定労働時間数で除して得た金額とする（労基則25条2項3項）。

Column 10

年次有給休暇の取得率

厚生労働省「令和4年就労条件総合調査の概況」により，2021年の年次有給休暇の取得状況をみると，年間の年次有給休暇の労働者1人平均付与日数は17.6日（前年調査17.9日），そのうち，平均取得日数10.3日（同10.1日），平均取得率58.3%（同56.6%）であった。平均付与日数は2014年（18.4日）以降停滞もしくは減少しているものの，平均取得日数および平均取得率については，2014年（8.8日，47.6%）以降，上昇傾向にあり，2021年の平均取得日数は過去最多（1984年以降），平均取得率は過去最高（1984年以降）となった。これには，使用者に有給休暇の時季指定義務を課す改正労基法が2019年4月に施行されたことも影響しているといえよう。

ところで，国際労働基準であるILO132号条約やドイツ法，フランス法では，有給休暇日は，少なくとも2週間（週休日等を含む）の連続付与が義務づけられている。わが国においても，このような，有給休暇の連続付与義務の導入が，さらなる年休取得率向上のための今後の課題となろう。

時給制労働者が所定労働時間勤務した場合に「シフト勤務手当」が支払われていた事案では，1日の所定労働時間数の時給（労基則25条1項1号）と同手当（日によって定められた賃金，同項2号）を合計した額が（同項7号），②の通常の賃金に当たると判断されている。他方，日曜・休日勤務手当や時間外・深夜手当の割増部分は，出勤した事実等はないことから通常の賃金には含まれない（日本エイ・ティー・エム事件・東京地判令和2.2.19労経速2420号23頁）。

⑵　**未消化年休の処理**　年度内に行使されなかった年休権は，2年の消滅時効に服し，翌年度まで繰り越されると解されている（労基115条）。

他方，年休は取得したが賃金支払日に年休手当が支払われなかった場合における年休手当請求権の消滅時効期間は，労基法の改正により，当分の間，3年とされている（労基附則143条3項。**第16章第1節2(2)参照**）。

休むことなく年休手当を支払うだけの「買い上げ」は，労働者が請求した場合でも認められない。ただし，労働者の退職あるいは契約期間満了の直前で時季変更権の行使による他の時季での付与が不可能となった場合は，認めるべきであろう。

第Ⅳ編

第19章　年少者・妊産婦等

労働保護法は，19世紀に年少者・女性を対象に労働時間や休日・深夜労働を制限する立法として誕生した。20世紀になると男性も含む労働者一般を対象とした労働時間規制が展開されるようになる。わが国では，工場法が，年少者・女性を「保護職工」として，最低入職年齢規制，最長労働時間規制，深夜業規制，危険有害業務の就業制限等を行っていた。戦後の労基法においても，年少者・女性に関する特別の保護法制は維持・強化された。しかし，女性一般に対する保護措置は，男女平等と相容れないとの考え方等から，1997年の雇用機会均等法の改正以後，基本的に廃止され，妊娠・出産等の母性に関する保護規定のみが存続している。

第1節　年少者に関する法規制

1　最低年齢

児童の健全な成長や教育機会の阻害など児童労働の弊害を防止するため，使用者は，児童が満15歳に達した日以後の最初の3月31日（通常は，義務教育終了日）が終了するまで，労働者として使用することが禁止されている（労基56条1項）。ただし，労働基準監督署長の許可を受ける場合には，①満13歳以上の児童については，非工業的事業（製造業，鉱業，土木建築業，運送業，貨物取扱業以外の事業）における児童の健康・福祉に有害でない軽易な労働に，修学時間外に使用することが認められ（同条2項前段），②満13歳未満でも，映画製作・演劇の事業については，①と同じ条件で使用が認められる（同項後段）。

当該許可をしてはならない業務として，危険有害業務および福祉に有害な業務が指定されている（年少則9条）。すなわち，年少者（満18歳未満の者）の就業制限業務（同8条，5）ならびに公衆の娯楽を目的として曲馬（きょくば）・軽業（かるわざ）を行う業務（同9条1号），戸々に，または道路等において歌謡・遊芸その他の演技を行う業務（同条2号），旅館・料理店・飲食店・娯楽場における業務（同条3号）およびエレベーターの運転の業務（同条4号）等の児童の就業禁止業務が指定されている。

労基法56条2項の使用許可を受けるためには，使用者は，児童の年齢を証明する戸籍証明書，その者の修学に差し支えないことを証明する学校長の証明書および親権者または後見人の同意書を使用許可申請書に添えて，所轄労働基準監督署長に提出しなければならない（年少則1条）。なお，労基法およびこれに基づく命令に定める許可等の申請等に用いるべき様式・書類には使用者や労働者の押印または署名をする必要はなく，記名のみで申請等が可能である（労基則59条の2第2項）。

使用者は，満18歳未満の労働者を使用する場合には年齢を証明する戸籍証明書を事業場に備え付けなければならない（労基57条1項）。これに加えて，最低年齢未満の者を例外的に使用する場合（同56条2項）には学校長の証明書と親権者・後見人の同意書についても備え付けの義務を負う（同57条2項）。

2　未成年者の労働契約および適切な職業選択の支援等

(1)　労働契約の締結　民法上，親権者または後見人は，未成年者の同意を得れば未成年者に代わって労働契約を締結することができる（民824条・859条）が，かつて親が子の労働契約を締結して賃金を前借する等の「子を食い物にする」弊害が少なくなかったため，労基法は未成年者の保護のためこれを修正し，たとえ未成年者の同意を得ても，親権者または後見人が，未成年者に代わって労働契約を締結することを禁止している（労基58条1項）。

したがって，未成年者自身が労働契約を締結することになるが，親権者または後見人の同意は必要である（民5条1項・823条1項）。未成年者が親権者または後見人の同意を得ないで労働契約を締結した場合には，未成年者または親権者・後見人は契約を取り消すことができる（民5条2項・120条1項）。未成年者が締結した労働契約の内容が本人にとって不利と認められる場合には，親権者・後見人または労働基準監督署長は，その契約を将来に向かって解除することができる（労基58条2項）。ただし，親権者または後見人の解除権も濫用にわたる場合には効力が生じない（判例19-1 倉敷紡績事件）。

判例19-1 倉敷紡績事件

（名古屋地判昭和37. 2 .12労民集13巻1号76頁）

事　実　X（申請人）の従業員Y（被申請人。未成年者）の父母がYに無断で退職願をXに送付したので，Xは退職の手続をとった。そこで，Yが仮の地位を定める仮処分命令を申し立てたところ，YはXの従業員であることを確認する仮処分決定がなされた。当該決定後，Yの父母が労基法58条2項により労働契約解除の意思表示を行ったところ，Xは，当該解除によって前記仮処分の被保全権利が消滅したとして，当該決定の取消しを申し立てた。

判　旨　法が「親権者等に解除権を与えた所以は未成年労働者の保護にあることに鑑み，第58条第2項の『不利』とは，未成年者の当該労働契約を継続することがその労働条件又は就労状況からみて未成年者のために不利益である場合をいうものと解すべきである」。「従つて右の趣旨を越えて，解除権者の使用者に対する好悪の感情，未成年者又はその交友との信条の相違，親権者の家庭事情等の解除権者の都合による事由に基いて不利を認定して解除権を行使するのは権利の濫用とみるべきであつて，かかる場合は解除の効力を生じない」。「Yの交友関係者がYの親権者と信条を異にするものであつてその意にそわないからといつて，親権者において……労働契約を継続することは未成年者に不利であると判断することは何ら理由のない」ことなどからすれば，「本件解除の意思表示は……X（ママ）の意思に反して恣意的になされたものというべきであるから解除権の濫用として無効」である。

⑵　**適切な職業選択の支援等**　若者を使い捨てる企業，とりわけブラック企業への対策が求められる中，若者の適切な職業選択の支援や職業能力の開発・向上に関する措置等を総合的に講ずる「青少年の雇用の促進等に関する法律」（若者雇用促進法）等が施行され，一定の労働関係法令違反の事業主に対する公共職業安定所（ハローワーク）の新卒者求人申込みの不受理（若者雇用促進旧11条〔現在は職安5条の6第1項但書3号。ただし，新卒者の求人申込みの場合に限定されない〕）および新卒者の募集を行う事業主による職場情報提供の義務化

（同13条2項）等の施策が実施されている。後者は，新卒者（小学校・幼稚園を除く）であることを条件とした労働者の募集を行うにあたり，応募者等からの求めがあった場合，事業主に対して，①募集・採用に関する状況（直近3事業年度の新卒採用者数・離職者数，平均勤続年数等），②職業能力の開発・向上に関する状況，③雇用管理に関する状況（前年度の月平均所定外労働時間の実績，有給休暇の平均取得日数等）の3類型（同法施行規則3条）ごとに一つ以上の情報の提供を義務づけるものである。

同法7条に基づいて「青少年の雇用機会の確保及び職場への定着に関して事業主，特定地方公共団体，職業紹介事業者等その他の関係者が適切に対処するための指針」（平成27. 9 .30厚労告406号）が定められているが，令和3年改正により，求職者等の個人情報の適正な取扱い，就活生等に対するハラスメント問題への適切な対応，採用内定者に対する内定辞退等勧奨の防止，採用内定等と引替えに行なう他の事業主に対する就職活動終了の強要の防止等に関する措置が追加された。

(3)　賃金の請求・受領　　未成年者は，使用者に対し独立して賃金を請求することができる。労基法上，親権者または後見人が，未成年者の賃金を代って受け取ることは禁じられている（労基59条）。民法上は，未成年者の賃金を親権者等が代理受領することは認められているが（民824条・859条），かつて，賃金が親元に直接送金される事例が多くみられたためである。

また，「営業を許された未成年者は，その営業に関しては，成年者と同一の行為能力を有する」（民6条1項）。この規定の類推適用ないし準用により，親権者または後見人の同意を得て労働契約を締結した未成年者は，労働契約上の諸行為について成年者と同一の行為能力を有する。したがって，未成年者は労働契約上の権利を独立して行使でき，またそのための訴訟につき訴訟能力を有するといえる（民訴31条但書参照）。

3　年少者の労働時間規制

労働基準監督署長の許可を受けて満15歳に達した日以後の最初の3月31日までの児童を使用する場合（労基56条2項）には，通常の法定労働時間（同32条）ではなく，修学時間を通算して，1週間について40時間，1日について

7時間とする，より厳格な法定労働時間が適用される（同60条2項）。

満18歳未満の労働者（年少者）については，時間外・休日労働および変形労働時間制に関する特別の規定がある。まず，三六協定による時間外・休日労働を許容する規定（同36条）が適用されない（同60条1項）ため，原則どおり，法定労働時間（同32条）および週休制または4週間で4日の変形週休制が適用され（同35条），法定労働時間を超えて，または法定休日に使用することが禁止される。ただし，非常事由・公務による時間外労働等（同33条）および労働時間規制の適用除外（同41条）はその適用を排除されていない（同60条1項）。

また，通常の変形労働時間制（同32条の2・32条の4・32条の5），フレックスタイム制（同32条の3），小売業等の事業における労働時間・休憩の特例（同40条），高度プロフェッショナル労働制（同41条の2）も，適用されない（同60条1項）。ただし，満18歳に満たない者で，満15歳に達した日以後の最初の3月31日が終了したものについては，特別の変形労働時間制が許容される。すなわち，①週の法定労働時間（同32条1項）を超えない範囲内において，1週間のうち1日の労働時間を4時間以内に短縮する場合において，他の日の労働時間を10時間まで延長すること，②1週48時間，1日8時間を超えない範囲内において，1か月単位の変形労働時間制（同32条の2）または1年単位の変形労働時間制（同32条の4・32条の4の2）の規定の例により労働させることができる（同60条3項1号2号，労基則34条の2の4）。

4　年少者の深夜業の禁止

満18歳未満の者については，午後10時から午前5時まで使用することが禁止される（労基61条1項本文）。ただし，満16歳以上の男性を交替制（昼間勤務と夜間勤務とに交替に就く勤務の態様）によって使用する場合には深夜業が許容される（同項但書）。

厚生労働大臣は，必要であると認める場合には，深夜業禁止の時間帯を，地域または期間を限って，午後11時から午前6時までとすることができる（同条2項）。

深夜業禁止の規定（同条1項）にかかわらず，事業全体が交替制をとっている事業においては，労働基準監督署長の許可を受けて，午後10時30分まで，もしくは深夜業の禁止が午後11時から午前6時とされた場合（同条2項）には午前5時30分から，労働させることができる（同条3項）。

以上の年少者の深夜業禁止等に関する規定は，非常事由による時間外・休日労働（同33条1項）の場合，または農林業等，病院・保健衛生の事業もしくは電話交換の業務については，適用されない（同61条4項）。

なお，深夜業禁止の時間帯については，労基法56条2項に基づき非工業的事業において労働基準監督署長の許可を得て使用する満15歳に達した日以後の最初の3月31日が終了していない満13歳以上の児童については，午後8時から午前5時までとされている（同61条5項）。ただし，厚生労働大臣は，必要であると認める場合には午後9時から午前6時とすることができる（同条2項5項）。いわゆる演劇子役については，当分の間，午後9時から午前6時とされている（平成16.11.22厚労告407号）。

5　年少者の危険有害業務の就業制限（禁止）・坑内労働の禁止

満18歳未満の者の身体的・精神的未発達や経験・技術等の不十分さを考慮して，一定の危険有害業務に就労させることが禁じられている。使用者は，年少者に，運転中の機械・動力伝導装置の危険な部分の掃除・注油・検査・修繕，運転中の機械・動力伝導装置へのベルト・ロープの取付け・取りはずし，動力によるクレーンの運転，その他省令で定める危険業務・重量物取扱業務に就かせてはならない（労基62条1項）。また，毒劇薬等の有害な原材料，爆発性・発火性・引火性の原材料の取扱業務，著しくじんあい（ちり，ほこり）・粉末を飛散し，もしくは有害ガス・有害放射線を発散する場所，高温・高圧の場所における業務，その他安全・衛生・福祉に有害な場所における業務に就かせてはならない（同条2項）。年少者を風俗営業に従事させることはこの規定に違反することになる。就業禁止業務は，命令において詳細に定められており（同条3項，年少則7条・8条・9条），ボイラーの取扱業務（年少則8条1号），酒席に侍する業務（同条44号），特殊の遊興的接客業における業務（同条45号）等での使用が禁止されている。

満18歳未満の者の坑内労働は禁止される（労基63条）。ただし，危険有害業務の就業制限および満16歳以上の者の坑内労働の禁止については，職業訓練との関係で特例が認められている（同70条）。

6 帰郷旅費

満18歳未満の者が解雇され，その後14日以内に帰郷する場合，使用者は必要な旅費を負担しなければならない（労基64条本文）。ただし，本人の責めに帰すべき事由による解雇の場合には，労働基準監督署長の認定を条件として，例外が認められる（同条但書）。

第2節　妊産婦等に関する法規制

1 女性保護から妊産婦等の保護へ

労基法制定当初，「第6章　女子及び年少者」に年少者とともに置かれていた女性に関する規制は，1985年の男女雇用機会均等法制定の際に「第6章の2　女子」として分離され，時間外労働と深夜業の規制など女性一般の保護が原則撤廃された1997年改正の際に「第6章の2　女性」へ，坑内労働規制の緩和など母性保護への純化が進んだ2006年改正の際に「第6章の2　妊産婦等」へと変更され現在に至っている。

2 妊産婦等の保護

(1) 坑内業務の禁止　　使用者は，妊娠中の女性（妊婦）および坑内業務に従事しない旨を申し出た産後1年を経過しない女性（産婦）を坑内業務に就かせてはならない（労基64条の2第1号）。また，これらの妊産婦以外の満18歳以上の女性を，人力・動力（遠隔操作を除く）・発破による掘削等の坑内業務に就かせてはならない（同条2号，女性則1条）。

(2) 危険有害業務の就業制限（禁止）　　使用者は，妊産婦を，重量物を取り扱う業務や有害ガスを発散する場所における業務等，妊娠・出産・哺育（ほいく）等に有害な業務に就かせてはならない（労基64条の3第1項）。危険有害業務の就業制限の範囲等は，妊婦と産婦で異なっており，妊婦の方がより広範で厳格である（女性則2条2項）。妊産婦の就業制限規定は，妊娠・出産機能に有害な業務である，重量物取扱業務（同条1項1号）および水銀や鉛などの有害物を発散する場所での特定の業務（同項18号）につき，妊産婦以外の女性に準用されている（労基64条の3第2項，女性則3条）。

⑶　産前産後休業・軽易業務への転換　使用者は，6週間（多胎妊娠の場合14週間）以内に出産する予定の女性が休業を請求した場合，その者を就業させてはならない（労基65条1項）。また，産後8週間を経過しない女性を就業させてはならない。ただし，産後6週間を経過した女性が請求した場合において，その者について医師が支障がないと認めた業務に就かせることは，差し支えない（同条2項）。産前休業は本人の請求がなければ付与しなくともよいが，産後6週間は本人が希望しても就業させてはならない就業禁止期間である。なお，出産とは，妊娠4か月以上（1か月を28日として計算するため，85日以上）の分娩をいい，早産・流産・人工妊娠中絶を含む。

さらに，使用者は，妊娠中の女性が請求した場合，他の軽易な業務に転換させる義務を負う（軽易業務転換義務。同条3項。罰則は同119条1号）。この軽易業務転換義務は，労基法13条の強行的直律的効力により，労働契約の内容となる。また，この義務には条文上なんの留保も設けられていないため，労働契約や就業規則等により，この義務を制限することはできない。したがって，妊娠中の女性が請求した場合には，職務限定で採用されている場合でも，使用者は，労働契約上，他の軽易な業務に転換させる義務を負う。ただし，義務の履行が使用者にとって実質上不可能といえる場合には，義務を負わない。軽易業務転換義務は，健康配慮義務の具体化の要請と妊娠中の女性の雇用の継続という要請とを総合した趣旨をもつものと解される。

産前産後休業期間中の賃金は，労基法上保障されていないので，就業規則等に別段の定めのない限り無給となる。ただし，健康保険により，女性労働者（被保険者）が出産したときは，出産の日（出産の日が出産の予定日後であるときは，出産の予定日）以前42日（多胎妊娠の場合98日）から出産の日後56日までの間において労務に服さなかった期間，出産手当金として，1日につき直近の継続した12か月間の各月の標準報酬月額を平均した額の30分の1に相当する額の3分の2に相当する額が支給される（健保102条）。

⑷　変形労働時間制の適用制限・時間外・休日労働・深夜業の禁止　使用

者は，妊産婦が請求した場合，変形労働時間制（労基32条の2第1項・32条の4第1項・32条の5第1項）の規定にかかわらず，週40時間，1日8時間を超えて労働させてはならない（同66条1項）。また，妊産婦が請求した場合，非常事由・公務（同33条1項3項）または三六協定（同36条）によっても時間外・休日労働をさせてはならない（同66条2項）。さらに，妊産婦が請求した場合，深夜業をさせてはならない（同条3項）。

(5)　妊娠中・出産後の労働者に関する健康管理措置　事業主は，女性労働者が母子保健法の規定による保健指導または健康診査を受けるために必要な時間を確保できるようにしなければならず（雇均12条），女性労働者が保健指導または健康診査に基づく指導事項を守ることができるようにするため，勤務時間の変更，勤務の軽減等必要な措置を講じる義務を負う（同13条1項）。

(6)　育児時間　生後満1年に達しない生児を育てる女性は，休憩時間のほか，1日2回各々少なくとも30分，育児のための時間を請求することができる（労基67条1項）。この育児時間中は，使用者は，その女性を使用してはならない（同条2項）。

(7)　生理休暇　使用者は，生理日の就業が著しく困難な女性が休暇を請求したときは，その者を生理日に就業させてはならない（労基68条）。

(8)　産前産後休業等と不利益取扱い　産前産後休業期間およびその後30日間は，労基法19条1項により解雇が禁止されている。裁判例として，産休中の労働者に対して退職扱いにする旨の連絡をし，取消しを求められても直ちに取り消さず，むしろ退職通知を送付するという使用者の一連の行為には重大な過失があるというべきであるから，これらの一連の行為は，労基法19条1項および育介法10条に反する違法な行為として不法行為に該当するとしたものがある（出水商事事件・東京地判平成27. 3 .13労判1128号84頁）。

また，産前産後休業，軽易業務への転換または健康管理措置等の母性保護措置等を請求，取得し，または同措置を受けたこと等，妊娠または出産に関する事由を理由とする解雇その他不利益な取扱いは，男女雇用機会均等法（同9条3項，雇均則2条の2）により禁止されている（判例13-3 広島中央保健生活協同組合事件。ハラスメントについて**第13章第3節4**参照）。

この禁止規定は雇均法の2006年改正により創設されたものであるが，改正前においては，当該不利益取扱いの違法性は，公序良俗違反となるかどうかとして判断されていた。最高裁は，ベースアップを含む昇給の条件として80%の出勤率を要求し，産前産後休業・生理休暇・育児時間を欠勤扱いとすることは，労基法上の権利行使への抑制効果が強く，労基法が権利を保障した趣旨を実質的に失わせるもので，公序良俗に反し無効であると判断している（日本シェーリング事件・最一小判平成元.12.14民集43巻12号1895頁）。他方，賞与に関する事案では，出勤率90%以上であることとする支給要件を無効とする一方で，賞与を不就労時間に応じて減額する際に産後休業と勤務短縮時間を欠勤日数に加算することは，直ちに公序に反し無効なものということはできないとしている（判例19-2 東朋学園事件）。精皆勤手当に関する事案でも，生理休暇取得日を欠勤扱いすることは，生理休暇の取得を著しく抑止しない限り，労基法違反ではないとしている（エヌ・ビー・シー工業事件・最三小判昭和60.7.16民集39巻5号1023頁）。なお，雇均法は生理休暇に関する不利益取扱いを明示的には禁止していない（雇均則2条の2参照）。

判例19-2 東朋学園（とうほう）事件

（最一小判平成15.12.4労判862号14頁）

事　実　学校法人Yの従業員Xは，産後8週間産後休業を取得し，その後，Yの育児休職規程に基づいて子が1歳になるまで1日につき1時間15分の勤務時間短縮措置を受けた。Yの就業規則は，産前産後休業と短縮時間を無給としていた。Yの給与規程は，出勤率が90%以上であることを賞与の支給要件（本件90%条項）とし，詳細は回覧により知らせると定めており，賞与額から欠勤日数1日につき基本給額の20分の1を減額する等の本件各計算式（1994年度末賞与については，「(基本給×4.0)＋職階手当＋(家族手当×2)－(基本給÷20)×欠勤日数」），産前産後休業日と短縮時間を欠勤日数に加算する等の本件各除外条項等が記載された文書が回覧された。Yは，支給要件を満たさないとして1994年度期末賞与と1995年度夏期賞与を支給しなかったため，Xは，本件90%条項等の規定が，労基法65条・67条，育児休業法10条の趣旨に反し，公序に反する等と主張して，賞与の支給等を求めて訴えを提起した。一審・控訴審がXの請求を一部認容したため，Yが上告した。

判　旨　「本件90%条項は……労働基準法65条及び育児休業法10条の趣旨に照らすと，これにより上記権利等の行使を抑制し，ひいては労働基準法等が上記権利等を保障した趣旨を実質的に失わせるものと認められる場合に限り，公序に反するものとして無効となる」。本件90％条項は出勤率が90％未満の場合には賞与の全額不支給という不利益を被らせるものであること，従業員の年間総収入額に占める賞与の比重が相当に大きいこと，90％という数値からは賞与を受けられなくなる可能性が高いことを考慮すると，「本件90％条項のうち，出勤すべき日数に産前産後休業の日数を算入し，出勤した日数に産前産後休業の日数及び勤務時間短縮措置による短縮時間分を含めないものとしている部分は，上記権利等の行使を抑制し，労働基準法等が上記権利等を保障した趣旨を実質的に失わせるものというべきであるから，公序に反し無効である」。

本件「各計算式は，本件90％条項とは異なり，賞与の額を一定の範囲内でその欠勤日数に応じて減額するにとどまるものであり」，加えて，法律上も就業規則においても不就労期間は無給とされているのであるから，「本件各除外条項は，労働者の上記権利等の行使を抑制し，労働基準法等が上記権利等を保障した趣旨を実質的に失わせるものとまでは認められず，これをもって直ちに公序に反し無効なものということはできない」。

第Ⅳ編

第20章　労働安全衛生と労災補償

人の労働力が取引の対象とされる労働契約においては，労働者の心身の健康が容易に危険にさらされてしまう。このような労働契約の特殊性ゆえ，労働者の健康を保護するために職場の設備・環境・体制を整える安全衛生規制は，最も基本的・根源的な労働条件であり，初期の労働立法においても，中心的な位置づけを与えられてきた。一方で，こうした安全衛生規制にもかかわらず，労働災害が発生し労働者が傷病を負ってしまった場合には，当該労働者やその家族に対する十分な救済が行われなければならない。

労働者の職場の安全衛生をめぐる状況は，歴史的に見れば大幅に改善されてきたが，今もなお，年間15万件弱の労災事故が発生し（休業4日以上の死傷災害・死傷者数ベース），これにより年間867人の労働者が死亡するなど（いずれも2021年），労働者の心身の健康をいかに守るかという課題は，現代においても，依然としてきわめて重要な課題である。また，近年では，産業技術の進展や労働者の働き方の変化により，職業との関係で労働者が抱える健康上の問題が多様化しており，従来と異なる安全衛生規制や労災補償のあり方も求められている。

第1節　労働安全衛生法

1　労働安全衛生法の目的と性格

労働安全衛生法（以下，労安衛法という）は，職場における労働者の安全と健康を確保すること，および，快適な職場環境の形成を促進することを目的として，労基法と一体になって機能する（労安衛1条。労基42条も参照）。この目的を達成するために，労安衛法は，事業者（労安衛2条3号，労基10条）に対して様々な義務を課している。また，ジョイントベンチャーやリース業の発展を受けて，職場の安全衛生に大きな影響力を有する事業者以外の関係者（請負事業の注文者や元方事業者，機械等の製造者・輸入者等）に対しても，災害防止のためにいくつかの措置を義務づけている（労安衛3条2項3項・29条〜34条）。

事業者等に課される義務の多くについては，違反につき罰則が定められている（労安衛第12章参照。努力義務を定める規定もある。同第7章の2参照）。また，重大な労働災害が発生し再発防止の必要性がある場合には，厚生労働大臣は事業者に対して特別安全衛生改善計画の作成・提出を指示することができる（平成26年法律82号による改正〔以下，2014年改正という〕後の労安衛78条）。

一方，労安衛法上の規定には，労基法や最賃法のような労働契約に対する直律的効力（労基13条，最賃4条2項。**第6章第1節1**）は認められていないので，上記の規定が民事法上の義務を発生させるか否かについては，見解が分かれている。ただし，後述する安全配慮義務のような，労働者の安全・健康にかかわる使用者の信義則上の義務や，不法行為法上の義務の内容を検討する際には，これらの規定が定める義務の内容が一つの重要な考慮要素となる（**第4節**）。

労安衛法の義務の履行は，労基法と同様に，主に労働基準監督署長および労働基準監督官によって監督される（労安衛90条以下）。

なお，石綿粉じんによる健康被害をめぐり，最高裁は，労安衛法の趣旨・目的等から，石綿に関する国による規制権限の不行使を労働者との関係で国賠法1条1項の適用上違法なものと評価した（建設アスベスト訴訟〔神奈川〕事件・最一小判令和3.5.17民集75巻5号1359頁）。また，同判決は，この規制権限は労働者に該当しない建設作業従事者を保護するためにも行使されるべきとして，一人親方との関係でも同様の判断を行った。

2　安全衛生の基準や規制

労安衛法は，事業者等に対して「労働者の危険又は健康障害を防止するための措置」（労安衛第4章）を義務づけると同時に，危険な機械等や有害物質について規定を置いている（同第5章）。これらの規定を受けて，労働安全衛生規則をはじめ，規制の領域や対象ごとに定められた専門的な規則が，具体的で詳細な規制の体系を形成している。

また，労安衛法は，労働者の就業にあたっての措置（同第6章）として，安全衛生の教育（同59条以下）や無資格者の就業制限（同61条）等を定めているほか，一定の事業場における作業環境の測定・評価・評価結果に応じた措置（同65条・65条の2），労働者の健康診断（同66条）など，健康の保持増進のための措置（同第7章）も義務づけている。

使用者の行う健康診断につき，労働者は受診の義務を負う（同66条5項）。定期健康診断の一環として行われたエックス線検査の受診を拒否した労働者への懲戒処分の可否が議論された事案において，最高裁は，同条項を一つの根拠として懲戒処分の適法性を認めた（判例20-1 愛知県教育委員会〔減給処分〕事件）。

判例20-1 愛知県教育委員会（減給処分）事件

（最一小判平成13.4.26労判804号15頁）

事　実　市立中学校の校長Aは教職員に対してエックス線検査の受診を命じたが，同校の教諭Xはこれを受診せず，その後の未受検者の検診等についてもAの受診命令を拒否した。Y（県教育委員会）は，Xが上記の検査を受診しなかったこと，および，受診を命じるAの職務命令を拒否したこと等が，地方公務員の懲戒事由を定める地方公務員法29条1項1号および2号（本件当時）に当たるとして減給処分を行ったところ，Xはこの処分の取消しを求めて訴えを提起した。第一審はXの請求を認容したものの，控訴審では原判決が取り消され，請求が棄却されたため，Xが上告した。

判　旨　「市町村立中学校の教諭その他の職員は，その職務を遂行するに当たって，労働安全衛生法66条5項，結核予防法7条1項（〔筆者注〕判決当時，同法は平成18年法律106号により廃止され，感染症法に統合されている）の規定に従うべきであり」，校長は教諭その他の職員に対し「職務上の命令として，結核の有無に関するエックス線検査を受診することを命ずることができる」。「Xが当時エックス線検査を行うことが相当でない身体状態ないし健康状態にあったなどの事情もうかがわれない本件においては」Aの受診命令は適法であり，Xがこれに従わなかったことは，地方公務員法（平成11年改正前のもの）29条1項1号，2号に該当する。

3　安全衛生管理体制

労安衛法は，その目的を達成するために，事業場における「安全衛生管理体制」の構築を求めており，一定以上の規模の事業場ごとに，総括安全衛生管理者，安全管理者，産業医等（労安衛 10 条～13 条）の選任を義務づけている。また，一定以上の規模の事業場においては，安全委員会および衛生委員会（または安全衛生委員会）の設置が義務づけられており，議長以外の委員の半数は，事業場の過半数組合，あるいは過半数代表者の推薦で指名される（同 17 条～19 条)。このような制度は，現場の状況を知りうる労働者の関与のもと，労使が協力して企業の安全衛生管理に取り組む仕組みとして，重要な意義を有する。

第 2 節　労災補償の意義と労働基準法上の災害補償

1　労災補償の意義

労働災害の発生は，労働者の心身の健康はもちろん，その生活にも多大な打撃を与えうる。このとき，労働者が，使用者による損害の塡補・回復を求める手段として，まず，民法上の不法行為責任の枠内での使用者の損害賠償責任の追及が考えられる。もっとも，民法上の原則によれば，労働者は，この損害賠償責任の追及にあたって，使用者の過失（注意義務違反）の存在および具体的な損害額を主張立証しなければならない。さらに，損害を発生させたのが同僚労働者のような第三者である場合，この第三者の行為が使用者に帰責されることを裏づける事情についても主張立証が必要になる（民 709 条等参照)。これらの事情の主張立証は，多くの労働者にとって，きわめて困難な作業となりうる。

労災補償の基本的な考え方は，労働者を使用することで利益をあげている使用者は，原則として労働災害により労働者に生じた損害を塡補・補償する責任を負うべきであり，上記のような主張立証の困難性のために労働者の救済が妨げられてはならない，というものである。そのため，労災補償制度においては，使用者の過失の有無を問わず（無過失責任原則)，原則として労働災害の発生のみを要件として補償が行われる。また，補償額は実際の損害額とは無関係に，定型的に定められている。

2 労働基準法上の災害補償と労災保険制度

使用者は，労働者が業務上負傷し，または疾病にかかった場合，①療養補償，②休業補償，③打切補償，④障害補償，⑤遺族補償，⑥分割補償，⑦葬祭料，の各種の補償を行う（災害補償。労基75条～82条）。

これらの労基法上の使用者の責任は，当該災害補償の事由について労災保険法による労災補償（**第3節**）が行われる場合，その限りで縮減する（労基84条）。労災保険法は，使用者の災害補償責任が，使用者の資力が乏しい場合には無意味なものになってしまうという問題意識から，現実の補償を担保するための制度として創設された。もっとも，その後，労災保険の給付内容・水準は拡大・拡充され，労基法上の災害補償を大きく上回る給付を提供するものになった。そのため，現行法上，労災補償の中心は労基法上の災害補償責任から労災保険制度による保険給付へと移っている。このような労災保険給付の拡大・拡充，特に各種補償給付の一部年金化や，通勤災害に対する給付等は，労災保険が，労基法上の使用者の補償責任を基礎とした保険という性格を超え，社会保障制度の一部と評価しうるものへと発展してきたことを示しているともいえる。

使用者が行う労基法上の各種補償のうち，打切補償は，療養開始後3年を経過してなお労働者の負傷・疾病が治癒しない場合に，使用者が平均賃金の1200日分の補償を行った上で労基法上の療養補償を打ち切ることができる制度である（労基81条・75条）。打切補償を行うと，労基法19条1項の解雇制限も解除される（同項但書。解雇制限については，**第11章第1節2**）。最高裁は，労働者が労災保険給付を受給している事案（使用者が労基法上の療養補償を自ら行っていない事案）についても労基法19条1項但書・81条の適用を認め，使用者が打切補償を支払うことで解雇制限が解除されるとした（学校法人専修大学事件・最二小判平成27.6.8民集69巻4号1047頁，**第11章第1節2**参照）。

第3節　労働者災害補償保険

1　保険者・適用事業・財源

労災保険法による労働者災害補償保険を管掌するのは，政府であり（労災2条），労働者（労基法上の労働者と同義。そのため，例えば労基法116条2項にいう家事使用人は労災保険の対象とならない。第2章第1節参照）を使用するあらゆる事業が適用事業である（労災3条1項）。ただし，非適用事業や暫定的な任意適用事業も一部に存在する（同条2項，昭和44年改正附則12条）。適用事業は日本国内の事業に限られるが，国内の事業主が海外の事業に派遣する労働者（海外派遣者）については，事業主の申請と政府の承認による任意加入（特別加入。労災33条7号，36条）が可能である（なお，国内の事業に従事する労働者が海外出張を行うに留まる場合，当然に労災保険の対象となるため，両者の区別が問題となることがある。国内の使用者から出向の辞令を受け外国で就業中に自殺した労働者につき，海外派遣者にあたり，特別加入の承認がない以上労災保険の対象とならないとした判決として，国・中央労基署長〔クラレ〕事件・東京地判令和3.4.13労判1272号43頁）。また，労働者ではないが労災保険への加入の必要性が高い中小事業主や一人親方等についても特別加入が認められている（労災33条以下，労災則46条の16以下。中小事業主の特別加入につき保険関係の成立する単位となる「事業」の意義に関する最高裁判決として，国・広島中央労基署長事件・最二小判平成24.2.24民集66巻3号1185頁）。なお，近年のフリーランス人口の拡大等をふまえ，特別加入の対象は，2021年4月から，柔道整復師・芸能関係作業従事者・アニメーション製作作業従事者・高年法10条の2第2項による創業支援等措置に基づき事業を行う高年齢者等に（労災則46条の17第8号，同条の18第6号・7号ほか），さらに同年9月から，自転車等による貨物運送事業，ITエンジニアのような情報処理にかかる作業を行う者に拡大された（労災則46条の17第1号，同条の18第8号ほか）。

労災保険の財源は，事業主の負担する保険料である（労災30条，労保徴法。国庫は費用の一部を補助することができる。労災32条）。保険料率は業種ごとに定められ（労保徴法施行規則別表第1），一定規模以上の事業については過去3年間の業務災害による保険給付の額に応じて保険料率を増減させるメリット制が採用されている（労保徴12条3項）。

2 保険給付

(1) 保険給付の類型　労災保険給付は主として業務災害（3）および通勤災害（4）について支給される。業務災害について支給される給付は，①傷病の療養のために必要な療養等が支給される療養補償給付，②休業第4日目以降について支給される休業補償給付，③労働者の身体に障害が残った場合に支給される障害補償給付，④労働者が死亡した場合にその労働者によって生計を維持していた配偶者等に対して支給される遺族補償給付，⑤葬祭料，⑥療養開始後1年6か月を経過しても傷病が治癒しない場合に支給される傷病補償年金，⑦労働者が自宅等で介護を受ける場合に支給される介護補償給付，の7種である（労災12条の8第1項・13条以下）。

他方，通勤災害について支給されるのは，①療養給付，②休業給付，③障害給付，④遺族給付，⑤葬祭給付，⑥傷病年金，⑦介護給付の7種の給付であり（労災21条），その内容は業務災害に関する給付とほぼ重なる（同22条以下）。ただし，保険事故の性格が異なるため，法律上は明確に異なる制度として扱われている（保険給付の名称に「補償」の語がついていないのはその現れである）。

なお，複数の雇用関係にある者（複数事業労働者）について，複数の業務を総合的に評価することで初めて業務起因性が認められる場合，「複数業務要因災害」として業務災害にかかる保険給付に準じた7種類の給付が行われる（労災20条の2以下）。この場合，メリット制（1参照）は適用されない（労保徴12条3項）。なお，複数事業労働者であっても，個別の雇用関係との関係で業務起因性が認められる場合，通常の業務災害にかかる給付の対象となる。

(2) 保険給付の手続　保険給付は，被災した労働者（または遺族等）の請求により行われる（労災12条の8第2項）。具体的には，所轄の労働基準監督署長に申請を行い，同署長が支給または不支給の決定をなす。決定に不服のある場合，労働者・遺族等は，各都道府県の労災保険審査官に審査請求をすることができる（審査請求を経ずに後述の行政訴訟を提起することはできない〔不服申立て前置〕。同40条）。この請求に対する決定に不服であれば，厚生労働大臣が所轄する労働保険審査会に再審査請求をする（同38条1項）か，労働基準監督署長を相手に，その決定の取消しを求める行政訴訟を提起することができる（2014年改正により，再審査請求を経なくても訴訟を提起することができるようになった〔不服申立ての二重前置の廃止〕。同40条参照）。なお，労災保険給付を受ける権利は，給付の種類により，権利行使できる時から2年または5年の時効によって消滅する（同42条1項）。

労災保険給付が行われると，メリット制（**1**参照）の適用により使用者の保険料率が引き上げられることがあるため，事業主は，労働者が労災保険不支給決定を争う取消訴訟に補助参加することができる（レンゴー事件・最一小判平成13.2.22労判806号12頁）。他方，従来は，労働者に対する労災保険支給決定を使用者が取消訴訟により争うことはできないと理解されてきたが，これを肯定する最近の高裁判決がある（あんしん財団事件・東京高判令和4.11.29労経速2505号3頁）。こうした裁判例の動向も受けて，厚生労働省は，メリット制適用により引き上げられた保険料認定決定を争う取消訴訟において，保険料引上げを基礎づける労災支給処分が支給要件を満たさないものであった（例えば業務起因性を欠くものであった）ことを使用者が主張することを認める一方，当該取消訴訟で使用者が勝訴し，理由付けの中で過去の労災支給処分の支給要件非該当性が認められたとしても，当該労災支給処分が取り消されることはない旨の通達を発した（令和5.1.31基発0131第2号）。

3　業務災害

⑴　**業務起因性**　「業務災害」とは，労働者の「業務上の」負傷，疾病，障害または死亡である（労災7条）。「業務上」の意義については法律上定義がないが，業務と傷病等との間に経験則上相当な因果関係（「業務起因性」と呼ばれる）が存在することをいうと理解されている。

労働者の傷病等が何らかの特別な事故・出来事（「災害」と呼ぶことがある）によって生じた場合，業務起因性の評価は，2段階で行われる。すなわち，①傷病等を発生させた災害が，労働者が労働契約に基づき事業主の支配下にあるときに発生し（「業務遂行性」），かつ，当該災害が，②労働者が事業主の支配下にあることに伴う危険が現実化したものといえる場合，業務起因性が認められる。

例えば，(i)就業時間中（用便等による短時間の中断も含む）の災害については，明らかに業務遂行性が認められ，地震等の自然現象や，私的怨恨や自招行為に由来する第三者の犯罪行為（平成21. 7 .23基発0723第12号）のような全く別の要因が存在する等の例外的場面を除き業務起因性も肯定される（業務遂行中の第三者の犯罪行為による死亡につき職務に内在する危険によるものとして業務起因性を認めた例として，尼崎労基署長〔園田競馬場〕事件・大阪高判平成24.12.25労判1079号98頁）。(ii)休憩時間や始業前・終業後など就業時間外で事業場内にいる間の災害は，なお事業主の施設管理下にあるので業務遂行性を肯定されるが，業務起因性は原則として否定され，それが事業場設備の不備・欠陥に起因する場合や業務に付随して行われる行為の最中の事故等と認められる場合にのみ業務上となる。(iii)出張の場合，往復や宿泊の時間も含めて使用者の支配下にあるものとして業務遂行性が肯定され，業務起因性も，労働者が本来の業務やそれに付随する行為から離脱していない限り，比較的広く認められる。(iv)運動会・慰安旅行・宴会等の行事は，事業主の積極的な特命がある場合や参加が強制された場合等にのみ例外的に業務遂行性が認められ，このような例外的な場合には，行事参加中の災害については原則として業務起因性も認められる（労働者が，事業場外で行われた研修生の歓送迎会に業務を一時中断し途中参加した後，中断した業務を再開するために自動車を運転して事業場に戻る際，研修生を住居まで送る途上で発生した交通事故について業務起因性を認めた判決として，行橋労基署長事件・最二小判平成28. 7 . 8労判1145号6頁）。

なお，業務起因性の有無は労基法19条1項の定める解雇制限との関係で問題となることもある（東芝〔うつ病・解雇〕事件・東京高判平成23. 2 .23労判1022号5頁。解雇制限については，**第11章第1節2**）。

(2)　非災害性の業務上疾病　何らかの特別な出来事（災害）を伴わず，業務による負担の蓄積などが原因で労働者の疾病が生じる場合（非災害性疾病と呼ぶことがある），上記の「業務遂行性」の基準は意味をもたず，業務起因性の判断は特に難しくなる。そのため，労基法は「業務上の疾病」の範囲を厚生労働省令で定めることとし（労基75条2項），これを受けて労基法施行規則（労基則35条・別表第1の2）が，医学的知見により業務上の有害因子との因果関係が確立していると考えられる疾病を，災害性疾病も含めて列挙している。ここで列挙された疾病に該当すれば業務起因性が推定される。さらに，列挙されている以外の疾病でも，業務との因果関係が証明されて「その他業務に起因することの明らかな疾病」（同別表11号）と認められれば，業務上疾病と評価される（「化学物質過敏症」について別表11号等を適用し業務起因性を認めた裁判例として，国・岩見沢労基署長〔元気寿司〕事件・札幌高判令和3.9.17労判1262号5頁）。

(3)　脳・心臓疾患の業務起因性　労基法施行規則別表第1の2第8号は，「長期間にわたる長時間の業務その他血管病変等を著しく増悪させる業務による脳出血，くも膜下出血，脳梗塞，高血圧性脳症，心筋梗塞，狭心症……又はこれらの疾病に付随する疾病」を業務上疾病とする。同規定は2010年の別表改正（以下2010年別表改正という）時に追加された（同年厚労省令69号）。これらの疾病は，通常，本人が有している動脈硬化等の基礎疾患が，日常生活上の要因，加齢，業務等の様々な要因によって悪化し発症に至るものであり，多数の発症因子の中で業務の負担をいかに評価するべきかが明らかでないため，業務起因性の判断が困難となる。この問題は，2010年の別表改正前は別表9号（改正後の第11号）の解釈として論じられ，この点をめぐり，多数の行政規則や判例・裁判例が蓄積されてきた。現行の別表8号の解釈に際してもこれらの行政規則・判例等が参考にされるのであり，特に「血管病変等を著しく増悪させる業務による脳血管疾患及び虚血性心疾患等の認定基準」（令和3.9.14基発0914第1号。令和3年基準という）は，実務上きわめて重要な役割を果たし，裁判所によってもしばしば参照される行政規則である。

労働者の疾病が長期的な疲労の蓄積から発生したと思われるような場合，比較すべき他の発症因子が一層多様になるので，業務が労働者の心身に及ぼす影響の評価が特に難しくなる。最高裁判決（判例20-2 横浜南労基署長〔東京海上横浜支店〕事件）およびこれを受けた令和3年基準は，業務起因性の認定にあたり長期間にわたる疲労の蓄積を考慮すべきものとしている。

令和3年基準によれば，①発症直前から前日までの間に異常な出来事に遭遇したこと，②発症に近接した時期（おおむね1週間）において特に過重な業務に従事したこと，③発症前の長期間（おおむね6か月間）にわたって著しい疲労の蓄積をもたらす特に過重な業務に就労したこと，のいずれかの「過重負荷」を受けたことにより発症した脳・心臓疾患は，業務上の疾病と扱われる。③の長期にわたる疲労の蓄積については，さらに，労働時間の長さに応じた評価の基準等が示されている（発症前1か月から6か月にわたって1か月あたりの時間外労働が45時間を超えて長くなるほど関連性が徐々に強まり，発症前1か月間に100時間を超えて，あるいは発症前2か月から6か月にわたって1か月あたり80時間を超えて時間外労働をしている場合には関連性が強いと認められるなど)。また，労働時間以外の負荷要因もあわせて考慮される。なお，**第3節 2** で言及した複数業務要因災害については，②・③について，業務の過重性は複数業務の労働時間・負荷要因を通算して評価することとなる。こうして，複数業務のうち一部だけでは業務起因性が認定されえないケースでも，複数業務要因災害として労災認定が行われ得ることになる。

令和3年基準は従来の認定基準（平成13.12.12基発1063号。平成13年基準という）を改訂するもので，以上の内容を含め，平成13年基準の内容を引き継ぎつつ，いくつかの修正を加えた。例えば，長期間の過重業務の評価にあたり労働時間と労働時間以外の負荷要因を総合評価すべきことが確認された。また，労働時間以外の負荷要因として拘束時間が多い業務・出張の多い業務などが挙がっていたところ，勤務間インターバルの短い勤務・身体的負荷を伴う業務などが評価対象として新たに加えられた。なお，長期間の過重業務の評価については，従来の認定基準も総合的評価を排除するものではなく，裁判例にもそうした評価を行うものが従来から見られた（参照，国・高松労基署長〔富士通〕事件・高松高判令和2．4．9 LEX/DB25565296)。

判例20-2　横浜南労基署長（東京海上横浜支店）事件

（最一小判平成12．7．17労判785号6頁）

事　実　Xは，1973年10月から，自動車運転者の派遣を業とする会社に雇用されA会社横浜支店に派遣されており，支店長付運転手として自動車運転業務に従事していた。1981年7月以降，Xの勤務時間は早朝から深夜に及ぶようになり，特に，1983年12月以降は時間外労働時間が増加，その中には深夜労働時間も含まれており，走行距離も長いものとなった。Xは，1984年5月11日早朝，くも膜下出血を発症し，休業したため，Y（横浜南労基署長）に対して労災保険法上の休業補償給付を請求したが，Yは上記疾病が業務上の疾病に当たらないとして不支給決定をした。Xはこの不支給決定の取消しを求めて訴えを提起した。第一審はXの請求を認容したものの，控訴審では原判決が取り消され，請求が棄却されたため，Xが上告した。

判　旨　Xの業務は精神的緊張を伴うものである上，不規則で拘束時間も長く，労働密度も高いものだった。Xは遅くとも1983年1月以降本件くも膜下出血の発症に至るまでこうした業務に従事しており，特に発症の約半年前の同年12月以降の勤務はXにかなりの精神的・身体的負荷を与え慢性的な疲労をもたらした。発症前日から当日にかけての業務も「それまでの長期間にわたる右のような過重な業務の継続と相まって，Xにかなりの精神的，身体的負荷を与えた」。Xが基礎疾患を有していた蓋然性が高い等の事情を考慮しても，「Xの基礎疾患の内容，程度，Xが本件くも膜下出血発症前に従事していた業務の内容，態様，遂行状況等に加えて……慢性の疲労や過度のストレスの持続が慢性の高血圧症，動脈硬化の原因の一つとなり得るものであることを併せ考えれば，Xの右基礎疾患が右発症当時その自然の経過によって一過性の血圧上昇があれば直ちに破裂を来す程度にまで増悪していたとみることは困難」であり，「他に確たる増悪要因を見いだせない本件においては……業務による過重な精神的，身体的負荷がXの右基礎疾患をその自然の経過を超えて増悪させ，右発症に至ったものとみるのが相当」であり，「その間に相当因果関係の存在を肯定」できる。Xのくも膜下出血発症は業務上疾病に該当する。

判例20-2 横浜南労基署長（東京海上横浜支店）事件にみられるとおり，最高裁は，過重な業務の遂行が認められ，それによって基礎疾患が自然的経過を超えて増悪したとき，原則として業務と疾病との間の「相当因果関係」の存否を肯定する（内臓疾患〔十二指腸潰瘍〕の業務起因性について同様の判断枠組みをとった最高裁判例として，神戸東労基署長〔ゴールドリングジャパン〕事件・最三小判平成16.9.7労判880号42頁)。労働者の基礎疾患が比較的重篤といえる状態にあった場合も，「自然の経過により心筋こうそくを発症させる寸前にまでは増悪していなかったと認められる場合」，やはり因果関係が肯定される（地公災基金鹿児島県支部長〔内之浦町教委職員〕事件・最二小判平成18.3.3労判919号5頁)。

また，判例は，死亡の原因となった疾病の発症自体には公務起因性がない場合にも，発症後に適切な治療を受ける機会が奪われたことを理由として公務起因性を認める可能性を肯定した（判例20-3 地公災基金愛知県支部長〔瑞鳳小学校教員〕事件。ただし，差戻控訴審〔名古屋高判平成10.3.31労判739号71頁〕，差戻上告審〔最二小判平成12.4.21労判781号15頁〕で，結論としては公務起因性が否定された。なお，地公災基金東京都支部長〔町田高校〕事件・最三小判平成8.1.23労判687号16頁も参照)。

判例20-3　地公災基金愛知県支部長（瑞鳳（ずいほう）小学校教員）事件

（最三小判平成8.3.5労判689号16頁）

（事　実）　小学校教諭であったAは，ポートボールの練習試合の審判として球技指導中，意識不明となり入院し，特発性脳内出血の診断を受けた後，死亡した。意識不明となった当日，Aは，頭痛等の不調を訴えており，試合が始まる前に脳内出血を起こしていたと考えられる。Aは，当日，審判の交代を求めたが聞き入れられず，やむなく試合に参加した。Aの妻であるXがAの死亡は公務に起因するものであるとして遺族補償等の支給を請求したところ，Y（地方公務員災害補償基金愛知県支部長）がXの請求にかかる補償をしない旨の決定（処分）をしたため，Xらは同処分の取消しを求めて訴えを提起した。第一審はXの請求を認容したが，控訴審では原判決が取り消され，請求が棄却されたため，Xが上告した。

（判　旨）　Aの脳内出血の「開始時期が……試合の審判をする以前であったとしても，右審判による負担やこれによる血圧の一過性の上昇等が出血の態様，程度に影響を及ぼす可能性も……十分に考えられる」。「出血開始後の公務の遂行がその後の症状の自然的経過を超える増悪の原因とな」り，「又はその間の治療の機会が奪われたことにより死亡の原因となった……血腫が形成されたという可能性」も否定できず，本件の事実関係からすれば，Xの「特発性脳内出血が後の死亡の原因となる重篤な症状に至ったのは，午前中に脳内出血が開始し，体調不良を自覚したにもかかわらず，直ちに安静を保ち治療を受けることが困難であって，引き続き公務に従事せざるを得なかったという，公務に内在する危険が現実化したことによるものとみることができる」。

(4)　精神障害・自殺の業務起因性　業務による負担は，精神的な健康を害することもある。2010年別表改正は，脳・心臓疾患と並び，「人の生命にかかわる事故への遭遇その他心理的に過度の負担を与える事象を伴う業務による精神及び行動の障害又はこれに付随する疾病」（労基則別表第1の2第9号）を追加した。第9号の解釈については，同号が追加される以前からの裁判例・行政規則の蓄積を引き継いだ「心理的負荷による精神障害の認定基準について」（平成 23.12.26 基発 1226 第１号）が，業務による心理的負荷の評価方法について具体的な出来事を列挙しつつ基準を示している。2019 年に労働施策推進法にパワー・ハラスメント防止の措置義務が規定されたこと（**第 14 章第４節 2**）等をふまえ，同年に認定基準が一部改訂され，心理的負荷をもたらす出来事としてパワー・ハラスメントが追加されるなどの変更が行われた（令和２.５.29 基発 0529 第１号）。

なお，使用者が業務上の合理的理由なく約３か月の間労働者に仕事を与えないことを「職場におけるいじめやパワーハラスメント」にも該当しうると評価し，労働者のうつ病につき業務起因性を認めた判決として，国・広島労基署長（中国新聞システム開発）事件（広島高判平成 27.10.22 労判 1131 号５頁），上司による他の労働者の面前での叱責につき，その態様や手段が社会通念に照らして許容される範囲を超える精神的攻撃であったとして上記認定基準にいうところのパワー・ハラスメントに該当すると述べた判決として，国・豊田労基署長〔トヨタ自動車〕事件（名古屋高判令和３.９.16 LEX/DB25590916）。

なお，労災保険は，被災労働者の故意により引き起こされた結果については給付を行わないが（労災 12 条の２の２第１項），1999 年以降，業務が原因で精神障害を発症しその結果自殺を図った者について原則として業務起因性を認める扱いが実務上採用され（前掲基発 1226 第１号の施行まで業務起因性の判断基準であった平成 11.９.14 基発 544 号および同日の基発 545 号），その後の裁判例も，これを前提として判断している（判例20-4 豊田労基署長〔トヨタ自動車〕事件）。

判例20-4 豊田労基署長（トヨタ自動車）事件

（名古屋高判平成 15.７.８労判 856 号 14 頁）

事　実　Aは，輸送用機械器具製造等を業とするＢ会社に勤務していたが，1988 年７月下旬ないし８月上旬頃うつ病に罹患し，同月 25 日に自殺した。Aの妻であるＸが労災保険法に基づく遺族補償年金等の給付を請求したところ，Ｙ（豊田労働基準監督署長）が不支給処分をしたため，Ｘは同処分の取消しを求めて訴えを提起した。原審はＸの請求を認容し，Ｙが控訴した。

判　旨　「業務と精神疾患の発症や増悪との間に相当因果関係が肯定されるためには，……当該業務自体が，社会通念上，当該精神疾患を発症もしくは増悪させる一定程度以上の危険性を内在または随伴していることが必要である」。うつ病の発症・増悪について「相当因果関係の存否を判断する」際には，「医学的知見を踏まえて，発症前の業務内容及び生活状況並びにこれらが労働者に与える心身的負荷の有無や程度，さらには当該労働者の基礎疾患等の身体的要因や，うつ病に親和的な性格等の個体側の要因等を具体的かつ総合的に検討し，社会通念に照らして判断するのが相当である」。「自殺行為のように外形的に労働者の意思的行為と見られる行為によって事故が発生した場合で」も，「その行為が業務に起因して発生したうつ病の症状として発現したと認められる場合には，労働者の自由な意思に基づく行為とはいえ」ず，労災法12条の2の2第1項にいう故意には該当しない。判断指針〔平成11.9.14基発544号〕は「業務による心理的負荷により精神障害が発病したと認められる者が自殺を図った場合には，精神障害によって正常の認識，行為選択能力が著しく阻害され，又は自殺行為を思いとどまる精神的な抑制力が著しく阻害されている状態で自殺が行われたものと推定し，原則として業務起因性を認め」ているが，この考え方は妥当である。Aの疲労の蓄積等の様々な事情を総合考慮すれば，「本件うつ病の発症とそれに基づく本件自殺には業務起因性が認められ……これを否定した本件処分は違法」である。

(5)　過労死・過労自殺の予防　一般に，長時間労働等の業務の負担が原因で生じる脳・心臓疾患による死亡を「過労死」，業務による心理的負荷から生じる精神障害に由来する自殺を「過労自殺」と呼ぶ（上記(3)・(4)参照）。民事損害賠償事件として過労自殺の問題が扱われた電通事件（判例20-7）以降，過労死・過労自殺の問題は国内外を問わず注目を集めてきた。もっとも，法的には，労災補償・損害賠償をめぐる行政通知や判例・裁判例が先行して発展し，予防に関する取組みは遅れがちだった（比較的初期の取組みとして，2000年に導入された脳・心臓疾患防止のための二次健康診断等についての労災給付等がある。労災26条1項2項，労安衛66条の5ほか）。近年，過労死・過労自殺（その原因となる疾病・障害）の予防の重要性が強く認識され，新たな対策が採られつつある。

長時間労働との関係では，労安衛法66条の8が，長時間労働を行う労働者につき医師の面接指導を義務づけた。この制度は，2018年改正（2019年4月1日施行）により，長時間労働に従事する者や，いわゆる「高度プロフェッショナル制度」（第17章第5節**2**）の対象者にも拡充された（労安衛法66条の8～66条の8の4を参照）。また，2018年の働き方改革推進法による労基法改正は，三六協定によっても超過できない労働時間の絶対的上限を導入し，長時間労働の問題への一定の対応を図った（**第17章第4節1(3)**を参照）。労働者の心の健康（メンタルヘルス）を守るための試みも行われている。厚生労働省は，事業者による積極的な対応を求めるため，「労働者の心の健康の保持増進のための指針」（労安衛69条1項および70条の2第1項参照）を公表した。また，2014年労安衛法改正（法律82号）は，事業者に，労働者に対して医師，保健師等による心理的負担の程度を把握するための検査（いわゆるストレスチェック）を行う義務を課した。検査結果は労働者にのみ通知され，労働者が希望する場合，事業者は医師による面接指導を行わなければならない。事業者は，面接指導の結果に基づき必要と認める時には，適切な措置を講じる（以上，66条の10）。

過労死等防止対策推進法（平成26年法律100号）は，国・地方自治体・事業主等が，「業務における過重な負荷による脳血管疾患若しくは心臓疾患を原因とする死亡若しくは業務における強い心理的負荷による精神障害を原因とする自殺による死亡又はこれらの脳血管疾患若しくは心臓疾患若しくは精神障害」（過労死等。同法2条）の防止について責務（国）と努力義務（地方自治体・事業主・国民）を負うと定める（同4条）。同法7条を受けて2015年に閣議決定された「過労死等の防止のための対策に関する大綱」（2018年，2021年閣議決定により一部変更）は，2025年までに週労働時間40時間以上の雇用者のうち週労働時間60時間以上の雇用者を5％以下，年次有給休暇取得率を70％以上，メンタルヘルス対策に取り組んでいる事業場の割合を80％以上とする等の目標も掲げ，公務員等についても目標の趣旨をふまえて必要な取組みを推進すべきとした。また，テレワーク，副業・兼業，フリーランスについても，ガイドラインの周知等の取組みが盛り込まれている。

4　通勤災害

「通勤」とは，労働者が，就業に関し，①住居と就業の場所との往復，②就業の場所から他の就業の場所への移動，③①に先行または後続する住居間の移動，のいずれかを「合理的な経路及び方法により」行うことをいう（労災7条2項）。合理的経路・方法は，労働者が通常用いているものに限定されないが，例えば帰宅途中に酒場で長時間にわたり飲食するなど，往復経路からの「逸脱」や往復行為の「中断」がある場合，それ以降の移動は通勤と認められない（同条3項。判例20-5 札幌中央労基署長〔札幌市農業センター〕事件）。

判例20-5 札幌中央労基署長（札幌市農業センター）事件

（札幌高判平成元. 5 . 8労判541号27頁）

事実 Aは就業終了後に徒歩で職場を出発し帰宅する途中，夕食の材料を購入するため，通勤経路途上の交差点をはさんで自宅と反対方向140 m地点にある商店に向かったところ，当該交差点から約40 mの地点で自動車に追突され，死亡した。Aの夫を含むXらは，本件を通勤災害であるとして労災保険給付請求をしたが，労働基準監督署長（Y）が不支給処分を行ったため，審査請求および再審査請求を経てYに対して同処分の取消請求訴訟を提起した。請求を棄却した原判決（札幌地判昭和63. 2 .12労判515号49頁）に対し，Xらは控訴を提起した。

判旨 労災保険法7条2項にいう「合理的な経路とは，労働者の住居と就業の場所との間を往復する場合に一般に労働者が採ると認められる経路」をいい，「同条3項にいわゆる往復の経路を逸脱するとは，通勤の途中において就業又は通勤と関係のない目的で右の合理的経路をそれることをいい，同項にいわゆる往復を中断するとは，通勤の経路上において通勤とは関係のない行為をすることをいう」。認定事実によれば，Xが「就業場所と住居との間の通常の経路をそれたことは否定」できず，「その目的も，食事の材料等の購入にあって，住居と就業の場所との間の往復に通常伴いうる些細な行為の域を出ており，通勤と無関係」である。「本件災害は，同条3項所定の往復の経路を逸脱した間に生じたもの」であり，通勤災害にはあたらない。

一方，往復経路からの逸脱・中断があっても，労働者の日常生活上必要な一定のやむを得ない事由による最小限度のものであれば，その逸脱・中断後の移動はなお通勤として扱われる（労災7条3項但書）。労災法施行規則8条は，そのような例外的な行為として，日用品の購入，病院での診療等の行為等，および，これらの行為に「準ずる」行為を挙げている。この規定をめぐっては，家族の介護が日用品の購入に準ずる行為に当たると述べた判決（国・羽曳野労基署長〔通勤災害〕事件・大阪高判平成19. 4 .18労判937号14頁）を契機として，2008年以降，要介護状態にある一定の範囲の家族の介護が日常生活上必要な行為の新たな類型に加えられた（労災則8条5号）。

第4節　労災民訴

1　使用者に対する損害賠償請求

⑴　**安全配慮義務**　労災補償は，民法上の責任追及をめぐる労働者の立証の負担を軽減・緩和する役割を担う。もっとも，他方で，労災補償は現実に発生した損害の大きさと無関係に定型的な給付を提供するため，労働者が被った損害をすべて塡補することはできない。また，業務起因性が否定される場合など労災保険給付の要件を満たさない災害について，民事法上の損害賠償請求が可能な場面も想定できる。そこで，労働者には，業務と関連して生じた損害について，労災保険給付を受けると受けないとにかかわらず，使用者に対して一般民事法上の損害賠償請求を行う途がひらかれている（いわゆる「労災民訴」）。

判例は，労働者が使用者に損害賠償請求を行う場合に，不法行為構成（民709条・715条・717条など）に加え，債務不履行構成（同415条）を認めてきた。債務不履行責任の追及は，判例によりまず公務員の労働関係について認められ（自衛隊車両整備工場事件・最三小判昭和50. 2 .25民集29巻2号143頁），続いて，判例20-6 川義事件にみるように民間企業の労働者にも拡張された。

判例20-6　川義（かわよし）事件

（最三小判昭和59. 4 .10民集38巻6号557頁）

事　実　1978年8月13日，Y会社の従業員であった亡Aは，夜間の宿直勤務中，窃盗目的で社屋内に入り込んだYの元従業員に殺害された。亡Aの父母であるXらは，Yに対し，安全配慮義務の不履行によって生じた損害（逸失利益，慰謝料等）の賠償を求める訴えを提起した。第一審・控訴審がXの請求を一部認容したため，Yが上告した。

判　旨　「雇傭契約は，労働者の労務提供と使用者の報酬支払をその基本内容とする双務有償契約であるが，通常の場合，労働者は，使用者の指定した場所に配置され，使用者の供給する設備，器具等を用いて労務の提供を行うものであるから，使用者は，右の報酬支払義務にとどまらず，労働者が労務提供のために設置する場所，設備もしくは器具等を使用し又は使用者の指示のもとに労務を提供する過程において，労働者の生命及び身体等を危険から保護するよう配慮すべき義務（以下『安全配慮義務』という。）を負つているものと解するのが相当である。……安全配慮義務の具体的内容は，労働者の職種，労務内容，労務提供場所等安全配慮義務が問題となる当該具体的状況等によつて異なる」が，本件の場合，Ｙは，宿直勤務の場所に盗賊等が容易に侵入できないような物的設備や，盗賊が侵入した場合に危害を免れることができるような物的施設を設けるとともに，物的施設等の整備が困難な場合には宿直員の増員や安全教育などにより対応し，もって右物的施設等と相まって「Ａの生命，身体等に危険が及ばないように配慮する義務があつた」。本件事故はＹの安全配慮義務の不履行によって発生したものであり，Ｙは被害を被った者に対し損害を賠償すべき義務がある。

このように，使用者は労働契約に伴い「安全配慮義務」を負い（労契法5条参照），労働者は，この義務の不履行について民法上の債務不履行責任を追及することができる。ただし，使用者は，安全それ自体を結果債務として負うわけではなく，災害につき予見可能性がない場合や結果回避義務を尽くしている場合，安全配慮義務違反とは評価されない（林野庁高知営林局事件・最二小判平成2.4.20労判561号6頁。使用者が長時間労働を把握していなかったことにつき，長時間労働を漫然と放置していたと評価して安全配慮義務違反を認めた例として，アルゴグラフィックス事件・東京地判令和2.3.25労判1228号63頁）。このように，労災民訴には，安全配慮義務理論を通じて使用者に労働時間の把握や長時間労働の防止などの努力を促す効果もある（労働者に疾患が生じていない場合でも，長時間労働を放置したという安全配慮義務違反が使用者に認められるとして慰謝料請求を認めた裁判例として，アクサ生命保険事件・東京地判令和2.6.10労判1230号71頁）。

なお，労働協約または就業規則に，労働災害につき法定の労災補償に一定の補償を上積みする旨の規定が置かれている場合，使用者はその支払額の限度で当該労働災害について損害賠償責任を免れる。原則として，こうした規定が損害賠償額の予定（民420条）と評価されることはない。

⑵　**不法行為と債務不履行**　　安全配慮義務法理の発展により，労働者には，労災民訴の場面で，安全配慮義務法理を基礎とする債務不履行責任の追及と，不法行為責任の追及という二つの途がひらかれた。二つの法律構成を比較すると，損害賠償請求権の消滅時効は，不法行為の場合，損害および加害者を知っ

た時から3年（生命または身体への侵害については5年〔民724条1号，724条の2〕），ないし不法行為時から20年（同724条2号）であるのに対し，債務不履行の場合，権利を行使できることを知った時から5年，行使できる時から10年（生命または身体への侵害については20年〔同166条，167条〕）である。また，帰責事由の立証責任について，不法行為の場合，労働者側が使用者の過失の存在を立証するが，債務不履行の場合，使用者側が自らに帰責事由のないことを立証する責任を負う。一方，安全配慮義務の内容を特定し義務違反の存在を基礎づける事実を主張立証する責任を負うのは労働者側である（航空自衛隊芦屋分遣隊事件・最二小判昭和56.2.16民集35巻1号56頁）。他方，遅延損害金の起算点（同412条3項参照），労働者が死亡した場合の遺族固有の慰謝料請求権（同711条参照）のように，請求額や請求権の範囲の点では，不法行為を主張する方が労働者にとって有利と思われる場合もある。

このように，二つの法律構成はいずれも訴えを提起する労働者にとって有利な面と不利な面をもち，実際にも両者は併用されている（過労自殺について使用者の不法行為責任を認めた最高裁判例として，判例20-7 電通事件）。

判例20-7　電通事件

（最二小判平成12.3.24民集54巻3号1155頁）

事実　Y会社の従業員であった亡Aは，入社直後から長時間にわたり残業を行う状態を1年あまり継続した後にうつ病に罹患し，自殺した。亡Aの父母であるXらは，Yに対し，民法715条に基づく損害賠償等を求めて訴えを提起した。第一審・控訴審はいずれもXらの請求を一部認容したが，控訴審判決（東京高判平成9.9.26労判724号13頁）は亡Aの側の心因的要素等を考慮して損害賠償額を減額した。これに対し，Xら・Yの双方が上告した。

判旨　「労働者が労働日に長時間にわたり業務に従事する状況が継続するなどして，疲労や心理的負荷等が過度に蓄積すると，労働者の心身の健康を損なう危険」があり，労基法上の労働時間に関する制限や，労働者の健康に配慮して作業を適切に管理する事業者の労安衛法上の努力義務（同65条の3）は，こうした危険の発生防止をも目的としたものである。……「これらのことからすれば，使用者は，その雇用する労働者に従事させる業務を定めてこれを管理するに際し，業務の遂行に伴う疲労や心理的負荷等が過度に蓄積して労働者の心身の健康を損なうことがないよう注意する義務を負うと解するのが相当であり，使用者に代わって労働者に対し業務上の指揮監督を行う権限を有する者は，使用者の右注意義務の内容に従って，その権限を行使すべきである。……亡Aの業務の遂行とそのうつ病り患による自殺との間には相当因果関係があるとした上……上司であるB及びCには，亡A」の恒常的な著しい長時間労働およびその健康状態の悪化「を認識しながら，その負担を軽減させるための措置を採らなかったことにつき過失があるとして，Yの民法715条に基づく損害賠償責任を肯定した」原審の判断は正当なものである。

「ある業務に従事する特定の労働者の性格が同種の業務に従事する労働者の個性の多様さとして通常想定される範囲を外れるものでない限り，その性格及びこれに基づく業務遂行の態様等が業務の過重負担に起因して当該労働者に生じた損害の発生又は拡大に寄与」する「事態は使用者として予想すべきもの」である。「労働者の性格が前記の範囲を外れるものでない場合……裁判所は，業務の負担が過重であることを原因とする損害賠償請求において使用者の」賠償額を「決定するに当たり，その性格及びこれに基づく業務遂行の態様等を，心因的要因としてしんしゃくすることはできない」。

(3)　取締役の第三者に対する損害賠償責任　使用者が負う安全配慮義務は，取締役が会社に対して負う善管注意義務の内容にも影響を及ぼす。裁判例には，取締役の同義務の内容として「会社が使用者としての安全配慮義務に反して，労働者の生命，健康を損なう事態を招くことのないよう注意する義務」を認定し，この義務を悪意または重過失により懈怠して労働者に損害を与えた場合には会社法429条1項による責任を負うとして取締役の損害賠償責任を認めたものがある（大庄ほか事件・大阪高判平成23.5.25労判1033号24頁，サンセイ事件・東京高判令和3.1.21労判1239号28頁）。

2　第三者に対する責任追及と安全配慮義務

労働災害が，使用者以外の第三者の故意・過失等によって引き起こされた場合，労働者やその遺族は，この第三者に対して不法行為責任や工作物責任（順に，民709条・717条）を追及できる（石綿を用いた建物で勤務した労働者に対する建物所有者の土地工作物責任〔民717条1項但書〕が争われた事案として，最二小判平成25.7.12判時2200号63頁。また，石綿を用いる建設現場で働いた労働者に対する建材メーカーの共同不法行為責任〔民719条〕について，最一小判令和3.5.17LEX/DB25571500)。また，判例は，労働契約上の使用者でない第三者が，労働者に対して安全配慮義務を負う場合があることも認めている。この場合，労働者は，使用者以外の第三者に対しても，債務不履行を根拠として損害賠償を請求することができる（判例20-8 大石塗装・鹿島建設事件）。

判例20-8 大石塗装・鹿島建設事件

（福岡高判昭和51.7.14民集34巻7号906頁，最一小判昭和55.12.18民集34巻7号888頁）

事　実　Y_2会社は，Y_1会社がA会社から請け負っていた建設工事の一部をさらにY_1から請け負い，Bほか数名を雇用して塗装業務に従事させていた。1968年1月22日，Bは，塗装作業に従事中，事故で死亡した。Bの両親および弟妹であるXらは，Y_1およびY_2に対し，安全保証義務の不履行および不法行為により生じた損害の賠償を求める訴えを提起した。第一審はXらの請求を棄却，Xらが控訴した。

判　旨　最高裁は以下のような原審の判断を前提としこれを基本的に維持し，一部棄却，一部破棄自判の判決を下した。

原判決判旨：「Bの使用者であるY_2に……安全保証義務〔ここでは安全配慮義務と同義〕の存在することは明らかである」。また，使用者の安全保証義務は「独り雇傭契約にのみ存するものではなく，仮令それが部分的にせよ事実上雇傭契約に類似する使用従属の関係が存する場合，即ち労働者が，法形式としては請負人（下請負人）と雇傭契約を締結したにすぎず，注文者（元請負人）とは直接の雇傭契約を締結したものではないとしても，……実際上請負人の被用者たる労働者と注文者との間に，使用者，被使用者の関係と同視できるような経済的，社会的関係が認められる場合には注文者は請負人の被用者たる労働者に対しても請負人の雇傭契約上の安全保証義務と同一内容の義務を負担する」。

本件においてY_1は，Y_2との下請契約を媒介とし，Y_2の工事に介入し，直接間接に指揮監督しており，「Y_2の塗装工に対し使用者と同視しうる関係にあるというべく……Y_1は……自らは雇傭契約を締結していない……Bらに対しても，……安全保証義務を負担する」。

3 過失相殺

労災民訴で使用者の責任が肯定されても，労働者の傷病や死亡について労働者の側に過失があった場合や，労働者側の事情が何らかの形で寄与したと認められる場合，民法上の過失相殺の規定（民722条2項・418条）が適用または類推適用され，使用者の責任が軽減されることがある（労働者の基礎疾患について民法722条2項の類推適用を認めた近年の判例として，NTT東日本北海道支店事件・最一小判平成20.3.27労判958号5頁）。ただし，精神障害を発症した労働者の自殺につき，労働者本人の性格のような心因的要因が使用者の責任軽減の根拠となるかという問題について，最高裁は，労働者の性格が同種の業務に従事する労働者の個性の多様さとして通常想定される範囲を外れるものでない場合，その性格やこれに基づく業務遂行の態様等を心因的要因として斟酌することはできないと判断した（判例20-7 電通事件）。また，東芝（うつ病・解雇）事件（最二小判平成26.3.24労判1094号22頁，前掲東芝〔うつ病・解雇〕事件の上告審判決）は，過重な業務につき使用者に安全配慮義務違反が認められる事案において，鬱病に罹患した労働者から通院歴・病名等につき使用者に申告がなかったことは，これらの情報が労働者のプライバシーに属するものであることも考慮すれば，過失相殺の対象にならないとした（他方，本人の働き方やメンタルヘルスに対する認識を理由として8割にのぼる過失相殺を認めた下級審裁判例として，糸島市事件・福岡高判平成28.11.10労判1151号5頁）。また，2つの労働契約を掛け持ちしていた労働者が長時間労働等により適応障害を発症した事案で，一方の兼業先使用者が他方の兼業先使用者との労働契約に基づく労働日数・労働時間を把握できる状況にあった等として2つの労働契約を合わせた長時間の連続勤務について当該一方使用者の安全配慮義務違反を認めつつ，労働者が自らの判断で兼業を継続していたこと等から4割の過失相殺を認めた例として，大器キャリアキャスティングほか一社事件（大阪高判令和4.10.14労判1283号44頁）がある。

4 災害補償・労災補償と労災民訴の調整

労働災害について，労働者が，①労基法上の災害補償，②労災保険給付，③労災民訴のうち複数を同時に追及できるときには，これらの救済手段を相互に調整する必要が生じる。

②の労災保険給付が行われた場合，使用者はその限りで①労基法上の災害補償責任を免れる（労基84条1項）。また，使用者が①の災害補償を行った場合には，その限りで③の損害賠償責任を免れる（同条2項）。さらに，②の労災保険給付が行われた場合，使用者はその限りで③の損害賠償責任を免れると理解されている（同項の類推適用）。ただし，労災保険給付は労働者の被った財産的損害のうち消極損害（逸失利益）（の一部）を塡補するものであり，これと性質を異にする積極損害（慰謝料，入院雑費等）は上記の調整の対象とならない。また，判例は，社会復帰促進等事業として支給される特別支給金について，労災保険給付と異なり労働者の損害塡補の性格を有しないので損害賠償額から控除されないとする（コック食品事件・最二小判平成8．2．23民集50巻2号249頁）。

労災保険給付が年金により支給される場合に，すでに支払われた年金額のみならず，将来支払われる年金まで使用者の損害賠償額から控除してよいかという問題がある。判例は，将来分の控除を否定する立場をとったが（三共自動車事件・最三小判昭和52.10.25民集31巻6号836頁），1980年の法改正で，年金に前払一時金の制度を設けた上で，その限度で将来分についても損害賠償責任からの控除を許すという形で調整規定が置かれ（労災附則64条1項・60条ほか），この問題については一定の範囲で立法的解決が図られた。

なお，損害賠償請求権を取得した遺族が労災保険法上支給を受ける（あるいは，受けることが確定した）遺族補償年金につき，損害賠償額のうち逸失利益等の消極損害の元本との間で損益相殺的調整を行うべきで，遺族補償年金の塡補の対象となる損害は，特段の事情のない限り不法行為の時点で塡補されたものと法的に評価される，と述べた最高裁判決として，最大判平成27．3．4民集69巻2号178頁（フォーカスシステムズ事件・東京高判平成24．3．22労判1051号40頁の上告審判決）がある（これと抵触する限りで，最二小判平成16.12.20判時1886号46頁を変更。なお，東芝〔うつ病・解雇〕事件・東京高判平成28．8．31労判1147号62頁〔前掲東芝（うつ病・解雇）事件の差戻控訴審〕は，保険給付の支給が著しく遅滞した場合は，損害発生時に遡って損害が塡補されたものとして損益相殺的な調整をすることはできないとし，労災保険給付の標準処理期間〔行手6条〕に比較して支給が遅れた労災保険給付を遅延損害金に充当した）。

V　Industrial Relation

第Ⅴ編　労使関係

Contents

第V編

第21章 労働組合

労働組合は，組合員（労働者）の利益を代表するものとして，その労働条件その他経済的地位の向上を図ることを主目的に組織される任意の団体である（第2章第3節参照）。ただし，普通の団体（社団）ではなく，憲法が定める勤労者の団結権・団体交渉権・団体行動権（憲28条）を具現化する団体として，労働法上も特別な権能を与えられ，その活動が保護されている。しかし，労働者の代表といっても，個々の組合員のニーズは必ずしも一様ではない。労働組合は，多様な組合員のニーズを汲み取り，調整し，団体交渉などを通じて実現することになるが，組合内部で，個人の自己決定と集団的利益が対立することも少なくない。こうした個人と集団の利害の対立をいかにして調整するかは，集団的労働関係法の一つの重要な課題である。

第1節 加入と脱退

1 加　　入

労働組合の組合規約に照らして，加入資格のある労働者と労働組合とが合意することによって組合加入となる。つまり，労働者の申込みと組合の承諾または組合の申込みと労働者の承諾によって成立する加入契約の締結とみることができる（ユニオン・ショップ協定〔第3節〕が締結されている状況下で，組合加入の黙示の意思表示を認めたものとして，アートコーポレーション事件・東京高判令和3.3.24労判1250号76頁）。ここで，加入資格を制限することも，団体自治の範囲内に属する事項として，一定の範囲で認められ，例えば，正社員に加入資格を限定することも不合理ではない。しかし，人種，宗教，性別，門地または身分を理由とする加入拒否は，労組法5条2項4号の趣旨より，合理性を欠き，公序違反といえよう。ただし，不合理な資格制限による不当な加入拒否と認められる場合であっても，加入契約の締結までを強制することはできず，労働組合は不法行為による損害賠償責任を負うにとどまる。また，労働者も原則として加入を強制されるわけではないが，後述（第3節）のように，日本では，ユニオン・ショップ協定に基づく加入強制がなされる場合がある。

2 脱　　退

脱退は，組合員からの加入契約の解約（合意解約を含む）であり，組合員の脱退は原則として自由である。もちろん，書面による脱退届の提出や適正な事前通告期間，組合保証による借入金の返済など，組合規約に脱退に関する合理的な範囲での手続条項を定めることは，実質的に脱退の自由を制約しない限り認められる。他方で，執行委員会の承認を要件としたり，不合理に長い予告期間を定めるなど，脱退に過度の手続を課す規定は，脱退の自由を実質的に制約するものとして無効と解される（日本鋼管鶴見造船所事件・東京高判昭和61.12.17労判487号20頁・最一小判平成元.12.21労判553号6頁，東芝労働組合小向支部事件・最二小判平成19.2.2民集61巻1号86頁）。他方，組合からの加入契約の解約は，統制処分としての除名（第2節3）や除籍という形式で行われる。

第2節　労働組合と組合員の権利義務

1 組合費納入義務

組合員は，組合規約に基づき，組合の意思決定や活動への参加権（議決権，組合役員の選挙権・被選挙権など）を有し，他方で，組合の機関決定や指令および統制に服従する義務を負う。特に，組合員の重要な義務として，組合費納入義務があり，その不払は，除名理由となる。組合費の種類として，一般組合費のほかに，ストライキの際の組合員の生活費に充てるための闘争積立金，特定の一時的な目的のための臨時組合費などがある。

そして，いかなる場合に組合費納入（協力）義務を負うかについて，最高裁は，「具体的な組合活動の内容・性質，これについて組合員に求められる協力の内容・程度・態様等を比較考量し，多数決原理に基づく組合活動の実効性と組合員個人の基本的利益の調和という観点から，組合の統制力とその反面としての組合員の協力義務の範囲に合理的な限定を加えることが必要である」とし，参議院選挙における組合出身の立候補者への選挙応援資金（臨時組合費）については，組合員個人の選挙運動への協力を強制することはできないと判断している（国労広島地本事件・最三小判昭和50.11.28民集29巻10号1698頁）。

2　チェック・オフ

チェック・オフとは，組合費の徴収をより確実なものにするために，労働組合と使用者の労働協約などの定めにより，使用者が組合員の賃金から組合費を控除しそれを組合に引き渡す方式である。賃金からの控除となるので，労基法24条1項但書の賃金控除協定（過半数代表者との協定）の要件（全額払いの原則の例外，**第16章第3節1(3)参照**）を満たす必要があるとするのが，判例の立場である（判例25-2 済生会中央病院事件）。

また，その法律関係について，労働組合と使用者の間に取立委任契約がなされ，かつ組合員と使用者の間に支払委任契約が併存することにより生じると解されている。したがって，個々の組合員は支払委任契約を破棄する（一方的にチェック・オフの中止を申し入れる）ことができるため，チェック・オフ開始後においても，組合員がその中止を申し入れたときは，使用者は，チェック・オフを中止しなければならない（判例21-1 エッソ石油事件）。

判例21-1 エッソ石油事件

（最一小判平成5.3.25労判650号6頁）

（事　実）Xらは，Y会社の従業員であり，Yの従業員で組織されるA組合の組合員であった。Xらは，A執行部と闘争方針の相違から対立するようになり，B組合を結成した。B結成にあたり，A脱退の手続（理由を明記した脱退届の提出と中央執行委員長の承認）はとられていないものの，後日，地労委により，Bの資格審査決定が行われている。Bは，Yに対して，1982年10月12日，同月以降のチェック・オフにかかるAの組合費をBが指定する銀行口座に入金するよう申し入れ，翌月5日には，組合費引去（ひきさり）停止依頼書を添付した上で，B指定口座への入金を申し入れたが，YはXらの賃金等からAの組合費をチェック・オフし，Aに支払った。かかるYの行為が不法行為に当たるとして，損害賠償を求めて，1985年10月14日到達の書面でYに請求し，同年12月9日に本訴を提起した。

（判　旨）労基法「24条1項ただし書の要件を具備するチェック・オフ協定の締結は，これにより，右協定に基づく使用者のチェック・オフが同項本文所定の賃金全額払の原則の例外とされ，同法120条1号所定の罰則の適用を受けないという効力を有するにすぎないものであって，それが労働協約の形式により締結された場合であっても，当然に使用者がチェック・オフをする権限を取得するものでないことはもとより，組合員がチェック・オフを受忍すべき義務を負うものではないと解すべきである。したがって，使用者と労働組合との間に右協定（労働協約）が締結されている場合であっても，使用者が有効なチェック・オフを行うためには，右協定の外に，使用者が個々の組合員から，賃金から控除した組合費相当分を労働組合に支払うことにつき委任を受けることが必要であって，右委任が存しないときには，使用者は当該組合員の賃金からチェック・オフをすることはできないものと解するのが相当である。そうすると，チェック・オフ開始後においても，組合員は使用者に対し，いつでもチェック・オフの中止を申し入れることができ，右中止の申入れがされたときには，使用者は当該組合員に対するチェック・オフを中止すべきものである」。

3　労働組合の運営と統制処分

労働組合の内部統制権の法的根拠については，団体一般が共通してもつ権限と捉える説や組合員相互の合意としての組合規約を根拠とする説，憲法28条が保障する団結権に求める説がある。最高裁は，団結権保障の一環として，その目的を達成するために必要かつ合理的な範囲内で統制権を行使しうるとした上で，公職選挙の際，労働組合がした特定の政党や候補者の支持決議に反する組合員の行為に対する統制処分を，統制権の限界を超えると判断した（三井美唄（びばい）労組事件・最大判昭和43.12.4刑集22巻13号1425頁，判例21-2 中里鉱業所事件）。

また，一部の組合員が執行部等に対して行う批判活動は，労働組合の民主的運営を確保するために最大限に保障されるべきであり，そうした批判等が中傷や事実の歪曲による場合でなければ，統制処分の対象にはならないと解される（名古屋・東京管理職ユニオン事件・名古屋地判平成12.6.28労判795号43頁）。

そして，組合規約で定める制裁の内容としては，一般に，譴責（けんせき），戒告，制裁金（罰金）の賦課，権利停止（議決権や役員被選挙権の停止など），組合員資格の停止，除名などがある。処分にあたっては，一般的な適正手続の原則が適用される。例えば，処分対象者には，あらかじめ統制事由を明示し，その弁明の機会を与えるべきであり，統制の手続に重大な瑕疵がある場合，当該処分は無効となる（全日本海員組合事件・東京地判平成24．1．27労経速2135号22頁）。

また，労働組合の運営については，通常の団体以上に，組合員の平等な取扱いと公正な多数決原則によることが要請され，決議等に違法がある場合には無効となる（全日本海員組合事件・東京高判平成24．9．27労判1062号22頁）。

判例21-2 中里鉱業所事件

（最二小判昭和44．5．2集民95号257頁）

事　実　Y組合は，定期大会で，参議院議員選挙で，A政党の候補者を推薦することとし，大会決議に反する行動をとった場合には，統制処分することを決議した。ところが，選挙期間中，組合員Xは，B政党系の団体が推薦する候補者のポスター1枚を会社構内に掲示した。そこで，Yは，Xに対して統制違反として除名処分とした。Xはこの処分の無効確認を求めて提訴し，一審・二審ともにXの請求が認められたため，Yは上告した。

判　旨　「労働組合は，憲法28条による労働者の団結権保障の効果として，その目的を達成するために必要であり，かつ，合理的な範囲内においては，その組合員に対する統制権を有するが，他方，公職の選挙に立候補する自由は，憲法15条1項の保障する重要な基本的人権の一つと解すべきであつて，労働組合が，地方議会議員の選挙にあたり，いわゆる統一候補を決定し，組合を挙げて選挙運動を推進している場合に，統一候補の選にもれた組合員が，組合の方針に反して立候補しようとするときは，これを断念するよう勧告または説得することは許されるが，その域を超えて，立候補を取りやめることを要求し，これに従わないことを理由に統制違反者として処分することは，組合の統制権の限界を超えるものとして許されないと解すべき」であり，「この理は，労働組合の統制権と組合員の立候補の自由との関係についてのみならず，立候補した者のためにする組合員の政治活動の自由との関係についても妥当する」。Yの大会決議は，組合の統制権の限界を超えるものとして無効である。

第3節　組織強制――ショップ制

1　組織強制の意義と種類

労働組合への加入は原則として自由であるが，組合の団結力強化（数的圧力の増強）や組合の財政基盤の充実等を目的として，特定組合への加入が強制される場合がある。こうした組織強制の方法としては，クローズド・ショップ（当該企業に雇用されるためには，当該組合に加入していなければならず，当該組合の組合員でなくなれば使用者により解雇される），エイジェンシー・ショップ（組合加入は強制しないが，未加入労働者は組合費相当額を組合に支払う義務を負い，支払わない者を使用者に解雇させる）等があるが，日本では，ユニオン・ショップ協定（以下，ユ・シ協定という）を通じた組織強制が多い。これは，①従業員は協定締結組合に加入しなければならない，②使用者はこれに加入しないあるいは脱退したまたは除名された労働者を解雇する，という内容の労働協約を締結することにより，従業員に組合への加入を強制するものである。そのため，組合に加入しない自由（消極的団結権），複数組合のうち加入する組合を選択する自由（組合選択の自由），ユ・シ協定非締結組合の団結権を制約するおそれがある。

そこで，判例21-3 三井倉庫港運事件によれば，労働者の組合選択の自由や他の組合の団結権を侵害しない限りにおいて，ユ・シ協定は有効であるとする。結局，いずれかの組合への加入を義務づける一般的な組織強制については認められるが，「締結組合以外の労働組合に加入している者」および「締結組合から脱退しまたは除名されたが，他の労働組合に加入しまたは新たな労働組合を結成した者」について使用者の解雇義務を定める部分は，公序良俗に反し，無効とされる（前掲日本鋼管鶴見造船所事件も参照）。

判例21-3　三井倉庫港運事件

（最一小判平成元.12.14 民集 43 巻 12 号 2051 頁）

（事　実）Y会社は，A組合との間で，ユ・シ協定を締結していた。XらはYに勤務する運転手であったが，Aを脱退し，即刻B組合に加入し，その旨をYに通告した。Aは，Yに対し本件ユ・シ協定に基づく解雇を要求し，Yは，本件ユ・シ協定に基づきXらを解雇した。そこで，Xらが，本件解雇は無効であるとして，雇用契約上の従業員たる地位の確認を求めたのが本件である。

判　旨「ユニオン・ショップ協定は，……間接的に労働組合の組織の拡大強化を図ろうとするものであるが，他方，労働者には，自らの団結権を行使するため労働組合を選択する自由があり，また，ユニオン・ショップ協定を締結している労働組合（以下「締結組合」という。）の団結権と同様，同協定を締結していない他の労働組合の団結権も等しく尊重されるべきであるから，ユニオン・ショップ協定によって，労働者に対し，解雇の威嚇の下に特定の労働組合への加入を強制することは，それが労働者の組合選択の自由及び他の労働組合の団結権を侵害する場合には許されないものというべきである。したがって，ユニオン・ショップ協定のうち，締結組合以外の他の労働組合に加入している者及び締結組合から脱退し又は除名されたが，他の労働組合に加入し又は新たな労働組合を結成した者について使用者の解雇義務を定める部分は，右の観点からして，民法90条の規定により，これを無効と解すべきである（憲法28条参照）。そうすると，使用者が，ユニオン・ショップ協定に基づき，このような労働者に対してした解雇は，同協定に基づく解雇義務が生じていないのにされたものであるから，客観的に合理的な理由を欠き，社会通念上相当なものとして是認することはできず，……解雇権の濫用として無効である」（日本食塩製造事件・最二小判昭和50.4.25民集29巻4号456頁参照）。

2　ユ・シ協定に基づく解雇等

使用者が，ユ・シ協定に基づき，除名された組合員（労働者）を解雇したが，その除名につき合理的理由を欠いたり，重大な手続違反があったりして，後に除名が無効と判断された場合，通説・判例は，使用者に解雇義務は生じないから，そのような解雇は客観的に合理的な理由を欠き，社会的に相当なものとして是認することはできず，解雇権の濫用として無効になるとする説（牽連説）に立つ（前掲日本食塩製造事件）。これに対して，除名の効力とは関係なく，別個に解雇は有効と解する説（切断説）がある。

そして，期間従業員の組織化の中で，1年以上勤続した期間雇用者をユ・シ協定の対象とすることも合理性があるとして，組合を脱退した期間従業員の雇止めを有効としたものがある（トヨタ自動車〔ユニオン・ショップ雇止め〕事件・名古屋地岡崎支判令和 3．2．24 労判 1265 号 83 頁）。

第 4 節　組織変動と組合財産

1　解散・組織変動と組合財産

(1)　解散・組織変動　労組法 10 条によれば，①規約で定めた解散事由の発生（1 号），②組合員または構成団体の 4 分の 3 以上の多数による総会の決議（2 号）により，労働組合は解散する。また，合併や事業譲渡に伴い，二つ以上の労働組合が合同（合併）することがあるが（組合において合同の決議をすれば可能である），この場合，これらの組合の財産は，特段の意思表示がなされない限り，合同後の組合に承継され，契約上の地位についても同様である（ジブラルタ生命労組〔旧エジソン労組〕事件・東京地判平成 29．3．28 労判 1180 号 73 頁）。労働協約の承継については，使用者との関係で，団体交渉等を通じて，労働条件や労使間の諸ルールの調整を図ることになる（会社分割に伴う労働協約の承継については，第 23 章第 3 節 1 (2) 参照）。

(2)　組合財産の所有形態　法人格を有する労働組合（第 2 章第 3 節参照）の財産は，その法人の単独所有となり，その組合が解散した場合，解散した法人である労働組合は，清算の目的の範囲内で，その清算の結了まではなお存続する（労組 13 条）。残余財産については，規約の指定する者に帰属し，また規約の指定がないときは総会の決議を経て処分される（同 13 条の 10）。

他方，法人格なき労働組合の財産の所有形態について，判例では，その資産は組合員の「総有」に属するとされる（品川白煉瓦（れんが）事件・最一小判昭和 32.11.14 民集 11 巻 12 号 1943 頁）。したがって，組合規約に特段の定めのない限り，除名され，または，脱退した組合員は，財産の分割請求権を有しない。

2　労働組合の分裂

労働組合内部において，運営方針等の相違から，相当の割合の組合員が集団的に脱退して独自に活動を始めるなどして，一つの組合が「分裂」して，二つの組織がそれぞれ独自に活動するかのようにみえる場合がある。判例は，このような状況があったとしても，組合員の集団脱退と新組合の結成という法的構成により紛争の解決を図り，組合財産は残存組合が所有し，原則として，新組合への財産の移転を認めていない（国労大分地本事件・最一小判昭和49. 9 .30民集28巻6号1382頁，判例21-4 名古屋ダイハツ労組事件，東京管理職ユニオン事件・東京地判平成25. 8 .30労判1083号49頁）。

また，下部組織である組合支部が上部団体から組織脱退する場合であっても，規約上の根拠や組織脱退の正式な決議が必要であり，それらがない以上，脱退組合員で設立された組合に財産が承継取得されることはない（谷川電機製作所労組ほか事件・東京高判令和3 . 4 . 7労判1245号5頁）。

判例21-4 名古屋ダイハツ労組事件

（最一小判昭和49. 9 .30労判218号44頁）

事　実　X組合（旧組合）は，上部団体であるA組合に加入していたが，Aの傘下にとどまろうとする少数派とAの傘下を離脱しようとする多数派との内部対立が生じ，多数派が，臨時組合大会において，組合規約に反して「起立」の方法により賛成多数で組合の解散を決議し，Y組合を結成した。解散に反対した組合員はXに残留したが，会計係がYに加入したため，組合財産は，Yの管理するところとなった。Xが解散決議の無効と組合財産と同額の損害賠償を求めた。

判　旨　「労働組合において，その内部に相拮抗する異質集団が成立し，その対立抗争が甚だしく，そのため，組合が統一的組織体として存続し活動することが事実上困難となり，遂に，ある異質集団に属する組合員が組合……から集団的に離脱して新たな組合……を結成し，ここに新組合と旧組合の残留組合員による組合……とが対峙するに至るというような事態……が生じたとしても，一般的には，このことだけで，旧組合がいわば自己分解してしまつたと評価することはできず，むしろ，旧組合は，組織的同一性を損なうことなく残存組合として存続し，新組合は，旧組合とは組織上全く別個の存在であるとみられるのが通常であつて，ただ，旧組合の内部対立によりその統一的な存続・活動が極めて高度かつ永続的に困難となり，その結果旧組合員の集団的離脱及びそれに続く新組合の結成という事態が生じた場合に，はじめて，組合の分裂という特別の法理の導入の可否につき検討する余地を生ずるものと解される」。

第V編

第22章　団体交渉

団体交渉は，労働者にとって，自らの弱い立場を克服しつつ，労働条件の維持・改善をはかるという目的を達成するため，不可欠な手段である。交渉の対象は，賃金・労働時間・人事・懲戒といった基本的な労働条件はもとより，企業の合理化政策といった経営にかかわる事項にまで広く及ぶことがある。これらのうち，義務的な団体交渉とされる事項について，使用者は合意の形成へ向けて誠実に交渉すべき義務を負う。

団体交渉の現場では，労使間の対立が鮮明となり，ときに修羅場ともいうべき激しい議論となることもある。それでもなお，交渉を粘り強く繰り返すことによって，労使の相互理解が深まり，結果として労使関係の安定化に繋がることが多い。また，団体交渉とは別に，労使のコミュニケーションを図る機会を設定している職場も少なくない。

第1節　団体交渉

1　団体交渉の基本概念

(1)　**団体交渉権の意義**　　団体交渉とは，労働者が労働組合あるいは組合に準ずる団体を結成し，当該団体の代表者を通じ，使用者または使用者団体と労働条件等について行う交渉である。団体交渉権は，憲法上の基本権として保障されているが（憲28条），これは当然に要請される帰結ではない。日本以外に憲法レベルで団体交渉権を保障する主要先進国は見当たらず，あえて団体交渉権を独立して保障したことに重要な意義がある。団体交渉を権利として保障されることによって，労働者は刑事免責や民事免責を享受することができるほか，使用者には団体交渉に応じるという作為義務が発生する。団体交渉拒否は，不当労働行為となることはもとより（労組7条2号，**第2節 1 (3)**以下），労働委員会による斡旋（あっせん）等の対象にもなる。

(2) 団体交渉の形態　団体交渉の主な形態としては，企業別交渉と産業別交渉があるが，日本の多くの労働組合が企業内組合であることに対応して，団体交渉も企業別交渉となるのが一般的である。

かつての企業別組合は，いわゆる正社員のみを加入可能とする組合が大多数であったが，パートタイム労働者などの加入も認める組合も増えてきている。さらに，各地域に存在する個人加盟の地域合同労組（コミュニティー・ユニオン）が，所属する組合員のために，当該組合員が就労する企業と行う交渉も，重要な役割を果たしつつある。

2　団体交渉の当事者・担当者

(1) 当事者と担当者の違い　団体交渉の「当事者」は，団体交渉を行う固有の権限を有し，労働協約を締結することができる主体である。これに対して，労働組合側・使用者側を各々代表して，現実に団体交渉を行う自然人が「担当者」となると解される。

(2) 団体交渉の当事者

(a) 労働者側の当事者　団体交渉の労働者側の当事者は「使用者が雇用する労働者の代表者」（労組7条2号）であり，典型的には労働組合である。当該企業内の単位組合が当事者となることは当然であるが，複数の企業の労働者が加入する地域合同労組の場合，当該企業の組合員が1名であっても団体交渉の当事者となる。

憲法28条が労働者個人に団体交渉権を保障していることから，団体交渉の当事者は労働組合（労組2条参照）に限定することは妥当ではなく，当事者としての要件は緩やかに解されるべきである。したがって，特定の紛争解決を目的とした争議団，日雇い労働者の団体，被解雇者の団体なども，団体交渉の当事者として認められる。たとえ管理職が加入する労働組合であっても，利益代表者が参加していることに起因して適正な団体交渉の遂行が期しがたい特別の事情がある場合でなければ，団体交渉拒否の正当な理由とはならない（中労委

〔セメダイン〕事件・最一小決平成13. 6 .14労判807号5頁)。

また，上部団体については，傘下の労働組合に対する統制力を保有し，責任ある主体としての能力を備えている場合，当事者適格を認めるべきであろう(東洋シート事件・東京地判昭和58.10.27労判420号51頁)。支部や分会の位置づけについては，労働組合ごとに相対的・流動的な側面もあるが，独自の活動をなす社団的組織体としての実体を有する場合には，団体交渉の主体となりうる(三井鉱山三池鉱業所事件・福岡高判昭和48.12. 7判時742号103頁)。

もっとも，結成されて間もない労働組合からの団体交渉申込みについては，使用者側は，実態を認識し得る組合規約等の資料の提出を求め，実態の確認ができるまでは団体交渉に応じないとの態度をとることも，やむを得ない対応であり，正当な理由があると判断される場合がある（日本工業新聞社事件・東京高判平成24.10.25労経速2164号3頁)。また，異なる労働組合への二重加入を容認するかどうかは，各労働組合の自主的判断に委ねられる。労働者が二重加入している場合，使用者は，同一事項についてそれぞれの労働組合との間で二重に交渉に応じる義務はないから，両組合間において交渉権限が調整・統一されるまで団体交渉を拒否することは正当な理由があると解される。しかし，単に労働者が二重在籍にあるという理由のみで団体交渉の申入れに応じないのは，正当な理由によるものということができない（鴻池運輸事件・東京地判平成16. 3 . 4中労委データベース)。

(b)　使用者側の当事者　　団体交渉の使用者側の当事者は，使用者および使用者団体である。ここでいう使用者とは，労働者側の当事者に対応する団体交渉応諾義務を負っている使用者をいう。使用者団体の場合は，団体構成員である使用者からの委任が必要である。

(3)　団体交渉の担当者

(a)　労働組合側の担当者　　労働者側の担当者については，労組法6条が明文で定めており，「労働組合の代表者」または「労働組合の委任を受けた者」となる。そこで，後者の文言について，組合員以外の第三者に団体交渉を委任しないという内容の「第三者交渉委任禁止条項」の効力について，見解が二つに分かれている。

かかる条項の効力を認める見解は，労組法6条が任意法規であることから，当事者間の自主的な合意を排除すべきではないとする。これに対して，憲法28条の保障する団体交渉権の不当な制限である，あるいは組合の組織・運営に対する支配介入に該当するとして，無効と解する学説も有力である。

(b)　使用者側の担当者　典型的な団体交渉の使用者側の担当者は，個人企業の場合には事業主，法人企業の場合は代表権を有する者，使用者団体の場合は代表者である。そのほかにも，企業において，労働組合との一定の交渉権限を委ねられた者（労務部の担当者など），下部組織の支店・工場における責任者（支店長・工場長）も，交渉権限の範囲では交渉担当者となる。また，担当者に協約締結権がない場合であっても，交渉権限が与えられている以上，団体交渉の申入れには応じた上，合意が成立したときはこれを協約締結権者に具申して協約とするよう努力すべきであり，そのことを理由に団体交渉を拒否することはできない（全逓都城郵便局事件・最一小判昭和51．6．3労判254号20頁）。

第2節　団体交渉の内容と方法

1　団体交渉の対象

(1)　**団体交渉の対象事項**　団体交渉に関連する事項で，労働者側の交渉要求のうち使用者が拒否することができない事項のことを，義務的団交事項といい，その他を任意的団交事項という。義務的団交事項の具体的な範囲については，使用者に処分権限があり，組合員の労働条件に関する事項や労働組合の活動や運営にかかわる事項ということで，概ね共通した理解がなされている。

したがって，義務的団交事項は，賃金や労働時間はもとより，解雇基準や異動・懲戒・安全衛生・福利厚生など広義の労働条件，あるいは団体交渉のルール，チェック・オフ協定，ショップ制，組合事務所の供与等に及ぶ。そして，一般的な基準設定やルールのみならず，組合員個人に対する取扱い（解雇や配転など）自体についても，義務的団交事項に該当することはいうまでもない。初任給の引下げという非組合員の労働条件も，義務的団交事項に該当する場合がある（判例22-1 根岸病院事件）。

判例22-1 根岸病院事件

（東京高判平成19.7.31労判946号58頁，〔不受理決定〕最一小決平成20.3.27別冊中労時1359号46頁）

事　実　医療法人Ｘでは，職種別に新規採用者の初任給額を定めているところ，新規採用者の基本給は，これに前歴に応じた経験加算等をして決定されている。Ｚは，Ｘの職員によって組織されたＸで唯一の労働組合である。Ｘは，1999年，Ｚに対し，新規採用者について初任給額を引き下げるとの通知をした（本件初任給引下げ）。Ｘの理事ら３名は，Ｚとの間で３度の団体交渉を行ったが，その対応が不当労働行為（不誠実団体交渉）に当たるとして，Ｚは都労委への申立てを行った。都労委は，団交命令，初任給額の是正，謝罪文の掲示を命じる命令を発した。Ｘは中労委（Ｙ）に再審査申立てをしたところ，Ｙは，初任給額の是正を命じた部分を取り消し，謝罪文の一部を変更し，その余の再審査申立てを棄却する命令を発した。ＸとＺの双方は，本件命令の一部取消しを求め，訴訟を提起した。地裁は，Ｘの請求を認容し，Ｚの請求を棄却した。そこで，ＹとＺが控訴したのが本件である。

判　旨　「誠実な団体交渉が義務付けられる対象，すなわち義務的団交事項とは，団体交渉を申し入れた労働者の団体の構成員たる労働者の労働条件その他の待遇，当該団体と使用者との間の団体的労使関係の運営に関する事項であって，使用者に処分可能なものと解するのが相当である」。

「非組合員である労働者の労働条件に関する問題は，当然には〔義務的〕団交事項にあたるものではないが，それが将来にわたり組合員の労働条件，権利等に影響を及ぼす可能性が大きく，組合員の労働条件との関わりが強い事項については，これを団交事項に該当しないとするのでは，組合の団体交渉力を否定する結果となるから，これも〔義務的〕団交事項にあたると解すべきである」。

「そうすると，初任給額の問題は，直接的には……組合員の労働条件とはいえず，……Ｘは経営事項として労使交渉の対象外の事項と考えていたものではあるが，初任給額が常勤職員の賃金のベースとなることから，……Ｚが初任給額を重視し，……Ｘにおいてもこのことを理解し各年度の初任給額を……Ｚに明らかにするとの運用がされてきたものであり，本件初任給引下げは，初任給の大幅な減額で，しかも，……組合員間に賃金格差を生じさせるおそれがあるものというべきであり，……本件初任給引下げは義務的な団交事項に当たるものと認められる」。

業務請負先からの苦情による請負会社からの解雇についても，注文者（業務請負先）に使用者性が認められる限りは，義務的団交事項となりうる（国・中労委〔国際基督教大学〕事件・東京高判令和2.6.10労判1227号72頁，ただし結論は否定，使用者性について**第2章第2節3**も参照）。また，株主総会に最終決定権がある事項（会社合併・解散・役員人事）であっても，そのことが使用者に全く権限がないことと同義ではないので，これらが自動的に任意的団交事項となるわけではない。

石綿（アスベスト）による健康被害の補償問題は，退職して相当長期間（25〜50年）経過した労働者に対しても，石綿被害の特殊性を考慮すれば，義務的団交事項とされるべきであろう（国・中労委〔ニチアス〕事件・東京地判平成24.5.16労経速2149号3頁。ただし同事件は不当労働行為の成立を否定した。不当労働行為の成立を認めたものとして，ニチアス〔奈良〕事件・中労委命令平成29.3.15〔平成26年（不再）第33号〕。**第2章第2節3**も参照）。

(2)　団体交渉の方法と方式　労組法1条2項は，「暴力の行使」が刑事免責とならないことを定めており，団体交渉の過程において，使用者に暴行を加えたり，当事者を監禁したりするような交渉方法は違法と判断される。

団体交渉の方式としては，①企業内の労働組合と行う企業別交渉，②産業別で行う産業別交渉（全港湾，海員組合や，かつての私鉄総連など），③企業外組合（地域合同労組など）との交渉，に大別できる。日本では，多くの労働組合が企業別であるため，現在まで企業別交渉の方式（①）が中心となってきたが，企業外組合との交渉（③）も，重要性を増している。③の企業外組合であることを理由とする団交拒否（千代田工業事件・大阪地判昭和61.10.17労判485号78頁），企業内組合から脱退して企業外の組合に加入したことが明らかでないことを理由とする団交拒否（八木アンテナ事件・大阪地労委命令昭和58.6.13命令集73集447頁）は，いずれも不当労働行為となりうる。

(3)　団交拒否の救済

(a)　労働委員会による救済　正当な理由のない団交拒否は，労組法7条2号の不当労働行為となる（国・中労委〔アート警備〕事件・東京高判令和2.8.20労判1262号37頁など，不当労働行為について，**第25章**参照）。労働組合は，労働委員会に不当労働行為の申立てを行うことができる（労組27条）。労働委員会は，労働組合からの申立てに理由があると認めたときには，団交に応じることを使用者に命じる団交応諾命令を発する。また，団交拒否が労働争議（労調6条）として，労働委員会の斡旋等によって解決されることが多い。

(b)　裁判所による救済　　労働委員会による救済に加えて，さらに裁判所による救済を求めうるかについて争われた。団交応諾仮処分の可否について，かつては可能とする裁判例が多かったが，給付内容の特定が困難なことや履行の間接強制は実効性に乏しいことなどから，1975年を境に否定する裁判例が増えてきている（新聞之新聞社事件・東京高決昭和50.9.25判時797号143頁など)。これに対して，組合が団体交渉を求める地位にあることの確認（地位確認請求）については，国鉄の乗車証廃止について争われた 判例22-2 国鉄団交拒否事件がある。

判例22-2 国鉄団交拒否事件

（最三小判平成3.4.23労判589号6頁）

事　実　鉄道会社のYには，職員やその家族が無料で乗車できる乗車証制度があったが，この制度に対する世論の批判もあり，Yは1982年11月13日より同制度を廃止した。この制度改正に先立ち，Yの職員によって構成されるX（労働組合）は，団体交渉の申し入れを行ったが，義務的団交事項ではないことを理由としてYは応じなかった。そこで，Xが団体交渉を行う義務があることの確認などを求める訴えを提起した。

地裁（東京地判昭和61.2.27労判469号10頁）は，「労働組合法7条の規定は，単に労働委員会における不当労働行為救済命令を発するための要件を定めたものであるにとどまらず，労働組合と使用者との間でも私法上の効力を有するものと解すべきであって，労働組合が使用者に対して団体交渉を求める法律上の地位を有し，使用者はこれに応ずべき地位にあるものと解」される。「本件において争われているのは，……XがYに対して……団体交渉を求める地位を有するか否かということの確認であるから，……地位の確認訴訟が不適法とされるべき理由はない」として，地位確認請求を認容した。高裁（東京高判昭和62.1.27労判505号92頁）も，地裁判決を，ほぼ維持したため，Yが上告した。

判　旨　「XからYに対し……各事項……につき団体交渉を求め得る地位にあることの確認を求める本件訴えが，確認の利益を欠くものとはいえず，……原判決に所論の違法はない」。

さらに団体交渉を求める地位保全の仮処分を肯定する裁判例もみられる（本四海峡バス〔団体交渉〕事件・神戸地決平成12.3.14労判781号31頁，函館バス事件・札幌高決令和4.11.29 LEX/DB25593966）。なお，不法行為に基づく損害賠償については，多くの裁判例が認め，確立した救済方法となっている（佐川急便事件・大阪地判平成10.3.9労判742号86頁，名古屋自動車学校事件・名古屋地判平成24.1.25労判1047号50頁など）。

(4)　誠実交渉義務　義務的団交事項について，使用者は団体交渉応諾義務を負うことになるが，その内容は単に交渉の場に出てくればよいというものではない。真に「交渉」に応じているというためには，合意の形成へ向けて誠実に交渉すべきであり，使用者は，必要に応じてその主張の論拠を説明し，その裏付けとなる資料を提示するなどの誠実交渉義務を負う（山形県・県労委（国立大学法人山形大学）事件・最二小判令和4.3.18民集76巻3号283頁，**第25章第6節 2(4)参照**）。

判例22-3 カール・ツアイス事件

（東京地判平成元.9.22労判548号64頁）

事実　Xは，光学機器の輸出入，販売等を業とする会社である。Xの従業員は労働組合を組織し，団体交渉を求めた。双方は，交渉手続をめぐって対立し，第1回団体交渉ではユニオン・ショップ協定などを含む「基本要求事項」は継続審議となった。その後も，「基本要求事項」については先送りされ，Xは協議の意思がない旨を回答し，交渉に応じなくなった。そこで，労働組合は東京都地労委（Y）に，団交応諾を求め，不当労働行為の救済申立てを行った。Yは救済申立てを認容し，Xに団交拒否をしてはならず，誠実に交渉に応じるよう命じた。これを不服として，Xが救済命令の取消しを求めた。

判旨　「労働組合法7条2号は，使用者が団体交渉をすることを正当な理由がなくて拒むことを不当労働行為として禁止しているが，使用者が労働者の団体交渉権を尊重して誠意をもって団体交渉に当たったとは認められないような場合も，右規定により団体交渉の拒否として不当労働行為となると解するのが相当である。このように，使用者には，誠実に団体交渉にあたる義務があり，したがって，使用者は，自己の主張を相手方が理解し，納得することを目指して，誠意をもって団体交渉に当たらなければならず，労働組合の要求や主張に対する回答や自己の主張の根拠を具体的に説明したり，必要な資料を提示するなどし，また，結局において労働組合の要求に対し譲歩することができないとしても，その論拠を示して反論するなどの努力をすべき義務がある」。

「なるほど，使用者の団交応諾義務は，労働組合の要求に対し，これに応じたり譲歩したりする義務まで含むものではないが，……右要求に応じられないのであれば，その理由を十分説明し納得が得られるよう努力すべきであり，また，使用者は，労働組合に対しその活動のためにする企業の物的施設の利用その他の便宜供与を受忍しなければならない義務を負うものではないが，これらについては義務的団体交渉事項と解するのが相当であるから，労働組合から……団体交渉の申し入れがあれば，使用者は，その要求をよく検討し，要求に応じられないのであればその理由を十分説明するなどして納得が得られるよう努力すべきである」。

Xの団体交渉における態度は，「組合の要求を真摯に受けとめ，これをよく検討したうえ，組合の要求に応じられないことを納得させようとする態度が見られず，誠実性を著しく欠く態度と認められ，不当労働行為であるといわざるをえない」。

誠実交渉義務違反とされる事例としては，最初から結論を決めて真摯に話し合わない，賃金に関して決定権限のない担当者に交渉を任せたままゼロ回答に終始する（大阪特殊精密工業事件・大阪地判昭和55.12.24労判357号31頁），組合からの賃上げ等にかかわる要求に対して交渉に必要な具体的資料を出さない（東北測量事件・最二小判平成6.6.13労判656号15頁など），団体交渉のルール設定について不合理な条件を提示して固執する（日本シエーリング〔団体交渉〕事件・東京地判平成2.3.8労判559号21頁），組合側の要求が不明確であると決めつけて交渉に応じない（亮正会（りょうせいかい）高津中央病院事件・東京高判平成3.7.15労民集42巻4号571頁），といった場合が該当する。

なお，複数組合間における中立保持義務（**第25章第5節1(2)**）が主たる争点となった事案ではあるが，当該組合との団体交渉において，他の労働組合との労使協議において提示した情報を求められたときには，使用者は必要な限りで同様の資料の提示・説明を行う必要があり，かかる情報の不開示は誠実交渉義務違反となる（国・中労委〔NTT西日本〕事件・東京高判平成22.9.28労判1017号37頁，〔不受理決定〕最一小決平成23.5.23別冊中労時1415号46頁）。

Column 11

労働組合と団体交渉の変容

日本の労働組合の多くは「企業別組合」であり，大企業を中心に各企業別に組織され，いわゆる正社員の加入しか認めていなかった。しかしながら，パートタイマーの比率が多い小売業などの業種では，徐々に正社員以外の労働者についても組合加入を認める動きが広がりつつある。また，従来から各地に存在した個人加盟の地域合同労組が，企業別組合に加入できない労働者の受け皿として，近年になって注目を浴びるようになった。こうした形態の組合は，「コミュニティー・ユニオン」という名称で呼ばれることも多い。

このように，労働組合が多様化し，さらに紛争類型の個別化が進展するにつれて，従来とは異なるタイプの団体交渉も目立つようになった。例えば，部長職として中途採用された労働者が数か月で解雇され，それから管理職ユニオンへと加入し，会社側に金銭補償などを求めて団体交渉を申し入れるというケースがみられる。

団体交渉ルールとの関係では，企業外労働組合へ加入した労働者が雇止めについての交渉を拒否されたイハラケミカル工業事件（最二小決平成10.9.11労判757号17頁）がある。使用者側は，企業内労働組合との団体交渉に至る手続では事務折衝・労使協議会を経て団体交渉に至ると主張したが，同最高裁決定は，使用者は当該地域合同労組「に連絡を取って，その手順，日時などについて折衝すべきであったのであり，かかる一片の労も採ることなく〔団体交渉の〕申込書を黙殺することは，不当である」とする控訴審の判断を維持した。

2　労使協議制

労働組合による団体交渉のほかに，労働組合と使用者の代表による労使協議制と呼ばれる制度が設けられることも多い。かかる制度は，法的に設置を義務づけられたものではないが，現実として広く行われており，実態としては団体交渉よりも重要な役割を果たす場合もある。

第V編

第23章　労働協約

団体交渉を行った結果，労使間において妥結した事項については，労働協約が締結される。労働協約には，労働条件の基準として個々の労働者の労働契約を規範的に規律するという，通常の契約にはない特別な法的効力が与えられているため，その成立には厳格な形式が求められている。労働協約当事者による協約自治は，強力かつ広範囲な労働条件規制であり，締結に至るまでには組合内部の民主的手続も求められ，労働者の権利の制約については一定の限界も存在する。

労働協約が特定の要件を満たした場合には，非組合員への拡張適用も認められている。協約の内容が，当該個人の労働条件を引き下げる場合，組合の意思決定に参加できない非組合員が不利益変更を甘受すべきか問題となる。

第1節　労働協約の成立

1　労働協約の意義

労働協約とは，労働組合（の連合体）と使用者（団体）との間で締結される，労働条件その他労使間の事項に関して締結される書面による協定である。その機能として，①労働条件の維持・向上の実現，②労使関係の安定（平和的機能），③経営への参加，がある。

2　協約の成立要件

(1)　**締結権限**　労働協約の締結権限をもつ当事者は，「労働組合と使用者又はその団体」である（労組14条）。労働協約は，団体交渉によって締結されるので，団体交渉の当事者（第22章第1節2）と重なることになる。労働組合の執行委員長の権限について，規約により組合を代表しその業務を統括する権限を有する旨が定められているにすぎない場合は，組合の機関である大会または執行委員会により執行委員長に締結権限が付与されていたことが必要となる（判例7-2 山梨県民信用組合事件）。組合員の労働協約についての締結権限の委任は，明確なものであることを要する（学校法人近畿大学〔勤続手当等〕事件・大阪地判平成31．4．24労判1221号67頁，第7章第2節2(2)も参照）。

(2)　要式性　労働協約には，厳格な要式性が要求されている。すなわち，書面の作成と当事者の署名または記名押印である（労組14条）。労働協約に特別な効力（規範的効力，第2節2(2)参照）を付与することとしている以上，その存在および内容は明確なものでなければならないからである。

労働組合と使用者との間に労働条件その他に関する合意が成立したとしても，それが書面に作成されない限り，労働協約としての特別な効力（規範的効力）は付与されない（都南（となん）自動車教習所事件・最三小判平成13．3．13民集55巻2号395頁）。両当事者の署名または記名押印を欠く場合についても同様で，たとえ「労働協約書」という名前で合意文書が作成され，労使双方も労働協約として扱ってきたという経緯があったとしても，労働協約としての効力は付与されない（内山工業事件・岡山地判平成6．11．30労判671号67頁）。もっとも，通常の契約としての効力（債務的効力。第2節2(5)）まで否定する必要はないと解すべきであろう。

(3)　期　間　労働協約に期間を定めるか否かは当事者に任されているが，期間の定めをおく場合には3年を超えることができない（労組15条1項）。3年を超える定めをおいた場合には，3年の有効期間を定めたものとみなされる（同条2項）。

第2節　労働協約と労働契約

1　労働契約との関係

労働協約には，労働条件の基準として個々の労働者の労働契約を規範的に規律する（労組16条）という，通常の契約にはない特別な法的効力が与えられる（規範的効力）。こうした労働協約が労働契約に与える特別な効力について，いかなる法的構成を行うことが妥当であろうか。

これに対しては，大きく二つの学説がある。まず，法規範説は，社会規範として機能している労働協約に，慣習法などを媒介として法規範性を認めようとする見解である。これに対して，授権説は，労働協約には本来は契約としての効力しか認められないが，労組法16条によって労働協約当事者に法規範設定権限が授権されたと解する。

いずれの見解を採用するかによって結論に差異が出てくる局面の一つが，要式性（労組14条）の要件を欠いた労働協約に，規範的効力が認められるかどうかである。法規範説の立場では，労組法16条を単なる確認的規定と捉えるため，要式性を満たさない労働協約についても規範的効力を認める。しかし，授権説によると，労組法16条は規範的効力を創設した規定と捉えるので，14条違反の労働協約に規範的効力は付与されない。労組法14条および16条の整合的な解釈として，授権説をとるほうが妥当である（判例の結論も同旨）。

2　労働協約の効力

(1)　規範的部分の定義　労働協約の中で，「労働条件その他の労働者の待遇に関する基準」（労組16条）を定める部分を規範的部分という。規範的部分となる「基準」には，例えば賃金については，金額・種類・形態・支払方法についての定めが該当するが，「最低賃金の確立に努める」といった抽象的な努力義務については該当しない。

(2)　労働協約の規範的効力　労組法16条は，労働契約の内容が，労働協約の規範的部分に違反している場合，その部分は無効となり（強行的効力），無効となった部分あるいは労働契約に定めがない部分は労働協約の基準の定めるところによる（直律的効力）と規定する。

労働協約によって，労働契約が規律されることの法的な説明については，労働協約の内容が労働契約の内容となるとする内容説（化体（かたい）説）と，労働協約は労働契約を外部から規律しているにすぎないとする外部規律説に分かれている。両者の立場は，労働協約の終了時（**第3節2(2)**）あるいは組合員が脱退した場合に，労働条件をどのように確定するかの説明について差異が出てくる。近年の裁判例では，外部規律説に立つと考えられるものが見受けられるが（永尾運送事件・大阪高判平成28.10.26労判1188号77頁），協約当事者の意思を解釈するならば内容説が妥当であろう。

(3)　**規範的効力の両面性**　規範的効力が及ぶ条件は，労働者の待遇に関する基準に「違反する労働契約の部分」（労組16条）と定められており，個別の労働契約によって労働協約の基準を上回ることは，協約自体が特別に個別契約を認めるなどの場合を除き，原則としてできないと解されている。

これに対して，労働協約より有利な労働契約が締結された場合に労働契約が優先するという考え方を，「有利原則」という。ドイツでは労働協約法が有利原則を規定しているが，明文が存在しない日本では一般的な有利原則を否定する見解が多数である。

規範的効力による両面性は協約の変更（改定）についても妥当し，新協約によって変更された内容が極めて不合理であるとか，特定の労働者を不利益に扱うものでない限り，個々の組合員の労働契約にも効力が及ぶ（判例7-6 朝日火災海上保険〔石堂〕事件参照）。

(4)　**協約自治の限界**　労働協約の規範的効力は，ときに個々の労働者の正当な権利にまで及ぶため，協約当事者の自治によって定められる同効力にも一定の限界を画する必要が生じる（協約自治の限界）。まず，強行法規や公序良俗に反するような協約は，当然ながら無効となる。次に，労災における民事損害賠償の訴権を労働協約によって排除することは法の趣旨に反するため許されない。多数決原理になじまない個人の意思が尊重されるべき諸権利（表現の自由等）も，労働者の私的領域であり，協約の効力は及ばない。さらに，すでに発生した具体的権利としての退職金請求権を労働協約の遡及適用により変更すること（香港上海銀行事件・最一小判平成元.9.7労判546号6頁），賃金債権の放棄，についても協約自治が及ばないと解すべきであろう（判例23-1 平尾事件）。

なお，使用者の命令（時間外労働・配転など）に対する労働者の義務について，学説では協約での義務づけに否定的な立場が有力であるが，多くの判例は協約の規定を根拠として認めている（例えば，出向につき，判例8-4 新日本製鐵事件）。

判例23-1 平尾事件

（最一小判平成31．4．25労判1208号5頁）

事　実　Xは，貨物自動車運送等を業とするYにおいて，生コンクリートを輸送する自動車の運転手として勤務しており，Z労働組合に所属していた。Yの経営状態が悪化したため，2013年8月に，YとZとの間で，賃金を20％カットし，カット分の賃金の全てを労働債権として確認する旨を含む第1協約を締結した。2014年9月に同様の第2協約を，2015年8月に同様の第3協約を締結した。

Xは，第2協約締結後の2014年12月，未払賃金等を請求する訴えを提起した。その後，2016年12月31日をもって，Yの生コンクリート運送業務を行う部門は閉鎖され，YとZは第1協約および第2協約によって賃金カットの対象とされた賃金債権を放棄する旨の合意をした。Xは2015年3月に定年退職し，定年後の継続雇用と，労働協約による賃金債権放棄の合意の効力も争った。原審（大阪高判平成29．7．14労判1208号13頁）は，いずれの請求も認めなかった。

判　旨　「本件合意はYとZとの間でされたものであるから，本件合意によりXの賃金債権が放棄されたというためには，本件合意の効果がXに帰属することを基礎付ける事情を要するところ」本件では認められず，賃金債権が放棄されたものということはできない。

「具体的に発生した賃金請求権を事後に締結された労働協約の遡及適用により処分又は変更することは許されない〔最一小判平成元．9．7労判546号6頁，最三小判平成8．3．26民集50巻4号1008頁〕ところ」，第1協約の締結前および第2協約の締結前に具体的に発生していたものについては，「Xによる特別の授権がない限り，労働協約により支払を猶予することはできない」。そうすると，Xによる特別の授権がない限り，賃金請求権のうち具体的に発生したものについては，これにより支払が猶予されたということはできない。

「Yの生コンクリート運送業務を行う部門が閉鎖された以上，その経営を改善するために同部門に勤務していた従業員の賃金の支払を猶予する理由は失われたのであるから，遅くとも同日には第3協約が締結されたことにより弁済期が到来していなかったXの賃金についても弁済期が到来したというべきであ」る。

(5) 労働協約の債務的効力

(a) 債務的部分　　労働協約の規範的部分に該当しないものを，債務的部分といい，通常の契約としての効力（債務的効力）が認められる。債務的効力の典型例として「平和義務」((b)) があり，その他にも争議行為についてのルールなどが該当する。さらに協約を誠実に履行するとの使用者の「実行義務」まで含めてよいかは争いがある。

(b)　平和義務　　債務的効力の一つとして，労働協約の有効期間中に，協約所定の事項について改廃を求める争議行為を行わないという義務を，平和義務という。この平和義務は，対象が協約所定の事項に限定されているという意味で，「相対的平和義務」といわれる。これに対して，対象が無制限な絶対的平和義務については，憲法上の争議権を奪うものであり，効力を認めるべきではない。平和義務に違反する争議行為は，契約上の債務の不履行であって，これをもって企業秩序の侵犯に当たるとはいえない。よって，使用者は，当該争議行為に参加したことのみを理由として，労働者を懲戒処分に付しえない（弘南バス事件・最三小判昭和43.12.24民集22巻13号3194頁）。

3　労働協約の拡張適用

(1)　**拡張適用の意義**　　労働協約の効力は，組合員にのみ及ぶのが原則であるが，労組法は，一定の要件を満たすことで組合員以外にも協約を拡張適用することができる効力（一般的拘束力）を認めており，次に述べるように二つの類型がある。拡張適用規定の立法趣旨については，①統一的な労働条件基準の設定，②非組合員の労働条件保護，③非組合員による労働力の安売り防止（不当な競争の制限），④労働組合の団結強化，といった多様な要素が挙げられる。

(2)　**拡張適用の類型**

(a)　事業場内拡張　　一の工場事業場に「常時使用される同種の労働者の4分の3以上の数の労働者が一の労働協約の適用を受ける」に至ったときは，他の同種の労働者に関しても，当該労働協約が適用される（労組17条）。その労働協約によって，同種の労働者が不利益を被る場合に争いとなる。

判例23-2　朝日火災海上保険（高田）事件

（最三小判平成8.3.26民集50巻4号1008頁）

（事　実）　Xは，訴外A会社に採用され，就業規則と労働協約により63歳が定年とされていた。1965年，Aの一部保険業務をY会社が引継ぐことになり，XはYの調査員となった。Yの定年年齢55歳であったが，Xを含む元A出身者の定年は63歳とされ，定年年齢が統一されない状態が続いた。1983年に，Yは訴外B組合と定年年齢の統一を合意し，Xの定年を63歳から57歳に引き下げるなどの労働協約の締結および就業規則の変更がなされた。

そこで非組合員であったX（Bは調査員に加入資格を認めていなかった）は，労働協約による労働条件変更の効力は非組合員には及ばないとして，契約上の地位の確認と差額賃金の支払を求めて提訴した。

（判　旨）労組法17条「の適用に当たっては，……協約上の基準が一部の点において未組織の同種労働者の労働条件よりも不利益とみられる場合であっても，そのことだけで……効力を未組織の同種労働者に対して及ぼし得ないものと解するのは相当でない。けだし，同条は，その文言上，同条に基づき労働協約の規範的効力が同種労働者にも及ぶ範囲について何らの限定もしていない上，労働協約の締結に当たっては，その時々の社会的経済的条件を考慮して，総合的に労働条件を定めていくのが通常であるから，その一部をとらえて有利，不利をいうことは適当でないからである」。また，労組法17条の趣旨は，①事業場の労働条件を統一し，②労働組合の団結権の維持強化，③公正妥当な労働条件の実現であり，「未組織の同種労働者の労働条件が一部有利なものであることの故に，労働協約の規範的効力がこれに及ばないとするのは相当でない」。

しかしながら「未組織労働者は，労働組合の意思決定に関与する立場に……ないことからすると，労働協約によって特定の未組織労働者にもたらされる不利益の程度・内容，労働協約が締結されるに至った経緯，当該労働者が労働組合の組合員資格を認められているかどうか等に照らし，当該労働協約を特定の未組織労働者に適用することが著しく不合理であると認められる特段の事情があるときは，労働協約の規範的効力を当該労働者に及ぼすことはできない」。

本件で組合が一部の労働者にとっては不利益な部分がある労働条件を受入れる結果となる本件労働協約を締結したことにはそれなりの合理的な理由があったものということができ，不利益部分の適用を全面的に否定することは相当でない。しかしながら，本件労働協約によって専ら大きな不利益だけを受ける立場にあるXについては，協約によって非組合員とされており，かかる不利益をXに甘受させることは，著しく不合理であって，その限りにおいて，本件労働協約の効力はXに及ぶものではない。

この拡張適用に限っては「有利原則」を認めてもよいとする学説もあるが，判例23-2 朝日火災海上保険（高田）事件は，たとえ不利益な労働条件につい

ても，原則として拡張適用が及ぶと判示した。その上で同事件は，判例7-6朝日火災海上保険（石堂）事件の事案と異なり，未組織労働者は組合の意思決定に関与することができないため，適用することが著しく不合理であると認められる特段の事情があるときには，規範的効力が及ばないと結論づけた。

少数組合に対しても拡張適用が及ぶか否かについて，裁判例の結論は分かれているが（ネスレ日本〔賞与差別〕事件・東京地判平成12.12.20労判810号67頁など），少数組合の団結権保障に鑑みて拡張適用を否定すべきであろう。

(b)　地域的拡張　①一の地域の同種の労働者の大部分が一の労働協約の適用を受けるに至ったときは，②当該労働協約の当事者の双方または一方の申立てに基づき，③労働委員会の決議により，④厚生労働大臣または都道府県知事の決定によって，「当該地域において従業する他の同種の労働者及びその使用者も当該労働協約……の適用を受ける」（労組18条）。この地域的拡張については，あまり実例が存在しなかった。近年では，家電量販店3社と，UAゼンセンと傘下の3労組が連名で締結した，年間の所定休日数を最低111日とする労働協約（同県内で約90％をカバー）が，茨城県全域に拡張適用された例がある（令和3.9.22厚生労働大臣決定）。拡張適用が及んだのは，2社5店の約60名（残りの約10％）で，なかには年間休日が106日だった労働者も含まれていた。さらに，初めて県をまたいで（青森，岩手，秋田）地域的拡張適用を行うとの決定がなされるなど（令和5.4.11厚生労働大臣決定），本条が再注目されている。

第3節　労働協約の更新と終了

1　労働協約の更新

(1)　自動延長・更新　期間の定めのある労働協約について，期間満了による無協約状態が生ずるのを避けるため，新協約の締結までは現行の協約を有効とする旨の，自動延長規定が定められることがある。特に期間の定めについて取り決めがない限りは，新協定の締結まで，期間の定めのない労働協約が成立する（労組15条3項）。

同様の趣旨で，「有効期間満了30日前までに改廃の申入れがない限り，さらに同一期間延長する」といった，自動更新規定が設けられることがある。かかる規定によって，自動更新がなされる場合，現行協約と同内容の協約が，同じ有効期限で新しく成立する。

⑵　**当事者の変動**　会社の合併などにより，使用者側の労働協約の当事者が変動することがある（会社組織の変動につき，**第7章第3節**）。2000年に制定された労働契約承継法は，会社分割における労働協約の帰趨についても定めている（承継6条）。すなわち，労働協約の債務的部分のいずれを承継するかは当事者の合意によるが，規範的部分については承継会社・新設会社と労働組合との間で同一内容の協約が締結されたものとみなされる。

労働組合の合併や組織形態の変更が行われることにより，労働者側の当事者が変動する。二つ以上の組合が合併した場合は，複数の協約が重畳（ちょうじょう）適用されると考えるべきであろう。この際に，有利原則を認めるか否かについては，見解が分かれている。組織形態の変更の場合には，旧組合と新組合との同一性が推定され，労働協約が維持される。

2　労働協約の終了

⑴　**労働協約の解約**　有効期間の定めがある労働協約の場合，期間の満了によって協約は終了する。有効期間の定めがない場合，当事者は90日前に署名または記名押印した文書によって解約予告をする必要がある（労組15条3項4項）。複数の事項について取り決めた労働協約の一部を解約することは原則として許されないが，合意解約のための十分な交渉を経たが相手方の同意が得られず，一部解約が協約全体の解約より労使関係上穏当な手段といえるような場合には，例外的に一部解約が許される（東京地労委〔日本アイ・ビー・エム〕事件・東京高判平成17. 2 .24労判892号29頁）。また，使用者の倒産・破産あるいは労働組合が解散する場合は，清算等の手続が完了することによって当事者が消滅するので，その時点で労働協約は終了する。

⑵　**労働協約終了の効果**　現行の労働協約が終了し，先述した自動延長・更新条項が機能しない場合，無協約状態が発生してしまう。労働協約の規範的部分につき無協約状態が発生すると，当該労働条件の「基準」が全くの空白となってしまうようにも思われる。しかし，規範的効力の法的性質に関する内容

Column 12

公務員の労働基本権

公務員も，憲法28条により労働基本権が保障される「勤労者」に含まれる（全農林警職法事件・最大判昭和48.4.25刑集27巻4号547頁）。しかし，公務員の労働基本権は，実際には各種の公務員関係法により大幅に制約されている。団体行動権（争議権）は，すべての公務員について全面的に禁止されており（国公98条2項，地公37条1項），これに違反した場合には免職される。争議権は，行政執行法人や地方公営企業等でも禁止されている（行執労17条1項，地公等労11条1項）。通常労働者（民間企業の労働者）との類似がみられる現業公務員（バス運転手，清掃員など）には，団結権および団体交渉権が保障されている。

次に，非現業公務員の団体交渉権については，交渉事項（管理運営事項を含まない）や団体交渉の態様について制限がある上，交渉の成果を団体協約（労働協約に該当する）として締結する権利も否定されている。

国家公務員の「警察職員及び海上保安庁又は刑事施設において勤務する職員」（国公108条の2第5項），自衛隊員（自衛64条1項），地方公務員の「警察職員及び消防職員」（地公52条5項）については，団結すること――すなわち，職員団体（労働組合に該当する）を結成すること――自体が禁止されている。

説の立場からは，規範的部分は労働契約の内容となっているため，労働条件は従前のままとなる。また，外部規律説の立場においても，多くの学説は，当事者の合理的な意思解釈として，あるいは継続的契約関係の性質から，従前の労働契約が維持されると解し，同じ結論となる（鈴蘭（すずらん）交通事件・札幌地判平成11.8.30労判779号69頁，音楽之友社事件・東京地判平成25.1.17労判1070号104頁）。これに対して，労働協約の債務的部分については，労働協約の失効により消滅すると解さざるを得ない。ただし，すでに労使慣行として成立している部分についての使用者側による一方的な破棄は，不当労働行為とされる可能性がある。

第Ⅴ編

第24章　団体行動

労働者は，労働組合等を通じて使用者と対等な関係で交渉を行うことを目指すのが法の立前であるが（労組1条），実際には，使用者の譲歩を引き出すことは容易ではない。そこで，使用者への圧力手段として争議行為に訴えることがある。しかし，この伝家の宝刀（争議行為）は，賃金請求権を失わせることから，労働者にとって諸刃の剣でもある。また，使用者も，組合の争議行為に対して，対抗防衛手段で応戦する場合もある。

もちろん，労働者は，平常時には，日々の仕事と調和を図りつつ，組合活動としてビラ配布や職場集会等を通じて，組合員等への情報提供や組合員同士の意思疎通を図り，団結力を高めようとする。こうした日常的な活動も団体行動の一内容である。

第1節　団体行動の意義と法的保護

1　団体行動の意義と概念

憲法28条の保障する団体行動権の主要な行動類型として，争議行為と組合活動がある。争議行為の概念については直接の定義規定はなく，労調法7条の規定を参照しつつ，労働者の団体がその主張の実現のために行う使用者の「業務の正常な運営を阻害する」行為であれば，広く争議行為に含まれるとするのが通説である。これに対して，争議権について，ストライキ権を中心に捉えて，争議行為の行為類型を，労務の不提供ないし不完全提供（ストライキ，怠業）と，それを維持・強化するためのピケッティング，職場占拠などに限定し，リボン闘争やビラ貼りは争議行為に含まれないとする説も有力である。

組合活動とは，労働組合の団体行動の中でも，「業務の正常な運営を阻害」せず，使用者の業務の正常な運営との調和のもとに行われる行為である。労働組合が労働者の経済的地位の向上などを目的として行う諸活動のうち，団体交渉や争議行為を除いたものを，一般に，組合活動（狭義）と呼んでいる。

2　争議権と組合活動権に対する保障

団体行動権の保障の具体的内容として，労組法は，①正当な「労働組合の団体交渉その他の行為」に対して，刑事免責（労組1条2項）を，②正当な「同盟罷業その他の争議行為」に対して，民事免責（同8条）を，③「労働組合の正当な行為」に対して，解雇等の不利益取扱いの禁止（同7条1号）を定めている。そして，通説では，争議行為と同様に，組合活動も，労働組合の正当な行為である限り，①，③だけでなく②の民事免責も受けると解されている。

ただし，争議行為では，労働契約や企業秩序と抵触する行為も正当性を認められうるが（労働者は指揮命令の制約を受けず，使用者にも賃金支払義務が生じない），組合活動の場合には，使用者の業務の正常な運営を阻害することは原則として許されない。なお，派遣先が，派遣労働者の正当な組合活動を理由に労働者派遣契約を解除することは禁止されている（派遣27条，トルコ航空ほか1社事件・東京地判平成24.12.5労判1068号32頁。第15章第2節2）。

第2節　組合活動の正当性

1　組合活動と便宜供与

労働組合の活動には，日常的な組織運営のための活動（会議・集会，連絡，組合費徴収等）や情報宣伝活動（ビラ配布，掲示板の利用等）などがある。こうした活動は企業内で行われることが多く，企業施設の利用（例えば，組合事務所や掲示板の供与，企業の集会所での組合集会の開催など）をはじめ，使用者に一定の便宜を図るよう求め，使用者も，労働協約や慣行などを通じて，組合活動に対して便宜を図ることがある（組合専従やチェック・オフなど）。これらを便宜供与という。ただし，就業時間中や企業施設を利用する組合活動について，使用者が許容していない場合には，通常，労働者の職務専念義務違反や使用者の施設管理権に対する侵害として，懲戒処分の可否が問題となる（**第10章第3節2**参照）。

また，組合事務所の無償貸与の場合も，使用者がその返還を請求するに足りる正当な事由があるときは，その使用貸借契約が終了するものと解すべきであるが，裁判例では，適切な代替施設の提供がないなどの事情から正当な事由がないとして，使用者による組合に対する事務所明渡し請求を棄却したものがある（ヤマト交通〔組合事務所明渡請求〕事件・東京高判令和元.7.3労判1210号5頁）。

2　組合活動の正当性の判断

(1)　就業時間中の組合活動　組合活動の一環として，要求事項や団結強化のスローガン等を表示したリボンや組合章の入ったベルトやバッジを着用して就労することがある（リボン闘争など）。こうした組合活動は，労働者は労働契約に基づき就業時間中その活動力をもっぱら職務遂行に集中すべきであるとする職務専念義務に違反するおそれがあり，実際に，最高裁は，リボン闘争について，就業時間中の組合活動として，正当性を有しないと判断している（大成観光事件・最三小判昭和57.4.13民集36巻4号659頁）。しかし，JR東日本本荘（ほんじょう）保線区事件（仙台高秋田支判平成4.12.25労判690号13頁，最二小判平成8.2.23労判690号12頁，**第10章第3節2**参照）では，「ベルト着用行為は，実質的違法性がなく職務専念義務に違反するものではない」とされ，また，**判例24-1**オリエンタルモーター事件のように，就業時間中の抗議行動などが正当な組合活動として許容される場合には，職務専念義務違反にはならない。

判例24-1　オリエンタルモーター事件

（東京高判昭和63.6.23労判521号20頁，最二小判平成3.2.22労判586号12頁）

事　実　X会社は，参加人Z組合がストを実施したことを契機に，Zに対する態度を硬化させ，団交に誠意をもって応じなかったり，組合集会の妨害や組合旗の撤去などをしたりした。そこで，Zの執行委員であるAらは，就業時間中に職場を離脱して抗議行動や対策協議を行い，これに対して，Xは，Aらの賃金カットなどを行った。Zは，こうした取扱いが労組法7条1号3号の不当労働行為に当たるとして，Y地労委に救済を申し立てた。YはZの申立てを認めて救済命令を発したため，Xが取消訴訟を提起したところ，一審は，Xの請求を棄却したため，Xが控訴した（Xの上告に対して，最高裁は，原審判断を是認できると判示）。

判　旨　「就業時間中の組合活動のための職場離脱は原則として右義務〔雇用契約上の義務〕に違反することになる。しかしながら就業時間中の組合活動のための職場離脱であっても，……当該組合活動が労働組合の団結権を確保するために必要不可欠であること，右組合活動をするに至った原因が専ら使用者側にあること，右組合活動によって会社業務に具体的な支障を生じないこと，以上の事情があるときには，就業時間中の組合活動であっても正当な組合活動として許容され，これを理由とする不利益処分は許されないと解する」。

「通常の私企業における労働者の職務専念義務は，これを厳格に把握して精神的肉体的活動の全てを職務遂行に集中すべき義務と解すべきではなく，労働契約上要請される労働を誠実に履行する義務と解すべきであるから，労働者は就業時間中は使用者にいわば全人格的に従属するものと解すべきではなく，労働契約上の義務と何ら支障なく両立し使用者の業務を具体的に阻害することのない行為は，必ずしも職務専念義務に違背するものではない」。

⑵　企業施設利用の組合活動　労働者が，労働協約等で許可されている範囲外で，企業施設を利用して組合活動をすることは，使用者の施設管理権を侵害する可能性があり，施設管理権との衝突を引き起こす。学説では，組合活動の必要性と業務運営や施設管理への支障の有無・程度を考慮して，正当と認められる組合活動については，使用者はそれを受忍する義務があるという見解（受忍義務説）や施設利用の目的，態様，方法からみて組合活動に必要性があり，業務運営や施設管理に支障を与えていない場合には，無許可の企業施設利用という違法性が阻却されるとする見解（違法性阻却説）がある。判例は，判例24-2 国鉄札幌駅事件において，施設利用を許諾しないことが権利の濫用となるような特段の事情のない限り，そのような組合活動の正当性は認められないとし（許諾説），職員用ロッカーに組合ビラを粘着テープで貼付した行為につき，その正当性を否定した。

他方で，ビラの配布は，その貼付と比べ，施設管理権との衝突の可能性や程度は低く，使用者に対する誹謗中傷でない場合には，組合活動としての正当性は認められやすい（私立学校の教職員が職員室でビラ配布をした事案につき，倉田学園事件・最三小判平成6.12.20民集48巻8号1496頁）。

判例24-2 国鉄札幌駅事件

（最三小判昭和54.10.30民集33巻6号647頁）

事　実　判例10-2参照。

判　旨　「労働組合又はその組合員が使用者の所有し管理する物的施設であつて定立された企業秩序のもとに事業の運営の用に供されているものを使用者の許諾を得ることなく組合活動のために利用することは許されないものというべきであるから，労働組合又はその組合員が使用者の許諾を得ないで叙上のような企業の物的施設を利用して組合活動を行うことは，これらの者に対しその利用を許さないことが当該物的施設につき使用者が有する権利の濫用であると認められるような特段の事情がある場合を除いては，職場環境を適正良好に保持し規律のある業務の運営態勢を確保しうるように当該物的施設を管理利用する使用者の権限を侵し，企業秩序を乱すものであつて，正当な組合活動と」は認められない。

⑶　企業外での情報宣伝活動　企業外で就業時間外に行われる組合活動は，原則として正当であり，自由になしうる。しかし，情報宣伝活動の場合は，その内容が不当な場合や外部的態様（時間，場所，行動内容，影響等）等からして使用者や第三者に対して不当に不安や動揺を生じさせるときには，正当性が否定される（国鉄高崎地本事件・東京高判平成5．2．10労判628号54頁，最二小判平成11．6．11労判762号16頁）。例えば，企業経営者の住居等の私生活の領域における街宣活動や抗議ビラの配布等の組合活動については，正当性が否定され，不法行為に当たるほか，かかる行為の差止請求が認められる場合がある（東京・中部地域労働者組合〔街宣活動〕事件・東京高判平成17．6．29労判927号67頁）。他方で，組合活動の一環として組合が管理するホームページ上に使用者を批判する内容を記載したとしても，その目的，態様等を考慮して社会通念上許容される範囲内として正当性を認めたものがある（連合ユニオン東京V社ユニオンほか事件・東京地判平成30．3．29労判1183号5頁）。

また，労働条件の改善を目的として行う団体行動である限りは，それが直接労使関係に立たない者に対して行う要請等も，憲法28条の保障の対象となり，これを行う主体，目的，態様等の諸般の事情を考慮して，社会通念上相当と認められる行為に限り，その正当性を肯定すべきである（フジビグループ分会組合員ら〔富士美術印刷〕事件・東京高判平成28．7．4労判1149号16頁。ただし，同事案では正当性の範疇を超えていると判断した)。

第3節　争議行為の正当性

1　正当性の判断基準

争議行為が上述の3つの保障(第1節2)を受けるには，各法文の定める要件としてそれが「正当」であることを要する。争議行為の正当性の判断基準については，一般に，その目的および態様(手段)の両面を中心に検討し，さらに手続や主体の点も考慮しつつ，社会通念に照らして判断される。

そこで，ここでは後者(手続・主体)に目を向けると，手続については，労働協約所定の平和条項や争議条項(協約の有効期間中は争議行為を行わないとする条項)に違反した場合や組合規約所定の手続に違反した場合が問題となる。例えば，平和義務違反の争議行為については，債務不履行責任を生ずるとしても，懲戒処分はなしえない(弘南バス事件・最三小判昭和43.12.24民集22巻13号3194頁，第23章第2節2(5)参照)。また，主体については，組合員の一部が，組合全体の意思によらず自発的に行う「山猫スト」は，主体としての適格性を欠くものと解されている。

2　争議行為の目的の正当性

一般に，争議行為の目的は，労使の団体交渉によって解決しうる事項に限るとの見解が有力である。政府・国会・裁判所などの広義の国家機関に対して政治的な主張や要求・抗議を目的とする政治ストは，使用者との団体交渉によっては解決しえない。学説では，要求・抗議の内容によって，労働条件や労働者の経済的地位に関係する立法や政策のための「経済的政治スト」と，それ以外の「純粋政治スト」を区別し，前者は，憲法28条の保障を受けると解する立場も有力である。また，後者も，憲法21条の表現の自由を根拠に直ちに否定されるわけではないとする見解がある。しかし，判例は，政治ストの正当性を否定している(全農林警職法事件・最大判昭和48.4.25刑集27巻4号547頁，三菱重工業長崎造船所〔政治スト〕事件・最二小判平成4.9.25労判618号14頁)。

同様に，使用者に対する要求の実現よりも，他企業等の労働者の労働争議の支援を目的として行われる同情ストについて，判例は，使用者らが「それに関与して解決をはかることの対応をなしうる余地もなく，その労働関係の当事者間団体交渉によつて自主的に解決する途もないような争議行為」として，正当性を否定している（杵島炭鉱事件・東京地判昭和 50.10.21 判時 794 号 12 頁）。

また，大学の教員らが，授業の担当コマ数等についての長期にわたる団体交渉が膠着していた状況で，削減を要求するコマ数分を担当しないという態様の争議行為は，団交によって要求事項の実現を図るというよりも，自らの要求事項を「単に自力執行の形で実現する目的に出たもの」であり，態様面でも大学の人事管理権を害するとして，正当性を欠くとした裁判例がある（学校法人関西外国語大学事件・大阪高判令和 3．1．22 労経速 2444 号 3 頁）。

3　争議行為の態様の正当性

⑴　**ストライキ**　　ストライキ（同盟罷業）は，集団的意思に基づく労務の不提供であり，単に労務提供を拒否する態様であれば，問題なく正当性は認められる。ストライキが長期間に及んだとしても，それによる経済的損失の大きさゆえにその正当性が否定されることはない。ただし，ストライキだけでなく，これを含む労働組合の行為全般について，「暴力の行使」を伴う場合には，正当な行為とは解されず，刑事免責は認められない（労組 1 条 2 頁但書）。

⑵　**怠　業**　　怠業とは，不完全な労務提供を行う戦術であり，組合員が一応就労しながら，通常通りに作業を行わないことによって業務阻害をもたらす。例えば，労働のテンポを意識的に遅らせるスローダウンや，労務遂行上の諸規則を過度に厳格に順守することで業務を遅らせる順法闘争（日光産業ほか 1 社事件・大阪地堺支判平成 22．5．14 労判 1013 号 127 頁）といった怠業は，通常正当性を有する。ただし，怠業については，争議行為の開始時期が明らかでないことがあるため，通告のない怠業の正当性を否定する裁判例がある（日本テキサス・インスツルメンツ事件・浦和地判昭和 49.12．6 労民集 25 巻 6 号 552 頁）。

⑶　**職場占拠**　　ストライキなどの争議行為の実効性を確保するため，スト等に付随して，組合員を職場内に滞留させたり，占拠したりする戦術がとられる。企業施設に対する使用者の所有権を侵害することになるが，少なくとも，

使用者の占有を排除せず，その操業を妨害しない場合には，正当性を失わないと解されている（職場滞留の正当性を認めたものとして，きょうとユニオン〔iWAi分会・仮処分〕事件・大阪高決平成28. 2 . 8労判1137号5頁）。

(4)　ピケッティング　ピケッティング（ピケ）とは，使用者による製品・資材の出入の阻止，スト参加者の脱落防止や不参加労働者への協力要請など，職場におけるストライキに付随する補強手段として実行され，その態様も，言論による説得からスクラム，座り込み，一定の有形力の行使など様々であり，より積極的な業務阻害行為を含む場合がある。判例はその正当性を，原則として「平和的説得」に限定する立場に立ち，これを超える行為を伴う場合には正当性を否定している（判例24-3 御國ハイヤー〔ピケッティング〕事件，自治労・公共サービス清掃労働組合ほか〔白井運輸〕事件・東京地判平成18.12.26労判934号5頁）。

判例24-3　御國（みくに）ハイヤー（ピケッティング）事件

（最二小判平成4 .10. 2労判619号8頁）

事　実　X会社は，従業員115名で常時42台を稼働させるタクシー会社である。Xの従業員の一部で組織されたA組合は，基本給の引上げなどをめぐってXと団体交渉を行っていたが，ストライキを実施した。その際，Aの組合員らは，乗務することになっていたタクシー6台について，稼働させるのを阻止するために，車庫に赴き，タクシーの傍らに座り込んだり，寝転んだりして，出庫できないようにして車庫を占拠した。Xは，Aの役員と上記争議行為を指揮・実行した上部団体の役員であるYら6名に対して，逸失利益等の損害賠償を請求した。

判　旨　「ストライキは必然的に企業の業務の正常な運営を阻害するものではあるが，その本質は労働者が労働契約上負担する労務供給義務の不履行にあり，その手段方法は労働者が団結してその持つ労働力を使用者に利用させないことにあるのであって，不法に使用者側の自由意思を抑圧しあるいはその財産に対する支配を阻止するような行為をすることは許されず，これをもって正当な争議行為と解することはできないこと，また，使用者は，ストライキの期間中であっても，業務の遂行を停止しなければならないものではなく，操業を継続するために必要とする対抗措置を採ることができ（……），労働者側が，ストライキの期間中，非組合員等による営業用自動車の運行を阻止するために，説得活動の範囲を超えて，当該自動車等を労働者側の排他的占有下に置いてしまうなどの行為をすることは許されず，右のような自動車運行阻止の行為を正当な争議行為とすることはできないといわなければならない」。

---

(5) **ボイコット**　ボイコットとは，組合がストライキを補強する圧力手段として，使用者の製品やサービスの不買を，顧客や公衆に訴える行為である。一般に，暴力脅迫や虚偽の誹謗宣伝を含まない限り，正当とされる。しかし，「ボイコットとして行う説得行為も争議行為に対して協力を求めることを持って限界とすべく，それを超えて積極的に会社の悪口を言うことは」許されず，百貨店の顧客に「商品は腐っている」等と語りかけるのは正当性を逸脱している（岩田屋事件・福岡地判昭和36.5.19労民集12巻3号347頁）。なお，ボイコットは必ずしもストライキを前提としない形態でも実施されることがあり，判例では，船員組合が，商船会社に対して，便宜置籍船対策を目的に会社の傭船する船舶の荷役ボイコットをした事案で，憲法28条の保障は直接の労使関係にない者の間にも及ぶが，その態様は社会通念上相当な範囲に限定されるとしてボイコットの正当性を否定したものがある（東海商船事件・東京高判平成11.6.23労判767号27頁）。

(6) **リボン闘争・ビラ貼り**　リボン闘争（第2節**2**(1)参照）やビラ貼りは，通常，組合活動の一環として行われるが，争議行為に付随ないしその前後に隣接して使用者への圧力手段として実施されることがある。この場合，争議行為として評価しうる余地もあり，その正当性が判断されることもある。

第4節　争議行為と賃金

1　争議参加者の賃金

通常のストライキの場合，これに参加して労務提供を拒否した労働者に対して，使用者は賃金支払義務を負わないと解されている。これをノーワーク・ノーペイの原則と呼ぶ。使用者は，労務提供を拒否した労働者の賃金額からストが行われた期間（日数・時間数）分の賃金を控除して支払うことができる。

ここで，賃金カットできる範囲（賃金項目）について，賃金には日々の具体的な労務提供に対応して支払われる「交換的部分」と従業員たる地位そのものに対して支払われる「生活保障的部分」とがあり，後者に属する家族手当や住宅手当等は，ストの場合でも賃金カットできないとする考え方（賃金二分説）があった。これに対して，ストの場合の賃金カットの範囲は，個々の具体的な労働契約の解釈により決定されるべきであるとの見解があり，最高裁は労働慣行になっていたことを根拠に家族手当のカットを認めている（三菱重工業長崎造船所〔賃金カット〕事件・最二小判昭和56. 9 .18民集35巻6号1028頁）。

2　争議不参加者の賃金請求権

争議行為に参加していない労働者についても，他者のストの結果，従事すべき業務が消滅し，就労の意思と能力があるにもかかわらず，労務提供義務の履行が社会観念上不能または無価値となる場合がある。具体的には，「部分スト」（組合員のうち一部の者のみに行わせるスト）におけるスト要員以外の組合員の場合と，「一部スト」（労働者の一部しか組織していない組合が行うスト）における他組合員・非組合員の場合がある。前者の場合には，スト参加者と不参加者の間に組織的な一体性が存在し，ストの意思形成に関与することができる。この点について，判例24-4 ノースウエスト航空事件では，いずれの場合も，民法536条の危険負担の問題として処理し，債権者（使用者）の帰責事由には当たらないと判断している（第16章第4節2も参照）。

判例24-4 ノースウエスト航空事件

（最二小判昭和62. 7 .17民集41巻5号1350頁）

事　実　判例16-4 参照。

判　旨　「企業ないし事業場の労働者の一部によるストライキが原因で，ストライキに参加しなかつた労働者が労働をすることが社会観念上不能又は無価値となり，その労働義務を履行することができなくなつた場合，不参加労働者が賃金請求権を有するか否かについては，当該労働者が就労の意思を有する以上，その個別の労働契約上の危険負担の問題として考察すべきである。このことは，当該労働者がストライキを行つた組合に所属していて，組合意思の形成に関与し，ストライキを容認しているとしても，異なるところはない。ストライキは労働者に保障された争議権の行使であつて，使用者がこれに介入して制御することはできず，また，団体交渉において組合側にいかなる回答を与え，どの程度譲歩するかは使用者の自由であるから，団体交渉の決裂の結果ストライキに突入しても，そのことは，一般に使用者に帰責さるべきものということはできない。したがつて，労働者の一部によるストライキが原因でストライキ不参加労働者の労働義務の履行が不能となつた場合は，使用者が不当労働行為の意思その他不当な目的をもつてことさらストライキを行わしめたなどの特別の事情がない限り，右ストライキは民法536条2項の『債権者ノ責ニ帰スヘキ事由』には当たらず，当該不参加労働者は賃金請求権を失うと解するのが相当である」。

「本件において，Yが……ことさら本件ストライキを行わしめたなどの前記特別の事情［はなく］……［本件ストライキ］の間Xらが労働をすることは社会観念上無価値となつたといわなければならない。そうすると，それを理由にYが右の期間Xらに対し休業を命じたため，Xらが就労することができず，その労働義務の履行が不能となつたのは，Yの『責ニ帰スヘキ事由』によるものということはでき［ない］……」。

第5節　正当性のない争議行為の責任

1　刑事責任

争議行為が正当性を有しない場合に，刑事法規に違反して実行されたときには，理論上，刑事責任を問われうる（労組1条2項）。刑事責任については，その性質上，構成要件に該当する行為を行った者の個人責任として追及される（争議行為の態様等から正当行為〔刑35条〕には当たらず，威力業務妨害罪〔刑234条〕等の成立を認めたものとして，連帯ユニオン関西生コン支部〔刑事・大阪二次〕事件・大阪地判令和2.10.8労旬1977号63頁）。

2　民事責任

正当でない争議行為については，例えば，労務提供の拒否による債務不履行や怠業（サボタージュ）による不完全履行から生じる債務不履行責任だけでなく，争議行為を指導した組合幹部は，故意に使用者の業務の運営を阻害して損

Column 13

争議行為に対する法的制限

公共の福祉の観点から，労調法は，「工場事業場における安全保持の施設の正常な維持又は運行を停廃し，又はこれを妨げる行為」を禁止し（同法36条），同法８条所定の公益事業（運輸，郵便・電気通信，水道・電気・ガスの供給，医療・公衆衛生などの事業で，公衆の日常生活に欠くことのできない事業）の争議行為に際し，労働委員会および厚生労働大臣または知事への10日前までの通知を義務づけ（同37条１項），労働争議の調整手続（斡旋・調停・仲裁）も定めている（第７節**2**参照）。また，職安法20条は，公共職業安定所が，ストライキ等が行われている事業所に求職者を紹介することを禁じ（労働争議に対する不介入），労働委員会が公共職業安定所に通報する場合もある（2018年８月，東京都労委による通報の例がある）。この規定は，労働者派遣事業にも準用される（派遣24条）。

害を負わせた不法行為に基づく損害賠償責任が生じる余地がある（労組８条）。

その場合に，個々の組合員の行為は団体の中に埋没しているので，集団としての労働組合が民事責任を負うとして，個人に対する損害賠償責任を否定する学説も有力であるが，個人責任を認めた裁判例もある（違法ピケに対する組合役員や組合員の損害賠償責任を認めたものとして，書泉事件・東京地判平成４．５．６労判625号44頁，前掲自治労・公共サービス清掃労働組合ほか〔白井運輸〕事件）。ただし，損害額の算定や因果関係の立証は容易ではない。

3　懲 戒 処 分

正当性のない争議行為に対しては，争議参加者および組合幹部に対する懲戒処分が，最も一般的に見られる責任追及の方法であり，使用者にとっては，民刑事責任の追及より，従業員たる組合員等に対する直接的で実効的な手段といえる。違法争議行為に対して懲戒処分を科すことについて，判例・学説ともに肯定説が多数といえる（全逓（ぜんてい）東北地本事件・最三小判昭和53．７．18民集32巻５号1030頁）。また，組合幹部が違法行為に直接に関与していないのに，幹部というだけで処分（いわゆる幹部責任）を行うことができるかについては争いがある（岩田屋事件・福岡高判昭和39．９．29労民集15巻５号1036頁など）。

第6節　ロックアウト

1　ロックアウトの法的根拠

使用者は，争議への対抗手段として，管理職の就労や臨時雇い等による操業の継続を試みることができるが，さらに強行的な方法が，ロックアウト（作業所閉鎖）である。ロックアウトは，法的にみれば，使用者が，労働組合の争議行為に対抗する圧力手段として，労務の受領を集団的に拒否する行為である。その法的根拠について，使用者の争議権としてロックアウト権を認める立場と，民法上の受領遅滞（民413条）や危険負担（民536条）により賃金請求権の有無を判断する立場があった。判例24-5丸島水門製作所事件では，前者の立場から，「公平［または衡平］の原則」に照らして，使用者側が著しく不利な圧力を受ける場合に，使用者の争議行為として正当な範囲内において認められると判示している。そして，ロックアウトはかかる使用者の争議対抗行為としての労務受領拒否であり，それが相当である場合には，使用者は賃金支払義務を免れるとされる。

判例24-5　丸島水門製作所事件

（最三小判昭和50.4.25民集29巻4号481頁）

（事　実）　Y会社の従業員で組織されているA労働組合は，賃上げを要求して団体交渉を行い，妥結に至らなかったことから，1959年5月19日の午前8時30分，争議行為を行う旨をYに通告した。同日から同月22日にかけて，Aは，Yないしその役員を誹謗するなどの内容のビラを，工場，事務室等の窓ガラス，壁等に貼り付け，そのため，保安室は，外光が著しく減ずる有様となった。また，組合員は，この間，事務所内で喚声をあげてデモ行進したりするなどした。同月22日ころから怠業状態が現れはじめ，作業能率が低下した。23日には，巡回中の職制に対してハンマー等が投げつけられるなどし，同行した保安係員が負傷する事態が発生した。Yは，これらの争議行為等により作業能率が著しく低下し業務の遂行が困難になったので，このままの状態では会社の経営に危殆（きたい）を招くおそれがあるとして，6月2日，ロックアウトを通告した。そこで，Aの組合員であるXらが，ロックアウト期間中の賃金の支払を求めて提訴した。

判　旨　「争議権を認めた法の趣旨が争議行為の一般市民法による制約からの解放にあり，労働者の争議権について特に明文化した理由が専らこれによる労使対等の促進と確保の必要に出たもので，窮極的には公平の原則に立脚するものであるとすれば，……使用者に対し一切争議権を否定し，使用者は労働争議に際し一般市民法による制約の下においてすることのできる対抗措置をとりうるにすぎないとすることは相当でなく，個々の具体的な労働争議の場において，労働者側の争議行為によりかえつて労使間の勢力の均衡が破れ，使用者側が著しく不利な圧力を受けることになるような場合には，衡平の原則に照らし，使用者側においてこのような圧力を阻止し，労使間の勢力の均衡を回復するための対抗防衛手段として相当性を認められるかぎりにおいては，使用者の争議行為も正当なものとして是認されると解すべきである」。

「労働者の提供する労務の受領を集団的に拒否するいわゆるロツクアウト（作業所閉鎖）は，使用者の争議行為の一態様として行われるものであるから，それが正当な争議行為として是認されるかどうか，換言すれば，使用者が一般市民法による制約から離れて右のような労務の受領拒否をすることができるかどうかも，右に述べたところに従い，個々の具体的な労働争議における労使間の交渉態度，経過，組合側の争議行為の態様，それによつて使用者側の受ける打撃の程度等に関する具体的諸事情に照らし，衡平の見地から見て労働者側の争議行為に対する対抗防衛手段として相当と認められるかどうかによつてこれを決すべく，このような相当性を認めうる場合には，使用者は，正当な争議行為をしたものとして，右ロツクアウト期間中における対象労働者に対する個別的労働契約上の賃金支払義務をまぬかれるものといわなければならない」。

2　ロックアウトの正当性

ロックアウトの正当性は，判例24-5 丸島水門製作所事件判示のように，当該労働争議における労使間の交渉態度，経過，組合側の争議行為の態様，それによって受ける使用者側の打撃の程度等に関する具体的事情に照らして判断される。労働者の争議行為に対抗する必要性あるいは受動性・防御性の存在が正当性の要件であるため，労働者側の争議行為実行前の先制的・攻撃的なものは正当ではない（日本原子力研究所事件・最二小判昭和58.6.13民集37巻5号636頁）。

これに対して，正当と認められる場合として，例えば，争議行為が企業の存立を脅かすほど過重な損害をもたらす場合（前掲日光産業ほか1社事件），正当な争議行為の限界を逸脱している場合，部分ストによって事実上全面ストと同程度の損害が発生するのに当該部門の労働者が出勤してくる場合，怠業や時限ストによって著しく生産量が減少して甚大な損害を被る場合（安威川生コンクリート工業事件・最三小判平成18.4.18民集60巻4号1548頁）などが考えられる。

また，ロックアウトの正当性は，ロックアウトの開始のみならず，継続の要件でもあり，開始時点では正当なロックアウトであっても，経営内容も改善されるなど客観情勢が使用者に有利に変化した場合には，企業防衛の性格を失い，それ以降，使用者は賃金支払義務を免れないと判断したものがある（第一小型ハイヤー事件・最二小判昭和52.2.28判時850号97頁）。

第7節　労働争議の調整

1　労働委員会による労働争議の調整

労働委員会は労組法により設置された独立行政委員会であり，中央労働委員会（中労委）と都道府県労働委員会（都道府県労委）がある（労組19条の2・19条の12）。労働委員会は，使用者を代表する者（使用者委員），労働者を代表する者（労働者委員）および公益を代表する者（公益委員）の各同数をもって組織される三者構成であることを重要な特色とする（労組19条）。同委員会は，不当労働行為の救済（第25章第6節参照）を行うが，この手続については公益委員のみが担当し，労使委員は参与委員として関わる（労組24条1項）。労働委員会のもう一つの任務が，次に見る争議調整である。

2　斡旋・調停・仲裁

労調法に基づく争議調整手続として，労働委員会は当事者の求め等に応じて，斡旋（労調10条以下），調停（同17条以下），仲裁（同29条以下）の方式で解決を行う。斡旋は，当事者が主張を出し合うことにより，合意の形成により解決を図るもので，斡旋員はその合意形成を促す役割にとどまる。調停は，労働委員会の公労使三者による調停委員会が調停案を発し，当事者がこれに同意することにより解決が図られるもので，任意的性格がやや後退し公的な介入の度合いが強くなる。仲裁は，当事者双方の申請または労働協約の定めに基づく申請により開始されるが，仲裁裁定は労働協約と同一の効力で当事者を拘束する（同34条）。ただ，近年では，労働委員会の調整事件は，斡旋がほとんどであり，まれに調停が行われる程度である。この他，公益事業等に関するもので，争議行為により国民経済の運行を著しく阻害するおそれがあると認められる事件について，緊急調整の手続が定められている（労調35条の2）。

近年，地域合同労組（Column 11参照）を中心に，解雇等をされた労働者が労働組合に加入し（駆け込み訴え），当該組合が解雇等について団体交渉を申入れて拒否されると，団交促進等を求めて斡旋を申請することが多い。制度上は集団的労働紛争であるが，実質的に個別労働関係紛争の性質を有する。

第V編

第25章　不当労働行為

労働者の団結権・団体交渉権・団体行動権が侵害されたときには，裁判所において救済の対象となるだけでなく，それらの権利を具体的に保障するために，労組法は，不当労働行為制度を設け（労組7条），特別の救済システムを用意している（労組27条以下）。不当労働行為制度は，労働組合および組合員が利用できる行政救済のシステムであり，使用者が行う種々のアンフェアな行為に対して，無償で簡易・迅速かつ臨機応変な救済を図ることを目的とした労働法独自のものである。

第1節　不当労働行為制度の意義と目的

1　不当労働行為制度の意義

労組法7条は，①労働組合の結成・加入および組合活動のゆえに，または労働委員会への救済申立て等の行為を理由として行う，解雇その他の「不利益取扱い」（1号・4号），②正当な理由のない「団交拒否」（2号），③労働組合の結成・運営に対する「支配介入」（3号）という，使用者のなす3種の行為を，不当労働行為として禁止し，労組法27条以下で，労働委員会による救済制度を定めている。1945年制定の旧労組法では，不利益取扱いだけを，労働委員会の請求による刑事罰をもって禁止していたが，1949年に全面改正された現行法は，上記の3行為について労働委員会による行政救済の方法に改めた（救済方法は，第6節参照）。

2　不当労働行為制度の目的

不当労働行為制度の目的に関して，学説・判例には，いくつかの見解がみられる。第一に，不当労働行為制度を憲法28条の団結権等の保障を具体的に実現するために設けられた制度と理解する説（団結権侵害説）であり，不当労働行為禁止規定に違反する法律行為は無効とされる（医療法人新光会事件・最三小判昭和43．4．9民集22巻4号845頁）。第二に，不当労働行為制度は，憲法28条に基礎を置くが，労組法が円滑な団体交渉関係の実現のために特別に政策的に創設した制度とされ（団体交渉説），これによれば，7条各号は，労働委員会が救済を行う場合の判断基準であって，各号違反の行為が直ちに無効になるわけではない。第三に，不当労働行為制度は，団結権保障を前提とした公正な労使関係秩序の実現を図るための制度ないし労使間のルール違反行為の規制を目的とする制度とみる見解（公正労使関係秩序説）がある（判例25-4 第二鳩タクシー事件）。以上の議論を総合すると，不当労働行為の制度は単に権利侵害に対する救済にとどまらず，円滑で正常な集団的労働関係秩序の迅速な回復・確保を図ることを目的に設置された制度ということができよう。

第2節　不利益取扱い

1　不利益取扱いの原因

使用者は，①労働者が労働組合の組合員であり，組合に加入・結成しようとし，または，労働組合の正当な行為をしたことの，②故をもって，③解雇その他の不利益取扱いをしてはならない（労組7条1号本文前段）。本号は，これら①～③の要素からなる行為を不利益取扱いとして禁止する。このうち，原因となる①の活動や行為は，「労働組合の」行為でなければならない。つまり，組合の機関決定や指令に基づく行為，組合が自らの行為と認める行為，組合活動に関連する活動で組合が関与した行為であるが，例えば，組合が後援・支援した文化活動などもこれに含まれる。さらに，組合員が組合の決定した方針に反対し，幹部を批判する等の行為であっても，組合の民主的運営のための活動として許容されるべきであり，こうした活動の排除に使用者が加担する結果になることも妥当ではない（北辰(ほくしん)電機製作所事件・東京地判昭和56.10.22労判374号55頁）。

2　不利益取扱いの態様

上記③の不利益取扱いの態様は多様である。第一に，労働契約の終了に関連するものであり，解雇，退職の強要，雇止め，試用期間後の本採用拒否などが含まれる。第二に，賃金その他の労働条件や人事上の処遇に関するもので，賃金差別，不利益な配転・転勤・出向・長期出張等の業務命令，昇進・昇格，懲戒処分などがある。第三に，労働者の不採用（採用拒否）に関するものであるが，多くの学説は，労働者の不採用あるいは採用拒否も，少なくとも労働委員会による行政救済においては，不利益取扱いに当たると解してきた（例えば，万座硫黄(まんざいおう)事件・中労委命令昭和27.10.15命令集7集181頁，中労委〔青山会〕事件・東京高判平成14. 2 .27労判824号17頁）。これに対して，最高裁は，JR北海道・JR貨物事件（最一小判平成15.12.22民集57巻11号2335頁）で，使用者には採用の自由があり，不当労働行為は「雇入れ後の」使用者の行為を規制するものであるから，「雇入れの拒否は，それが従前の雇用契約関係における不利益な取扱いにほかならないとして不当労働行為の成立を肯定することができる場合に当たるなどの特段の事情がない限り」，労組法7条1号本文にいう不利益な取扱いに当たらないとした。

また，「不利益」性の判断にあたっては，当該職場における職員制度上の建前や経済的側面からのみ判断するのではなく，従業員の一般的認識に照らして，組合活動に対して制約的効果が及ぶか否かによって判断される（判例25-1 中労委〔西神テトラパック〕事件）。

判例25-1　中労委（西神(せいしん)テトラパック）事件

（東京高判平成11.12.22労判779号47頁）

事　実　組合の執行副委員長であったXは，工務部門で勤務し，工程改善プロジェクトチーム（直轄チーム）に配属され，機械から発生する廃棄物を削減するための研究を行う日勤（9時～17時）業務で，電気担当であった。他方で，Y会社にはメインとなる製造部門があり，その機械オペレーターは三交代制で，採用条件が，工務部門とで若干異なっていた。Yが経営合理化の一環として，直轄チームの解散を含む組織変更を決め，それに伴い31名（直轄チーム6名）について人事異動が行われ，Xは，製造部門の機械オペレーター（三交代制）として稼働することとなった。Xはこの配置転換が，不利益取扱いに当たり，かつ，組合の活動を萎縮させる支配介入に当たると主張した。

（判　旨）「労組法7条1号が……不利益取扱いを不当労働行為として禁止している理由が，このような不利益取扱いが労働者らによる組合活動一般を抑制ないしは制約する効果を持つという点にあることからすれば，本件配転が不利益なものといえるか否かは，……当該職場における職員制度上の建前や経済的側面のみからこれを判断すべきものではなく，当該職場における従業員の一般的認識に照らしてそれが通常不利益なものと受け止められ，それによって当該職場における組合員らの組合活動意思が萎縮し，組合活動一般に対して制約的効果が及ぶようなものであるか否かという観点から判断されるべきものというべきである。そして，このような観点からすると，本件配転が会社の従業員の一般的認識に照らして不利益なものとして受け止められるのが通常であるものと推認できる」。

「本件配転が会社側の配転権の濫用により私法上違法，無効とされるものであるか否かの判断がそのまま不当労働行為の成否の判断につながるものでないことはいうまでもないところである。むしろ，仮に会社側に不当労働行為意思がなかったとすれば配転先として別の部門が選ばれたであろうことが認められ，しかも，従業員の一般的認識に照らして，その部門への配転に比して現に選ばれた配転先への配転が不利益なものと受け止められるものである場合には，そのこと自体からして，当該配転行為について不当労働行為の成立が認められる」。

3　不当労働行為意思

使用者は，労働者の組合加入や正当な組合活動の「故をもつて」（労組7条1号），また，労働委員会への申立て等の行為を「理由として」（同条4号），不利益取扱いをすることが禁止されている。つまり，労働者の上記行為と使用者の不利益取扱いとの間に因果関係が存在することが要件であり，労働者の組合活動等の事実を認識し，それを動機として不利益取扱いに及ぶ意思のことを，不当労働行為意思という。不当労働行為意思の存否は，不利益取扱いに当たる処分等を決定しまたは実際に行った時期，それに至る経緯，組合に対する使用者の日頃の態度などの諸般の事情を考慮して総合的に判断される。

また，組合員の解雇や配転などにおいて，不当労働行為意思も認められる一方で，相当な理由も認められる場合に（理由の競合），不当労働行為の成立を認めるべきかが問題となる。裁判例では，解雇事由のうちいずれが決定的であるかで判断する見解（決定的原因説）と，組合活動がなかったならば解雇がなされなかったと認めるのが相当であるときには不利益取扱いが成立するとみる見解（相当因果関係説）がある（判例25-1 中労委〔西神テトラパック〕事件参照）。

さらに，取引先や融資元といった第三者からの強要により，使用者が自ら雇用する労働者に解雇等の不利益取扱いを行った場合に，不当労働行為意思が認められるか問題となる（第三者の強要）。判例では，取引先会社の意図は，同社の強要により，組合員を解雇した使用者の意思に直結し意思内容を形成したとみるべきであるとして，使用者の不当労働行為意思が認められている（山恵（やまえ）木材事件・最三小判昭和46.6.15民集25巻4号516頁）。

4　黄犬契約

労働組合への不加入または組合からの脱退を雇用条件とする契約を黄犬（こうけん）契約（yellow dog contract）と呼び，不当労働行為として禁止されている（労組7条1号本文後段）。この場合には，使用者の不当労働行為意思の存在や労働者が現実に「不利益」を受けることも，要件とならない。この規定は，労働組合への不加入・脱退の強要を通じて団結を抑制することを禁止する趣旨であり，入社後に積極的な組合活動をしないことを約束させることなども黄犬契約に当たる。

第3節　団交拒否

憲法28条の団体交渉権を具体的に保障するために，労組法は，使用者による正当な理由のない団交拒否を禁止している。使用者による団交拒否の態様としては，①そもそも労働組合等の団結体の存在を否認する場合や，②義務的団交事項に該当しないと主張する場合のほか，③団体交渉には応じるが不誠実な交渉態度に終始する場合などがある（詳しくは，第22章第2節参照）。

第4節　支配介入

1　支配介入の態様

(1)　労働組合の結成・運営に対する支配介入　労組法7条3号は，使用者が労働者の組合結成や組合運営を支配したり，これに介入することを禁止するとともに，組合の運営のための経費の支払につき経理上の援助（経費援助）を与えてはならないと定めており，これら全体を支配介入という。支配介入は，労働組合の自主性を阻害する使用者の行為を意味し，その態様は多種多様にわたる。例えば，組合結成の準備中の中心人物を解雇，配転したり，個々の従業員に加入の意思をただしたり，組合結成を妨害することなどがある。組合活動家の解雇や配転等，組合切り崩しとしての脱退の勧奨，役員選挙への干渉，チェック・オフの一方的廃止（国・中労委（大阪市〔チェック・オフ〕）事件・大阪高判平成30.8.30労判1187号5頁），企業内組合事務所の一方的利用禁止（大阪府・大阪府労委〔枚方市〕事件・大阪地判令和4.9.7 LEX/DB25593581），別組合の結成援助，別組合の優遇などがある。

(2)　言動による支配介入　使用者が，口頭や文書，掲示などを通じて，労働組合のあり方や活動に関して，意思の表明，批判を加えるなどすることは，組合に対する干渉となりうる一方で，使用者の言論の自由との関係で問題となる。そこで，使用者の発言一般を支配介入として禁止することはできないので，むしろ発言のなされた労使関係の背景，発表の方法，発言者の地位，発言の内容などを総合的に考慮して支配介入の成否を決すべきである。

例えば，使用者が，従業員とその父兄を集めた席上で，組合が上部団体に加入したことを批判する旨の発言をした場合（山岡内燃機事件・最二小判昭和29.5.28民集8巻5号990頁）や社長声明文での「重大な決意」の文言が組合員に対する威嚇的効果を持つ場合に（プリマハム事件・最二小判昭和57.9.10労経速1134号5頁），支配介入が成立すると判断されている。他方で，会社の常務が，会社の方針に異を唱えるのであれば「それなりの覚悟して」と発言したことが不当労働行為には当たらないとするものもある（国・中労委〔JR東日本大宮支

社・常務発言〕事件・東京高判平成26.9.25労判1105号5頁)。

(3)　就業時間中や施設利用の組合活動と不当労働行為　就業時間中や施設利用の組合活動が正当性を有しない場合，使用者は労働者に企業秩序違反として懲戒処分を科すことがある。この場合，懲戒処分の私法（労契15条）上の適法性（判例24-2 国鉄札幌駅事件参照）とは別に，組合員に懲戒処分を科したこと自体が，組合の弱体化を意図した支配介入に当たる可能性がある。

例えば，労働者は，就業時間中には職務専念義務を負うと解されており，就業時間中の組合活動を一定の範囲で承認させるような合意がなければ，就業時間中の組合活動は許容されない（第24章第2節 2 (1)参照）。しかし，そうした場合でも，その処分等が団結権否認等を決定的動機としているときには，なお支配介入に該当する場合があると解される（JR東日本〔神奈川国労バッジ〕事件・東京高判平成11.2.24労判763号34頁)。

また，施設利用の組合活動について，判例は，使用者の施設管理権を前提として，企業施設の利用を許さないことが使用者の権限の濫用となる特段の事情がない限り，施設利用の中止命令や不許可は支配介入には当たらないと判断している（判例25-2 済生会中央病院事件)。他方で，労働協約で掲示板の利用のルール（撤去の要件等）を定め，形式的にこれに違反した内容の掲示物を使用者が撤去した事案について，諸般の事情を考慮して，正当な組合活動として許容されうる範囲を逸脱するものではなく，撤去行為は支配介入に当たるとしたものがある（静岡県・県労委〔JR東海（組合掲示物撤去)〕事件・東京高判平成29.3.9労判1173号71頁，〔不受理決定〕最三小決平成29.9.12労経速2331号17頁)。

判例25-2 済生会中央病院事件

（最二小判平成元.12.11民集43巻12号1786頁）

事　実　X法人が設置するT病院では，Z組合とU組合がある。Zの看護婦ら20余名は，病院内の一室で職場集会を開催したところ，TはZに対して，勤務時間中の職場集会を行わないよう警告ならびに通告書を交付した。その後も，Zの組合員が，病院内のテニスコートで職場集会を開いたところ，再度，Tは警告書を交付した。また，Tは，Zとの間で，協定を締結することなく，チェック・オフを実施してきたが，Zから相当数の脱退者が出たことから，これを機に，対象者が明らかになるまで，チェック・オフ協定が成立していないことを理由にチェック・オフを中止した。Zは，組合集会に対する警告とチェック・オフの中止が支配介入に当たるとして，救済申立てを行った。Y（中労委）が，Xの行為が支配介入に当たることを認めたため，その取消しを求めて，Xが提訴したところ，一審と二審では，Yの命令を支持したことから，Xが上告した。

（判　旨）「一般に，労働者は，労働契約の本旨に従って，その労務を提供するためにその労働時間を用い，その労務にのみ従事しなければならない。したがって，労働組合又はその組合員が労働時間中にした組合活動は，原則として，正当なものということはできない。また，労働組合又はその組合員が使用者の許諾を得ないで使用者の所有し管理する物的施設を利用して組合活動を行うことは，これらの者に対しその利用を許さないことが当該物的施設につき使用者が有する権利の濫用であると認められるような特段の事情がある場合を除いては，当該物的施設を管理利用する使用者の権限を侵し，企業秩序を乱すものであり，正当な組合活動に当たらない。……結局，病院が本件職場集会……に対して本件警告書を交付したとしても，それは，ひっきょう支部組合又はその組合員の労働契約上の義務に反し，企業秩序を乱す行為の是正を求めるものにすぎないから，……不当労働行為に該当する余地はないというべきである」。

労基法24条1項但書は，過半数代表者が使用者との間で賃金の一部を控除して支払うことに合意し，かつ，これを書面による協定とした場合に限り，同項本文違反が成立しないとした。「いわゆるチェック・オフも労働者の賃金の一部を控除するものにほかならないから，同項但書の要件を具備しない限り，これをすることができないことは当然である。……本件チェック・オフの中止が労基法24条1項違反を解消するものであることは明らかであるところ，これに加えて，Tが……チェック・オフをすべき組合員（従業員）を特定することが困難である……として本件チェック・オフを中止したこと，及びTが実際に……チェック・オフ協定案を提案したこと等を併せ考えると，本件チェック・オフの中止は，Tの不当労働行為意思に基づくものともいえず」，不当労働行為に該当しない。

2　支配介入行為の使用者への帰責

支配介入行為は，「使用者」の行為であるが，法人の代表者（理事，代表取締役，社長）の行為だけでなく，支店長，工場長，部課長等の管理職や職制などが行う行為も，不当労働行為として使用者に帰責される。また，下級の上司や同僚が，使用者の指示のもとになす行為も，使用者の行為に当たる。さらに，管理職には至らないが，使用者の利益代表者に隣接する職制上の者（組合員資格を有する者）が，使用者との意思の疎通はないが「使用者の意を体して」行った言動についても，使用者の行為として不当労働行為が成立することがある（中労委〔JR 東海〕事件・最二小判平成 18.12. 8 労判 929 号 5 頁）。このほか，会社更生手続中の更生管財人ディレクターらの発言についても，使用者の行為に当たるとしたものがある（東京都・都労委〔日本航空乗務員組合等〕事件・東京高判平成 27. 6 .18 労判 1131 号 72 頁）。

3　支配介入の意思

労組法 7 条 3 号の支配介入については，「故をもつて」などの文言がなく，不利益取扱い（同条 1 号）と異なり，因果関係が要件とされていない。この点，判例では，組合非難の発言と不利益の暗示により「組合の運営に対し影響を及ぼした事実がある以上，たとえ，発言者にこの点につき主観的認識乃至目的がなかつたとしても，なお……組合の運営に対する介入」があるとするものがある（前掲山岡内燃機事件）。ただし，間接事実から，組合活動を嫌悪したり，組合弱体化を意図したと客観的に評価される程度の立証は必要であろう。

第 5 節　複数組合併存下の不当労働行為

1　複数組合併存下における中立保持義務

(1)　団体交渉と中立保持義務　日本の労組法のもとでは，併存する複数組合は組合員数の多少にかかわらず，同等の存在意義を認められ，使用者に対して，固有の団体交渉権等を保障されており，使用者は，全ての場面で各組合に対して，中立的態度を保持しなければならない（中立保持義務）。もっとも，中立保持義務といっても，団体交渉において，併存する組合間の組合員数が大きく異なる場合，使用者に対する各組合の交渉力に差異が生じるのは当然で，使用者が現実の交渉力に対応してその態度を決することも，同義務違反となるわけではない。したがって，使用者が圧倒的多数の組合員を擁する組合との交渉および妥結結果に重点をおき，少数組合に強い態度で同一内容での妥結を求めても，直ちに非難することはできない（判例25-3日産自動車事件）。

複数組合の併存下の団体交渉では，使用者の提示した前提条件（差し違え条件）の諾否により，賞与などで組合間に差異が生じる場合がある。使用者が，どちらにも同じ提案をしていたとしても，多数組合に提示した条件を少数組合が受諾しないことを予想し，少数組合を弱体化させる意図のもとで合理性のない前提条件を提示してこれに固執したり（日本メール・オーダー事件・最三小判昭和59.5.29民集38巻7号802頁），組合嫌悪の意図を決定的動機として形式的な団交が行われていると認められるなどの特段の事情がある場合（判例25-3日産自動車事件）には，支配介入が成立しうる。他方で，会社の主張にも一応の理由があり，組合弱体化を意図した形式的な団交とは認められない場合は，支配介入に当たらない（高知県観光事件・最二小判平成7.4.14労判679号21頁）。

また，多数組合との協約に基づく経営協議会で提示した資料を，少数組合との団交で求められた場合には，団交における使用者の実質的な平等取扱いを確保する観点から，可能な限りで，少数組合にも同様に資料の提示や説明を行う必要があり，それが不十分な場合には不誠実団交となる（国・中労委〔NTT西日本〕事件・東京高判平成22.9.28労判1017号37頁）。

判例25-3 日産自動車事件

（最三小判昭和60.4.23民集39巻3号730頁）

事　実　X会社は訴外A会社を吸収合併した。この過程で，Aの従業員で組織されたZ組合のうち多数の組合員の脱退があり，Zは152名に減少し，他方，新たに結成された7500名のB組合が併存することとなった。合併後，BはXの従業員で組織されたC組合に加入し，当該工場の支部となった。もともとZは，時間外労働や夜間労働に反対の姿勢をとっていたため，Xは，Cとの間で，二交代制・時間外勤務協定を締結し，新組合の組合員にのみ時間外労働を計画的に命じる一方，Zには，間接部門の労働者も含めて，一切の残業を命じなかった。そのため，実所得が減少することになり，Zも，時間外勤務協定の締結を求めて団体交渉を行ったが，二交代制（夜間勤務）の受入れをめぐって交渉が妥結しなかったため，残業ができず，実所得に格差が生じた。そこで，Zが不当労働行為の救済を求めたところ，Y（中労委）では，地労委のXに対する救済命令を維持したため，Xは，その取消しを求めて提訴した。一審は救済命令を取り消したものの，二審は一審判決を取り消したため，Xが上告したのが本件である。

(判　旨)「複数組合併存下にあつては，各組合はそれぞれ独自の存在意義を認められ，固有の団体交渉権及び労働協約締結権を保障されているものであるから，その当然の帰結として，使用者は，いずれの組合との関係においても誠実に団体交渉を行うべきことが義務づけられているものといわなければならず，また，単に団体交渉の場面に限らず，すべての場面で使用者は各組合に対し，中立的態度を保持し，その団結権を平等に承認，尊重すべきものであり，各組合の性格，傾向や従来の運動路線のいかんによつて差別的な取扱いをすることは許されないものといわなければならない」。

「複数組合併存下においては，使用者に各組合との対応に関して平等取扱い，中立義務が課せられているとしても，各組合の組織力，交渉力に応じた合理的，合目的的な対応をすることが右義務に反するものとみなさるべきではない」。

「したがつて，以上の諸点を十分考慮に入れたうえで不当労働行為の成否を判定しなければならないものであるが，団体交渉の場面においてみるならば，合理的，合目的的な取引活動とみられうべき使用者の態度であつても，当該交渉事項については既に当該組合に対する団結権の否認ないし同組合に対する嫌悪の意図が決定的動機となつて行われた行為があり，当該団体交渉がそのような既成事実を維持するために形式的に行われているものと認められる特段の事情がある場合には，右団体交渉の結果としてとられている使用者の行為についても労組法7条3号の不当労働行為が成立するものと解するのが相当である」。

(2)　便宜供与と中立保持義務　組合事務所の貸与などの便宜供与について，合理的理由なく複数組合間で差を設けることは，一方の組合に対する弱体化を推認させるものとして，支配介入に当たる場合がある。合理的な理由の有無は，一方の組合に貸与されるに至った経緯や貸与拒否が組合に及ぼす影響等諸般の事情を総合勘案して判断すべきである（日産自動車〔組合事務所等〕事件・最二小判昭和62.5.8労判496号6頁，中労委〔日本郵政公社〕事件・東京高判平成19.9.26労判946号39頁）。他方で，団体交渉において，複数組合に対して，掲示板の貸与を含む同一条件を提示した結果，これを拒否した組合に掲示板を貸与しなかったとしても，支配介入には当たらないとしたものがある（日本チバガイギー事件・最一小判平成元.1.19労判533号7頁）。

2　賃金・昇格格差の立証

組合員の賃金や昇格に対する組合間差別について不利益取扱いや支配介入が争われることがある。そこで，昇格等での差別的な取扱いがあると主張するためには，能力や勤務成績等が他組合の組合員または非組合員と比較して劣るものではなかったということについて，その主張をする組合員側が一応の主張立証をしなければならない（東日本旅客鉄道〔千葉動労不登用〕事件・最一小判平成 24. 2 .23 判時 2149 号 141 頁）。しかし，昇給や昇格は，使用者の人事考課を経て実施されることが多く，その資料は公開されないことが一般的であるため，こうした差別の立証方法として，労働委員会では，大量観察方式という方法が用いられることがある。例えば，組合員の査定等に他・非組合員に比して全体として顕著な差異が生じており，使用者が組合を嫌悪し組合員を差別する行動を繰り返していることから組合所属を理由に低査定とした結果とみるほかなく，使用者が，組合員の査定等の公正さについて反証できなければ，組合の弱体化を図る行為がされたものとして，不当労働行為が成立することになる（紅屋商事事件・最二小判昭和 61. 1 .24 労判 467 号 6 頁）。

第 6 節　不当労働行為の救済

1　不当労働行為の行政救済

(1)　行政救済の手続　　労組法では，不当労働行為に対する行政救済として，労働委員会（第 24 章第 7 節 1 参照）が審査を行い，命令を発することにより実現する手続を定めている（労組 27 条以下）。不当労働行為をなされた労働組合または労働者個人は，都道府県労委に救済申立てをすることができる（支配介入〔同 7 条 3 号〕について，個人の申立権を認めたものとして，京都市交通局事件・最二小判平成 16. 7 .12 労判 875 号 5 頁）。都道府県労委は，救済申立てを受理すると審査手続を開始し，申立てを認容し，または棄却・却下する命令を発する。都道府県労委の救済命令（または棄却・却下命令）に対して不服のある当事者は，命令の交付を受けてから 15 日以内に，中労委に再審査の申立てをなすことができる（同27条の15）。中労委は，都道府県労委の処分を取り消し，承認し，または変更する権限を有している。

(2)　審査手続　申立ては，申立書または口頭によっても行うことができる（労働委員会規則32条）。申立期間は，不当労働行為のあった日から1年以内であり（労組27条2項），この期間は，申立権の除斥期間と解されている。しかし，「継続する行為」については，その終了の日から1年以内となる。差別的な査定行為にもとづく毎月の賃金支払を「継続する行為」と認めるべきかが問題となるところ，最高裁は，最後の賃金支払の時から1年以内であればよいと判断した（紅屋商事事件・最三小判平成3．6．4民集45巻5号984頁）。

審査手続は，申立てにより開始され，調査（事実関係を確認し争点を明確にする），および審問（証拠調べ）の手続を行う。審問は原則として公開であり（労働委員会規則41条の7第2項），当事者の申立てまたは職権により，労働委員会は，当事者または証人に出頭を命じて陳述させることができ，また，事件に関係ある帳簿その他の物件の提出を所持者に命令しうる（労組27条の7）。審問が終結すると，労使の参与委員の意見を聞いた上で，公益委員による非公開の合議が行われ（労働委員会規則42条），事実認定，法律の適用および救済内容が決定される（労組27条の12）。また，審査途中において，和解を勧告することができる（同27条の14）。

他方，救済申立がなされると，これと併行して申立組合の資格審査がなされる（労委規則2条。資格審査については，**第2章第3節2**）。ただ，資格審査の決定は，救済命令を発出するまでになされていればよい（東京光の家事件・最二小判昭和62．3．30労判500号32頁）。また，資格審査は，労働委員会が国に対して負う義務であり，使用者の法的利益のために求められるものでないから，使用者は，「資格審査の方法乃至手続に瑕疵があることもしくは審査の結果に誤りがあることのみを理由として救済命令の取消を求めることはできない」（日本通運事件・最三小判昭和32.12.24民集11巻14号2336頁，神奈川県・神奈川県労委事件・横浜地判令和3．1．20 LEX/DB25590196）。

(3)　行政訴訟（取消訴訟）　都道府県労委の命令を不服とする当事者は，都道府県を被告（都道府県労委を処分行政庁）として，地方裁判所に行政訴訟（取消訴訟）を提起することもできる（ただし，労組法27条の19により，使用者に

Fig. 25-1　不当労働行為の救済手続の流れ

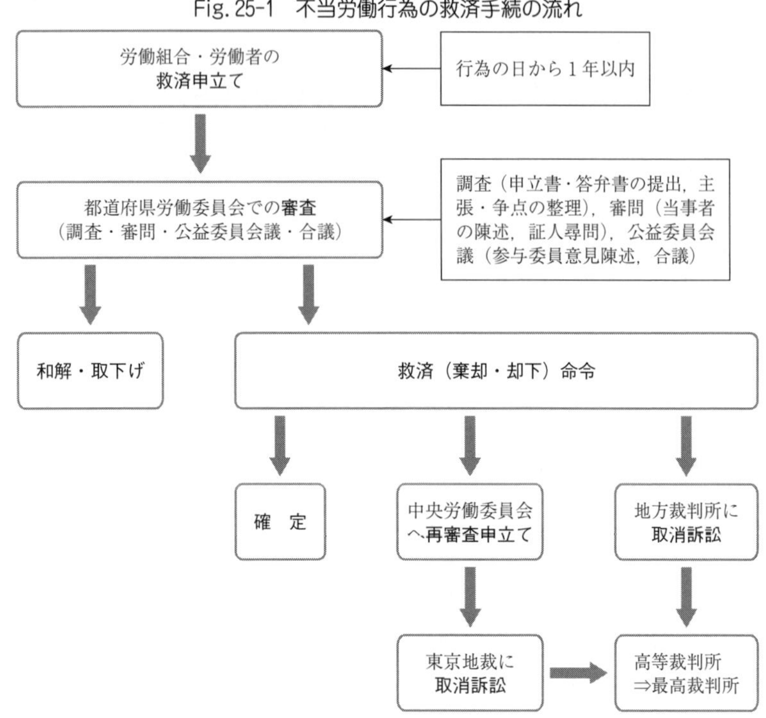

よる提訴は，再審査の申立てをしないときに限られ，また，30日以内とされる)。中労委の命令に不服とする当事者は，国を被告(中労委を処分行政庁)として，東京地裁に行政訴訟を提起することができる。これらの行政訴訟の際，使用者または労働組合・組合員が補助参加人となることがある。使用者が救済命令の取消訴訟を提起した場合，労組法27条の20に基づき，救済命令を発した労働委員会は，受訴裁判所に対して緊急命令の申立てをすることができる。緊急命令は，判決が出されて確定するまでの間，労働委員会命令の全部または一部に従うよう裁判所が使用者に命じるものである。なお，確定判決によって支持された救済命令に違反した者には罰則の適用があり(労組28条)，緊急命令に違反した使用者には，過料が科される(同32条)。これら一連の手続を，不当労働行為の行政救済という。行政救済は，発生した不当労働行為を排除して，当該労使関係を将来に向けて公正なものとすることを主眼としている(Fig. 25-1を参照)。

⑷　命令取消の訴えの利益　救済命令で使用者に対し労働組合への金員の支払が命ぜられた場合に,「その支払を受けるべき労働組合が自然消滅するなどして労働組合としての活動をする団体としては存続しないこととなったときは，使用者に対する右救済命令の拘束力は失われ」, その労働組合が存続しなくなっている以上,「使用者にその支払を履行させても，もはや侵害状態が是正される余地はなく，その履行は救済の手段方法としての意味を失」い，訴えの利益も失われるとされている（ネスレ日本・日高乳業〔第2〕事件・最一小判平7.2.23民集49巻2号393頁)。

これに対して，命令発出後に取消訴訟を提起したものの，その後被申立人会社のもとで雇用されていた組合員が退職等でいなくなるという事態が生じた場合にも，被申立人会社が存続し，企業横断的に組織された申立人組合が産業別労働組合として存続しているという事実のもとでは，救済命令による義務の履行が客観的に不可能とはいえず，また救済手段として無意味とはいえないから，その命令は効力を失うことはない（広島県・広島県労委〔熊谷海事工業〕事件・最二小判平成24.4.27民集66巻6号3000頁)。また，退職した労働者の懲戒処分を取消す旨の命令も，訴えの利益は失われない（広島県・広島県労委〔平成タクシー〕事件・広島高判平成26.9.10労判1120号52頁)。

⑸　司法審査の範囲　救済命令に対する司法審査において，裁判所は，独自に事実認定を行い，その認定に基づいて不当労働行為の成否を判断することにより，労働委員会の判断を審査し取り消すことができる（寿建築研究所事件・最二小判昭和53.11.24労判312号54頁)。ただし，不当労働行為の審査の段階で，労働委員会が物件提出命令（労委規則41条の19）をしたがこれを提出しなかった者は，行政訴訟において裁判所に対して，当該物件を証拠として申し出ることはできない（労組27条の21)。他方で，救済命令の内容や方法については，労働委員会の裁量を尊重すべきとされる（判例25-4 第二鳩タクシー事件)。

2　救済命令の内容をめぐる問題

⑴　原職復帰とバックペイ　不利益取扱いとしての解雇の救済は，原職に復帰することで原状回復が一応達成されるが，同時に解雇されていた期間に得られたであろう賃金相当額の支払も必要となる。これをバックペイという。そ

こで，解雇されていた間に，他に就職して得た賃金（中間収入）を控除するか否かがしばしば争いとなる（第11章第4節 2 (2)も参照）。

判例25-4 第二鳩タクシー事件やあけぼのタクシー（バックペイ）事件（最一小判昭和62.4.2労判500号14頁）によれば，労働委員会には広い裁量が認められ，①労働者個人の権利・利益に対する侵害に基づく個人的被害を救済するという観点からだけではなく，②組合活動一般への制約なども考慮して，中間収入を控除しない救済命令の適法性を判断すべきとされる（ただし，両事件とも結論としては救済命令を違法とした）。近時の裁判例では，違法な懲戒処分（乗務停止等）に対する別件民事確定判決で認容された給与相当額を超える金額のバックペイ命令について，「私法上の権利関係とのかい離の程度が著しく，救済の目的を超えて裁量権の範囲を逸脱しているとは認められない」として，私法上の支払請求権を超える部分および重複する部分についても，その支払命令に違法性はないと判断している（前掲広島県・広島県労委〔平成タクシー〕事件）。

判例25-4 第二鳩タクシー事件

（最大判昭和52.2.23民集31巻1号93頁）

事　実　X会社でタクシー運転手として勤務していた組合員が解雇され，解雇後他の会社でタクシー運転手として稼働し，収入を得ていた。Z組合は，当該解雇が不利益取扱いに当たるとして，職場復帰とバックペイなどを求めて救済申立てを行った。Y地労委は，その申立てを認め，当該解雇を不利益取扱いと判断し，かつ，解雇期間中の中間収入を控除することなく，全額のバックペイ命令を発した。これに対して，Xが，中間収入の控除をしないバックペイ命令の取消しを求めて提訴し，一審・二審ともに命令の取消しを認めたため，Yが上告した。

判　旨　労組「法が，右禁止規定〔7条〕の実効性を担保するために，使用者の右規定違反行為に対して労働委員会という行政機関による救済命令の方法を採用したのは，使用者による組合活動侵害行為によつて生じた状態を右命令によつて直接是正することにより，正常な集団的労使関係秩序の迅速な回復，確保を図るとともに，使用者の多様な不当労働行為に対してあらかじめその是正措置の内容を具体的に特定しておくことが困難かつ不適当であるため，労使関係について専門的知識経験を有する労働委員会に対し，その裁量により，個々の事案に応じた適切な是正措置を決定し，これを命ずる権限をゆだねる趣旨に出たものと解される。このような労働委員会の裁量権はおのずから広きにわた」り，「裁判所は，労働委員会の右裁量権を尊重し，その行使が右の趣旨，目的に照らして是認される範囲を超え，又は著しく不合理であつて濫用にわたると認められるものでない限り，当該命令を違法とすべきではないのである」。

労組法7条1号が「正当な組合活動をした故をもつてする解雇を特に不当労働行為として禁止しているのは，右解雇が，一面において，当該労働者個人の雇用関係上の権利ないしは利益を侵害するものであり，他面において，使用者が右の労働者を事業所から排除することにより，労働者らによる組合活動一般を抑圧ないしは制約する故なのであるから，その救済命令の内容は，被解雇者に対する侵害に基づく個人的被害を救済するという観点からだけではなく，あわせて，組合活動一般に対する侵害の面をも考慮し，このような侵害状態を除去，是正して法の所期する正常な集団的労使関係秩序を回復，確保するという観点からも，具体的に，決定されなければならないのである。……被解雇者の原職復帰とバツクペイ……命令は，上述の観点からする必要な措置として労働委員会が適法に発しうるところといわなければならない」。

---

(2)　ポスト・ノーティス　支配介入等の救済命令において，使用者に対して，一定の内容の文書を一定の方法で一定の時期に掲示または交付することを命じること（ポスト・ノーティス命令）が多い。その際に，「今後，再びかかる行為を繰り返さない」といった旨を「誓約」ないし「陳謝」させる内容を含む場合があり，憲法19条の思想および良心の自由との関係で問題となるが，反省等の意思表明の要求を本旨とするものではないので，同条に違反しないと解されている（亮正会高津中央病院事件・最三小判平成2.3.6労判584号38頁）。

(3)　チェック・オフをめぐる救済　チェック・オフに関する救済命令は，しばしば困難をともなう。最高裁は，A労組の組合員から組合費のチェック・オフを行って，これを対立するB組合に交付したことはA労組に対する不当労働行為に当たるが，労働委員会が組合費相当額をA組合に支払うよう命ずる救済命令は，あたかもA労組との間でチェック・オフ協定が締結されているのと同様の事実上の状態を作り出す命令であり，労働委員会の裁量権の限界を超えて違法と判断している（ネスレ日本〔東京・島田〕事件・最一小判平成7.2.23民集49巻2号281頁）。また，市との間でチェック・オフの事務手数料の徴収契約に応じなかったためにチェック・オフが中止された事案において，①無償のチェック・オフの再開とともに，②再開までに支払った組合費徴収の口座振替手数料の支払等を命じたことについて，使用者においてチェック・オフの実施や継続の法的義務はないなどとして，②の部分は労働委員会の裁量権の範囲を超えると判断したものがある（大阪府・府労委〔泉佐野市・チェック・オフ〕事件・大阪高判平成28.12.22労判1157号5頁）。

(4)　合意が成立する見込みがない場合の誠実交渉命令　団体交渉の事項に関して合意の成立する見込みがないと認められる場合に，労働委員会は誠実交渉を命じることができるだろうか。山形県・県労委（国立大学法人山形大学）事件（最二小判令和4.3.18民集76巻3号283頁）は，判例25-4第二鳩タクシー事件の判示を引用した上で，団交事項である賃金引き下げの実施から4年経過したために，誠実交渉命令を発しても労働条件等の獲得の機会を回復することは期待できない場合であっても，なお労働組合は交渉により十分な説明や資料を請求することができ，「労働組合の交渉力の回復や労使間のコミュニケーションの正常化が図られる」として，誠実交渉命令は不当労働行為の目的に資すると判断した。第二鳩タクシー事件は不利益取扱いの救済の事案であったが，これを団交拒否事件に応用した点でも，注目される。

3　不当労働行為の司法救済

労働組合や労働者は，労働委員会による行政救済とは別に，使用者の不当労働行為により権利を侵害され，または損害を受けたときには，裁判所に対して救済を求めることも可能である（司法救済）。この場合，労組法7条1号については，直接的に私法上の根拠となると判断されている（前掲医療法人新光会事件）。同条3号についても，日産自動車（損害賠償）事件（東京地判平成2.5.16労判563号56頁），東春（とうしゅん）運輸事件（名古屋地判平成6.2.25労判659号68頁）などでは，公序などを介して不法行為の成否の判断において，間接的に，裁判規範になることを明らかにしている。団交拒否（労組7条2号）の司法救済については，誠実交渉の履行を強制することは難しいが，団体交渉を求めうる法的地位にあることの確認請求や不法行為による損害賠償請求については，認められている（第22章第2節1(3)(b)参照）。

事項索引

■ き

■ す

■ せ

■ そ

■ た

■ ち

■つ

■て

■と

■な

■に

■ね

■ の

■ は

■ ひ

■ ふ

■ わ

判例索引

＊本書の判例欄で引用したものは太字の斜体としてある。

■ 最高裁判所

■ 高等裁判所

■ 地方裁判所

■ 労働委員会

判例労働法入門〔第8版〕

Labour Law: Fundamental Cases, 8th ed.

2009年 5月30日 初 版第1刷発行
2011年 4月25日 第2版第1刷発行
2013年 4月10日 第3版第1刷発行
2015年 4月10日 第4版第1刷発行
2017年 4月 5日 第5版第1刷発行
2019年 4月20日 第6版第1刷発行
2021年 9月30日 第7版第1刷発行
2023年 9月30日 第8版第1刷発行
2024年 5月20日 第8版第2刷発行

編 者 野田 進，山下 昇，柳澤 武

発行者 江草貞治

発行所 株式会社有斐閣

〒101-0051 東京都千代田区神田神保町2-17

https://www.yuhikaku.co.jp/

装 丁 神田程史［レフ・デザイン工房］

印刷・製本 中村印刷株式会社

落丁・乱丁本はお取替えいたします。定価はカバーに表示してあります。

Printed in Japan ISBN 978-4-641-24370-5